縄文時代史

勅使河原 彰

新泉社

装幀　勝木雄二

はじめに

縄文時代への関心が、近年、とみに高まっています。縄文土器や土偶のダイナミックな造形は私たちの好奇心と想像力をかき立てます。しかし、それとともに現代文明に対する私たちの漠然とした不安が縄文時代への志向につながっているといえるでしょう。

地球温暖化に象徴される世界規模の環境破壊はのっぴきならないところまできていますし、東日本大震災と原子力発電所の過酷事故は、自然を制御できると考えていた私たち人類に、その猛威を思い知らせました。私たちは、今後、自然とどう折り合いをつけて生きていくか、つまり自然といかに共生していくかが問われています。

こうしたなかで、自然と共生し、約九〇〇〇年間もの長きにわたって、世界に類をみないほど豊かで安定した先史世界を築いた縄文時代・縄文文化に、多くの人が興味を覚え、関心をもつようになったのは不思議なことではありません。

しかし、縄文時代研究はますます細分化し、縄文時代とはいったいどういう時代だったのかが、逆に見えにくくなっているといえます。そこで本書では、最新の自然科学研究で明らかとなった当時の自然環境の変化をおさえ、できるだけ多くの考古資料をあげて、縄文人がどのように暮らし、縄文文化を築いたのか、そのはじまりから終焉までを通して叙述することを試みました。縄文時代の実像にみなさんと一緒に迫ってみたいと思います。

◉目次

I

縄文文化の誕生

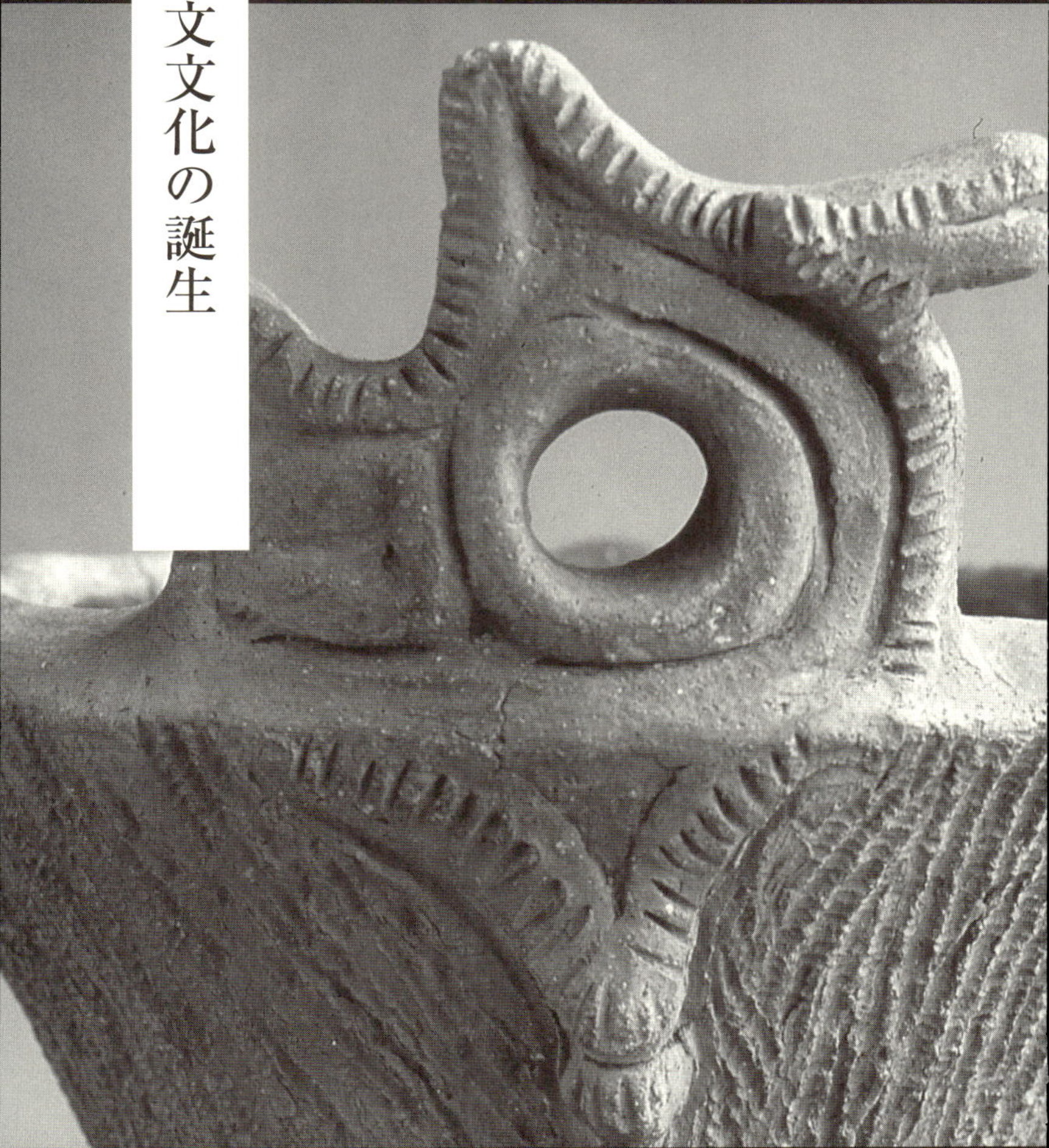

蛇体把手付深鉢形土器（尖石遺跡）

1　最終氷期の環境変動

◉花綵列島

私たちが住む地球には、ユーラシア大陸、アフリカ大陸、北アメリカ大陸、南アメリカ大陸、オーストラリア大陸、南極大陸の六つの陸地があります。そのうちユーラシア大陸は最大の大陸で、面積が約五四九二万平方キロ、人口が約四七億人、全陸地に占める割合は約三六パーセント、全人口に占める割合は約七一パーセントにもおよびます。

このユーラシア大陸の東端に、南北に弧状をなして大小の島々が連なっています。ちょうど太平洋からの荒波がユーラシア大陸という名の海岸に打ちよせて、そこに白い水しぶきをあげているかのようです。北から千島列島、日本列島、琉球列島（南西諸島）という、それぞれ小さな弧状を描きながら、延長は約四〇〇〇キロにもおよんでいます。なお、日本列島といえば、北海道、本州、四国、九州の四つの島とその付属島からなる狭い範囲を指す場合と、南西諸島を含めた広い範囲とする場合がありますが、本書では、とくにことわらないかぎりは、北海道から南西諸島にいたる範囲を日本列島と呼ぶことにします。

日本列島は、別名、花綵《かさい》列島とも呼ばれています。それは大小の島々が、細ひもで花を結んでつくった花飾り、つまり「花綵」に似ていることから名づけられたものです。

◉人類の時代

誰が名づけたのか、この美しい名前のような姿が不完全ながらもあらわれはじめたのは、哺乳類の時代といわれる新生代《しんせいだい》（約六六〇〇万年前から）のうち、新第三紀鮮新世《せんしんせい》（約五三〇万年前から）のはじめのころです。

地球が太陽系の惑星として誕生してから約四六億年、この悠久の歴史を地質学では、冥王代《めいおうだい》（四六億～四〇億年前）、始生代《しせいだい》（四〇億～二五億年前）、原生代《げんせいだい》（二五億～五億四一〇〇万年前）、古生代《こせいだい》（五億四一〇〇万～二億五二一七万年前）、中生代《ちゅうせいだい》（二億五二一七万～六六〇〇万年前）、新生代（六六〇〇万年前～現代）の大きく六期に区分しています。冥王代と始生代は、化石をほとんど残さない時代で、原生代になると、わずかに原始藻類《そうるい》や海綿動物、節足《せっそく》動物の這《は》った跡などが知られるようになります。それに対して、古生代に入ると、より進化を示した化石が発見されるようになり、時代を追って種類と量が豊富になってきます。古生代では、陸上のシダ類、海中のサンゴ類やウミユリ類、中生代には、陸上で広葉樹が出現し、ソテツ類やシダ類が発育し、巨大な爬虫《はちゅう》類が栄えるとともに、海中ではアンモナイトや二枚貝類が発達します。そして、新生代になると、陸上では針葉樹が多くみられるようになり、海中では魚類、空中では鳥類が発達しますが、とりわけ哺乳類が著しい発達をみせます。

この新生代は、古第三紀、新第三紀、第四紀に区分され、最後の第四紀（約二六〇万年前から）が、別名、氷河《ひょうが》時代と呼ばれている時代です。非常に寒冷で氷河が発達する氷期《ひょうき》と、温暖で氷河が後退する間氷期《かんぴょうき》が交互に繰り返されるという、厳しい気候変化に見舞われた時代でした。また、世界の火山の多くは第四紀になってから噴火活動が活発化したことから（第四紀火山と呼ばれています）、地殻変動や火山灰などの堆積も激しかった時代です。そして、新第三紀鮮新世のはじめにあたる五〇〇万年前か、それを若干さかのぼる時期に誕生した人類は、こうした第四紀の激しい環境変動の試練をうけることになるのです。ですが、この厳しい試練に耐え、それと闘ってきたからこそ、人類は進化し、爆発的にさまざまな環境に適応し、各地へと拡散できたのです。第四紀が「人類の時代」あるいは「人類紀」とも呼ばれるゆえんです。なお、第四紀は、更新世《こうしんせい》（約二六〇万年前から）と完新世《かんしんせい》（約一万一五〇〇年前から）に区分され、現在は、地質年代で新生代第四紀完新世ということになります。

◉激しく変動する環境

氷河時代とも呼ばれる第四紀は、過去一〇〇万年の間だけでも、少なくとも一一回の氷期があったことが明らかにされており、そのうち最終氷期は約七万年前からはじまります。なお、最終氷期とは、現在の私たちからみて最後の氷期、つまり一番新しい氷期という意味で、人類が今後も地球上に生存しつづけることになれば、やがて氷期が訪れることは必然です。そうすると完新世は、氷河時代のなかの一つの間氷期にすぎないことになります。また、最終氷期は、ヨーロッパの氷期区分でいうと、「ヴュルム氷期」に相当します。

最終氷期は、今から約二万五〇〇〇年前に最寒冷期をむかえ、気温は年平均で現在より摂氏七度から八度も低下しました。そして、この最終氷期の最寒冷期から今日にいたる気候の温暖化は、かつては漸次的なカーブを描きながら上昇してきたと考えられてきましたが、近年の酸素同位体《どういたい》分析法による水温の研究などの新知見によれば、短い周期で激しく変動しながら上昇してきたことが明らかとなってきています。そのような短期的な変動のなかで、とりわけ注目されてきたのが、最終氷期の末期におきた激しい寒冷気候の再来です。この寒冷気候の再来は、北ヨーロッパなどでは寒冷気候の指標植物であるDryas octopetala（チョウノスケソウ）の属名をとって、Younger Dryas Event（新ドリアス期）あるいはYounger Dryas timeと呼び、日本では「寒のもどり」とも呼ばれています。

なぜこのような気候の変動がわかったかというと、一九六〇年代後半からグリーンランドの氷床《ひょうしょう》研究が本格的にはじめられ、この氷床を掘削してえられたボーリングコア（柱状のサンプル）には、過去数十万年間の気候が克明に記録されていて、酸素同位体比（$\delta^{18}O$）を分析することによって、高精度の気候変化を測定することが可能となったからです。その最新の氷床コアであるＧＩＳＰ２（Greenland Ice Sheet Project 2）は、最終氷期の最寒冷期から完新世にかけて、寒冷期（最古ドリアス期、古ドリアス期、ＩＡＣＰ期〈Intra-Allerød Cold Period〉、新ドリアス期）と温暖期（ベーリング期、アレレード期）を交互に繰り返しながら、温暖化が進んだことを示していました。これを相対的にみれば、最終氷期の最寒冷期から約一万四五〇〇年前までの寒冷期、約一万四五〇〇から一万二七〇〇年前までの古ドリアス期をはさんだベーリング期とアレレード期の温暖期、約一万二七〇〇から一万一五〇〇年前までの新ドリアス期の寒冷期を経て、完新世の温暖期をむかえたことになります。とくに最終氷期の終焉を告げる新ドリアス期の末期には、わずか五〇年で気温が摂氏七度も上昇するという、注目すべき結果が明らかにされています（**図1**）。

こうしたグリーンランドの氷床コアでの解析結果は、スカンジナビアの氷床やフランスのドフィーヌ湖の湖沼堆積物、日本では鳥取県の東郷池《とうごういけ》や福井県の水月湖《すいげつこ》の湖沼堆積物*などにも記録されていて、汎地球的な出来事であったことは間違いありません。いずれにしても、晩氷期《ばんひょうき》と呼ばれる約一万五〇〇〇から一万一五〇〇年前の気候は、短期間に寒・暖がおこり、氷期への逆もどりともいえる寒冷気候が再来し、さらに数十年で温暖期へと入れかわって、完新世をむかえるというように、それは人類にとっていまだ経験したことのないような気候変動であったことは容易に想像できます。

＊湖沼堆積物は、春から夏にはプランクトンの死骸や珪藻《けいそう》が繁殖して堆積することで白色の層が、秋から冬には粘土鉱物が堆

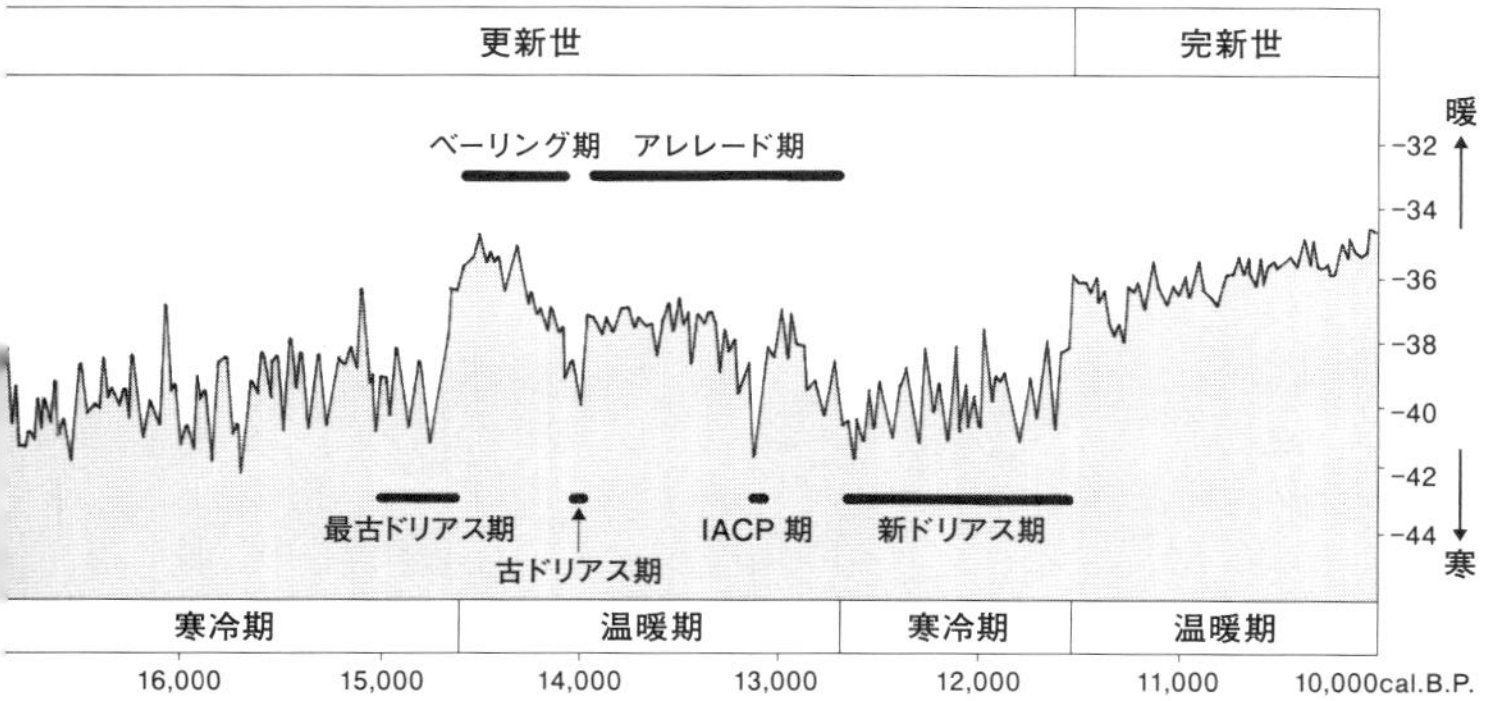

図1　晩氷期の気候変動

積することで黒色の層が湖底に積みあがっていきます。この白と黒のバーコード状の一対の縞模様を年縞《こう》といい、これは樹木の年輪と同様で一対の縞模様が一年の時間単位をあらわすことで、精度の高い環境変化のデータをえることができるのです。福井県の三方五湖《みかたごこ》の一つである水月湖では、二〇〇六年に日欧研究チームが約七万年にもおよぶ欠落のない年縞を採取しました。この水月湖の年縞は、二〇一二年七月にパリで開催された第二一回国際放射性炭素会議の場において、二〇一三年以降の地質学年代の世界標準になることが承認され、今後の研究の進展が期待されています。

◉海面下に没する陸橋

最終氷期の最寒冷期には、北半球の広い範囲に氷河が発達しました。当然、ダムに水が貯えられるように、海に流れ込む水が氷となって地上に貯えられることから、その分、海水が少なくなって、海水面が低下することになります。その低下量については、現海水面から約一四〇メートルとする説とそれほどは低下しなかったという説が対立していて、いまだ結論はえられていませんが、近年の東シナ海の大陸棚における堆積物の研究などによれば、一二〇メートル

水月湖の年縞ボーリングと取り出したボーリングコア

前後は低下していたことが確実であるということです。

大陸と日本列島を区切る海峡の最大深度は、北から間宮海峡がマイナス約一〇メートル、宗谷海峡がマイナス約五〇メートル、津軽海峡がマイナス約一四〇メートル、対馬海峡がマイナス約一二〇メートル、朝鮮海峡がマイナス約一四〇メートルです。ということは、最終氷期最寒冷期の海水面の低下量が約一四〇メートルであったとすれは、日本列島には陸橋《りっきょう》が形成されて、大陸とは陸続きであったことになります。また、低下量が一四〇メートルはなく、一二〇メートル前後であったとしても、間宮海峡、宗谷海峡、対馬海峡には陸橋が形成され、津軽海峡と朝鮮海峡は今よりも大幅に狭められて、川のような状況になっていたことは確かです。渡海技術をもっていた新人はもとより、ゾウなどの大型の哺乳類でも泳ぐことが知られており、こうした大型の動物にとっては、狭い川のようになった津軽海峡と朝鮮海峡はほとんど移動の障害にならなかったということです（**図2**）。なお、氷期の津軽海峡は、冬季には結氷していたことは間違いなく、もしも陸橋が形成されていなくても、氷橋《ひょうきょう》が形成されていたことになります。

その後、最終氷期の最寒冷期を境に、世界的に気候が温暖化の時期をむかえた結果、大陸などに厚く堆積していた氷が溶けはじめ、海水面がしだいに上昇してきたことから、日本列島と大陸を結んでいた陸橋は、つぎつぎと海水面下に没していきました。そして、マイナス約五〇メートルの宗谷海峡が海水面下に没したのは約一万四五〇〇年前ですので、ほぼこの時期に日本は、いったんは大陸から離れて島国となりました。ところが、約一万二七〇〇年前の新ドリアス期に、海水面はマイナス五〇

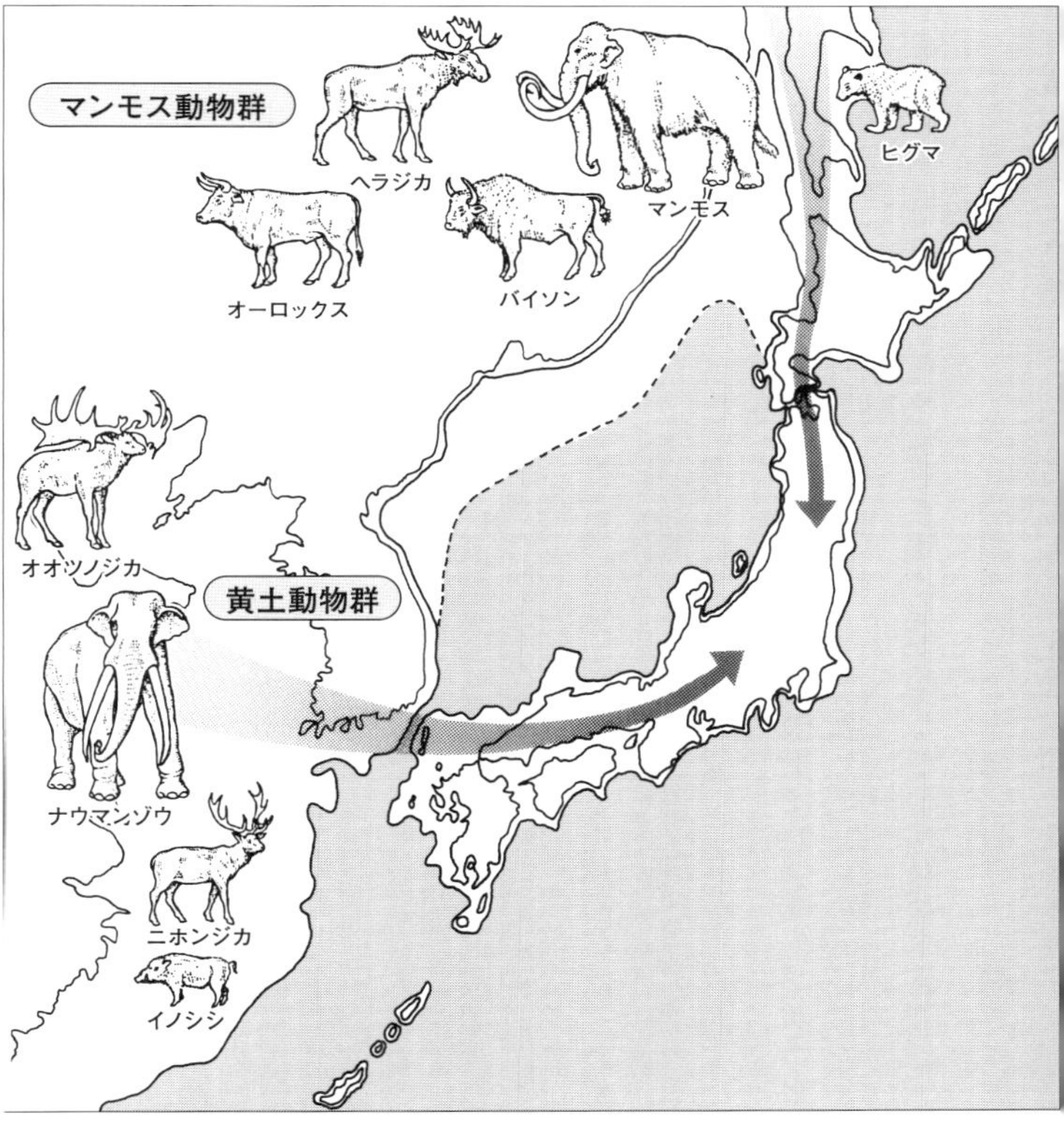

図2　最終氷期最寒冷期の日本列島と動物分布

メートル前後まで低下し、再び宗谷海峡は陸化します。しかし、その後の急激な温暖化によって、約一万一五〇〇年前の完新世の初頭までには、日本は完全に大陸から離れて島国となったのです。

◉晩氷期の植物相と動物相

こうした晩氷期における気候と海水面変動は地貌を大きく変えただけではなく、そこに生息する植物相や動物相にも大きな影響をあたえることになります。まず、植物相である植生からみてみます（図3）。

最終氷期最寒冷期の日本列島の植生は、北海道の大半がツンドラもしくは森林ツンドラに、東北日本から中部日本の山岳地帯が亜寒帯針葉樹林に、中部日本の海岸地帯と西南日本では冷温帯落葉広葉樹と亜寒帯針葉樹の混合林が広がり、暖温帯常緑広葉樹林である照葉樹林は、わずかに西南日本の太平洋側沿岸に局所的に残存する以外は、九州と陸続きとなっていた屋久島や種子島などに逃げのびていました。

こうした寒冷気候の植生も、晩氷期に入るころには、北海道では森林ツンドラなどにかわって亜寒帯針葉樹林が広がりをみせ、東北日本から中部日本の山地帯では亜寒帯針葉樹林が衰退して、カバノキ属かハンノキ属が増加し、中部日本の海岸地帯と西南日本では針葉樹林がほとんどみられなくなり、それにかわってコナラ亜属が増加しますが、照葉樹林はそれほど目立った動きは示していません。そして、ベーリング期と呼ぶ温暖期になると、北海道では亜寒帯針葉樹林が拡大し、東北日本から中部

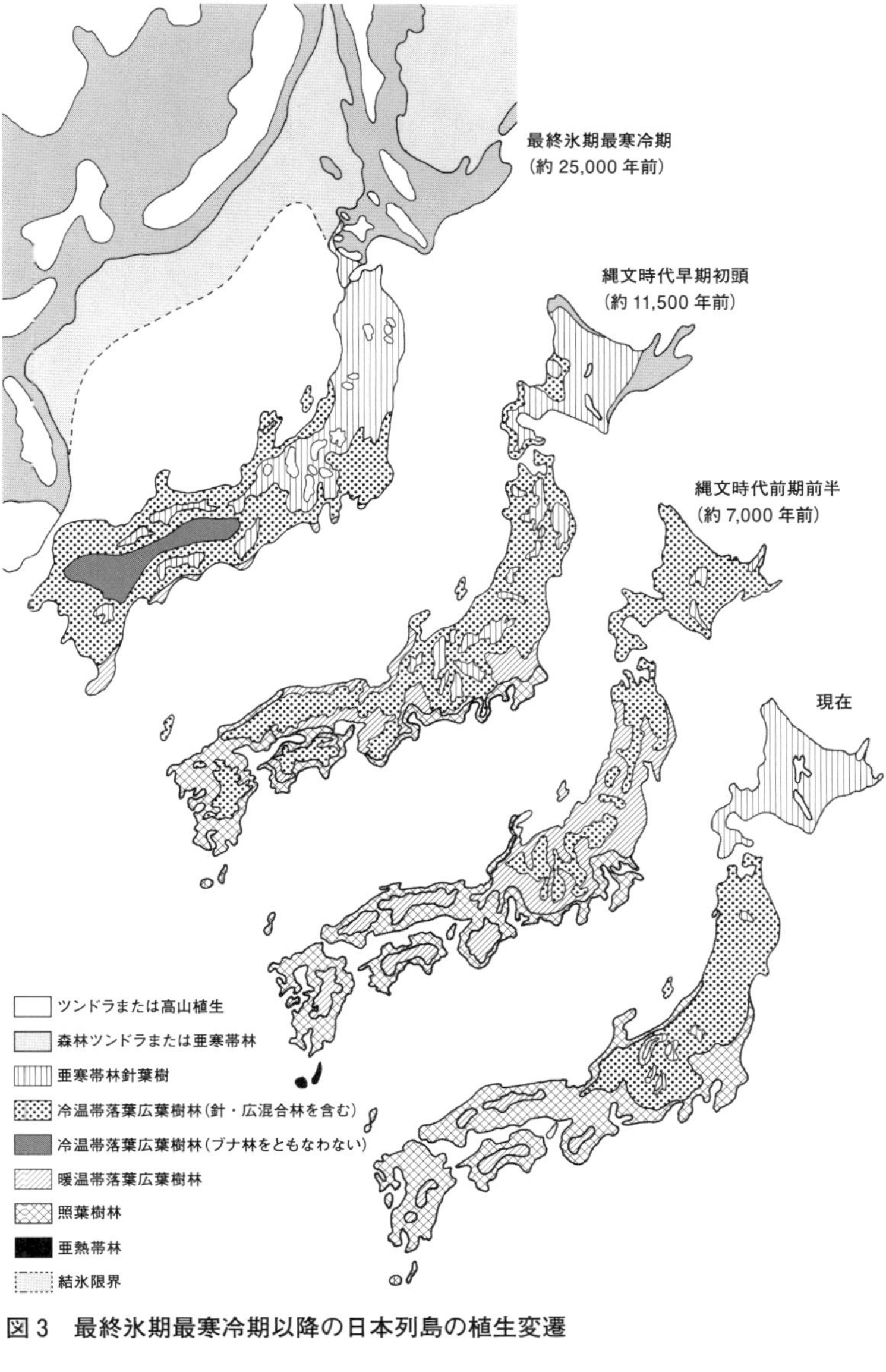

図 3　最終氷期最寒冷期以降の日本列島の植生変遷

日本の山地帯では針葉樹林が激減してコナラ亜属、ブナ属が急増し、中部日本の海岸地帯と西南日本ではコナラ亜属、クマシデ属、クリ属などの落葉広葉樹林が優先する植生に急変し、さらに照葉樹林も南九州から西南日本の太平洋側沿岸にかけて分布を広げようとする気配をみせるようにと、後の完新世初頭ころの植生に近似するようになります。

ところが、「寒のもどり」とも呼ばれる新ドリアス期に入ると、北海道では森林ツンドラの主役であるグイマツやハイマツが再び増加し、東北日本から中部日本の山地帯でも亜寒帯針葉樹林が再び増加します。そうした亜寒帯針葉樹林の増加が河内平野などでも確認されていることからも明らかなように、寒冷気候の植生が列島を再び支配しました。そして、約一万一五〇〇年前ごろになって、ようやく北海道をのぞく多くが落葉広葉樹林と照葉樹林でおおわれる、今日の日本列島の植生ができあがることになります。

一方、氷期の日本列島には、陸橋や川のように狭まった海峡を渡って、北方からマンモス、ヘラジカ、バイソン、ヒグマ、キタキツネ、ナキウサギなど、マンモス動物群と呼ばれる動物たちが、西方からナウマンゾウ、オオツノジカ、ニホンジカ、ツキノワグマ、イノシシ、ニホンザルなど、黄土《おうど》動物群と呼ばれる動物たちがやってきていました（**図2**）。こうした動物たちのうちで、環境変化に敏感な大型の哺乳動物たちは、最終氷期の最寒冷期以降の激しい気候変動のなかで、その生息環境が悪化したばかりか、海峡の成立によって大陸からの新たな補給を絶たれたことや、人類による狩猟圧なども加わって、絶滅していくのです。まず、森林ツンドラの周辺に広がる、いわゆるマンモス・ステップを生息地としたマンモスが最終氷期の最寒冷期が過ぎるころに絶滅し、晩氷期をむかえるまでには、北方系のヘラジカ、バイソンなどが絶滅、ヒグマも北海道を残して絶滅してしまいます。また、西方系の大型哺乳動物も、オオツノジカを残して、晩氷期をむかえるころまでにはほぼ絶滅し、そのオオツノジカも完新世をむかえるころまでには絶滅してしまったようです。

こうした大型の哺乳動物が晩氷期に絶滅してしまうなかで、生息域を拡大していったのがニホンジカとイノシシなど、縄文時代を代表する狩猟獣である中・小型の哺乳動物です。

2　「草創期」という時代

◉列島人類史のはじまり

約七〇〇万年前とも六〇〇万年前ともいわれていますが、類人猿の仲間のなかで、唯一、直立二足歩行をはじめた人類は、氷河時代という厳しい環境変化にさらされながらも、道具を使いこなす技術と知能のもと、猿人、原人、旧人、新人と進化してきました（図4）。そして、約二〇万年前にアフリカに出現した現代型人類である新人は、約一〇万年前にアフリカを出て、世界各地に適応・拡散していきます。

このアフリカを出発した新人は、約五万年前に東アジアに到着し、つづく約四万年前ごろには日本列島に渡来したというのが、最新のミトコンドリアＤＮＡ*などの解析にもとづくシナリオです。そして、列島各地で発見されている一万五〇〇〇カ所をこえる旧石器時代の遺跡はいずれも約四万年前以降ですので、人類の進化でいえば最新の新人の段階、旧石器時代の時期区分で後期旧石器時代に列島の人類史ははじまることになります。

*ミトコンドリアＤＮＡとは、細胞内の小器官であるミトコンドリアにあって、遺伝情報を担う物質のことです。母親から子に受け継がれるという特性を生かして、人類の起源と系譜の研究

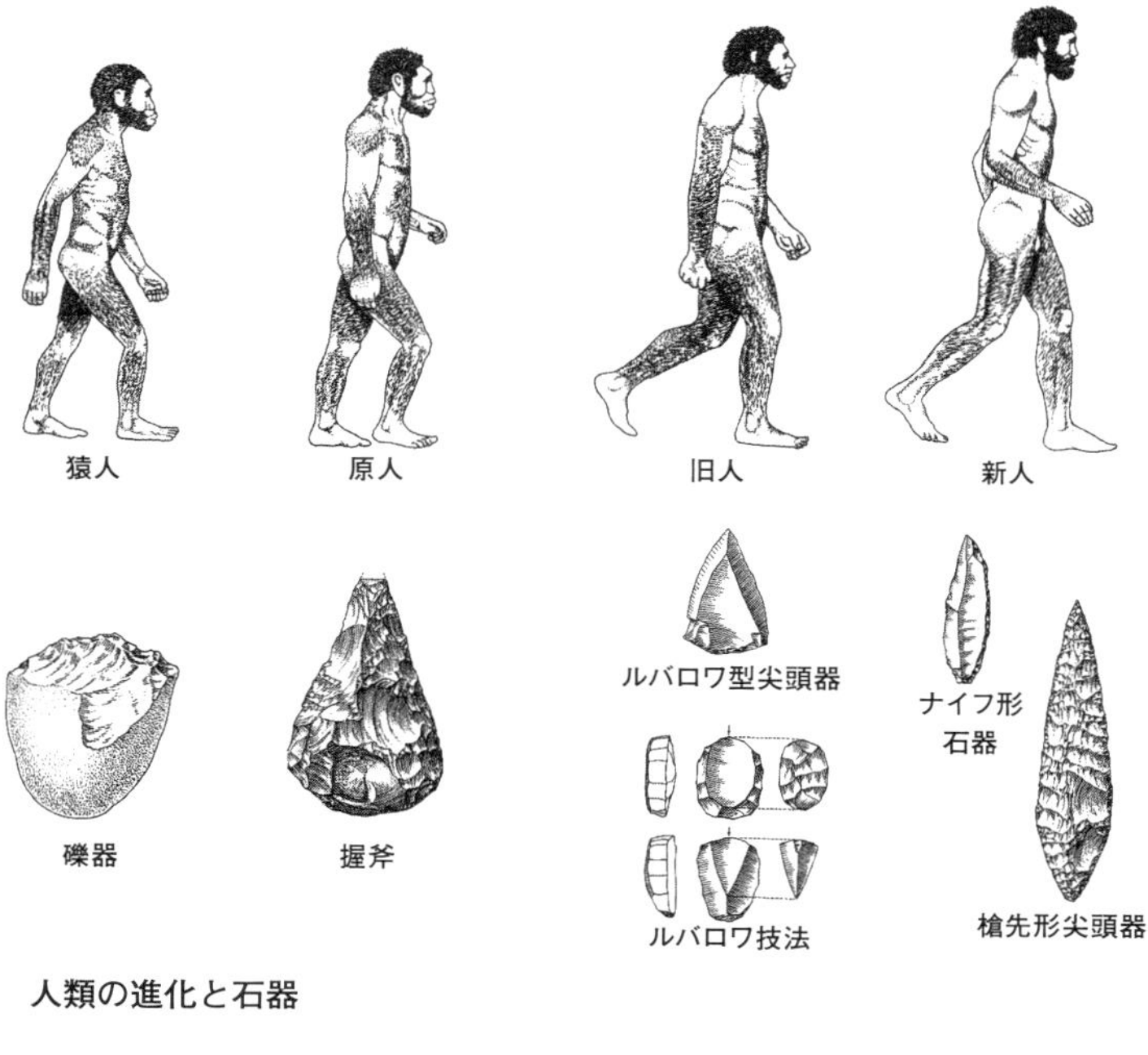

図4　人類の進化と石器

などに活用されています。

◉後期旧石器時代の石器の消長

このように約四万年前にはじまる日本列島の後期旧石器時代の文化を、人類が作りだした道具である石器からみていきましょう（図5）。列島ではまず大陸との共通性をみせながらも、列島に固有なナイフ形石器の文化を発達させました。ナイフ形石器は、現在のナイフに形が似ていることから名づけられたもので、形態は切出し小刀《こがたな》のような鋭い刃をもつ刺突《しとつ》形と、カッターナイフのような切截《せっさい》形の大きく二つに分けられます。刺突形のナイフ形石器がおもに槍先として用いられたのに対して、切截形のナイフ形石器は、加工具として用いられたとみられています。

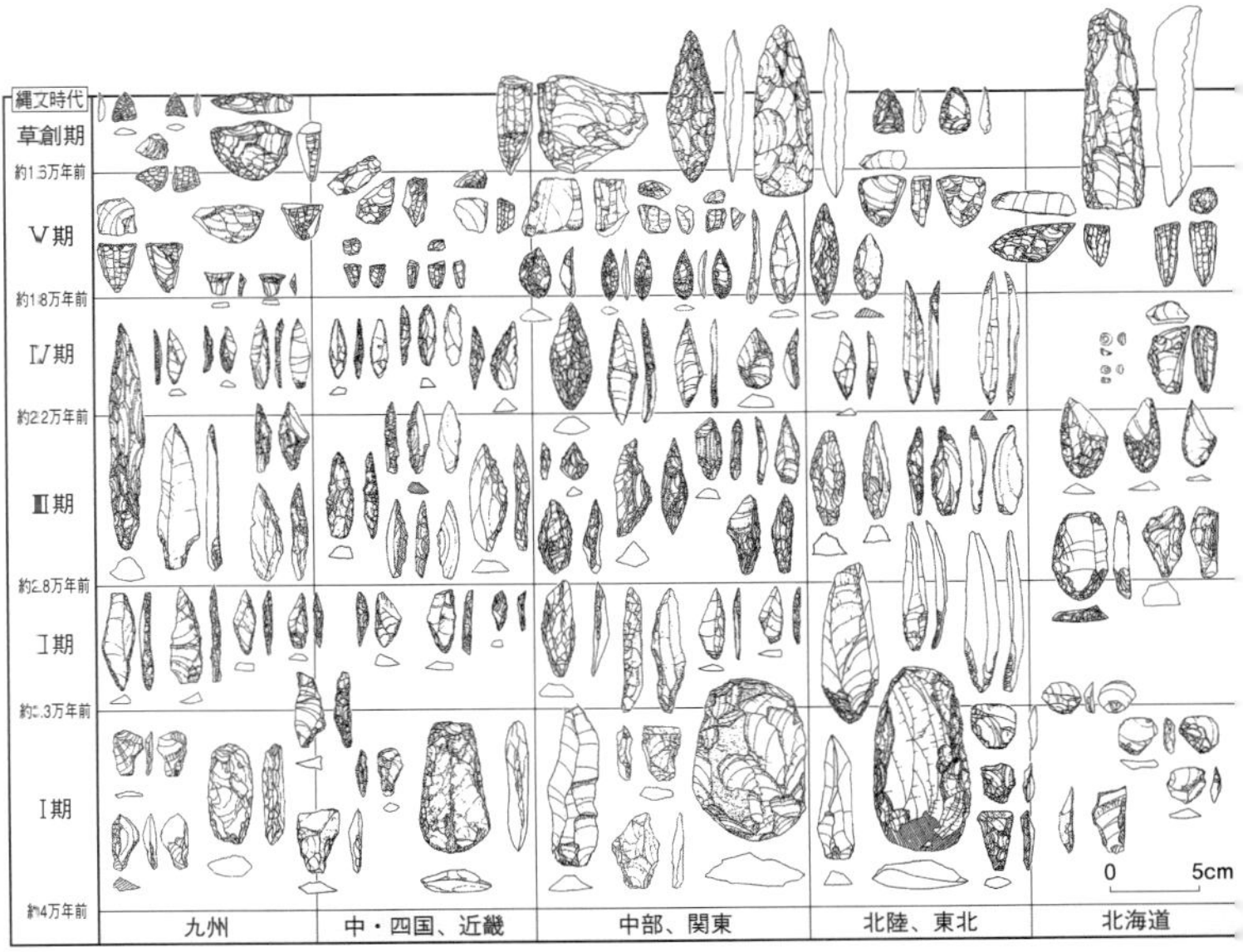

図5　日本列島の後期旧石器時代の変遷

そして、二万年前かややさかのぼる時期（図5のⅣ期）になると、中部・関東地方では、刺突形のナイフ形石器の機能を追求するなかから槍先用の尖頭器《せんとうき》（槍先形尖頭器）が生まれ、しだいにナイフ形石器を凌駕《りょうが》するようになってきました。

一方、北海道では、最終氷期の最寒冷期である二万五〇〇〇年前ごろになると、カラフトからシベリアへと系統がたどれる北方系の細石器《さいせっき》が登場します（図5のⅢ期後半）。この細石器は、両面調整の槍先形尖頭器に似た素材の一方の側縁をはがし、船体形をした細石核《さいせっかく》の原形を作りだして、そこから細石刃を剥離するという、きわめて特徴的な技法をもっています。この技法を湧別《ゆうべつ》技法と呼び、この技法による細石核には白滝《しらたき》型、札骨《さっこつ》型、峠下《とうげした》型などの型式差が

ナイフ形石器

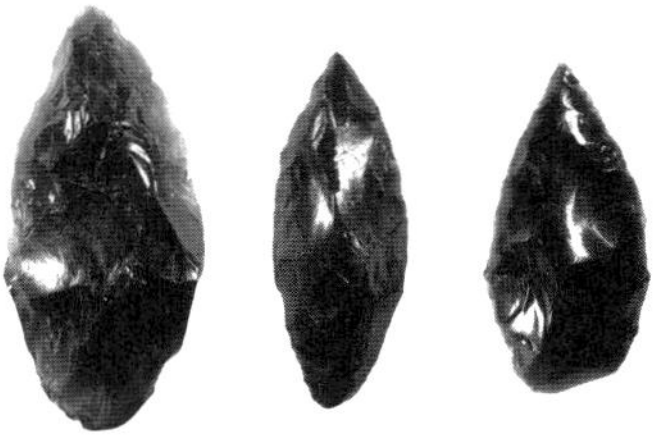

槍先形尖頭器

出川系細石器と細石核

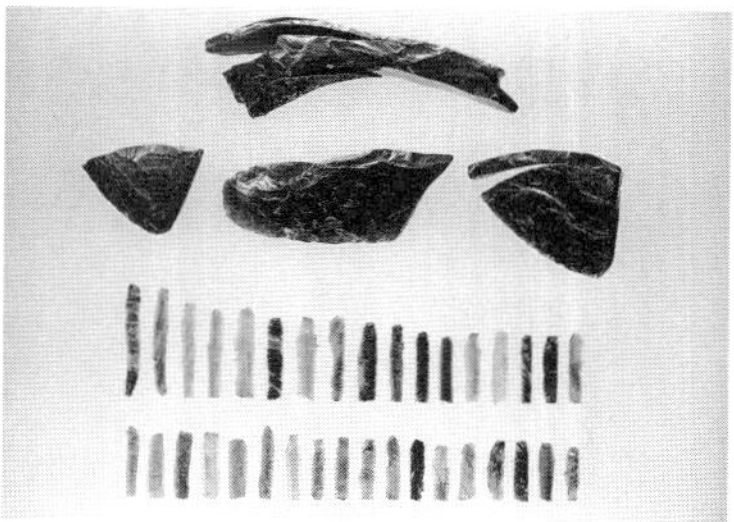

湧別系細石器と細石核

期旧石器時代の石器

みられ、それらを一括して湧別系細石器と称しています。

　この湧別系細石器が北海道から東北日本に展開する一万八〇〇〇年前ごろになると、それに対峙するように、西南日本では、不定形の柱状の素材を細石核の原形として、細石刃を剥離するという技法をもつ細石器が広がりをみせます（図5のV期）。この技法は、矢出川《やでがわ》技法と呼ばれ、この技法による細石核には野岳《のだけ》型、矢出川型、置戸《おけど》型などの型式差がみられ、それらを一括して矢出川系細石器と称しています。

　この二つのルーツをたどると、湧別系細石器はシベリア大陸を起源とすると考えられていますが、矢出川系細石器については、大陸起源説と列島自生説があって、いまだ結論がえられていません。いずれにしても、北海道から東北日本の湧別系細石器と九州から西南日本の矢出川系細石器は、列島の南北において大陸と系統関係をもって成立したとみられ、それらが列島を回廊として交錯することになります。そのために列島の細石器文化は、この二つの細石刃技法をもとにしながらも、それぞれの地域で特有の細石刃技法を生みだし、きわめて複雑な様相をみせています。

　この細石器文化につづいて、中部日本から東北日本を中心に大型で木の葉形をした槍先形尖頭器《やりさきがた》（これを細石器文化の前段階にある槍先形尖頭器と区別して、ここでは石槍《いしやり》と呼ぶことにします）と大型で丸鑿《まるのみ》の形をした片刃《かたば》の石斧《せきふ》（刃部の周辺を研磨したものが多い）を特徴とする石器群が登場します（図5の草創期）。長野県上伊那《かみいな》郡南箕輪《みなみみのわ》村の神子柴《みこしば》遺跡と青森県上北《かみきた》郡東北《とうほく》町の長者久保《ちょうじゃくぼ》遺跡の出土例を標式とする神子柴・長者久保石器群の文化（神子柴・長者久保文化、たんに神子柴文化とも呼ぶ）です。その時

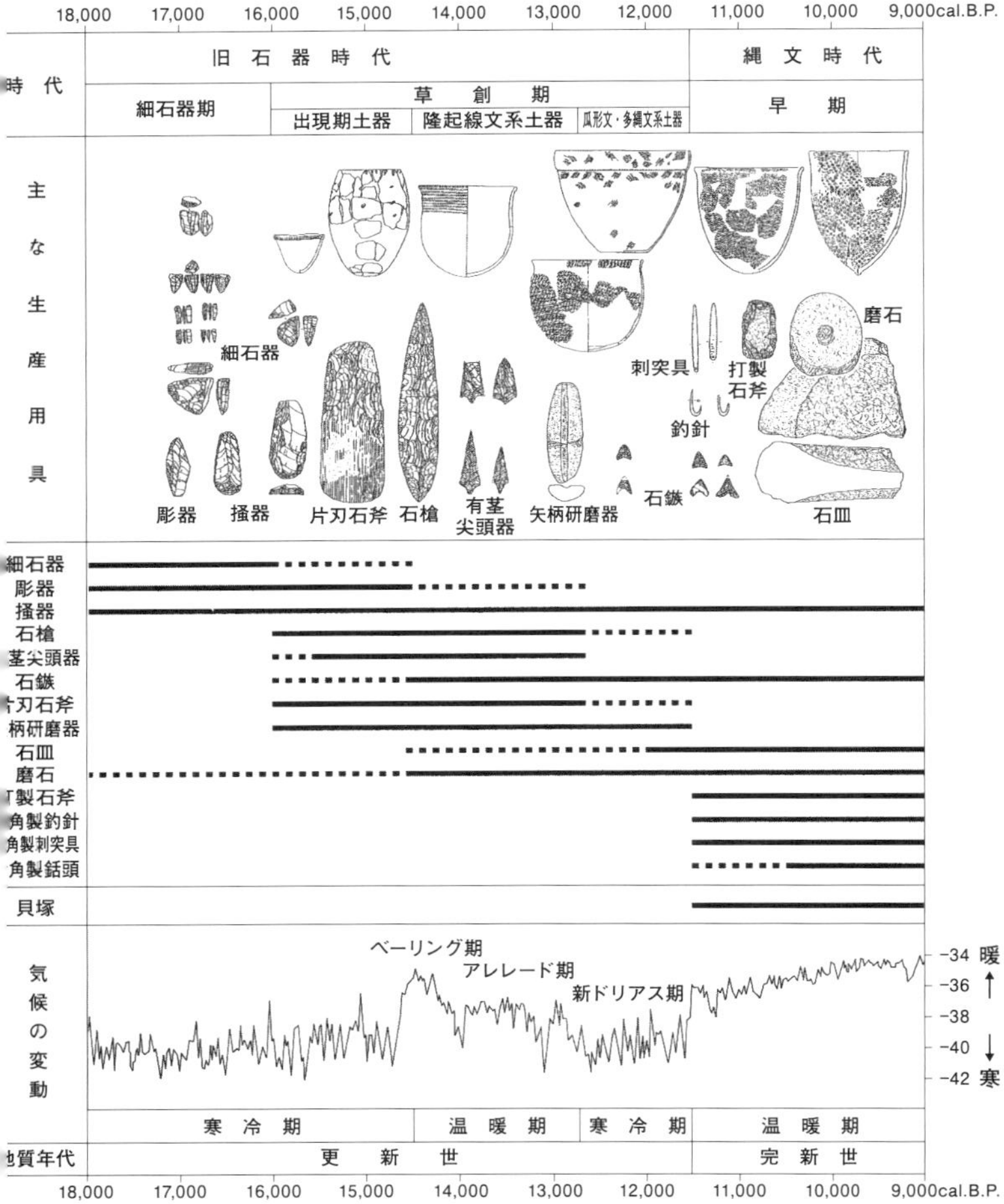

放射性炭素年代は、測定が開発された1950年から何年前＝Before Physicsの頭文字をとってB.P.で表記します。そして、放射性炭素年代を暦年較正した年代は、Calibrationの略のcal.をつけてcal.B.P.と表記します。

図6　旧石器時代末から縄文時代初頭の発達の諸段階

期に日本列島が完全に大陸から離れて島国となる直前、約一万六〇〇〇年前のことです（図6）

◉神子柴・長者久保文化と土器の出現

大型の石槍と片刃石斧を特徴とする神子柴・長者久保文化は、そのほかに「植刃《しょくじん》」、「断面が三角形の錐《きり》」、「半月形の石器」*、有茎《ゆうけい》尖頭器、矢柄研磨器《やがらけんまき》、石鏃《せきぞく》などをともないます。これらのうち有茎尖頭器をのぞく石器は、山内清男《やまのうちすがお》が大陸文化の渡来を契機として縄文文化が成立した、その渡来文物を代表する石器という意味で「渡来石器」と呼んだように、シベリア起源の北方系文化と考えられてきました。その後も、シベリアのアムール川下流域のガーシャ遺跡やノヴォトロイツコエ10遺跡などに代表される、いわゆるオシポフカ文化と呼んでいる文化に、尖頭器、局部磨製《きょくぶませい》石斧、細石刃などとともに土器をともなうことが明らかになったことから、シベリアからカラフト、北海道、本州に伝わったという、神子柴・長者久保文化＝北方起源説が定説化し、その説を私も支持してきました。

＊山内が「渡来石器」とした「植刃」「断面が三角形の錐」「半月形の石器」は、その後の研究で細身の尖頭器の欠損品、棒状の尖頭器、半月の形をした尖頭器というように、いずれも尖頭器

石槍　局部磨製石斧

神子柴遺跡出土の石器（*T. Ogawa*）

の範疇で理解されているので、ここではいわゆるという意味でカギ括弧をつけています。ただし、これらの尖頭器が、この時期を特徴づける形態の石器群であることにはかわりがありません。

ところが、北海道では、この種の石器群だけでなく、後に詳述する「草創期」に属する遺跡が希薄なばかりか、近年、当のオシポフカ文化だけでなく、アムール川からバイカル湖地方の最古の土器の放射性炭素年代が、いずれも日本列島の出現期土器に後続する隆起線文《りゅうきせんもん》系土器段階か、それ以降という年代があたえられ、定説化したと思われた神子柴・長者久保文化＝北方起源説も、今後に課題を残していることが明らかとなってきました。

こうしたなかで、神子柴・長者久保文化＝北方起源説を厳しく批判したのが安斎正人《あんざいまさと》です。安斎は、神子柴・長者久保文化というのは、移行期を画するような文化段階などではなく、湧別技法と呼ばれる北方系の細石刃石器群の技術をもつ集団の本州への拡散に直面して、在地の集団が自らの伝統的な石器技術を変容（彼は文化変容と呼んでいる）させた結果、本州の東北部では長者久保石器群、中央部では神子柴石器群が発生したと主張します。そして、これらの石器群をもつ集団の技術的な伝統が、「草創期」と呼ばれる移行期をつうじて、在地の集団に大きな影響をあたえたと、神子柴・長者久保石器群＝列島自生説を唱えています。

そこで問題となってくるのが、湧別系細石器のうちで少なくとも後半段階、いわゆる「白滝型」と呼ばれる細石刃石器群[illegible]がともなうことです。神子柴・長者久保石器群＝列島自生説をとる安斎らに、湧別系細石器技術をもつ集団の南下が本州の在地集団をして神子柴・長者久保石器群を発生させたのに対して、今度は逆に本州島北部の神子柴・長者久保石器群をもつ集団が北上して、北海道の在地集団に神子柴・長者久保石器群をもたらしたと想定しています。しかし、本州の「白滝型」の湧別系細石器にも石槍がともなうことは間違いなく、これらの石器群の一部には出現期土器もともないます。いずれにしても、神子柴・長者久保文化の起源問題の決着には、もう少し時間が必要だということです。ただし、湧別系細石器がシベリア大陸を起源とすることが間違いないとすれば、私は、神子柴・長者久保文化も、そうした北方系の細石器文化の流れのなかでもたらされた文化だと理解するほうが蓋然性が高いと考えています。

一方、土器はというと、「草創期」といわれる隆起線文系土器、爪形文《つめがたもん》系土器、押圧縄文《おうあつじょうもん》系土器（今は回転縄文系土器を含めて多縄文《たじょうもん》系土器と呼びます）の発見とその編年観の確立によって、隆起線文系土器こそが列島最古の土器だと考えられた時期がありました。しかし、隆起線文系土器でもっとも古いとされている隆帯文《りゅうたいもん》をもつ土器は、本州では有茎尖頭器をともなうのに対して、九州では細石器をともなうというように、石器の系統が大きく違うことから、より古い土器の存在の可能性を暗示していました。そして、一九七〇年代後半に入ると、日本列島各地から隆起線文系土器に先行する土器が発見されますが、その様相はきわめて複雑です。まず、本州では、東北部からに中央部にかけて、大型の石槍と片刃石斧という神子柴・長者久保文化に特徴的な石器群をともなう遺跡から、わずかな数ですが土器が出土しています。また、関東地方での発見例が目立ちますが、中・小型の石槍と量的には少ないが細石器をともなう遺跡から、これも少量の土器が出土しています。それに対して、九州では、豆粒文《とうりゅうもん》土器で知られる長崎県佐世保市の泉福寺《せんぷくじ》洞穴遺跡にみられるように、細石器を主体的にともなう遺跡から、土器が出土しています。しかも、さらに複雑にしているのは、つぎの隆起線文系土器の段階になっても、本州では石槍と片刃石斧が、北九州では細石器が残存するということです。

こうした複雑な様相をみせてはいますが、日本列島で土器が出現する時期は、約一万六〇〇〇年前の土器をともなわない細石器の段階と、約一万四五〇〇年前以降こ

出現期土器

豆粒文土器

隆起線文系土器

形文系土器

多縄文系土器（*T. Ogawa*）

草創期」の土器

本州から四国、九州に広く分布する隆起線文系土器の段階との間に、おそらく土器の使用が開始されたと考えて大過ないものと考えています。それが大陸を起源とするか、列島自生かは今後の問題として、更新世から完新世という厳しい環境変動の試練に、列島の石器時代人が積極的に対応した結果だということです。

◉「草創期」の年代とその環境

さて、先ほどから「草創期」という言葉を使っていますが、「草創期」とは、山内清男が提唱した縄文土器の時期区分の名称です。山内は、一九三七年に縄文土器の全国的編年表を作成して、そこで細別型式を早・前・中・後・晩期の五期に大別しました（**表1**）。この山内が五期区分を発表した昭和初年代には、早期の最古の土器は押型文《おしがたもん》系土器でしたが、その後、さらに古い撚糸文《よりいともん》系土器

表 1　縄紋土器型式の大別と細別

	渡島	陸奥	陸前	関東	信濃	東海	畿内	吉備	九州
早期	住吉	（+）	槻木　1 〃　2	三戸・田戸下 子母口・田戸上 茅山	曽根？× （+）	ひじ山 粕畑		黒島×	戦場ヶ谷×
前期	石川野× （+）	円筒土器 下層式 （4型式以上）	室浜 大木　1 〃　2 a,b 〃　3—5 〃　6	蓮田式｛花積下 関　山 黒　浜｝ 諸磯 a,b 十三坊台	（+） （+） （+） 踊場	鉢ノ木×	国府北白川 1 大歳山	磯ノ森 里木 1	轟？
中期	（+） （+）	円筒上 a 〃　b （+） （+）	大木　7 a 〃　7 b 〃　8 a,b 〃　9，10	御領台 阿玉台・勝坂 加曽利 E 〃　（新）	（+） （+） （+） （+）			里木 2	曽畑 阿高 出水｝？
後期	青柳町× （+） （+）	（+） （+） （+） （+）	（+） （+） （+） （+）	堀之内 加曽利 B 〃 安行　1，2	（+） （+） （+） （+）	西尾×	北白川 2 ×	津雲上層	御手洗 西　平
晩期	（+）	亀ヶ岡式｛（+） （+） （+） （+）	大洞　B 〃　B－C 〃　C 1，2 〃　A，A′	安行　2-3 〃　3	（+） （+） （+） 佐野×	吉胡× 〃× 保美×	宮滝× 日下×竹ノ内× 宮滝×	津雲下層	御　領

註記 1．この表は仮製のものであって，後日訂正増補する筈です。
2．（+）印は相当する式があるが型式の名が付いて居ないもの。
3．（×）印は型式名でなく，他地方の特定の型式と関連する土器を出した遺跡名。

が発見されました。ところが、戦後になると、撚糸文系土器よりもさらに一段古い土器群が発見され、しかも、それらは隆起線文系土器、爪形文系土器、押圧や回転縄文を特徴とする今日の多縄文系土器という型式群に細別されることが明らかとなったのです。

そこで、山内は、五期区分のときの方法にならって、各期が同じ数の細別型式を含むように、撚糸文系土器およびそれより古い土器群を一括して、新しく「草創期」という時期を設定し、全体を六期に区分することを提案しました。このように、山内の「草創期」は、彼自身の言葉を借りれば「十進法を用いて整理し得る」時間の単位、それは暦年代にかわるべき考古学的な年代区分という、首尾一貫した論理のもとに設定されたのです。

一方、小林達雄は、山内の「草創期」の名称を引き継ぎながらも、山内が多縄文土器の消滅と稀縄《きじょう》文《もん》土器（縄文を施さないか、施すのがまれな土器）の出現を目安として撚糸文系土器と押型文系土器との間を「草創期」と早期の境界としたのに対して、戦後発見された隆起線文系土器をはじめとする土器群と撚糸文系土器との際立った違いをそのまま「草創期」と早期の境界とすべきであるとして、撚糸文系土器から早期とすることを提案しました。とりわけ小林は、貝塚《かいづか》の形成や竪穴《たてあな》住居の普及などの現象が撚糸文系土器の時期と一致するという、歴史的な評価を区分の根拠として重視しました。

この小林の区分の考え方に対しては、山内の時間の単位としての年代区分に、「草創期」と早期の区分にだけ別の概念である歴史的な評価をもち込むものとして、その矛盾を指摘する声は強くありました。しかし、その矛盾を指摘した人も含めて今日では、小林の撚糸文系土器から早期とする考え方

い研究者が多数を占めていることも事実です。それは縄文文化への質的な転換ということでは撚糸文系土器の時期が重要な意味をもつということを、多くの研究者が認識しているからにほかなりません。なお、本書でも、とくにことわらないかぎりは、撚糸文系土器から早期とします（図6）。

「草創期」の土器は、大きく、隆起線文系土器、爪形文系土器、多縄文系土器の各段階に分けられます。隆起線文系土器に先行する土器は、無文の土器群と口縁部を肥厚させ、そこに押圧文を施すような有文の土器群に分けられますが、これらの土器が出土する遺跡は非常に少ないばかりか、小破片で数も少なく、今のところ器形を復元できるものもわずかしかないことから、いまだ型式名をつける状況にはいたっていないので、ここでは出現期土器と仮称しておきます。

日本でも一九九〇年代から高精度の年代測定法である加速器質量分析法（AMS法）が開発され、「草創期」土器の付着物についても、今日、かなりの数の測定値がえられるようになっています。その結果、「草創期」は、約一万六〇〇〇から一万一五〇〇年前という年代があたえられており、そのうち出現期土器が約一万六〇〇〇から一万四五〇〇年前、隆起線文系土器が約一万四五〇〇から一万二七〇〇年前、爪形文系土器と多縄文系土器が約一万二七〇〇から一万一五〇〇年前という年代があたえられています（図6）。

この「草創期」の各段階の年代と、前述した日本列島の自然環境史と比較してみると、出現期土器は最終氷期最寒冷期の直後、隆起線文系土器は温暖期であるベーリング・アレレード期、爪形文系土器と多縄文系土器は最後の寒冷期である新ドリアス期にほぼ相当します（図6）。つまり「草創期」とは、人類がいまだ経験したことのないような気候変動期である晩氷期のただなかであって、日本列島が地貌だけでなく、そこに生息する植物相や動物相も大きな変貌をとげた時代であったということも、前述したとおりです。

◉考古学の年代

年代測定法のことがでてきましたので、ここで考古学の年代について、簡単に解説しておきます。

考古学の年代は、「縄文土器の全国編年」（図13、66・67ページ）で、たとえば関東地方の前期の関山《せきやま》式土器が花積《はなづみ》下層式土器よりも新しいとか、あるいは黒浜《くろはま》式土器よりも古いというように、あくまでも考古資料の新旧（前後）関係を示す相対年代です。この相対年代では、考古資料の年代が新しいか古いかを知ることができても、今から何年前に作られたとか、紀元前何世紀ころに使われたものなのかというような、いわゆる絶対年代を明らかにすることはできません。しかし、相対年代よりも絶対年代のほうが、歴史の発展の過程を的確にとらえるのには優れていますし、離れた地域の個別の歴史を比較するには、絶対年代は欠かすことができません。

そこで、考古学では、相対年代としての型式編年（相対編年）を、絶対編年に近づける努力をしてきました。その方法の一つが、交差年代決定法（比較年代決定法）と呼ばれるものです。これは原理的には、異なった地域の相対年代を対応させていき、すでに暦《こよみ》による年代が確定している地域の型式編年と連結させることによって絶対年代の基準をあたえようというものです。しかし、暦となる同時代資料のない縄文時代では、この方法は利用できませんので、そこで自然界の時計を使って過去の時間を計るという、理化学的な年代測定法を用いています。

理化学的な年代測定法といえば、放射性炭素法、熱ルミネッセンス法、フィッショントラック法、ウラン・トリウム法、電子スピン共鳴法などありますが、そのうち考古学でもっとも利用されているのが放射性炭素法です。

炭素には、天然では質量の違いによって炭素12、炭素13、炭素14の三種類がありますが、質量が異なる以外に、もう一つ大きな相違点があります。それは炭素12と炭素13は、時間がいくら経過しても変化しませんが、炭素14は時間の経過にともなって、β線という放射線を放出しながら壊れて減少してしまうのです。これを放射壊変《かいへん》といい、その割合は五七三〇年で半減します。生物は、光合成をはじめとする食物連鎖によって、大気とつねに炭素を交換しているので、生物体内には大気と同じ炭素の量を含んでいます。しかし、生物が生命活動を停止すると、当然、大気との交換が停止されて、炭素14だけが放射壊変をして、五七三〇年で半減してしまいます。そのために、試料中の炭素14の含有量を測定すれば、その生物が生命活動を停止してから、どれくらいの時間が経過したかがわかるのです。

この放射性炭素法は、従来までは、秤量《ひょうりょう》で二グラム程度が必要な放射能計数法（β線計数法）がおこなわれていましたが、日本でも一九九〇年代から、β線計数法よりも千分の一程度の量、つまり数ミリグラムの量で測定することが可能な加速器質量分析法（AMS法）が開発されるようになりました。このAMS法を用いれば、土器に付着した炭化物などのように、微細な量でも年代測定が可能となります。木材などの場合には、それを伐採した年代は測定できても、それを使用した年代が測定できないという難点がありますが、土器に付着した炭化物で年代測定できれば、その土器を使用した年代が測定でき、歴史学的年代としてはより信頼した年代がえられることになります。

ところで、放射性炭素法が開発された当初は、大気中の炭素14濃度はつねに一定であると考えられていました。しかし、炭素14の生成量は、じつは宇宙線の強さに依存していて、太陽の活動や地球磁場の変動などによって、その濃度が一定でないことがわかってきました。そこで、暦年代が明らかな樹木年輪などの放射性炭素年代を測定して、その補正をはかる「国際標準暦年較正曲線」が定められています。

こうしたAMS法の開発と「国際標準暦年較正曲線」とによって、実年代に近似する年代がえられる可能性が高くなってきました。その結果、縄文土器の編年についても、従来にも増して、実年代に近似する絶対年代と結びつけられる可能性が高くなってきたのです。

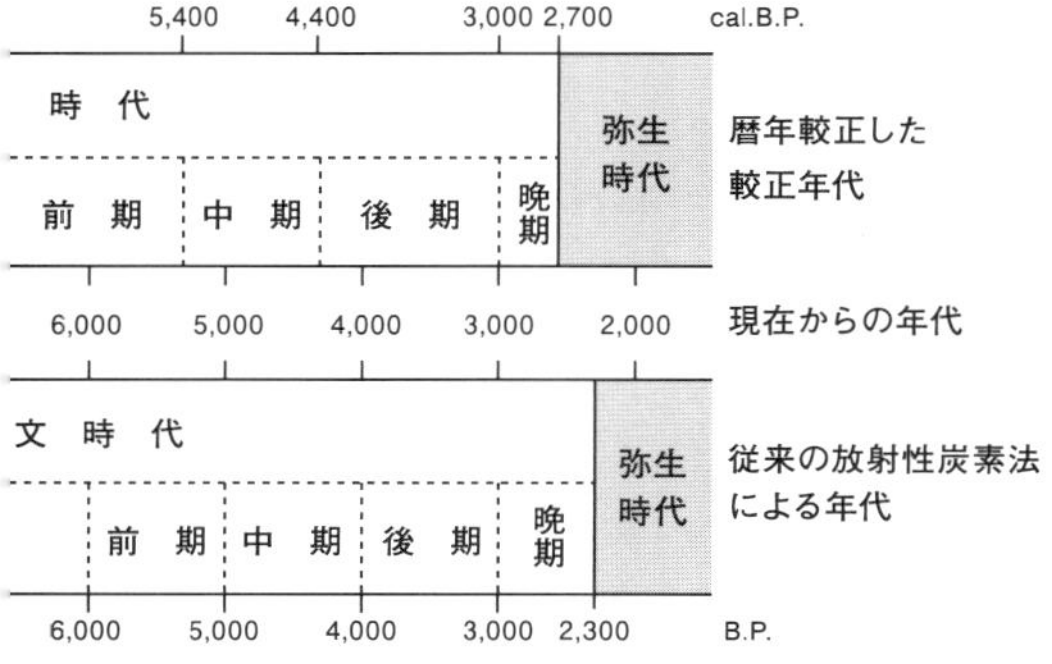

しかし、だからといって、放射性炭素年代が実年代を示すかというと、決してそうではありません。というのは、AMS法であっても、β線計数法であっても、そこでえられた年代というのは、一定の仮説にもとづいた統計確率的な数値年代であるということです。しかも、「国際標準暦年較正曲線」によって補正された較正年代は、一種の経験式によって換算された年代にすぎません。つまり放射性炭素年代は、決して実年代を示すものではないということを正しく理解してこそ、その数値年代を考古学研究に応用できるといえるでしょう。

図7に、縄文時代の放射性炭素年代とその較正年代を比較して示しました。本書では、数値で年代を示す場合には、実年代により近い較正年代を用いています。

◉「草創期」の位置づけ

さて、「草創期」の特徴の一つは、新しい道具が短期間に数多く出現したことです。たとえば石器群では、大型の片刃石斧、大型の石槍、細身の尖頭器、棒状の尖頭器、有茎尖頭器、矢柄研磨

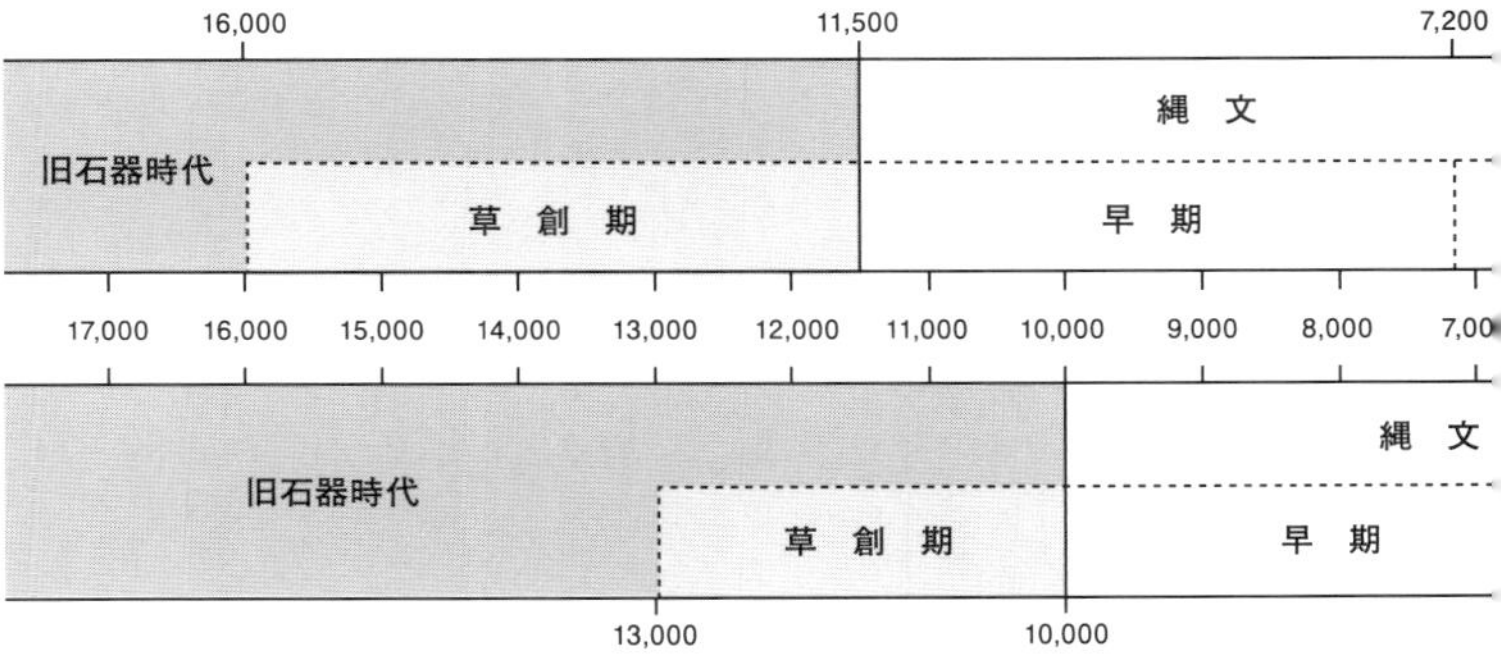

図７　放射性炭素年代とその較正年代の比較

器、石鏃などが、この時期に出現します。しかも、石鏃のように、縄文文化の主要な道具の一つとして受け継がれるものもありますが、その多くは短期間のうちに消滅するというように、石器群が目まぐるしく消長した時期でもあります（図6）。また、「草創期」は、遺跡によって石器群の組み合わせが違うことも、つとに知られています。

一方、土器も、出現期の土器は出土する遺跡数が限られるだけでなく、出土量もきわめて少ないのですが、つぎの隆起線文系土器になると、遺跡数は著しく増加し、出土量も増加します。ところが、爪形文系土器になると、遺跡数・出土量とも減少し、多縄文系土器になると、東北南部から中部日本を中心に遺跡数・出土量ともに再び増加する傾向をみせます。隆起線文系土器は温暖期にあたり、多縄文系土器も新ドリアス期の末期の急激な気温の上昇期にあたっています。ということは、土器もまた、晩氷期の激しい環境変化のなかで、その使用量が増減した可能性が高いのです。

こうした石器群など道具の目まぐるしい消長と遺跡での組み合わせの違いこそ、日本列島が完全に大陸から離れて島国となるなかで、氷期への逆もどりともいえる寒冷気候の再来と、その後の急激な温暖化という厳しい環境変動の試練に、列島の石器時代人が果敢に挑戦し、それぞれの地域で環境変動に対応するため道具を積極的に選択していた姿を雄弁に物語っています。そして、急激な温暖化をうけて、それまで針葉樹を主体としていた森林は落葉広葉樹と照葉樹の森林へとかわろうとし、それにともなって動物相も変化し、さらに海進によって、列島の沿岸では海岸線の深く入り組んだ遠浅の砂泥《さでい》の入江がつくりだされるというように、今日の日本列島にみられる完新世の環境がほぼ成立していきます。そうしたなかで、列島の石器時代人はしだいにそれらの環境に対応した道具を整備・開発し、その技術を確立させていったのです。

このようにみてくると、約一万六〇〇〇から一万一五〇〇年前の「草創期」は列島の旧石器時代から縄文時代の移行期であり、縄文文化を成立させるための、いわば胎動期であったことになります。つまり「草創期」は、縄文時代への移行期として、時代区分上では旧石器時代に位置づけるべきだというのが、私の考えです（図6）。本書では、「草創期」というように、あえてカギ括弧つきで用いているのも以上の理由によります。

その点で、「草創期」の隆起線文系土器とその並行期に、後に詳述するように、鹿児島市の掃除山《そうじやま》遺跡（図15の①、84ページ）、あるいは静岡県沼津市の葛原沢《くずはらさわ》第Ⅳ遺跡で、竪穴住居跡とともに植物質食料の製粉具である石皿《いしざら》と磨石《すりいし》が出土したことは、こうした移行期の列島の様子を彷彿とさせます。南北に細長い日本列島では、針葉樹を主体としていた森林から落葉広葉樹と照葉樹の森林への変化は、西南日本から、それも黒潮が洗う太平洋沿岸から広がっていくことになります。したがって、それらの森林に豊富な実をつける堅果《けんか》類の利用も、まず西南日本から太平洋沿岸地域を東へと進んでいったことは、ほぼ間違いありません。いち早く完新世的な環境が形成された地域で、製粉具である石皿と磨石にみられる植物質食料の利用が進み、定着性のある生活形態を志向し、竪穴住居をつくるようになります。しかし、竪穴住居がつくられたとはいえ、後の縄文時代の集落遺跡と比較して、長期に定住するような本格的な集落（定住集落）を形成するまでにはいたっていません。掃除山遺跡や葛原沢第Ⅳ

遺跡も、いまだ移行期のなかにあったといえます。

さらに、完新世の直前にあたる多縄文系土器の時期にも、群馬県みどり市の西鹿田中島《さいしかだなかじま》遺跡（図16の①、89ページ）や同県伊勢崎市の五目牛新田《ごめうししんでん》遺跡などにみられるように、竪穴住居やそれに類する遺構の出土例が増えてきますが、それは植物質食料の製粉具である石皿や磨石などの一般化と表裏の関係にあります。とくに静岡県富士宮市の大鹿窪《おおしかくぼ》遺跡では、狭い範囲に竪穴住居が重複して残されていますが、ここでも定住集落を形成するまでにはいたっていません（図16の②）。こうした多縄文系土器の時期の現象こそは、縄文文化が成立する直前の様子を私たちに教えてくれています。

3 縄文文化の成立

◉縄文文化の舞台

今日の日本列島は、北は北海道から南は南西諸島まで、島々が南北に細長く連なっています。最大の本州島でも、面積は二三万平方キロにたらず、幅は最大で三〇〇キロと狭いにもかかわらず、北海道から大隅諸島の屋久島まで二〇〇〇から三〇〇〇メートル級の山々が広がっています。山地の面積は約七〇パーセントにも達し、河川はいずれも急流をなして複雑な谷を刻み、そのため小さな谷地や扇状地、沖積平野が各地に広がっています。

また、日本列島は、北は寒流である親潮、南は暖流である黒潮が海岸を洗っています。総面積が三七万平方キロと狭いにもかかわらず、大小さまざまな三六〇〇の島々からなる日本列島の海岸線は、総延長で二万七〇〇〇キロにも達しています。しかも、海岸地形は変化に富み、海と陸との境がきわめてはっきりとしていることから、砂浜や岩礁海岸、数多くの内湾や内海が各地に広がって、複雑な浅海域《せんかい》を形づくっています。

このように日本列島の地形は、小規模で複雑な箱庭的風景が特徴です。かつて文部省唱歌の『汽車』で、「今は山中、今は浜、今は鉄橋渡るぞと、思う間も無くトンネルの、闇を通って広野原」と歌われたのは、車窓からの風景がつぎつぎとかわるという、日本の箱庭的風景を表現したものにほかなりません。

一方、日本列島は、温暖で雨量の多い中緯度地方に位置しています。中緯度地方の気候の特徴は、春、夏、秋、冬という季節の変化がはっきりとしていることです。そして、大陸性の寒気団であるシベリア気団と、海洋性の熱帯気団である小笠原気団とにはさまれた位置にあることから、冬はかなり寒く、夏は熱帯なみの暑さになるというように、同緯度のほかの地域とくらべて季節の変化が激しいのです。しかも、南北に細長い列島の中央部に脊梁《せきりょう》山脈が走っていることから、日本海へ流入する対馬暖流の影響もあって、日本海側は世界的にも有数の豪雪地帯となっています。それは箱庭的風景とあいまって、多彩で豊かな自然環境を形成することになります。

そして、氷河時代に大陸に属していた日本列島が、今日にみる花綵列島の姿を完成させたのは、前述したように、今から約一万一五〇〇年前にはじまる完新世の初頭のころで、ここにようやく縄文人が活躍する舞台が用意されたのです。

◉弓矢の出現

縄文時代を代表する道具といえば、いうまでもなく弓矢と土器です。この弓矢と土器は、すでに指摘したように、旧石器時代終末の神子柴・長者久保文化とその並行する時期に使用が始まります。私は、神子柴・長者久保文化をはじめとする「草創期」を列島の旧石器時代から縄文時代への移行期として、時代区分上では旧石器時代に位置づけています。ところが、日本考古学では、伝統的に弓矢や土器などの新しい道具、とりわけ土器は、縄文時代に独自の発達を遂げるだけでなく、旧石器時代にはない煮炊き用の道具を列島の石器時代人が手に入れることによって生活様式の根本的な変化をもたらしたとの評価から、土器が出現する時期をもって縄文文化が成立したとするのが一般的です。

とすれば、縄文文化の成立の画期は、神子柴・長者久保文化とその並行期に求めるべきなのでしょうか。しかし、ことは縄文文化の評価にかかわりますので、もう少し個々の石器や土器などの出現と普及の歴史的意義を検討してみましょう。

弓矢は、弓の反発力と弦《つる》の張力とを組み合わせて利用し、矢を遠くに飛ばす道具です（図8）。矢の先端は、刺突力と一定の重さを必要とすることから、石の矢尻である石鏃が使われるほかは、弓、弦、

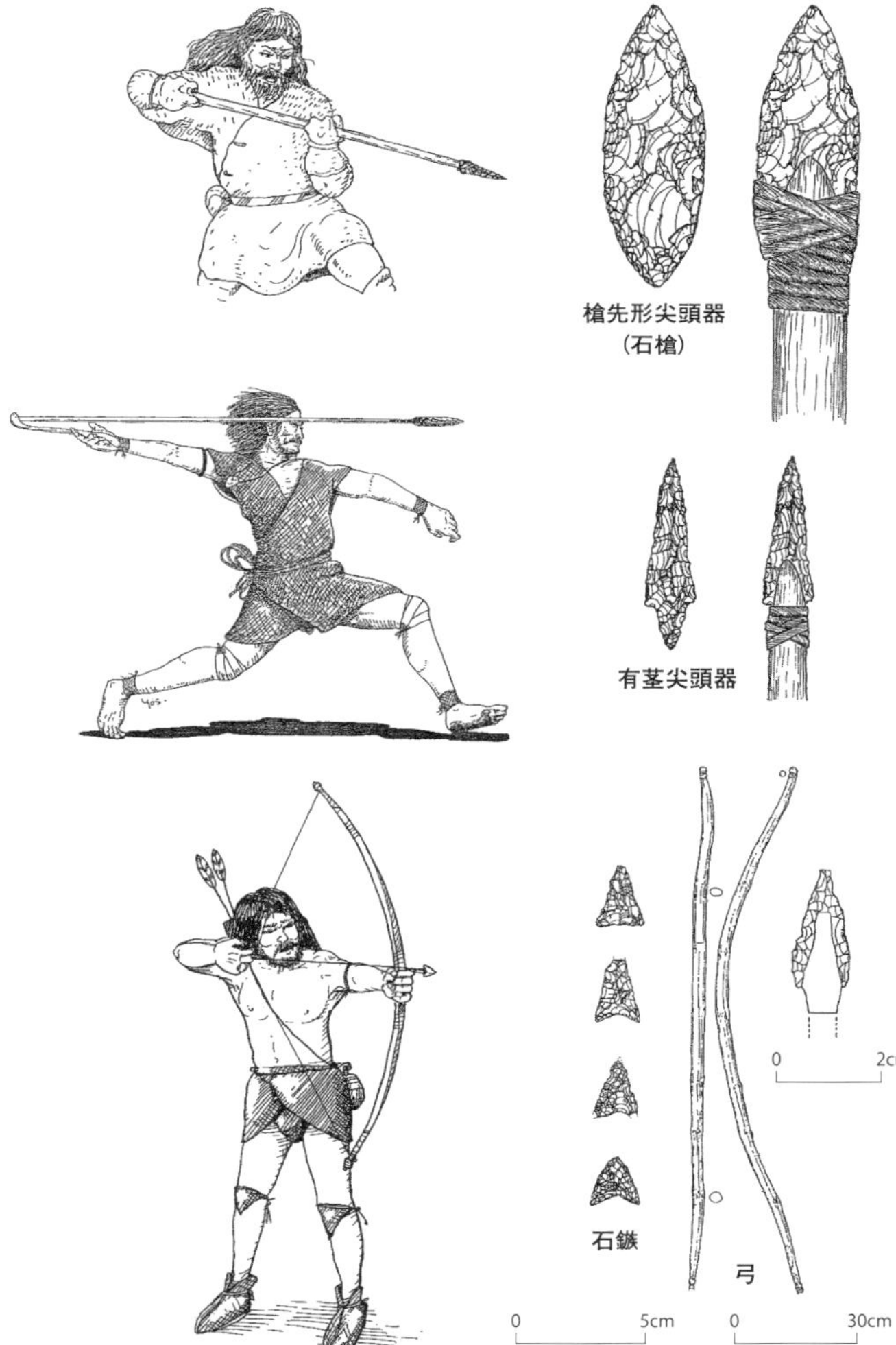

図 8　狩猟具の変遷（槍から弓矢へ）

矢柄とも植物が使われています。日本列島の土壌は、酸性度が強いために有機質である植物は残りにくいのですが、近年の低湿地遺跡の発掘調査によって、植物遺存体の発見が増加するとともに、弓の発見例が増えてきています（図20、100ページ）。とはいえ、石鏃が矢柄に装着されたまま発見されたのは、つい最近の北海道恵庭《えにわ》市のユカンボE11遺跡を含めても、埼玉県さいたま市の寿能《じゅのう》遺跡や北海道木古内《きこない》町の札苅《さつかり》遺跡などわずかな遺跡からだけで、弦にいたってはいまだに発見例がありません。しかし、幸いにも石鏃は、列島各地から豊富に発見されており、縄文人がさかんに弓矢*を用いて狩猟活動をおこなっていたことを知ることができます。

*石鏃は、骨角《こっかく》製の銛頭《もりがしら》の先端に着装して、漁労具としても使用されているので、弓矢に限定されるものではありません。骨角製といえば、東海地方以北の縄文後・晩期には、石鏃を装着するのに骨角製の根挟《ねばさ》みが使用されることもありますが、これはもっぱら矢柄に装着するためのものです。

一方、有茎尖頭器はその大きさや重量から投げ槍の穂先で、石槍は突き槍の穂先であると考えられています（図8）。この有茎尖頭器と石槍が、前述したように、石鏃とともに神子柴・長者久保文化にともなうということは、突き槍、投げ槍、弓矢の三つがセットとして使われたということになります。ただし、石鏃が本格的に普及するのは、隆起線文系土器の時期になってからのことです。そして、石鏃が普及するのにともなって、有茎尖頭器が段階的に消滅していくことから、日本列島では、弓矢が急速に普及するなかで、逆に投げ槍が急速に衰退していったことを意味しています。そして、約一万一五〇〇年前以後の完新世、土器の区分でいえば早期の段階に入ると、北海道や東北北部をのぞいて、槍はほとんど使われなくなるか、あっても狩猟具の主体ではなくなります（図6）。

それは、ユーラシア大陸東部と同一系統の文化内容をもっていた神子柴・長者久保文化が、更新世から完新世へのグローバルな環境変化のなかにあって、最後に残された宗谷海峡も海面下に没して日本列島が完全に大陸から離れて島国となり、大型の哺乳動物にかわりシカやイノシシなどの中・小型の哺乳動物を狩猟対象とするためにとった狩猟具の積極的な選択にほかなりません。その点で、イノシシが生息しない北海道では、ヒグマ猟が盛んだったこともあってか、早期以降も槍が多く使われています。一方、細石器を狩猟用石器とした九州では、その組み合わせの数によって突き槍と投げ槍を使い分けていたと思われますが、ここでも石鏃が普及するなかで、細石器は急速に衰退していきます。

弓矢は、飛力、貫徹力、命中度など、いずれをとっても優れた狩猟具ですので、槍を狩猟具としていた時代よりも、狩猟対象物と狩猟効率を飛躍的に高めたことはいうまでもありません。しかし、弓矢の出現とは、そうした新しい飛び道具を人類が手に入れたということだけではありません。弓矢は、狩猟対象物に近づくことなく距離をおいて狩猟ができ、矢を多量に携帯することによって、迅速な連続発射が可能となったことから、労働形態や労働組織をも大きくかえることになりました。それは、弓矢が普及するにともなって、猟犬と落とし穴*（図9）という、旧石器時代とは異なる、いわば縄文時代的な狩猟スタイルが生まれたことに端的にあらわれています。

＊落とし穴の最古の例は静岡県三島市の初音《はつね》ヶ原《がはら》A遺跡などで、今から三万年前ごろにさかのぼるものが発見されています。しかし、旧石器時代の落とし穴は、特定の時期と地域に限って出現するのに対して、縄文時代早期から本格的に普及する落とし穴は、列島全域で時代をとおして継続的に営まれるというように、様相を大きく異にしています。縄文時代の落とし穴は、定住化とともに普及した狩猟技術の一つといえます。

◉土器の出現と植物利用

土器の用途には、大きく煮炊き用と貯蔵用の二つがあります。世界の民族誌によれば、森林地帯に住む狩猟採集民は、もっぱら深鉢形《ふかばちがた》の土器を作って、それを煮炊き用に使っているということです。そして、狩猟採集民の最古の土器も、煮炊き用の深鉢形土器です。一方、農耕民は、煮炊き用に浅い壺形《つぼがた》土器を用いたりもしますが、大事なのは貯蔵用の土器で、事実、農耕民の最古の土器も、貯蔵用の土

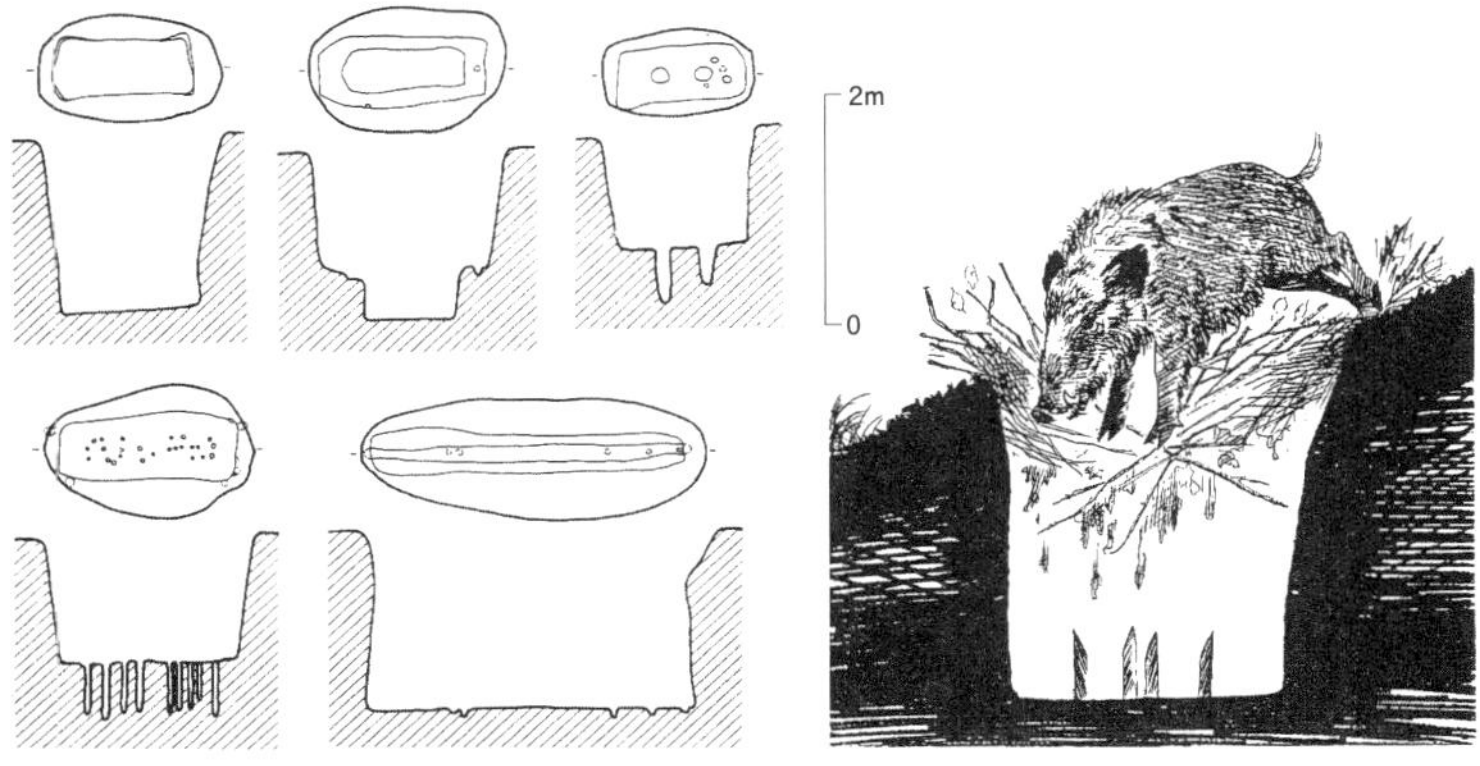

図9　落とし穴とその使用例

器です

日本列島での出現期の土器は、今のところ器形を復元できるものはわずかですが、いずれも深鉢形です。この出現期土器につづく隆起線文系土器になると、器形が復元できる資料が増えてきますが、数点の鉢形と一点の浅鉢《あさばち》をのぞけば、そのほかはすべて深鉢形です。そして、これらの土器には、二次的な加熱の痕跡、あるいは煤《すす》や炭化物の付着がしばしば認められ、煮炊きに使われていたことは明らかです。また、出現期土器にも煤や炭化物の付着が認められるので、これらも煮炊き用に使われていたことはほぼ間違いないでしょう。とすれば、列島の土器は、煮炊き用、それも深鉢形として出発した可能性が高く、それは森林地帯に住む狩猟採集民の文化の所産であったことを物語っています。

ところで、約一万一五〇〇年前にはじまる完新世は、前述したように、北海道をのぞいて日本列島の大部分が落葉広葉樹林と照葉樹林でおおわれる、今日の中緯度地方にみられる森林植生となりました（**図3**、19ページ）。この落葉広葉樹と照葉樹の森林には、ドングリ、クリ、クルミ、トチなどの堅《けん》果《か》類が豊富な実をつけます。堅果類の主成分は、コメなどの穀類にたいへん近く、栄養価もそれに劣らず高いのです。松山利夫《としお》の調査によれば、ドングリには、一〇〇グラム当たり二四〇から二八〇キロカロリーの熱量があり、これにアク抜きなどによる目減りを半分とみても、一人一日に一・五キロ、年間に約五五〇キロ分のドングリを食べれば、それだけですべてのカロリーをまかなえるということです。ドングリを拾える期間は、三から四カ月ほどです。これを一〇〇日間として、少なくとも一人で一日に二・五キロの採集は可能で、一〇〇日で二五〇キロほど採集できることになります。とすれば、成人が一年間に必要とするカロリーの約半分をドングリでまかなえる計算になり、それはドングリなどの堅果類が、文字どおり「主食」としての役割をはたすことが可能だったことを意味しています。

しかし、堅果類の多くは、そのままで食することはできません。それはクズやワラビなどの根茎類《こんけい》にもいえることで、天然の生デンプンはすべて結晶構造をもつβデンプンであるため、人類がそのまま消化することは難しいのです。しかし、この天然デンプンを水のなかに入れて、摂氏五五から六〇度まで加熱すると、その結晶が破壊されてαデンプンに変化し、消化しやすくなります。そうした加熱処理のために煮炊き用の土器を使うことによって、縄文人は、落葉広葉樹と照葉樹の森林に実る豊かな山の幸を利用することがはじめて可能となったのです。また、煮炊きをするということは、さまざまな食材を組み合わせて、味覚や栄養のレパートリーを広げることができるばかりか、衛生的でもあります。

堅果類は、もう一つやっかいな問題をかかえています。それは堅果類のうちでも、クリやクルミなどはそのままでも食べられますが、トチやドングリの多くは、そのままでは渋くて食べることができないので、どうしてもアクを抜く必要があります。アクを抜くには、水にさらして抜く水さらし法と、煮つめながら抜く加熱処理法がありますが、どちらも種実のままでおこなうよりも、製粉してからのほうがより効率的にアクを抜くことができます。堅果類とともに縄文人の主要な食料であった根茎類の多くも、食品化のためには製粉が必要です（図10）。根茎類の場合には、クズ粉やワラビ粉などのように澱粉化し、それを乾燥すれば保存も可能となり、それ以上に粉末にすることによって、ほかの食品とねりあわせることができるので、栄養価が高く、かつ美味な加工食品を作りだすことも可能となります。

このように、縄文人が「主食」としていた堅果類や根茎類は、加工・調理にたいへん手間がかかることから、頻繁に移動を繰り返す生活を送っていた旧石器時代にあっては、なかなか利用しにくい食料資源でした。また、当時の針葉樹林を主体とするような寒冷気候の植生では、利用できる種類もきわめて限られていました。縄文人が製粉具としていた石皿や磨石、敲石《たたきいし》、凹石《くぼみいし》などの道具類が、列島の旧石器時代の遺跡からは散発的にしか発見されないのも、そうした理由からです。その点で、旧石器時

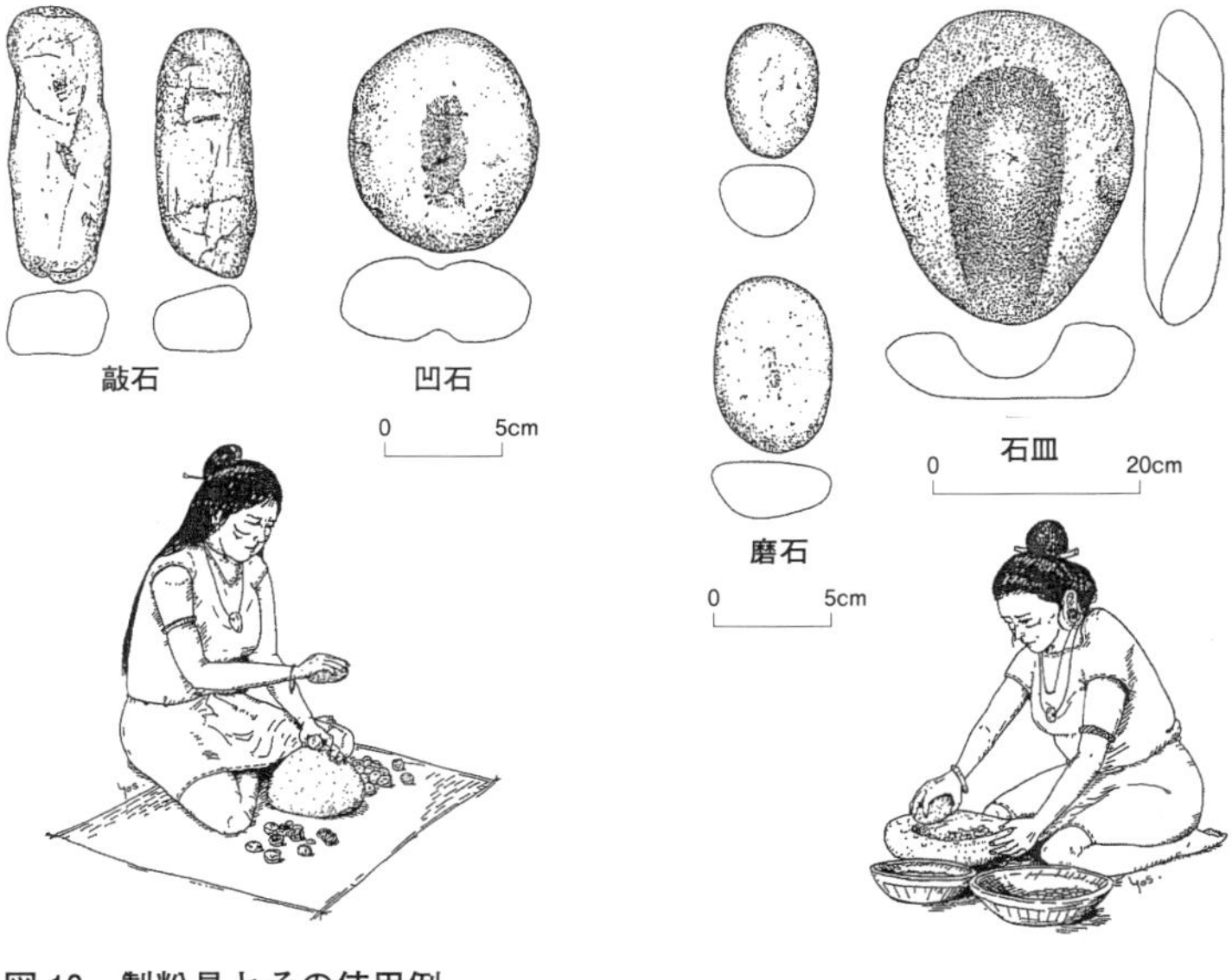

図 10　製粉具とその使用例

代の終末期である「草創期」に、いち早く完新世的な気候が形成された西南日本、それも黒潮が洗う太平洋沿岸地域で、製粉具である石皿や磨石の出土例が増えてくるのも理にかなっています。ただし、「草創期」では、石皿や磨石が出土する遺跡やそこでの数量はいまだ限られていて、本格的に製粉具として普及するのは、縄文時代早期、関東地方の土器編年でいう撚糸文系土器の時期をまたなければならないことは、これも衆目の認めるところです。そして、土掘り具である打製石斧も、この製粉具の普及とあわせるかのように、撚糸文系土器の時期になってから主要な道具の一つとして登場してきます（図6）。

その意味で、出現期の土器はいうまでもなく、資料が増えてくる隆起線文系土器の時期になっても、土器の器形は総じて小型で、遺跡からの出土量も神奈川県横浜市の花見山《はなみやま》遺跡（図11の①）や鹿児島県熊毛郡中種子町《くまげなかたね》の三角山《さんかくやま》Ⅰ遺跡などで十数個体分をこえる土器を出土するほかはほとんどが数個体にとどまるのに対して、撚糸文系土器の時期になると、その最古型式の井草《いぐさ》・大丸《だいまる》式土器の段階から、すでに器形の大小のセット関係がみられ、遺跡からの出土量も「草創期」とは比較にならないほど増加することは注目されます。それは撚糸文系土器の時期が、植物質食料を製粉する道具である石皿、磨石、敲石が普及し、植物採集具である打製石斧が登場することと軌を一にしたものです（図11の②）。

堅果類や根茎類など植物質食料を製粉し、磨りつぶすのに使われた石皿、磨石、敲石が撚糸文系土器の時期に普及したということは、この時期に製粉技術が確立したことを意味しています。そして、製粉によって水さらしが効率的におこなわれるようになり、土器の加熱処理も加わって、アク抜き技術がほぼ完成します。その結果、植物質食料の利用が本格化したことから、根茎類を掘るための道具である打製石斧もまた、開発されるようになるのです。

◉貝塚の出現と水産資源の活用

更新世から完新世へのグローバルな気候の温暖化は、大陸などに厚く堆積していた氷を溶かして、海水面を上昇させました。その結果、海が陸地に進入してきました。これを海進《かいしん》といいますが、この海進によって、日本列島をはじめとする世界各地の沿岸では海岸線の深く入り組んだ遠浅の砂泥質の入江がつくりだされました。このような環境が貝類の生息、あるいは魚類の産卵ないし索餌《さくじ》に格好の場所となったのです。こうした環境の変化のなかで、人類は、新しい食料資源として貝類や魚類などの水産資源に目をつけ、それを積極的に活用することによって新たな時代を切り開いていくことになります。その象徴的な出来事の一つが、貝塚の出現です。

今から約一万一五〇〇年前、現在にいたる完新世の時代に入ったとはいえ、そのはじめのころはいまだ年平均気温で摂氏二度前後低く、海水面も現在より四〇メートル前後低い水準までしか上昇していませんでした。そのために、たとえば東京湾は現在よりもずっと狭くて、そこに流れ込む川の河口付近には、淡水と海水が入りまじる汽水《きすい》性の海域が広がっていました。このような場所を生息環境とするのが貝類ではヤマトシジミで、海進がはじまったときに、その先駆者としてかならず最初に出現する貝として知られています。

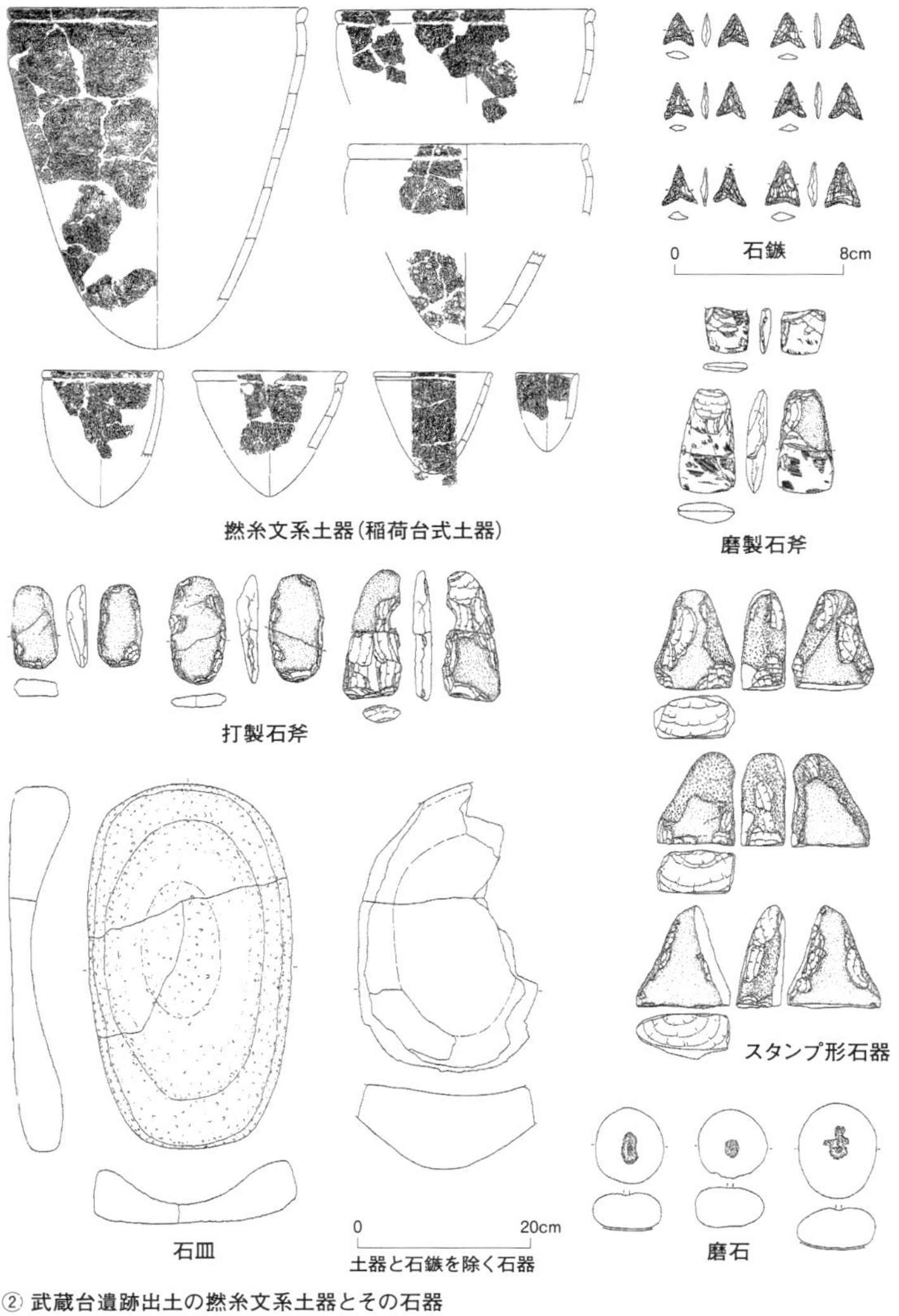

② 武蔵台遺跡出土の撚糸文系土器とその石器

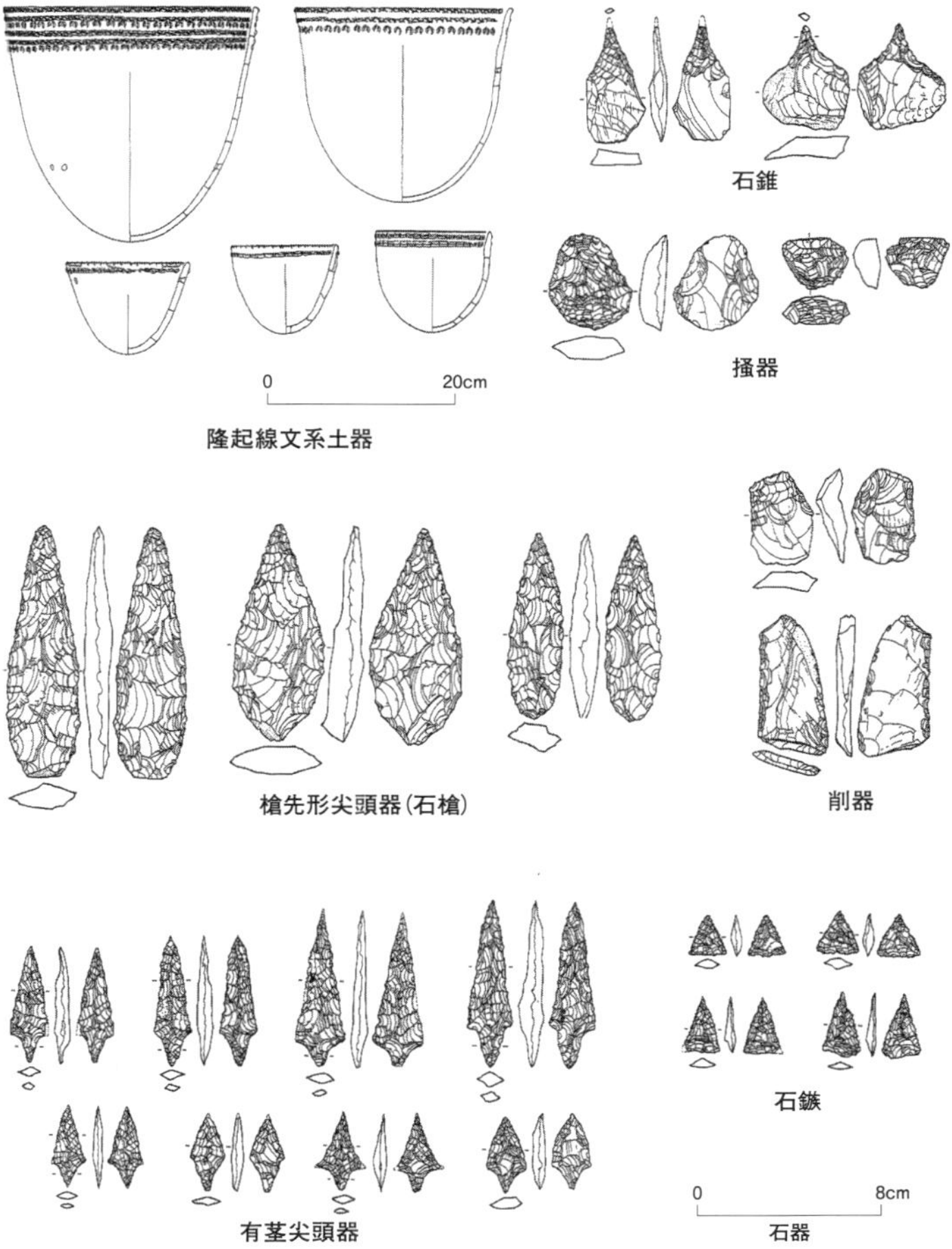

① 花見山遺跡出土の隆起線文系土器とその石器

図 11　花見山遺跡と武蔵台遺跡

花見山遺跡と武蔵台遺跡から出土した石器を比較してみると、花見山遺跡が狩猟に利用する道具を主体としているのに対して、武蔵台遺跡では植物質食料に利用する道具が主体を占めていることがわかります。

日本列島最古の貝塚の一つである神奈川県横須賀市の夏島《なつしま》貝塚は、三つの貝層が貝殻をほとんど含まない黒土の層である間層をはさんで整然と堆積していました（図12）。その最下層の褐色土層からは、撚糸文系土器のなかでも最古に属する井草・大丸式土器が出土しました。その褐色土層のなかに、厚いところで一五センチ、長さ二メートルほどのヤマトシジミを主体とした土まじりの貝層（混土貝層）が発見されたのです。また、夏島貝塚とともに最古の貝塚として知られている千葉県香取《かとり》郡神崎《こうざき》町の西之城《にしのじょう》貝塚も、ヤマトシジミを主体とする貝塚であることに注目する必要があります。というのは、縄文早期の撚糸文系土器の時期、それも最古型式に属する土器をともなう貝層が、夏島貝塚は東京湾、西之城貝塚は現利根川下流域*とそれぞれ地域が違うにもかかわらず、海進の先駆者といわれるヤマトシジミを主体としていたことは、完新世の環境変化のなかで新しく生まれた海に、縄文人が積極的に挑んでいったことを何よりも物語っているからです。

*現在の利根川は銚子に流れでていますが、江戸時代に徳川幕府が改修する以前は、銚子に流れでていたのは鬼怒《きぬ》川と小貝《こかい》川が合流した常陸《ひたち》川でした。江戸時代以前の利根川は、前橋付近で平野部に入ると、渡良瀬《わたらせ》川と合流して南下し、現在の江戸川筋を流れて東京湾に注いでいました。

ところで、旧石器時代の海水面が、縄文時代のそれよりもはるかに低下していたとすれば、当然、海に沈んだ遺跡もあるのだから、旧石器時代の貝塚も海に沈んでいて発見されていないだけではない

① 貝層断面図

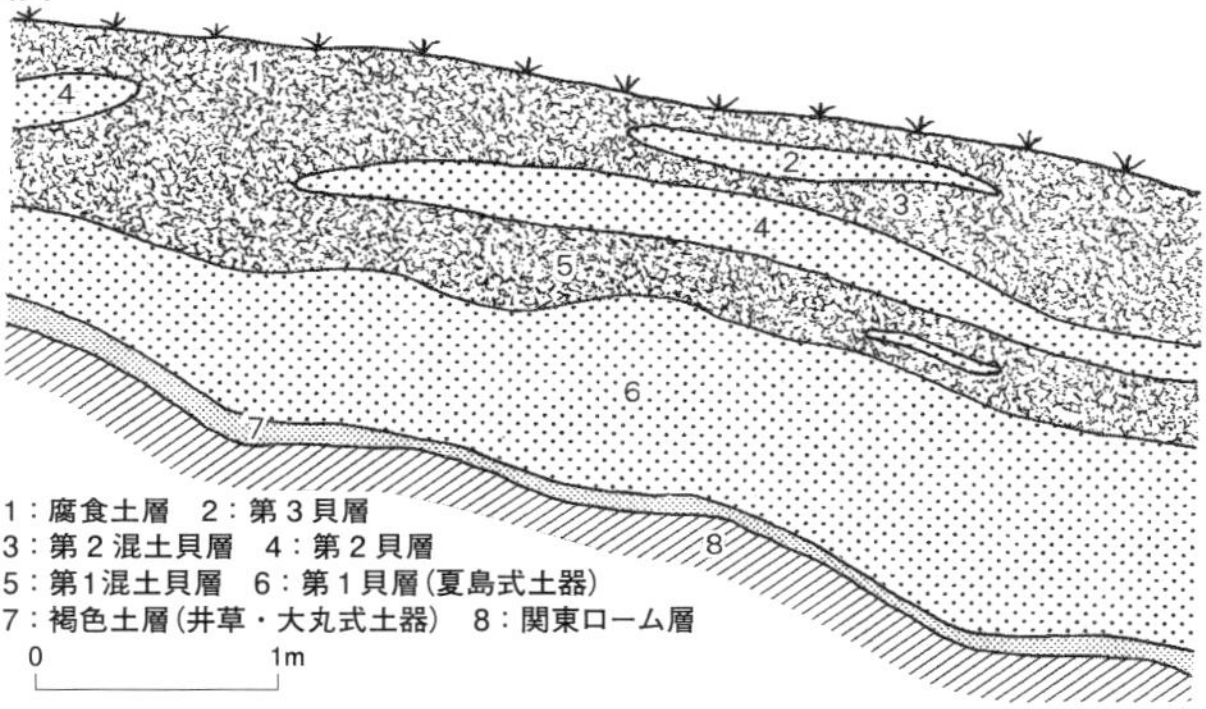

② 撚糸文系土器の時期の出土遺物

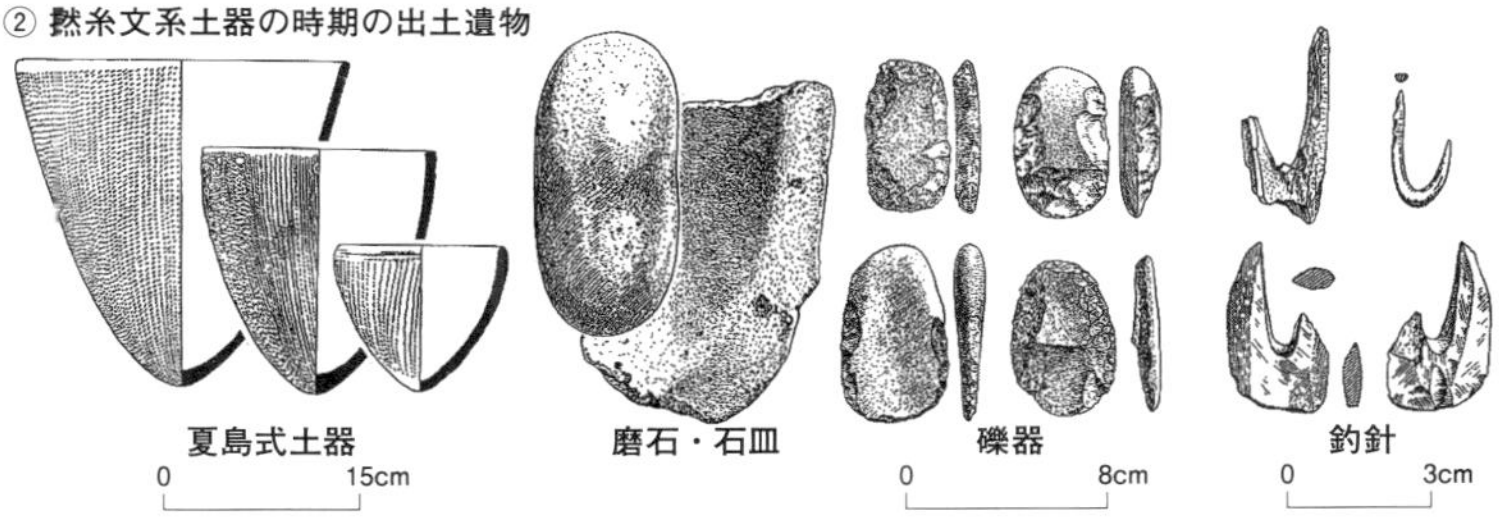

③ 第１貝層出土の動物遺存体

貝類	マガキ	◎	魚類	マグロ	◎	鳥類	キジ	◎
	ハイガイ	◎		ボラ	◎		ヨシガモ	◎
	ヤマトシジミ	○		クロダイ	◎		シロエリオオハム？	◎
	カガミガイ	○		スズキ	◎		ガン·カモ科の一種	○
	オキシジミ	○		コチ	◎		マガモ	○
	オオノガイ	○		ハモ	◎		ヒメウ？	△
	スガイ	○		カツオ	○		ワシ・タカ科の一種	△
	ウミニナ	○		メバル	○	哺乳類	イノシシ	◎
	ツメタガイ	○		コショウダイ	○		タヌキ	◎
	レイシ	○		アカエイ	○		ノウサギ	◎
	アカニシ	○		マダイ	△		ニホンイヌ	○
	ナミギセル	○		ブリ	△		ニッコウムササビ	○
	カニモリガイ	○		サバ	△		ニホンジカ	△
	イシダタミ	△		ソウダガツオ	△		マイルカ	△
	カワアイ	△		ヒラメ	△		アカネズミ	△
	ヘナタリ	△					モグラ	△
	オカチョウジガイ	△					アナグマ	△
	ヒメコハクガイ	△						

◎多量
○少量
△微量

図 12　夏島貝塚と出土遺物

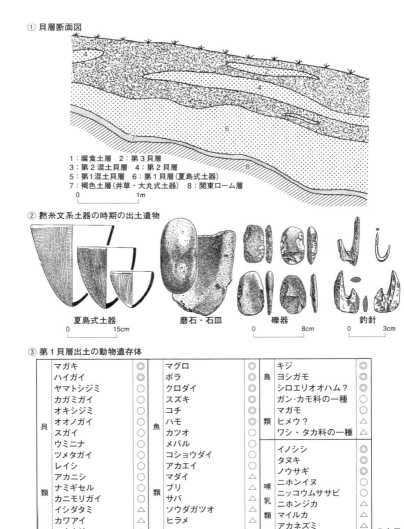

かと疑問に思う人もいるでしょう。事実、愛知県知多《ちた》郡南知多《みなみちた》町、この知多半島の先端の町でみつかった縄文早期の先刈《まずかり》貝塚は、地表下一三メートルから発見されており、それより海水面が低い旧石器時代では、なおさら未発見の可能性があるのではと思われても不思議ではありません。しかし、貝類は食用に供されずに捨てられる部分が約八〇パーセントと高く、しかもカロリーは逆に低く、ほかの食料資源とくらべると非常に効率が悪いので、これを食料資源とするためには二つの条件が必要となります。それは、貝類を大量に採集できる環境と、それを大量に処理（調理）する道具です。

完新世に形成された環境と煮炊き用の土器こそは、まさにその二つの条件を整えたことになります。貝塚の出現が列島での土器の出現からかなり時間をおいた撚糸文系土器の時期であるのは、「草創期」が晩氷期と呼ばれる気候の激変期にあたっていて、環境条件が十分に整わなかったことが想定できます（**図6**）。そして、もう一つ重要なことは、「草創期」の土器が総じて小型で、遺跡からの出土量もほとんどが数個体にとどまっているというように、煮炊き用の土器としては大きさも数量も不足していたことです。その点で撚糸文系土器は、前述したように、その最古型式の井草・大丸式土器の段階

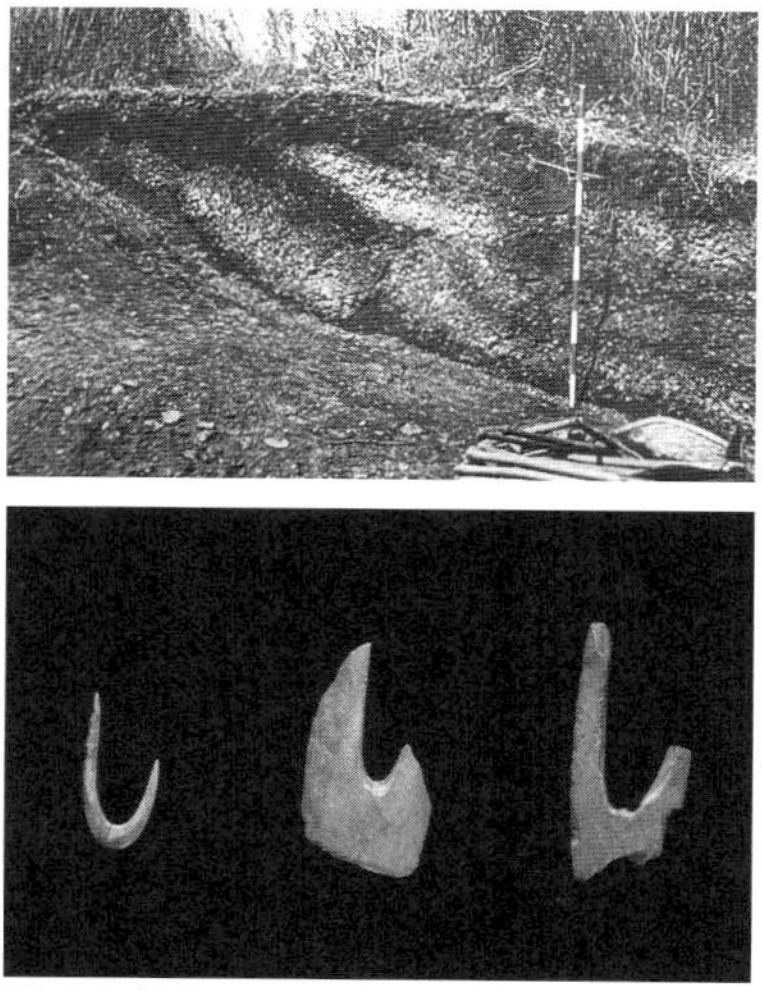

（左が完成品）

夏島貝塚の貝層と出土した釣針

から、すでに大型の土器が主体となり、遺跡からの出土量もそれ以前とは比較にならないほど増加します。つまり日本列島に出現した土器が、その煮炊き用としての機能を本格的に活用されるようになるのは、撚糸文系土器の時期に入ってからになります。

一方、貝塚の出現とほぼ同時に、骨角製の釣針《つりばり》とヤス状の刺突具《しとつぐ》が出現するように、撚糸文系土器の時期は、日本列島で本格的に漁労具を開発した時期でもあります（図6）。そして、縄文人が積極的に海に挑み、貝類だけでなく、それ以外の水産資源を利用した証拠は、貝塚から出土する動物遺存体によって知ることができます。夏島貝塚の最下層（混土貝層）の資料は十分に明らかになっていませんが、それにつづく夏島式土器の時期にあたる第一貝層から出土した動物遺存体は、図12の表のとおりです。

この表をみると、夏島貝塚を残した人びとは、貝類以外にも積極的に魚類を利用していたことがわかります。そのうち出土量が多いボラ、クロダイ、スズキ、ハモは、少なくとも産卵ないし索餌の時期には内湾《ないわん》の汽水性の海域で生活し、コチも内湾の汽水性の海域で生息する習性をもつことから、モリやヤスによる突き漁、釣針を用いた釣り漁、魚網を使用したトラップ漁などで捕獲したものでしょう。それに対して、マグロやカツオは外洋性の魚類であることから、丸木舟を使ってかなり沖合まで乗りだして漁をしていたことが考えられます。それは一万一五〇〇年前より以前の旧石器時代ではちょっと想像できないような縄文人の営みであり、人びとがいかに積極的に海に出て、盛んに漁労活動をおこなっていたかを知ることができます。

夏島貝塚でもう一つ重要なことは、こうした魚介類の骨や殻とともに、イノシシやタヌキ、ノウサギなどの獣骨も出土し、さらには製粉具の石皿や磨石、採集具などに使われた礫器《れっき》などの石器も多数ともなっていることです（図12）。そこでは狩猟も植物質食料の利用も積極的におこなっており、こうした多角的な生業活動をおこなうことができる生活環境、つまり定住生活によって縄文人は積極的に海洋資源の開発に乗りだしていったのです。

◉縄文文化成立の画期

弓矢、土器、貝塚の出現をとおして、縄文時代の主たる生業活動である狩猟・植物採集・漁労活動の道具と技術の変革をみてきましたが、それらは相互に影響しあいながらも、それぞれ変革の道をたどったことがわかります。

一つは狩猟活動ですが、これはナイフ形石器から槍先形尖頭器、細石器、有茎尖頭器、石槍と発達してきた槍先用の石器にかわって、石鏃の出現をもって一段落する狩猟具の変革と、その石鏃を装着した弓矢が槍を駆逐し狩猟具の主体となるなかで、猟犬と落とし穴の利用が本格化する縄文早期初頭の段階になって、縄文的な狩猟の手段と技術が確立します。

二つは植物採集活動ですが、これは加熱処理具としての土器の出現を第一段階に、旧石器時代に散発的に利用された石皿、磨石、敲石が製粉具として普及する植物質食料調理具の変革と、それら加熱処理具と製粉具によってアク抜き技術がほぼ完成をみるとともに、土掘り具である打製石斧の開発がおこなわれた縄文早期初頭の段階になって、縄文的な植物質食料の利用の手段と技術が確立します。

三つは漁労活動ですが、これは縄文早期初頭に入って、骨角製の釣針とヤス状の刺突具など旧石器時代には認められなかった漁労具が開発され、貝塚が出現することに端的に示されるように、縄文的な水産資源の利用、とりわけ海洋性資源の利用と技術がいっきに確立した感があります。

そこで問題となるのは、旧石器時代における水産資源の利用です。ヨーロッパの洞窟壁画にはサケやマスとみられる魚類が描かれており、ある種の河川漁労がおこなわれていたと想定されています。日本列島でも、旧石器時代に水産資源の利用がまったくなかったとはいえません。とりわけ土器の出現した前後から、河川の合流する付近の段丘上に遺跡の進出が目立つことや、隆起線文系土器の時期の東京都あきる野市の前田耕地《まえだこうち》遺跡で、サケ科の魚骨が大量に発見された事実などからも明らかなように、縄文早期に先立って、まず河川漁労が本格化したことは間違いありません。ということは、漁労活動もまた、土器の出現前後の河川漁労の本格化を第一段階として、つぎに各種の漁労具の開発によって海洋に進出する手段をえた縄文早期初頭の段階になって、縄文的な水産資源の利用の手段と技術が確立したことになります。

このような狩猟・植物採集・漁労活動の三つの変革の過程を総合してみると、そこには縄文文化の成立にむけて、二つの大きな画期があ

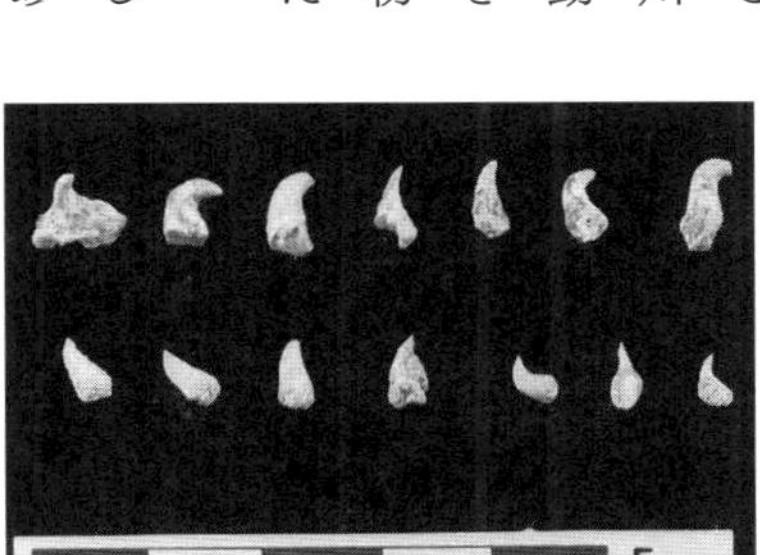

前田耕地遺跡出土のサケ科の魚骨

ったことがわかります。その一つは、縄文文化を代表する道具である弓矢と土器の出現に端的に示される新しい道具が出現する時期、土器の区分でいう「草創期」にほぼ相当します。もう一つは、狩猟・植物採集・漁労活動における縄文的な利用の手段と技術が確立した縄文早期初頭、関東地方の土器編年でいう撚糸文系土器の時期です（図6）。

この二つの画期こそは、縄文文化の成立をめぐって、長い研究の経過とさまざまな議論の展開のなかで、現在、設定されている二つの時代区分の考え方といってよいと思います。ただし、日本考古学では伝統的に、前者をもって縄文文化が成立したとの認識が根強くあります。とりわけ土器は、縄文時代において独自の発達をとげるだけでなく、旧石器時代にはない煮炊き用の道具を列島の石器時代人が手に入れることによって、生活様式の根本を変えるような変化をもたらしたとの評価から、土器の出現こそが縄文文化の成立の指標にふさわしいとの認識によることは、前述したとおりです。しかし、縄文時代の主たる生業活動である狩猟・植物採集・漁労という、三つの生業部門における利用の手段と技術の変革という点では、早期初頭のほうが画期としては、はるかに大きかったということも、衆目が認めざるをえなくなってきているのも事実です。

私は、縄文文化というのは、さまざまな道具を導入・開発した日本列島の石器時代人が、狩猟・植物採集・漁労活動における利用の手段と技術とを確立させ、それら三つの生業部門を密接に組み合わせることによって、この列島の四季の変化に対応した食料獲得を容易にさせ、定住化をはかった時代と考えています。とすれば、縄文文化成立の画期は、早期初頭、関東地方の土器編年で撚糸文系土器の時期こそふさわしいことになります。それ以前の「草創期」は、縄文時代への移行期として、時代区分上は旧石器時代に位置づけた私の考えをあらためて理解していただけたのではないかと思います。

そして、もう一つ、私が早期を重視するのは、世界史との比較です。

●考古学の時代区分

時代区分は、人類の誕生から今日まで、一貫した枠組みで区分することが理想です。考古学の世界では、利器、つまり鋭利な刃物である道具の材質にもとづいて、石器時代、青銅器時代、鉄器時代の三期に時代区分する、いわゆる三時代法がもっとも普遍的に用いられているのも、考古資料による一貫した枠組みで時代区分されているからにほかなりません。

人類が石の時代、銅の時代、鉄の時代を経過したとの認識は、古くは紀元前一世紀にルクレティウス（Titus Lucretius Carus）が『物の本質について』のなかで述べていますが、これを考古学の具体的な区分法として唱導したのは、一九世紀前半、デンマークのトムセン（Christian J. Thomsen）です。トムセンは、コペンハーゲンの国立北方古物博物館（現デンマーク国立博物館）の豊富な収蔵品を展示する際に、それらを利器の材質にもとづいて、石器時代、青銅器時代、鉄器時代に区分することを着想したもので、この三時代法によってはじめて考古学的な方法による資料の体系化が可能となりました。

この三時代法がトムセンの研究対象とした北欧から、しだいにヨーロッパ、さらに全世界に普及していくようになると、各地で実情にそぐわないさまざまな矛盾が指摘されるようになりました。とりわけ青銅器時代から鉄器時代という継起的発展をたどりうることの困難さが指摘され、事実、日本列島の場合にも、青銅器時代に相当する時代がないというように、考古学の世界は決して一様ではありません。

しかし、この区分法は時代の変化・発展をとらえるのに優れた面があります。石器は、天然に存在する自然物をそのまま利用するのに対して、青銅器と鉄器は、黄銅鉱や錫石、鉄鉱石などの鉱物から銅や錫、鉄を生産するという過程をへないと原料として使えないというように、材質の発見ということで大きな違いがあります。また、石器を製作する場合には、石材を選択する能力と石を割り、研磨するという技術をもっていれば基本的に事足りますが、金属器を製作する場合には、一定の熱を保持する冶金術《やきんじゅつ》の発明があって、はじめて利器の原料としての利用が可能となるというように、製作技術でも大きな開きがあります。さらに、実用利器として、石器よりも青銅器、青銅器よりも鉄器のほうが、よりすぐれているという機能の違いが指摘できます。

このように、ヨーロッパを中心に広く採用されている三時代法は、古典的ではありますが、材質の発見、製作技術、実用利器としての機能という、考古資料の変化・発展をとらえるうえで必要不可欠な要素を基準としているだけに、一つの大きな考古学的な時代を区分する指標としては、今日でも優れた区分法だといえます。

◉縄文文化の世界史的位置づけ

石器時代については、一八六九年にラボック（John Lubbock）によって、さらに旧石器時代と新石器時代に二分されます。旧石器時代は、地質学的な年代からいうと、人類が絶滅動物と共存していた更新世に属し、考古学的な資料でいえば、打ち欠いた石の道具である打製石器をおもな道具としていた時代です。それに対して、新石器時代は、人類が現生動物と共存する完新世に属し、磨いた石の道具である磨製石器をおもな道具としていた時代であるというように、ラボックは定義しました。

こうして、ラボックの古典的な時代区分がしだいに世界史的な時代区分となるなかで、その後、新石器時代の特徴に、技術的には土器の発明、経済的には農耕と牧畜の開始が加えられました。しかし、ヨーロッパや西アジアで研究が進むと、土器の発明と農耕・牧畜の開始は必ずしも一致するということはなく、土器などの新石器時代的な要素を欠きながらも、定住農耕集落を形成した文化が存在する一方で、獲得経済の段階でありながら、土器などの新石器時代的な要素をもち、定住集落を形成した文化があるなど、考古学的な事象のあらわれ方は、各地できわめて多様であることが明らかになってきました（**表2**）。

ところで、前述したように、近年、更新世から完新世への高精度の自然環境史が明らかにされるなかで、西アジアのいわゆる肥沃な三日月地帯を含むレヴァント地域でコムギやオオムギが、東アジアの長江中・下流域でイネが、黄河中・下流域でアワやキビなどの穀物が栽培化され、初期農耕が開始されたのは、約一万一五〇〇年前の完新世のグローバルな気候の温暖化と、より安定性の高い気候環境のもとであったことが明確となってきました。しかも興味深いことに、こうした穀物栽培にともなう初期農耕を生みだした地域は、晩氷期に入るころから野生穀物の利用を試みていて、新ドリアス期の激しい寒冷気候の再来という環境ストレスを契機に野生種から栽培種への馴化《じゅんか》をはじめたと考えられていることです。そして、人類は、農耕を開始したことで、人口の増加にともなう都市化や国家の形成、文字の使用などの文明化を加速させたのです。

その一方で、森林資源や海洋資源が豊富な地域、あるいは主食にできるような栽培植物や家畜に適した動物に恵まれない地域などでは、それぞれの地域の自然資源を有効に管理し、それら

表2 西アジアと日本列島の編年比較

地質年代	西アジア			較正年代 (cal. B. P.)	西暦 (BC)	日本列島			
完新世	青銅器・鉄器時代	古代文明	文字 都市 冶金	3,000	1,000		土器区分	晩期	縄文時代
				4,000	2,000			後期	
				5,000	3,000			中期	
	銅石器時代	ウバイド・ウルク		6,000	4,000			前期	
				7,000	5,000				
	新石器時代	土器	土器	8,000	6,000			早期	
		先土器（後期）		9,000	7,000				
			牧畜	10,000	8,000				
		先土器（前期）	農耕	11,000	9,000	定住			
更新世	旧石器時代	ナトゥーフィアン		12,000	10,000			草創期	旧石器時代
				13,000	11,000				
			定住	14,000	12,000				
		ケバラン		15,000	13,000	土器			
				16,000	14,000		先土器		
				17,000	15,000				
				18,000	16,000				
				19,000	17,000				

を高度に集約化するなかで、特色のある地域文化を発展させました。日本列島の縄文文化はその一つです。しかも、初期の農耕民が穀物栽培や家畜飼育にますます依存するようになっても、獲得経済の段階にある人類集団のほうがはるかに広い領域を占めていたことも、これまた確かなことです。

＊集約化には、大きく二つの道がありました。一つは季節的な食料資源の大量獲得とその備蓄で、もう一つは季節的変化に対応して通年的に安定した食料獲得をおこなうものです。列島の縄文文化はおもに後者の道を歩みましたが、冬の寒さが厳しい北海道などは例外的に両者の中間の道を歩んだようです。

こうした今日の世界史的な視点から私は、新石器時代とは、完新世のグローバルな気候の温暖化のもとで、新しく形成された環境に適応した人類が、高度に集約化した獲得経済、ないし農耕・牧畜による生産経済を開始することによって、各地で非常に特色をもった地域文化を発展させた時代と位置づけるべきだと考えています。とすれば、この新石器時代に日本列島で開花した地域文化こそが、縄文時代の文化であるといえるのです（**表2**）。

このように、約一万一五〇〇年前にはじまる完新世の初頭かあるいはその直前に、日本列島に成立し、約二七〇〇年前に水稲農耕と金属器の使用を本格的に開始する弥生時代までの約九〇〇〇年間という長い年代が縄文時代にあたることになります。なお、時期区分については、研究者間で共通した理解をえやすく、しかも、もっとも広く採用されている山内清男の五期区分である早期、前期、中期、

九州	中・四国	近畿	東海	北陸	中部	関東	南東北	北東北	北海道	
帯文 形文				出現期(無文系)土器 隆起線文系土器 爪形文系土器 多縄文系土器						草創期
殻文	無文土器	大鼻 大川 神宮寺			表裏縄文 立野 樋沢 細久保	井草・大丸 夏島 稲荷台 花輪台 (撚糸文系土器)	日計押型文			早期
手向山		黄島 高山寺	(押型文系土器)		相木	三戸 田戸下層 田戸上層 子母口	竹之内 蛇王洞Ⅱ 常世 (貝殻・沈線文系土器)	寺の沢 物見台 吹切沢	無文平底	
平栫 塞ノ神		(条痕文系土器)	上ノ山 入海 石山			野島 鵜ヶ島台 茅山 下沼部 打越 神之木台	槻木Ⅰ 吉田浜下層 (縄文条痕文系土器) 吉田浜上層	ムシリⅠ 赤御堂	条痕文平底 縄文平底	
轟	羽島下層		木島	極楽寺	中越	花積下層	上川名上層			前期
	北白川下層Ⅰ		清水ノ上Ⅱ	福浦下層	神ノ木 有尾	関山 黒浜	大木1 大木2	円筒下層a 円筒下層b	北海道押型文	
曽畑	北白川下層Ⅱ				南大原	諸磯a	大木3			
				蜆ヶ森	上原	諸磯b	大木4	円筒下層c		
	北白川下層Ⅲ			福浦上層	下島	諸磯c	大木5			
	大歳山			朝日下層	籠畑	十三菩提	大木6	円筒下層d		
	鷹島		北裏C	新保	九兵衛尾根	五領ヶ台				中期
浦	船元Ⅰ			新崎	狢沢・新道 藤内	勝坂Ⅰ 阿玉台Ⅰ	大木7a	円筒上層a		
	船元Ⅱ		山田平	上山田	井戸尻Ⅰ	勝坂Ⅱ 阿玉台Ⅱ	大木7b	円筒上層b		
	船元Ⅲ		北屋敷Ⅱ	馬高	井戸尻Ⅲ	勝坂Ⅲ 阿玉台Ⅲ				
日	船元Ⅳ		中富		曽利Ⅰ 曽利Ⅱ	加曽利EⅠ	大木8a	円筒下層c		
	里木Ⅱ		神明	串田新	曽利Ⅲ 曽利Ⅳ	加曽利EⅡ 加曽利EⅢ	大木8b 大木9	円筒上層d 円筒上層e		
阿高	北白川C				曽利Ⅴ	加曽利EⅣ	大木10	中の平		
南福寺	中津		林ノ峰	前田		称名寺	綱取Ⅰ	門前	北筒	後期
出水	福田K2		咲畑Ⅱ	気屋		堀之内Ⅰ 堀之内Ⅱ	綱取Ⅱ	十腰内Ⅰ		
鐘崎	北白川上層		八王子			加曽利BⅠ				
北久根山	一乗寺K		西出山	酒見		加曽利BⅡ	宝ヶ峯		手稲	
西平	元住吉Ⅰ		蜆塚KⅡ			加曽利BⅢ				
三万田	元住吉Ⅱ		吉胡K	井口		曽谷				
御領	宮滝			八日市新保		安行Ⅰ	金剛寺		堂林	
古閑	滋賀里Ⅰ		伊川津			安行Ⅱ			御殿山	
	滋賀里Ⅱ		寺津	御経塚	佐野Ⅰ	安行Ⅲa	大洞B		東三川Ⅰ	晩期
(黒色磨研)	滋賀里Ⅲa		元刈谷			安行Ⅲb	大洞BC			
黒川	篠原		桜井	中屋	佐野Ⅱ	安行Ⅲc	大洞C1		上ノ国	
	滋賀里Ⅳ		西之山			安行Ⅲd	大洞C2			
弥生土器			五貫森	下野	女鳥羽川	杉田Ⅱ	大洞A1			
			馬見塚	長竹	離山	千網	大洞A2		幣舞	
					氷Ⅰ	荒海	大洞A′			

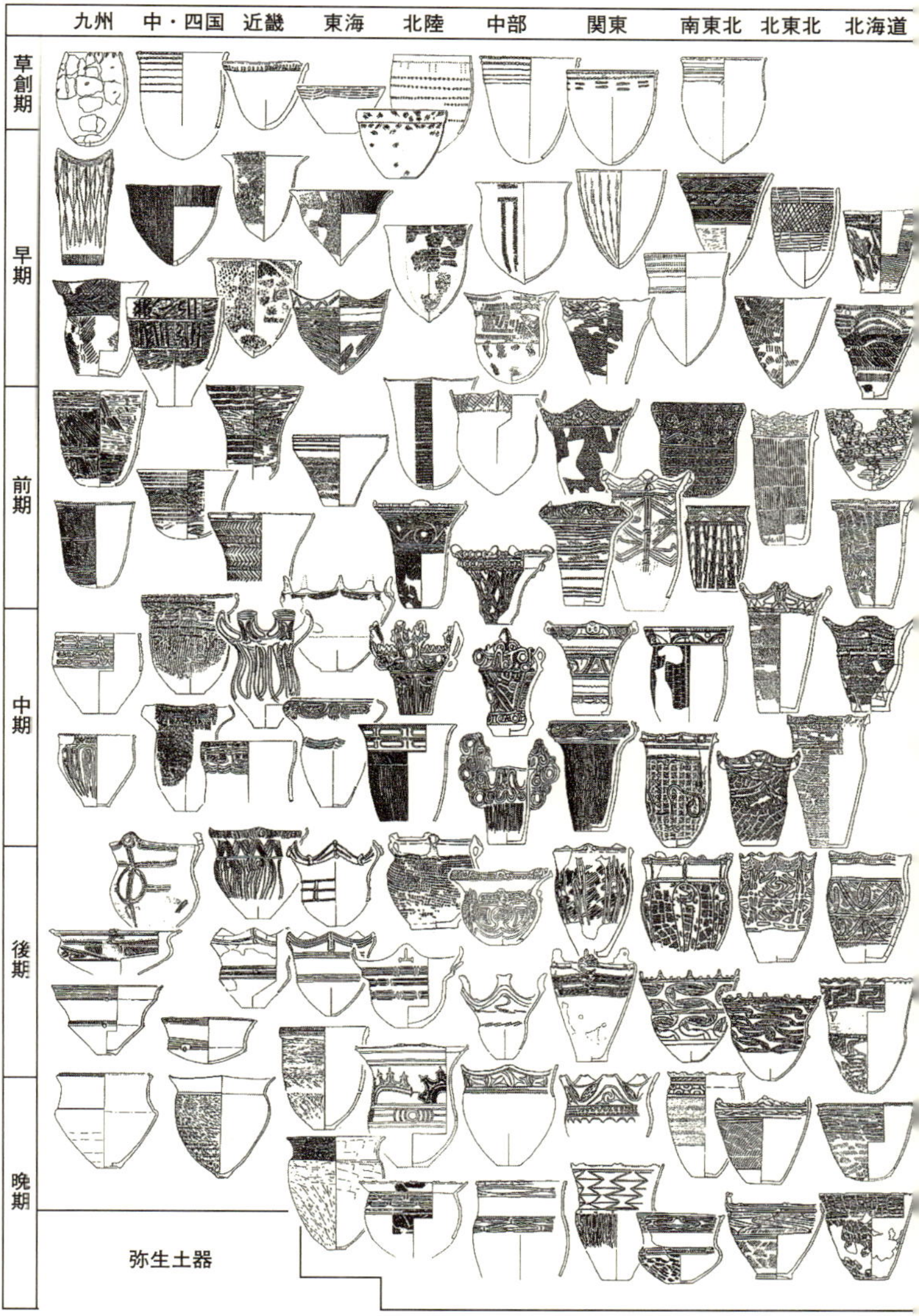

図 13　縄文土器の全国編年（「草創期」の土器も図示）

後期、晩期を使用することにします（図13）。図には、読者の便宜をはかって、「草創期」の土器も図示するとともに、本書で取り扱っている土器型式名を網羅しておきましたので、参考にしてください。

各期の年代は、早期が約一万一五〇〇から七二〇〇年前、前期が約七二〇〇から五四〇〇年前、中期が約五四〇〇から四四〇〇年前、後期が約四四〇〇から三〇〇〇年前、晩期が約三〇〇〇から二七〇〇年前ということになります（図7上段の較正年代）。

コラム1……縄文土器・縄文時代とは

◆縄文土器の名称の由来

日本の近代科学としての考古学は、一九世紀後半、明治初期に外国人研究者によって、欧米から移植されたものです。一八七七年（明治一〇）にアメリカ人の動物学者であるモース（Edward Sylvester Morse）が東京都品川区の大森《おおもり》貝塚を発掘し、日本ではじめて発掘という科学的な方法にもとづく研究をおこなったことから、この年をもって近代科学としての日本考古学が発足したと考えられています。それは同時に縄文時代研究の「科学」としての夜明けでもありました。

この発掘の成果は、一八七九年にShell Mounds of Omori（Memoirs of the Science Department, Vol. 1, Part 1）と題して刊行されました。そのなかでモースは、大森貝塚から出土した土器について、正確な実測図と要をえた解説をおこなうとともに、つぎのように述べています。

The pottery is rude, and in all parts of the world bears the impression of the well known cord mark.

「土器は粗製であって、周知のあのcord markが世界各地でみられる」と、そこにcord mark、つまり縄目の文様があるということに注目し

E. S. モース（1838〜1925）

ます。そしてモースは、全国の貝塚遺跡を調査しても、縄目の文様のある土器がたくさん出土することから、この貝塚遺跡の出土に代表される土器を総称して、cord marked potteryと呼びました。それを一八八六年（明治一九）の「石鏃考」（『人類学会報告』三号）という小論で、白井光太郎《みつたろう》が「縄紋土器」と訳しました。これが今日、私たちが使用している縄文土器（縄紋土器）の名称の起こりです。

ところで、今日でも、「縄紋土器」の名称にこだわる研究者は、こうした学史的な背景を重視しているからだと考えます。また、「縄文学の父」とも呼ばれ、今日の縄文時代研究の基礎をつくった山内清男が「縄紋土器」を使用したことから、その山内を敬愛する研究者が好んで「縄紋土器」を使用する傾向がみられます。一方、文は、もともとは文章の文《ふみ》という意味で、絵である文様の意味は糸ヘンの紋を使うので、糸へンをつけた「縄紋土器」が正しいと、強固に主張したのが佐原真《まこと》です。しかし、縄文土器にしろ、縄紋土器にしろ、あくまでも今日の私たちが慣用的に使用している用語にすぎない

大森貝塚の発掘（1877年）

だけでなく、今では国語辞書でも、文様・紋様と同義語で扱うようになってきていますので、私は、縄紋土器にこだわる必要はないと考えて、縄文土器という用語を使用しています。

◆アイヌ式土器とは

　モースが開いた日本の近代考古学は、その後、順調には発展しませんでした。それは一つには、モースの業績を十分に受け入れるだけの素地が、当時の日本考古学にはまだ備わってはいなかったからです。しかし、それ以上に重要なことは、天皇制絶対主義の成立期にあって、「忠君愛国」的思想＝国家主義を普及させるために、神話的歴史観（皇国史観）が強制されたことです。科学的な原始・古代史研究に大きな枠がはめられ、研究の自由な発展が阻害されました。

　とりわけ石器時代である縄文時代は、野蛮《やばん》な先

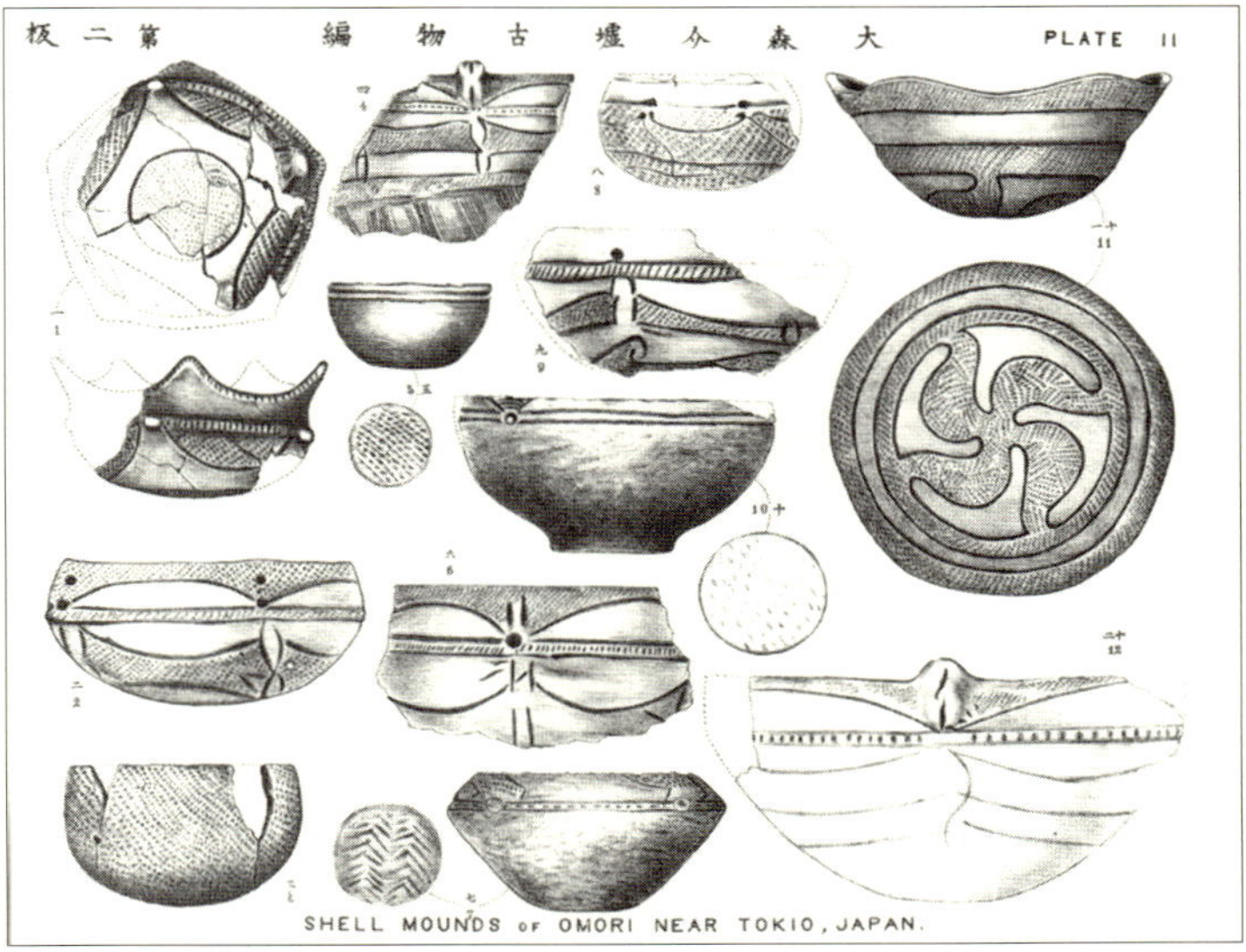

大森貝塚出土の縄文土器の図

住民の時代だということで、日本人の歴史の枠の外におかれてしまいました。というのも、日本民族の優秀性、ひいては天皇の絶対性を鼓舞《こぶ》するために、優秀な日本民族の祖先である天孫《てんそん》民族が、野蛮で劣った民族である石器時代人をこの日本列島から追い払ったという、神話的歴史観を国民に押しつけたのです。

こうした神話的歴史観のもとで、優秀な天孫民族を弥生人ととらえて、それを「固有日本人」などと呼んで、この優秀な天孫民族が野蛮な石器時代人であるアイヌ、あるいはアイヌの伝説上のコロボックルを、この日本列島から追い払ったと考えたわけです。こうした人種・民族論争が日本考古学の主要な研究課題となるなかで、アイヌ説を主張した論者が好んで縄文土器をアイヌ式土器と呼ぶようになりました。そして、明治期末から大正期に一時、アイヌ説が定説化してくると、アイヌ式土器を使用することが多くなりました。また、この時期は、縄文土器を貝塚土器、あるいは石器時代土器とも呼ぶなど、土器の名称は一定しませんでした。

◆縄文土器の編年研究

人種・民族論争に代表されるように、科学的な方法論に欠けることがあった日本考古学でしたが、それを克服する確かな動きが新しい世代の研究者のなかから生まれてきました。浜田耕作によるヨーロッパ考古学の最新の成果である型式学的研究の日本への導入であり、松本彦七郎による古生物学の「地層累重《るいじゅう》の法則」と「標準化石」の概念を応用して、遺跡を分層的に発掘するという実践です（浜田耕作『通論考古学』大鐙閣、一九二二年。松本彦七郎「日本先史人類論」『歴史と地理』三巻二号、一九一九年）。ここに日本考古学は、ようやく科学の基礎が固まるようになるのですが、それは一九一〇年代も後半、折しも大正デモクラシーが高揚期をむかえようとしていた時期でした。

浜田や松本の研究は、若い世代の研究者に新鮮な刺激となったことはいうまでもありません。そして、そこから新しい研究の芽が足早に、しかも、着実に育っていくことになります。縄文時代研究では、山内清男、甲野勇、八幡一郎を中心とする縄文土器の編年研究です。そして、縄文土器の編年研究の成果がしだいに明らかになってくると、明治期以来の非科学的な推論にもとづく、いわゆる「常識考古学」との間で埋めることができない大きな認識の差が生じてきました。

というのは、縄文土器を使用した時代である日本列島の石器時代は、西日本ほど早く終わり、東日本へいくほど遅くまで残り、東北地方や中部地方の山岳地帯などは、中世まで石器時代が残存したというのが、当時の常識的な石器時代の年代観でした。このような年代観は、『古事記』『日本書紀』に記された所伝をなかば史実とみなす常識論に立脚していて、優秀な天孫民族が野蛮な石器時代人をしだいに日本列島から追い払っていったのだから、当然、西日本よりも東日本のほうが石器時代が遅くまで残ったというように考えていたわけです。今ではとても考えられませんが、それが当時、昭和初年代までの日本考古学の常識だったのです。

山内清男（1902～70）

こうした常識論の年代観に対して、山内清男は、雑誌『ミネルヴァ』創刊号（一九三六年）に掲載された「日本石器時代の源流と下限を語る」という座談会で、縄文土器の終末は土器型式で二、三のずれはあっても、全国的にほぼ同時であり、地方によって大きな年代差をもたないと主張しました。これに対して、常識考古学を自認する喜田貞吉《きたさだきち》は、石器時代遺跡から宋銭が出土するという「事実」をもって、東北地方や中部地方の山岳地帯などでは、中世まで石器時代が残存すると反論しました（「日本石器時代の終末期に就いて」『ミネルヴァ』一巻三号、一九三六年）。

山内は、喜田の反論に積極的に応えて、そのなかで宋銭が石器時代の遺物と共存するという「事実」の非科学性を指摘するとともに、東北地方で発達した亀ヶ岡《かめがおか》式土器の編年研究の成果とともに、関東・中部地方から出土する亀ヶ岡式土器と在地の土器である安行《あんぎょう》式土器などとの共存関係を立証して、喜田のような考え方が成り立たないことを実証的に明らかにしました（「考古学の正道―喜田博士に呈す―」『ミネルヴァ』一巻六・七合併号、一九三六年）。

この論争は、雑誌『ミネルヴァ』誌上で展開されたことからミネルヴァ論争と呼ばれていますが、この論争をとおして、縄文土器の編年研究の重要性が学界で認識されるようになっていきます。それとともに、アイヌ式土器や貝塚土器、石器時代土器という用語は廃れて、縄文土器、あるいは縄文式土器という用語が一般化します。

◆縄文土器と縄文文化・縄文時代

縄文土器の編年研究の成果は、はやくも昭和初年代に全国的編年の骨組みをほぼ完成するまでになります。その代表的な研究の成果が、山内の「縄紋土器型式の細別と大別」（本文31ページの**表1**）です。

こうした編年研究の成果をつうじて、縄文土器の年代観がほぼ確定してくると、縄文土器を使用していた石器時代の段階を縄文文化、縄文時代と呼ぶことが一般化するようになります。そして、山内は、それまでの編年研究の成果をもとに、縄文時代から弥生時代の各段階の主要な問題点を列挙して、縄文時代を獲得経済の段階と規定し、弥生時代を大陸から農業が伝来し、一般化した時代と位置づけるとともに、金属器や大陸系磨製石器も農業にともなって伝来したという、日本の先史時代観の基本的な枠組みをつくりました。それが今も名著として読み継がれている『日本遠古之文化』（先史考古学会、一九三九年）です。さらに、山内は「日本に於ける農業の起源」（『歴史公論』六巻一号、一九三七年）で、縄文時代から古墳時代の食料獲得手段の変遷を概観して、縄文時代を高級狩猟民、弥生時代を耨耕《どうこう》民、古墳時代を園耕《えんこう》民の経済にあるとして、日本考古学の時代区分が経済関係の差異に結びつくことを明らかにしました。

なお、当時、日本列島最古の人類文化は、縄文時代までとするのが学界の常識でした。それは黒土の下に厚く堆積している赤土（ローム層）は、火山灰が堆積したものであるので、このような火山灰が絶えず降りそそいでいた時代には、人類は生存できなかったと考えられていたからで、列島での旧石器時代の存在は、敗戦直後の群馬県新田郡笠懸《かさがけ》村（現みどり市）の岩宿《いわじゅく》遺跡の発見をまたなければならなかったのです。

こうして、今日につらなる縄文土器、縄文時代の位置づけが明確にされるようになりました。

II

縄文人の生活と生業

縄文時代中期の住居内復元（井戸尻考古館）

1 竪穴住居の出現と定住集落の形成

◉移動民と定住民

アフリカのカラハリ砂漠のサン（ブッシュマン）やイトゥリの森のムブティ、あるいはオーストラリアの中央砂漠のアボリジニなど現代の移動生活を送る狩猟採集民は、身にもてるだけの限られた物質的財、おもに狩猟具を男が、そのほかの道具を女がもって、移動を繰り返していました。そして、小屋をはじめとして、木の枝を組んだベッドや肉の乾燥台など、いわば家具類は、すべて移動先のキャンプ地で調達していたといいます。

現代という同時代のなかで生活を送り、身のまわりにあり余るほどの物質的財をもっている私たちからみて、彼らの生活は、ともすると貧しい生活と想像してしまいがちです。しかし、それは私たちが身のまわりにさまざまな道具や家具などをおいている、定住民の生活感覚からみた勝手な想像にしかすぎないでしょう。というのも、数日なり、長くても数週間という滞在期間で頻繁に移動を繰り返す移動民にとっては、物質的財で身動きがとれない私たちの生活こそ非合理的で滑稽《こっけい》なことはなく、彼らにとっては、もち運びできる最小限の道具類しかもたないことこそが合理的といえます。

狩猟採集民が物質的財に乏しいのは、毎日、食料探しに文字どおり明け暮れていて、物質的財を生みだす余裕がなかったからだと思われていました。しかし、狩猟採集民の調査・研究が進展するにつれて、彼らが食料探しに明け暮れていたという認識は、完全に誤っていたことが明らかとなりました。カラハリ砂漠のサンは、女がほぼ毎日一時間から五時間程度、男が週三日から五日の割合で五時間から一〇時間程度、それぞれ食料の獲得に外出し、その時間は男女で平均一日四時間三九分だったとのことです。しかも、一日の大半が焼けつくような日差しのカラハリ砂漠では、狩猟や採集に出かけても、木陰に涼を求めることが多く、彼らの実際の労働時間はもっと短くなるといいます。それはオーストラリアのアボリジニも同様で、彼らも食料の獲得に費やす時間は、男女で平均四時間三〇分程度にすぎなかったということです。

現代社会にあって、私たち定住民があり余るほどの物質的財をもっているのに対して、サンやアボリジニなどの移動民は、あり余るほどの余暇をもっていたのです。

一方、移動民の食料は、交換によって鉄鍋を手に入れる以前は、生のままで食べられるものか、焚き火の上で焼くか、熱い灰や石のなかで蒸すものに限られていました。当然、アク抜きなどの手間がかかる食物性植物は、たとえ栄養価が高く、豊富に存在していたとしても、食料リストから外されます。そして、身近に食料資源がなくなると、その場所を捨て去って移動していくことから、もち運びできる以上の食料などを貯蔵するという観念は、もともともち合わせていなかったのです。さらに、移動民は、集団の構成員間で不和や争いが生じると、移動や分散で解消します。しかし、むやみに移動できない定住民は、社会の習慣や規制などを取り決めることで、構成員間の不和や争いを避けよう

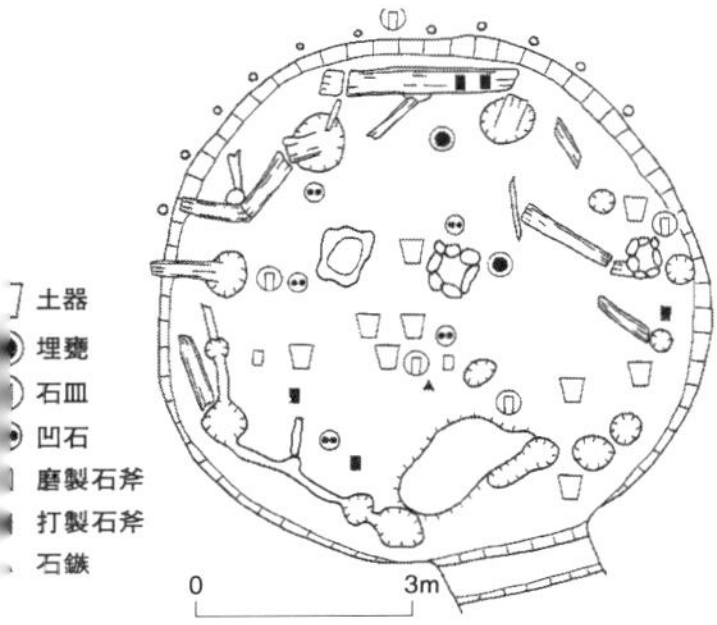

藤内遺跡第9号住居跡の遺物の出土状況

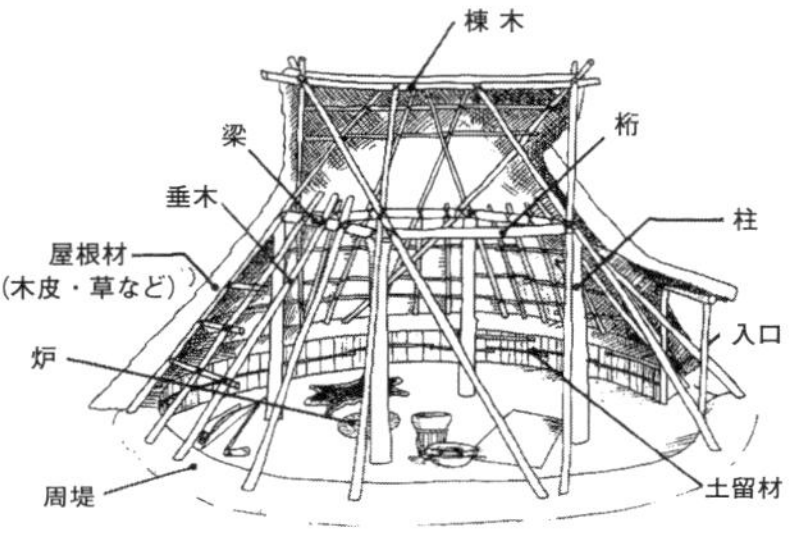

竪穴住居の復元想像図

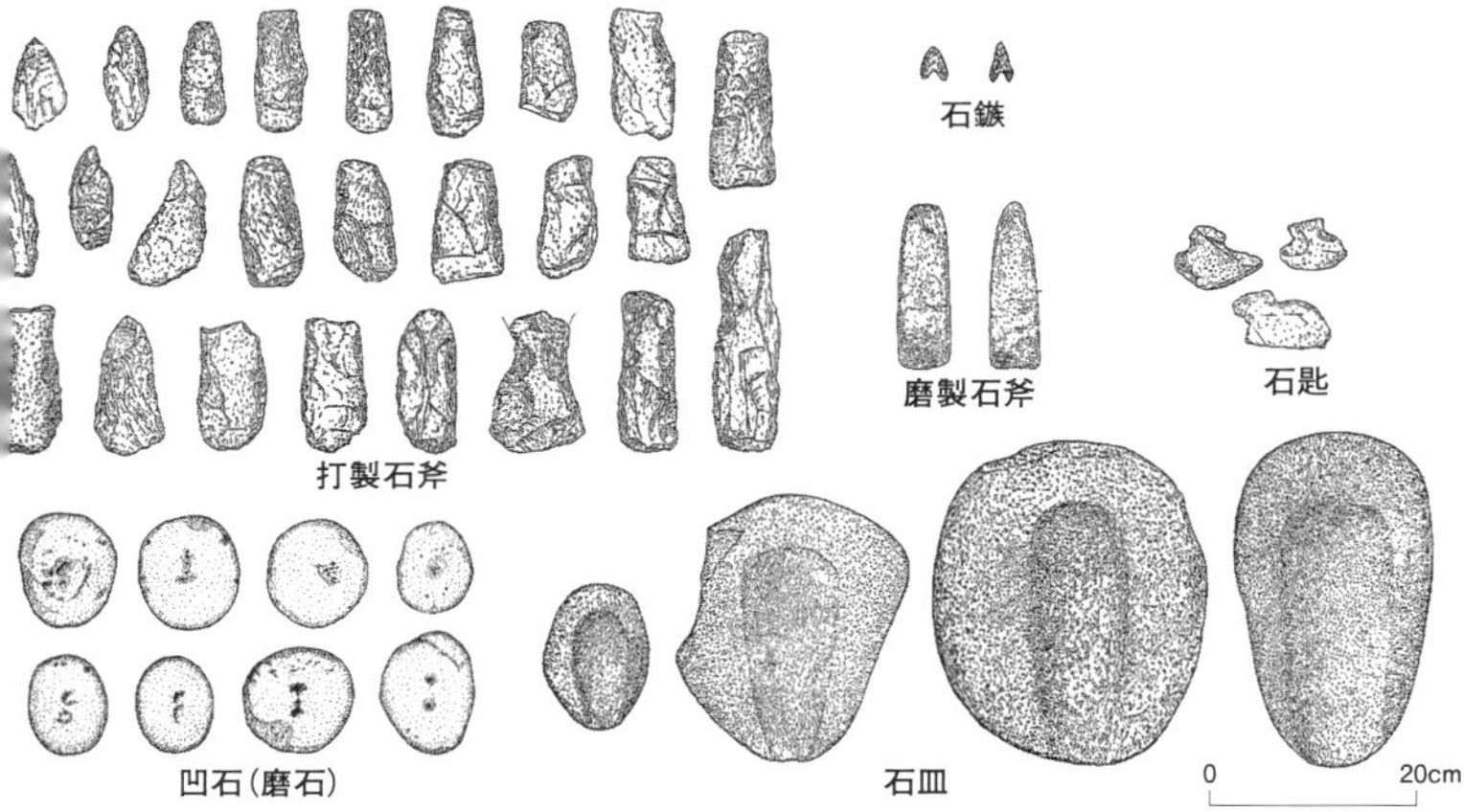

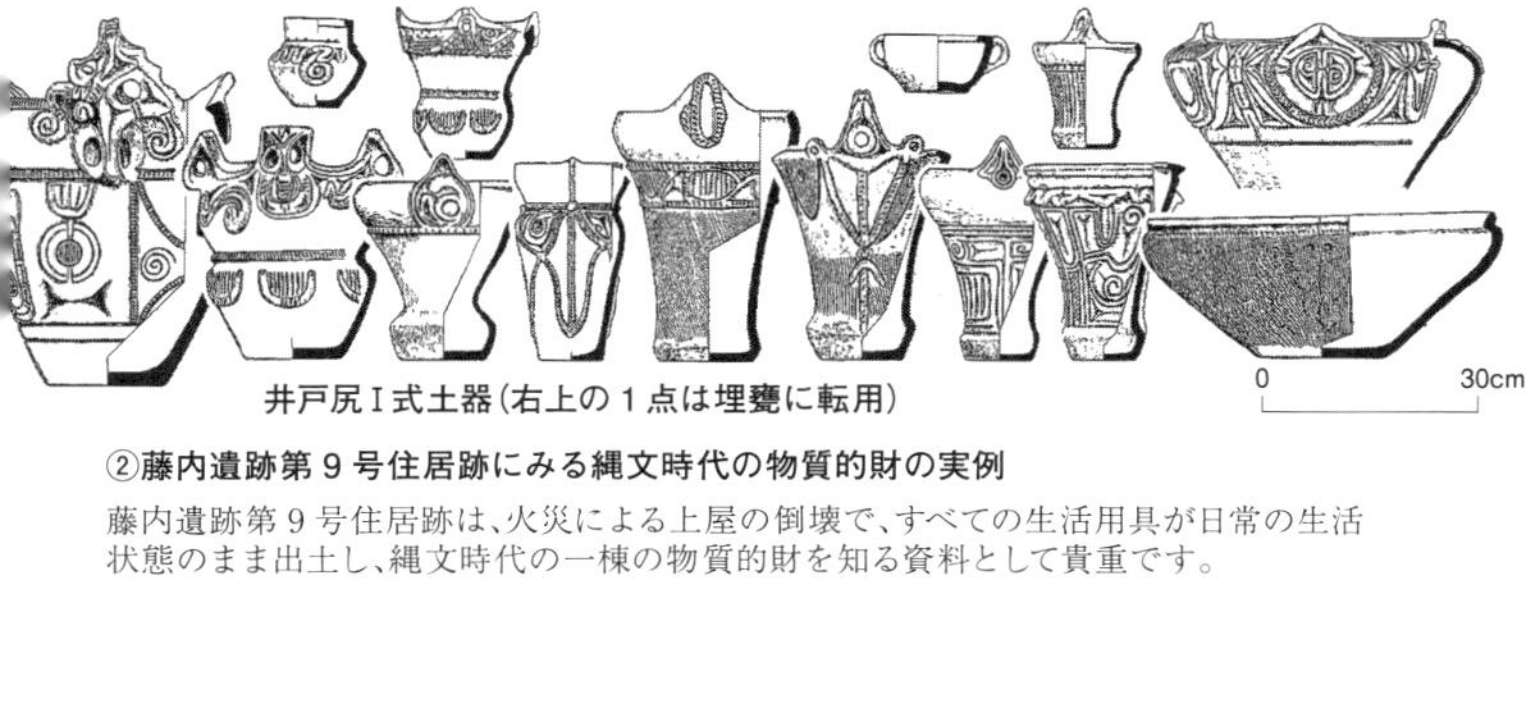

井戸尻Ⅰ式土器（右上の１点は埋甕に転用）

②藤内遺跡第９号住居跡にみる縄文時代の物質的財の実例

藤内遺跡第９号住居跡は、火災による上屋の倒壊で、すべての生活用具が日常の生活状態のまま出土し、縄文時代の一棟の物質的財を知る資料として貴重です。

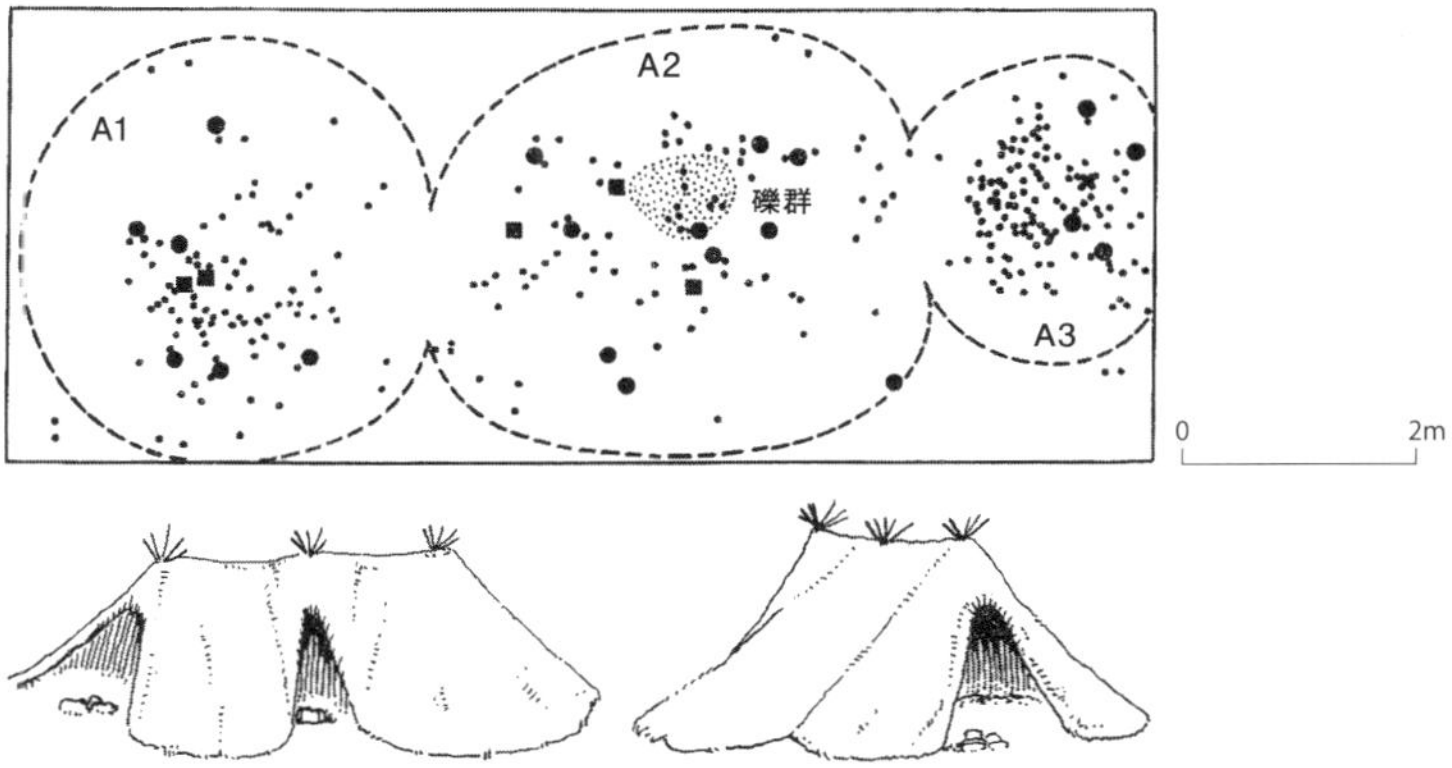

砂川遺跡 A 地点の三つのブロック(上)とその参考
想像図(下：フランスのパンスバン遺跡)

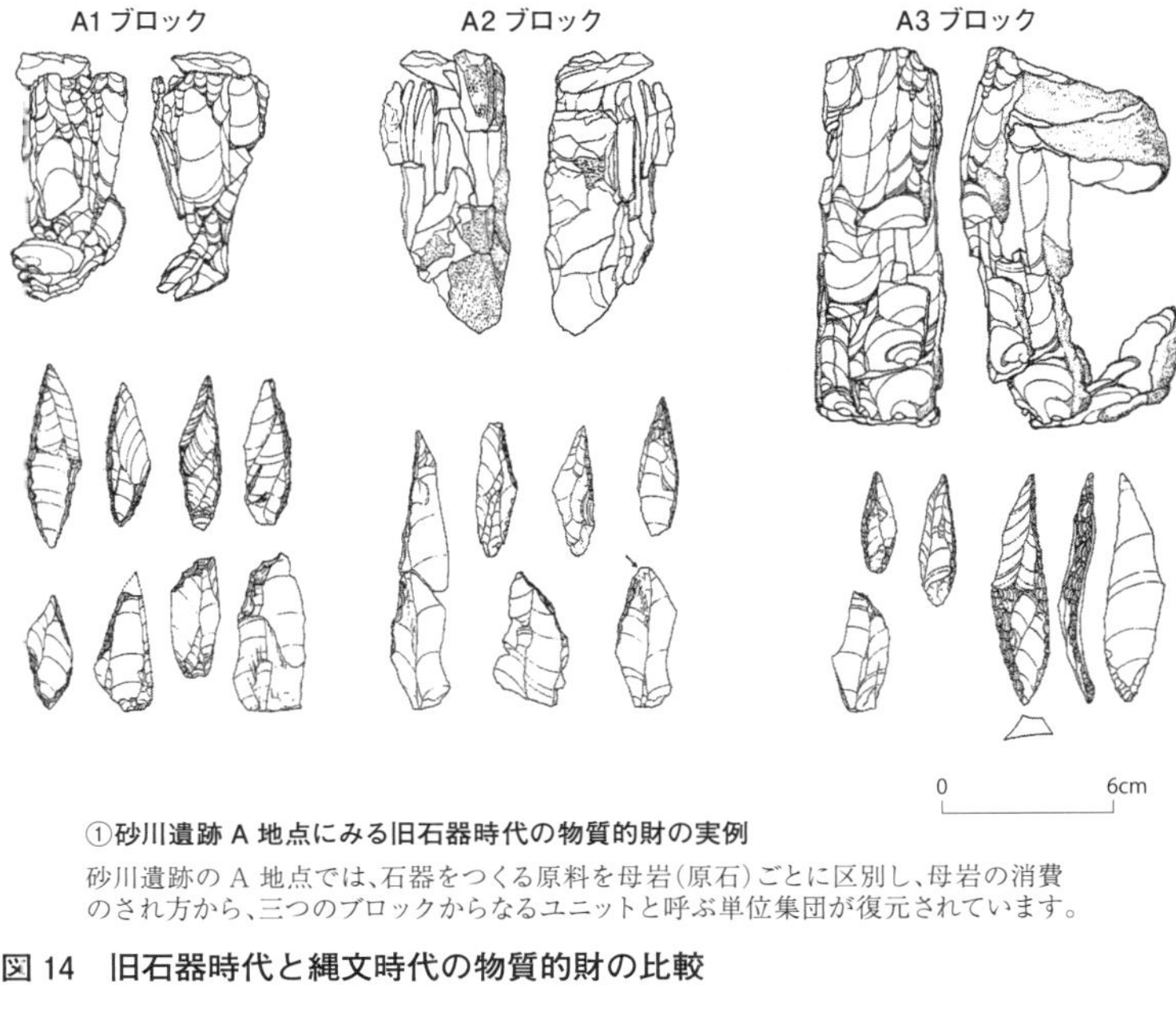

①砂川遺跡 A 地点にみる旧石器時代の物質的財の実例

砂川遺跡の A 地点では、石器をつくる原料を母岩(原石)ごとに区別し、母岩の消費のされ方から、三つのブロックからなるユニットと呼ぶ単位集団が復元されています。

図 14　旧石器時代と縄文時代の物質的財の比較

とします。その最たるものが法律です。

ここで、現代の移動民と定住民の生活を比較したのは、縄文時代のはじまりを考える重要なキーワードの一つが定住生活の開始にあると考えるからです。日本列島を生活の舞台としていた旧石器時代人が頻繁に移動を繰り返す生活を送る移動民であったことは、列島内で発見された一万五〇〇〇カ所をこえる遺跡から、ブロックと呼ばれる石器群の集中、礫群《れきぐん》と呼ばれる赤く焼けた礫（おもに河原石）の集中、あるいは炭の粒の集中するところはあっても、竪穴《たてあな》住居などの居住施設をともなう遺構がほとんど発見されていないことからも明らかです。それは埼玉県所沢市の砂川《すながわ》遺跡の研究で具体的に示されたように、石核や石器が人びとの移動とともに遺跡をこえて動いており、しかも遺跡で発見される石器群は、その多くが握り拳大の原石（母岩）すら消費しつくされない程度、つまり一遺跡での滞在はせいぜい数週間というような短期間であったというのが、後期旧石器時代の移動民の生活の実態です（図14の①）。

一方、縄文時代は、竪穴住居や貯蔵穴などの定住生活を示す遺構だけでなく、土器をはじめとするさまざまな道具類を保有するというように、それは身にもてるだけの限られたものではないことは明らかです（図14の②）。縄文人こそは、日本列島で最初の定住民であったのです。

●竪穴住居の出現

定住生活とは、ある一定の場所を居住地と定めて生活することですので、定住生活には居住施設である住居が不可欠です。縄文時代の住居は、前述したように、竪穴住居という形態をとるのが一般的です（図14の②）。竪穴住居は、地面を直接掘りくぼめて床とし、そこへ屋根をかけた半地下式の住居のことで、夏は涼しく、冬は保温に富み暖かであることから、北半球の温帯から寒帯にかけての地域で広く使われた住居です。

旧石器時代は、砂川遺跡の事例が示すように、獲物などを求めて移動を繰り返す生活を送っていたことから、移動先のキャンプ地で小屋掛け程度の簡単な施設をつくることはあっても、地面を掘りくぼめて床とするような竪穴住居は不要でした。こうした旧石器時代の移動生活は、一足飛びに縄文時代の定住生活へと変化したわけではありません。当然、移動生活から半定住的な生活、それも季節的に特定の場所に回帰して、そこを居住地とするような生活形態をへて、一年をつうじて居住地とする定住生活を確立させていったものと考えられます。その点で興味深いのは、旧石器時代の終末期、土器の区分でいう「草創期」の竪穴住居（竪穴状遺構）など遺構のあり方とその生活形態です。

「草創期」の前半、隆《りゅうたいもん》帯文土器の時期（本州で隆《りゅうきせんもん》起線文系土器に併行する時期）の鹿児島市の掃《そうじやま》除山遺跡では、二棟の竪穴住居跡をはじめとして、煙道つき炉《ろあな》穴、船形や円形をした配《はいせきろ》石炉、土《どこう》坑など各種の遺構がまとまってみつかっています（図15の①）。これだけをみると、縄文時代の定住集落の要件をほぼ備えているように思えます。しかし、約三〇〇平方メートルという狭い範囲にまとまって検出された各種の遺構は、竪穴住居と配石炉、あるいは煙道つき炉穴の重複にみられるように、一時期に利用された遺構は少なく、とくに竪穴住居の廃絶後に使用された配石炉もあることから、掃除山遺跡を生

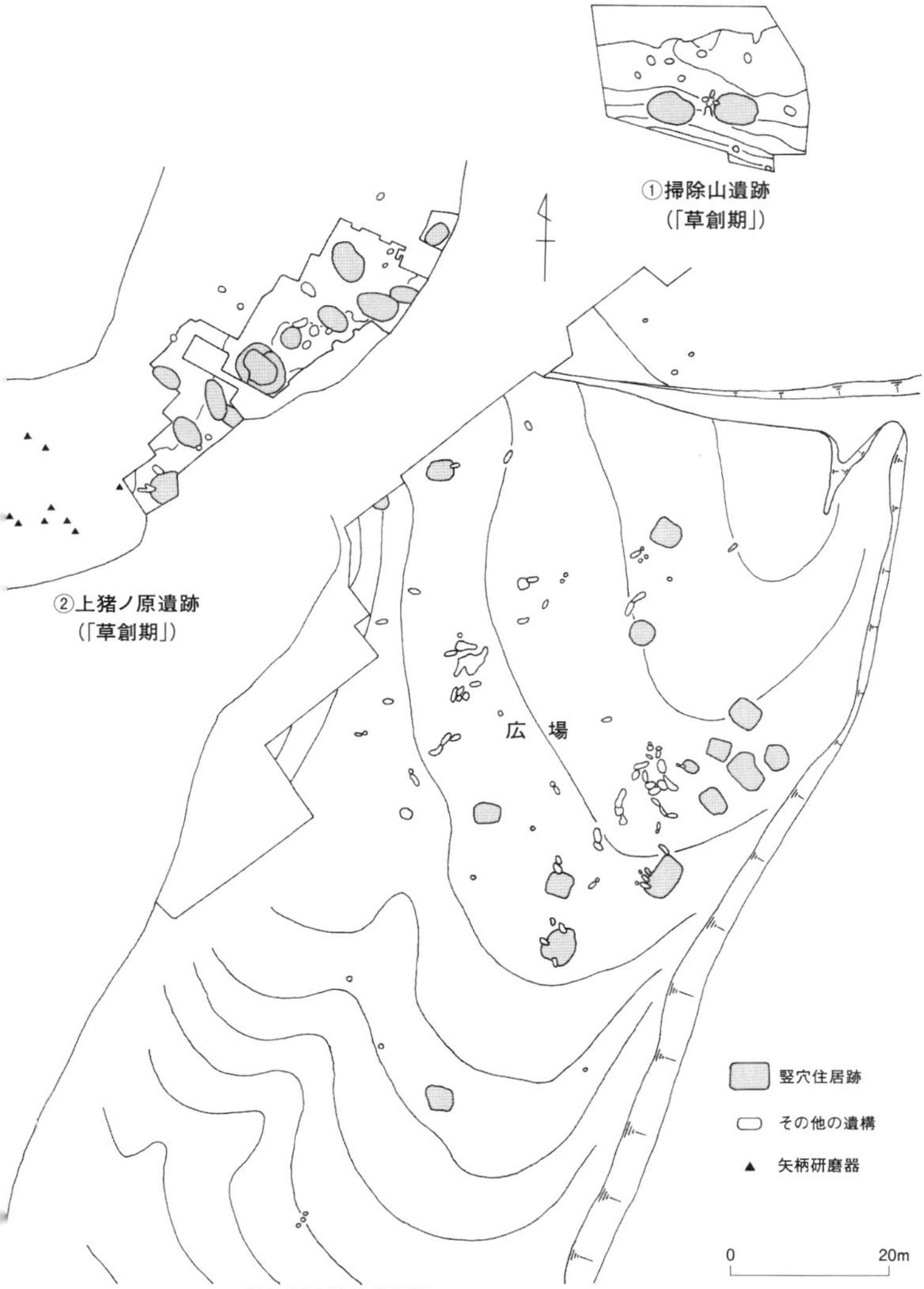

図15　南九州の「草創期」と早期の遺構配置

活の場としていた人びとは、つねに竪穴住居を使用していたわけではありません。また、土器や石皿、磨石《すりいし》などの遺物の量も少なく、広場をともなわないことからも明らかなように、住居周辺での活動もあまり活発ではなかったといえます。こうした遺構や遺物のあり方と、やせ尾根の狭い平坦地から北風を避けられる南向きの急斜面にかけて分布するという立地の特徴から、調査者の一人である雨宮瑞《あまみやみず》生《お》は、掃除山遺跡の竪穴住居を、秋に採集した堅果《けんか》類の貯蔵と利用をかねた越冬のための居住地と考えました。

最近、掃除山遺跡とほぼ同じか、やや後続する時期の宮崎市の上猪《かみい》ノ原《はる》遺跡から、一四棟の竪穴住居跡、一九基の土坑、二基の集石遺構などがみつかりました（**図15の②**）。竪穴住居など各種の遺構は、シラス台地特有の急斜面の縁に沿うように、幅約一〇メートル、長さ約五〇メートルという狭い範囲に重複して発見されています。また、竪穴住居の数の割には、土器や石皿、磨石などの量が少なく、広場をともなうこともありません。こうした遺構や遺物のあり方と、シラス台地の急斜面の途中に豊富な水量を誇り、現在も地元の人たちが生活用水として使用している湧水点があることから、この湧水点を基点に秋の堅果類の採集と冬の狩猟期にかけての居住地として、短期の居住を繰り返したものと考えられています。なお、上猪ノ原遺跡では、竪穴住居に近接する場所で、矢柄《やがら》を研磨した、いわゆる矢柄研磨器が多数の石鏃《せきぞく》や未成品、砕片などとともに出土していることから、冬の狩猟期に備えて、弓矢の製作もおこなわれていたものと考えられています。

掃除山遺跡よりもさかのぼる東京都あきる野市の前田耕地《まえだこうち》遺跡でも、多量の石槍《いしやり》と剝片などをともなう二棟の住居跡がみつかっています。一棟は掘り込みがなく、八個の河原石を外周の一部に並べており、いわゆる平地式の住居跡とみられています。もう一棟は、柱穴こそ確認されていませんが、深さ一〇センチほどの掘り込みをもち、中央のやや北よりに炉が設けられていました。そして、二棟の住居とその周辺からは、二〇〇〇点をこす石槍と膨大な剥片などが出土しており、ここで石槍を集中的に製作していたことがわかります。しかし、膨大な石器群の出土にもかかわらず、発見された遺構は、住居跡がわずかに二棟だけです。しかも、土器はというと、二個体分の小片だけで、石皿などの植物採集活動にかかわる道具類も検出されなかったことをみても、ここが通年的な定住の場とされていたとは考えにくいのです。

前田耕地遺跡で興味深いのは、竪穴住居跡の床面をおおう土のなかから、多量の哺乳動物と魚類の骨片がみつかったことです。とくに魚類の骨片を詳細に分析した結果、住居内に六〇から七〇個のサケの頭部が存在していたことがわかりました。前田耕地遺跡が多摩川とその支流である秋川が合流する川べりに立地するという特徴から考えてみると、サケが遡上する秋を中心とする時期に、その捕獲とあわせて石槍を集中的に製作していたものと想定できます。とすれば、前田耕地遺跡もまた、一年の特定の時期に居住地になることはあっても、通年的な定住集落を形成するまでにはいたっていません。

このように、「草創期」に出現した竪穴住居は、それまでのキャンプ的な生活形態とは異なり、季節的とはいえ、明らかに一定期間の居住を前提として築かれたことは間違いありません。その背景には、掃除山遺跡などでは堅果類の採集、前田耕地遺跡ではサケの捕獲というように狩猟活動以外の生業活動を本格的に組み合わせることによって、季節的に特定の場所に回帰して、そこを居住地とするような、いわば半定住的な生活形態への移行とみることができます。しかし、これらの遺跡も、通年的な定住集落を形成する段階にはまだいたっていないということも、間違いないことと思います。つまり竪穴住居が出現したからといって、イコール定住生活が開始されたことにはならないのです。

◉定住集落の形成

「草創期」の終末、つまり完新世の直前にあたる多縄文《たじょうもん》系土器とそれに並行する時期になると、青森県八戸市の櫛引《くしびき》遺跡、群馬県みどり市の西鹿田中島《さいしかだなかじま》遺跡や同県伊勢崎市の五目牛新田《ごめうししんでん》遺跡、静岡県沼津市の葛原沢《くずはらさわ》第Ⅳ遺跡や同県富士宮市の大鹿窪《おおしかくぼ》遺跡などというように、列島規模で竪穴住居やそれに類する遺構の検出例が増えてきます。

「草創期」の代表的な遺跡として国史跡に指定されている西鹿田中島遺跡では、隣接する同じ遺跡と考えられる新川前田《しんかわまえだ》A遺跡を含めると、沖積地に浮かぶ島状の台地の平坦面を中心に東西約一五〇メートル、南北約一二〇メートルの広い範囲から爪形文《つめがたもん》系土器と多縄文系土器の時期の遺物と遺構がみつかっています。しかし、それぞれの時期の遺物は、広範囲のなかにブロック状に集中する箇所が点在しているだけでなく、爪形文系土器の時期と考えられる一〇基の土坑は六基が重なり合い、多縄文系土器の時期の二棟の竪穴住居跡（竪穴状遺構）も重なり合うというように、遺構は狭い範囲に重複して残されていました（図16の①）。こうした遺物と遺構のあり方から、調査者の萩谷千明《はぎやちあき》は、遺跡間を回帰的に移動していた人びとが西鹿田中島遺跡に繰り返し戻ってくるという、遺跡の反復的利用が複数の場所でおこなわれた結果、遺物と遺構が広範囲に残されたものと考えました。そして、西鹿田中島遺跡における竪穴住居、あるいはそれに類する遺構の存在は、遺跡でのより長期の滞在を示唆していたとしても、通年的に滞在（定住生活）していたと説明することは難しいと述べています。

この時期の注目すべきもう一つの遺跡が大鹿窪遺跡です。大鹿窪遺跡の3―1調査区からは、多縄文系土器の時期を主体とする一一棟の竪穴住居跡（竪穴状遺構）、一〇基の土坑、一〇基の集石遺構、五基の配石遺構などがみつかっています（図16の②）。遺跡は富士山を供給源とする芝川溶岩流の末端近くにあたる、ゆるやかな溶岩の凹凸地形のあいだの二〇メートル四方の狭い空間に立地していることから、竪穴住居をはじめとする各種の遺構の大半が重複して残されていました。こうした溶岩の凹凸地形の直上に遺跡が立地した理由について、報告者の一人である地質学者の土隆一《つちりゅういち》は、富士山が眺望でき、富士山が火山活動したとしても西側で降灰が少なく、かつ溶岩流も既存の泥流の丘にさえぎられることを考慮すれば、火山の近くとしては安全性の高い場所だったことを一つの可能性としてあげています。いずれにしても、遺跡の立地と遺構の重複のあり方などから、ここでも通年的な定住集落が形成された可能性は低く、遺跡の反復的な利用が凹凸地形の狭い空間でおこなわれた結果、多数の遺構が重複して残されたものと考えられます。

このように、「草創期」終末の多縄文系土器の時期になると、列島規模で竪穴住居やそれに類する

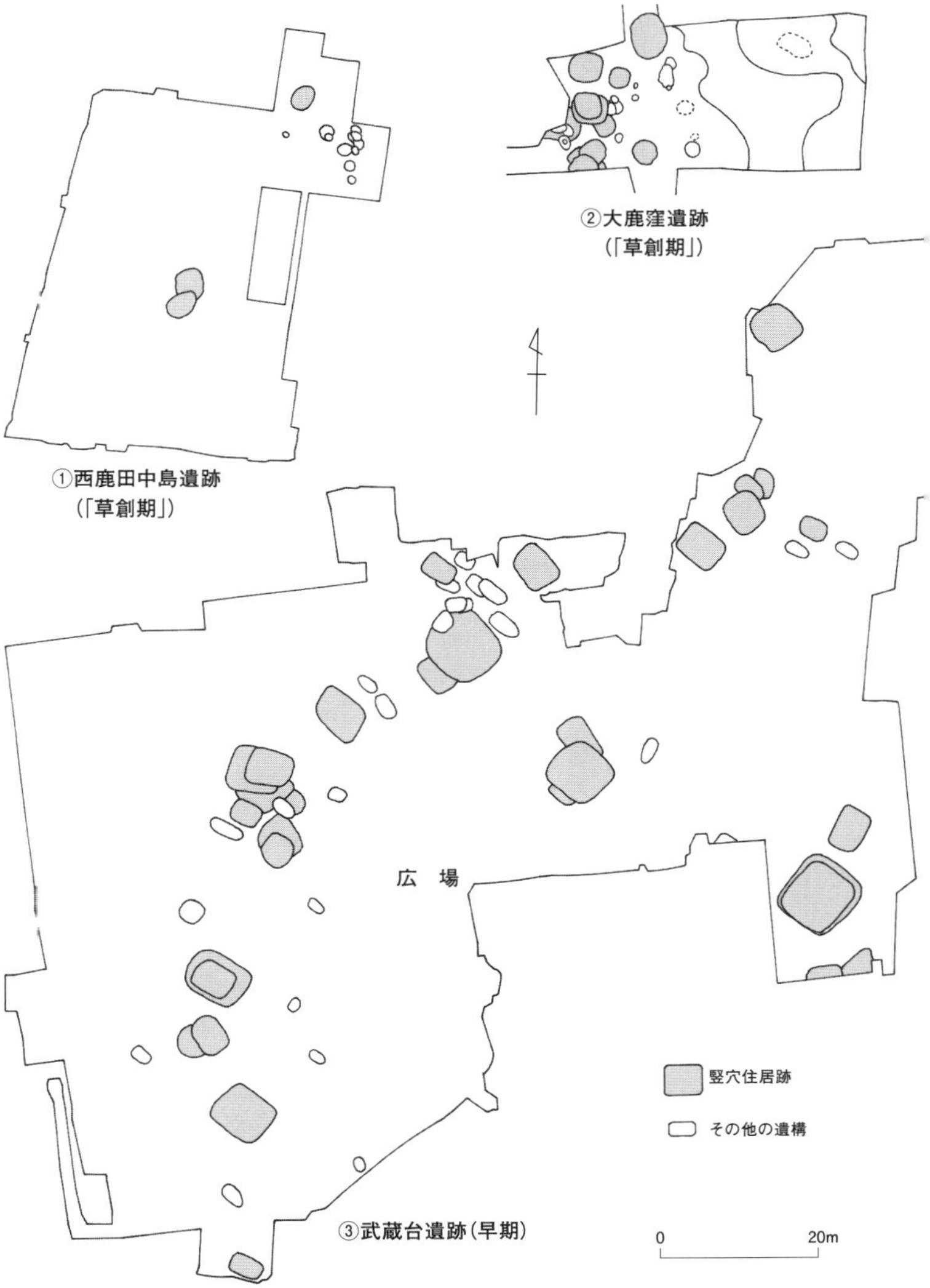

図 16　中部と関東地方の「草創期」と早期の遺構配置

遺構の検出例が増えてきますが、ここでも定住集落を形成するまでにはいたっていません。しかし、西鹿田中島遺跡や大鹿窪遺跡にみられるように、一つの遺跡で回帰的に利用される頻度が増してくることや、季節的とはいえ長期に滞在する居住施設の増加は、定住集落の形成への胎動がすでにはじまっていたことを意味しています。

では、縄文時代早期になると生活形態はどう変わるか、まず南九州からみてみましょう。掃除山遺跡と同じ鹿児島市の加栗山《かくりやま》遺跡では、早期初頭、南九州で独自に分布する貝殻文《かいがらもん》土器の時期の一六棟の竪穴住居跡、三三基の煙道つき炉穴、一七基の集石などがみつかっています（図15の③）。竪穴住居の構造が一段と発達するだけでなく、土器や石皿、磨石など植物質食料の調理にかかわる遺物の出土量が、それ以前とくらべて確実に増加してきています。そして、ここが重要なことですが、竪穴住居をはじめとする遺構群が空間的な広がりをみせるだけでなく、それらが中央の広場を囲むように環状に配置されていたことです。すべての遺構が同時に存在したわけではありませんが、遺構群が中央の広場を囲むように環状に配置されていたということは、加栗山遺跡を生活の場としていた人びとは、共通の土地利用の原則を堅持していたことになり、これこそは定住集落を形成していたからこそ実現できることです[*]。それを裏づけるように、加栗山遺跡では、植物珪酸体《けいさんたい》の化石であるプラント・オパールから植物の種類を推定するプラント・オパール分析によって、植生として開かれた

煙道つき炉穴（三重県大紀町野添大辻遺跡）

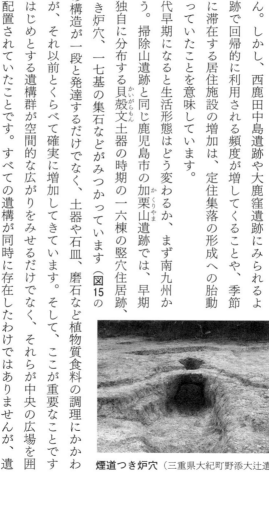

場所に生育するススキやチガヤが目立ち、この場所が長期の伐採による開けた土地であったことが証明されています。

＊早期の遺構群が環状に配置されるということでは、鹿児島県姶良《あいら》市の建昌城跡《けんしょうじょうあと》遺跡も注目されます。発掘調査は一部分ですが、火山灰層をはさんで、下層から「草創期」の隆帯文土器の時期の八棟の竪穴住居跡（竪穴状遺構）、八基の炉状遺構、一〇五基の土坑が、上層から早期の加栗山遺跡と同時期の六七棟の竪穴住居跡（竪穴状遺構）、二四基の炉状遺構、四六基の集石遺構、二三三基の土坑がみつかっています。「草創期」の遺構群は、二五メートル四方の範囲に固まって残されているのに対して、早期の遺構群は、数量が激増するにもかかわらず、竪穴住居・炉状遺構・土坑が環状に配置され、その中央の空間に集石遺構が集中しています。こうした早期の遺構群の配置をみると、建昌城跡遺跡を生活の場としていた人びとも、共通の土地利用の原則を堅持していたことがわかります。

同じように桜島を望む鹿児島県霧島市の上野原《うえのはら》遺跡では、加栗山遺跡と同時期の五二棟の竪穴住居跡、一六基の煙道つき炉穴、三九基の集石遺構、二七〇基の土坑などがP13と呼ばれる桜島起源の火山灰（約一万五〇〇〇年前）をはさんでみつかっています。このP13火山灰の降下と堆積状況から、五二基の竪穴住居はA（一三棟）→B（六棟）→火山灰の降下→C（七棟）→D（二六棟）の関係が想定でき、さらに竪穴住居の重複などから一時期に六棟前後が八回ほど継続して構築されたと考えられています。

また、上野原遺跡からは、狩猟具である石鏃もみられますが、石皿や磨石、敲石《たたきいし》などの植物質食料の調理具が多く出土しています。このことから調査者の一人である新東晃一《しんとうこういち》は、上野原遺跡では豊かな森に依存して、縄文初期の定住集落が長期に安定して営まれていたと説明しています。

　このように南九州の早期初頭の定住集落を形成した遺跡では、植物質食料調理具である石皿、磨石、敲石が卓越することは注目されます。しかも、加熱処理具である土器も、早期になると明らかに大型化するとともに、遺跡での出土個体数も確実に増加します。つまり定住集落の形成の背景には、植物質食料、とりわけ堅果類が食料資源の主役になってきたことを示しているといえます。

　ところで、縄文早期初頭で竪穴住居がもっとも普及するのは、関東地方、それも武蔵野台地や多摩丘陵など南関東です。現在まで南関東では、早期初頭の撚糸文《よりいともん》系土器の時期の竪穴住居跡がみつかった遺跡は六五カ所、その数は三〇〇棟をこえていることは確実です。このうちもっとも大きな東京都府中市の武蔵台《むさしだい》遺跡では、三三棟の竪穴住居跡と三〇基の土坑が、広場を囲むように環状の配置でみつかりました（**図16**の③）。しかも、竪穴住居の平面形は方形、あるいは隅丸方形で、上屋を支える柱穴や壁穴列をもち、そのなかには今村啓爾《けいじ》が灰床炉《はいしょうろ》と呼んだ炉跡の遺構を明確に残すといった、安定した構造の住居が構築されています。このことからも明らかなように、南関東での竪穴住居の普及は、定住集落の形成と軌を一にしたものといって間違いありません。そして、ここでも南九州の事例と同様に、植物質食料調理具である石皿、磨石、敲石（撚糸文系土器の時期に特徴的なスタンプ形石器）が石器組成の中心となり、加熱処理具である土器も大型化・多量化するのです（**図1**の②、2ページ）。

ただし、溺れ谷が発達した関東地方では、漁労に適した浅海域にめぐまれたこともあってか、ほかの地域に先駆けて、漁労活動が生業の一部門として確立したことが、前にも紹介した夏島貝塚から出土した豊富な動物遺存体からも知ることができます。南関東での定住集落の形成には、植物採集活動だけでなく、漁労活動も重要な役割をはたしていたことは確実です。

　こうした南関東の平野部で定住集落が形成された早期初頭に、北関東の山間地である群馬県吾妻《あがつま》郡長野原町の楡木《にれぎ》II遺跡からも三三棟の竪穴住居跡がみつかっています（図17）。この楡木II遺跡の場合には、狭隘な

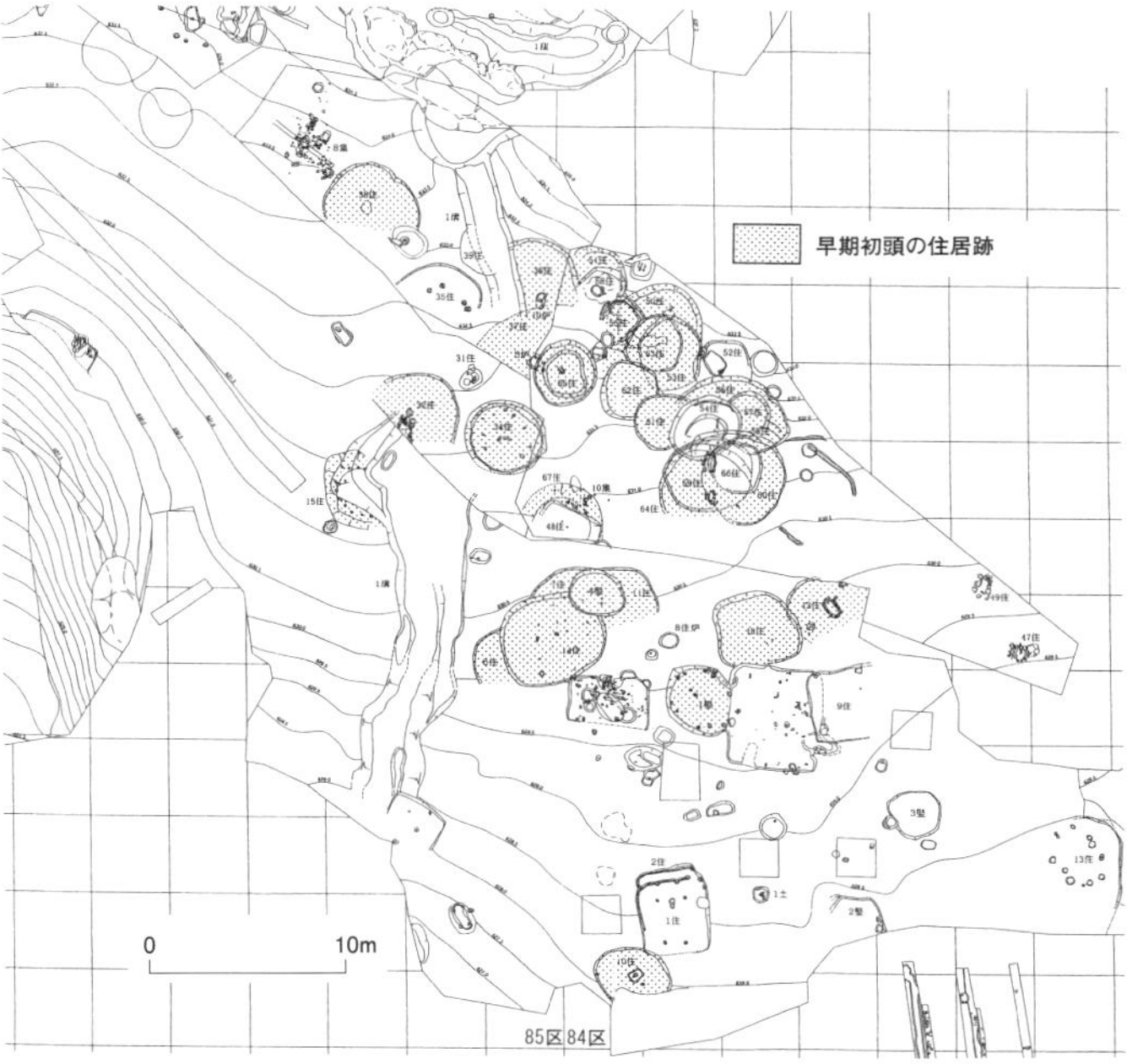

図 17　楡木 II 遺跡の早期初頭の遺構配置

地形に立地しているために、明確な広場を確認することはできませんが、この場所を長期にわたって生活の拠点としていたことは間違いありません。そして、この楡木Ⅱ遺跡でも一〇八九点ものスタンプ形石器が出土しているように、植物質食料調理具が卓越していることは、北関東の山間地でも植物採集活動が定住生活を決定づけたことは注目されます。

ただし、早期初頭に定住生活が本格的に開始されたからといって、移動的な生活をおこなわなかったということではありません。当然、時期や地域によっては、移動的な生活をおこなったり、移動的な生活を組み合わせたりすることもありましたが、生活形態の基本が定住生活へと変化したということです。

◉海辺の集落と山辺の集落

漁労活動といえば、北海道函館市の中野《なかの》B遺跡に注目する必要があります。中野B遺跡からは、縄文早期中ごろの六〇〇棟をこえる竪穴住居跡をはじめとして、多数の貯蔵穴、土坑墓、落とし穴がみつかるとともに、多量の土器のほか、石皿、磨石、敲石、石錘《せきすい》などが出土し、その数は合計四〇万点にものぼるといわれています。とりわけ石錘は二万点以上にものぼり、石器総数の一〇パーセントを占めています。この石錘は、漁網用の錘として用いられた石器と考えられており、中野B遺跡が津軽海峡に面した台地上に立地するという特徴を考え合わせてみると、ここを生活の場としていた人びとは、漁労活動に大きな比重をかけていたものといえます。

暖流が日本海をとおって、いち早く到達した道南とはいえ、冷温帯の針・広混林帯にあった中野B遺跡では、温帯の落葉広葉樹林帯や暖温帯の照葉樹林帯ほど堅果類などの植物質食料に恵まれていなかったはずです。しかし、中野B遺跡を生活の場としていた人びとには、眼前に広がる津軽海峡に、それを補完するだけの海の幸があったのです。この津軽海峡での海の幸があってはじめて、厳しい自然環境にもかかわらず、中野B遺跡で定住集落を長期にわたって営むことができたのです。

一方、東海地方の早期の定住集落として知られる静岡県富士宮市の若宮《わかみや》遺跡はというと、二八棟の竪穴住居跡をはじめとする多数の遺構群とともに、土器と石器が一万八〇〇〇点ほど出土しています。そして、中野B遺跡と同様に、若宮遺跡でも植物質食料調理具である石皿、磨石、敲石が安定して出土していますが、大きく違うのは狩猟具である石鏃が二一六八点と、石器総数の七〇パーセントを占めていることです。若宮遺跡は、富士山の西南麓にあって、多くの河川によって開析された舌状台地、それも遺跡の周辺の字名の「小泉」が示すように湧水地が多く、それにともなって多数の小谷が形成されるという地形

中野B遺跡出土の石錘

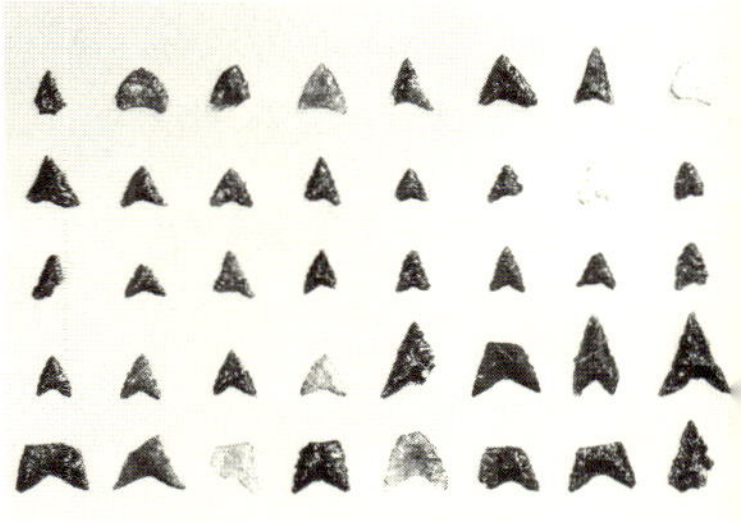

若宮遺跡出土の石鏃

に立地しています。こうした舌状台地と小谷が連続する地形は、哺乳動物が生息するのに格好の場所でした。つまり若宮遺跡では、山の幸に恵まれているという環境に対応した獲得手段を駆使することによって、定住集落が営まれたことになります。

このように、それぞれの地域の環境に応じて、多様な食料獲得の手段と技術を発展させることができたのも、縄文早期に定住集落が形成されるようになったからで、それ以前の生業形態とは異なった質的な発展をそこにみることができます。定住集落が形成されると、縄文人の生業活動は、集落の周辺の環境とそこに存在する資源に大きく規定されることになります。民族学の研究によれば、狩猟採集民が食料などの資源をえている広さは、距離にして半径約一〇キロ、時間にして歩いて二時間の範囲であるといいます。それを参考にして、縄文人の生業活動の広さを考えてみると、列島の環境の多様性による豊かな自然の恵み、遺跡数や遺

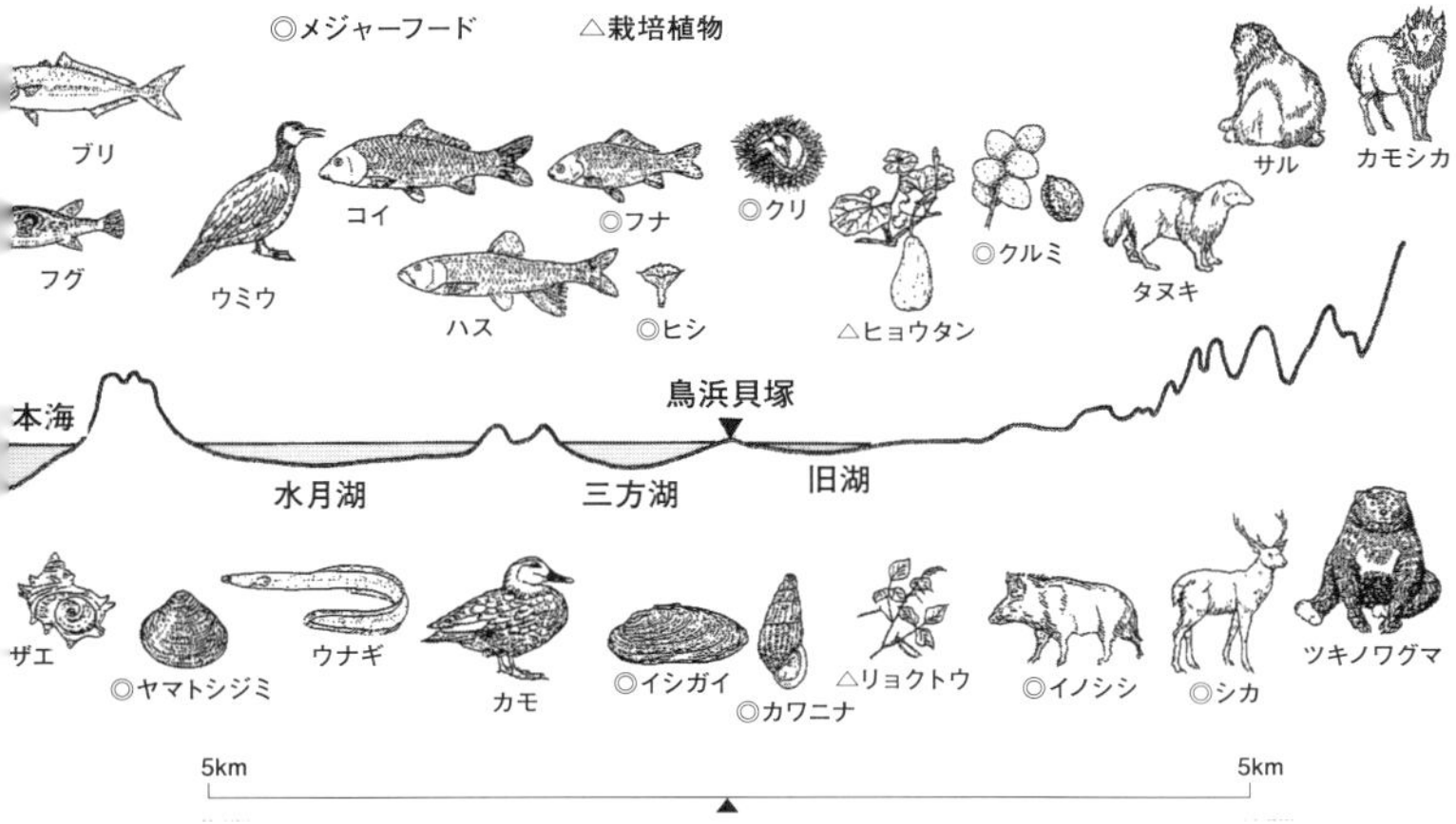

図18　鳥浜貝塚の縄文人が利用した食料資源

跡間の距離などから、集落を中心に半径約五キロがその範囲と考えられます。事実、縄文前期の福井県三方上中《みかたかみなか》郡若狭町の鳥浜《とりはま》貝塚から出土した動植物遺体の分析でも、集落を中心とする半径四から五キロの範囲内で獲得する食料資源で、十分に生活を維持することができたという結果をえています（図18）。その半径約五キロの範囲にどのような環境がともなうかによって、縄文人は、それに対応した食料獲得の組み合わせを編みだしていったのです。

たとえば中野B遺跡のような海辺の集落であれば、海の幸を獲得する漁労に大きな比重をかけて、生業活動の年間のスケジュールを組むことになります。若宮遺跡のように海のない山辺の集落であれば、海の幸にかわるものとして、山の幸により多くの比重をかけなければならなかったのです。また、海辺の集落であっても、それが東京湾のような内湾にある夏島貝塚と津軽海峡という外洋に面した中野B遺跡とでは、海の幸の種類も漁労具や漁法も違っていました。

こうしたことが、南北に細長い日本列島のそれぞれの環境に応じた、多様な縄文地域文化を発展させることにもなったのです。

2 新しい環境の創造

◉一変する生活環境

縄文時代になって、日本列島での最初の定住民の生活がはじまると、まず生活環境が一変します。それは前述したように、移動民は、本質的に身にもてるだけの限られた物質的財しかもたないのに対して、定住民となった縄文人は、身にもてる以上の物質的財をもつことが可能になったからです（図14）。そうした物質的財の中心を占めたのは、食料の獲得とその消費に直接かかわる道具類であることはいうまでもありません。

縄文人の道具といえば、その時代名称の由来ともなった縄文土器があります（図19）が、早期まではもっぱら煮炊き用の深鉢形土器が使われています。前期になると、浅鉢、台付鉢などが加わり、とくに中期には、北陸地方の馬高式土器（火焔《かえん》土器）や中部・関東地方の勝坂《かつさか》式土器などに代表されるように、物語性のある装飾文様とともに造形的にも優れた土器が用いられます。さらに後・晩期になると、簡潔な文様の粗製の深鉢とともに、華麗な文様で飾られた深鉢、浅鉢、皿、壺、あるいは土瓶のような形をした注口《ちゅうこう》土器などが用いられるようになります。その種類や量の豊富さ、文様の精緻さなどは、世界の先史土器のなかで類をみないものです。

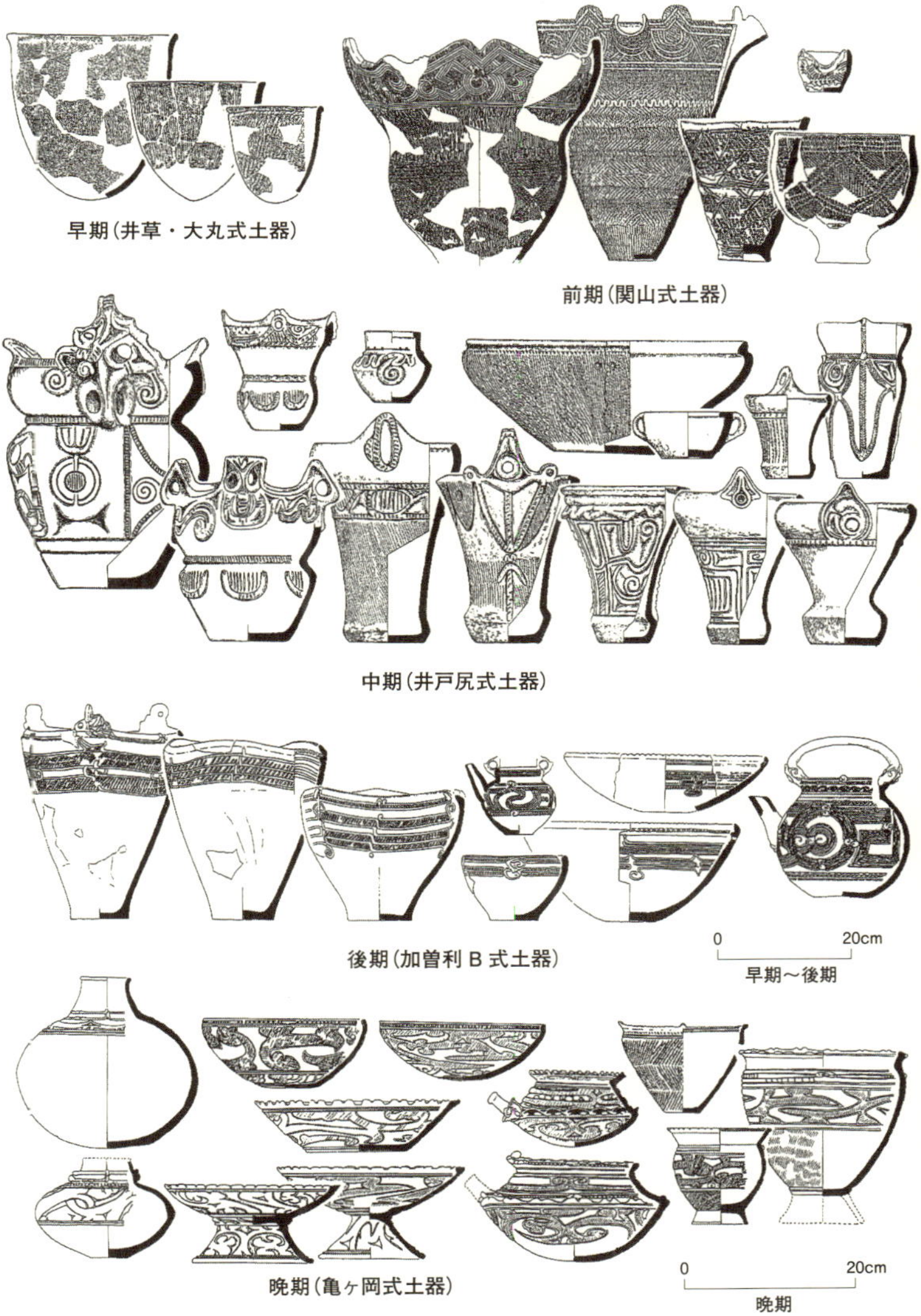

図 19　縄文土器の時期別にみた変遷

縄文時代を代表するもう一つの道具が弓矢です。弓矢は、弓の反発力と弦《つる》の張力を利用した狩猟用の飛び道具です。弦こそ発見されていませんが、弓（図20）と矢尻である石鏃（図21）、とくに石鏃が列島各地から豊富に出土しています。弓矢が縄文人の主要な狩猟具であったことがわかります。

弓は、一本の枝材や太い材から細く削り出した丸棒を素材とする丸木《まるき》弓で、縄文時代をつうじて一五〇センチ前後の長弓《ちょうきゅう》（図20の1・2）と八〇センチ前後の短《たん》弓（図20の3・4）が使用されていまし

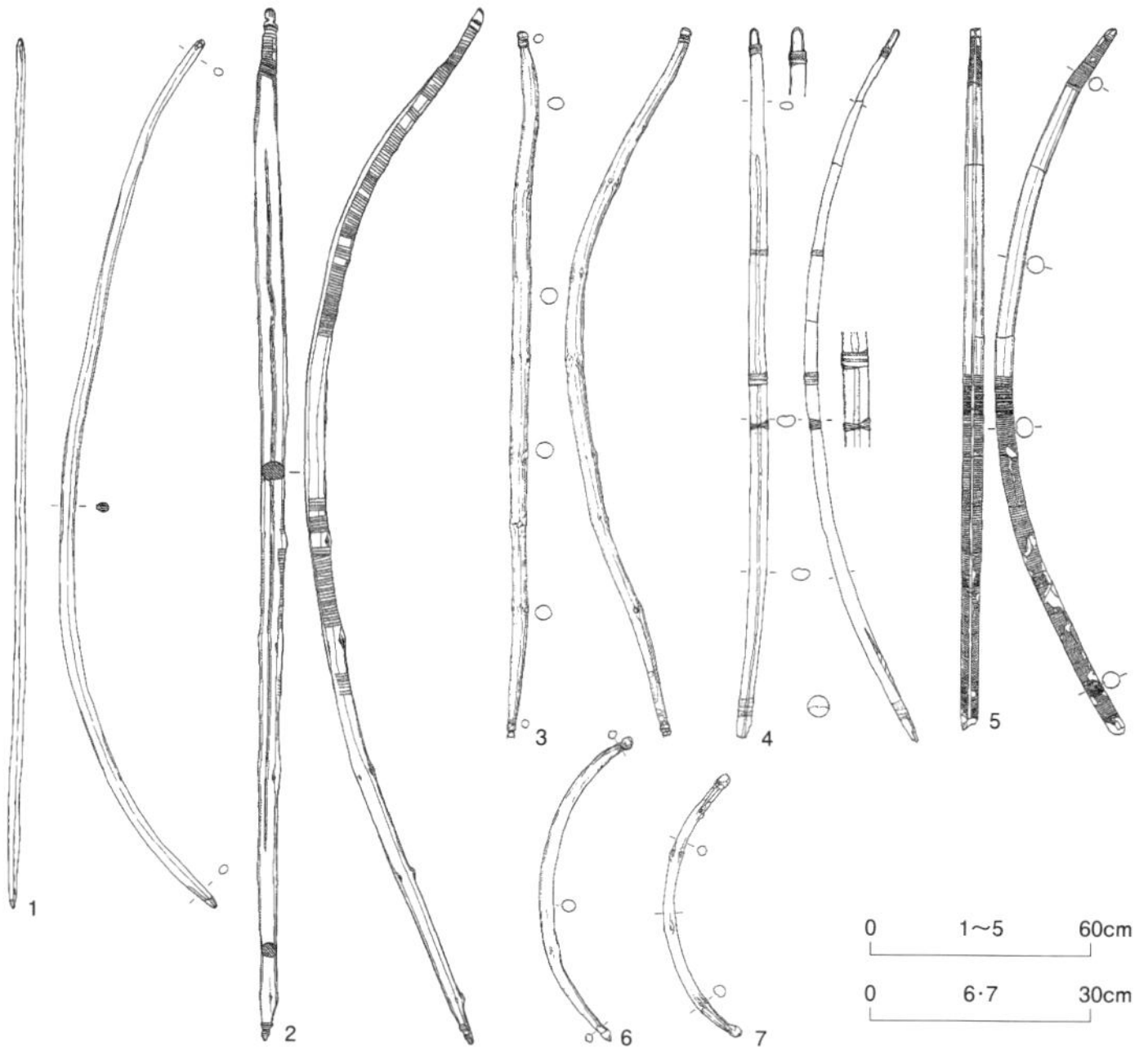

図20　縄文時代の弓

長弓（1. 福井県鳥浜貝塚・前期、2. 滋賀県滋賀里貝塚・晩期）、短弓（3. 岩手県萪内遺跡・後期、4. 福島県荒屋敷遺跡・晩期）、飾り弓（5. 埼玉県寿能遺跡・後期）、小型弓（6·7. 福井県鳥浜貝塚・前期）

た。しかし、獲物の種類などによって、長弓と短弓の使い分けがあったかどうかは、今のところ不明です。また、桜の皮や細い糸を巻きつけるなどして、その上を赤漆や黒漆を塗るなどした弓が、古くは前期の鳥浜貝塚から発見されていますが、後・晩期になると技巧をこらした漆塗りの弓が数多く出土しています（図20の5）。これらは儀礼などに使った飾り弓であるという説と、狩猟のリーダーなどが実際に使った実用の弓であるという説がありますが、私はどちらの用途ももっていたと考えています。なお、前期の鳥浜貝塚などから三〇から四〇センチの小型弓も出土しています（図20の6・7）が、これらは飛び道具の弓でなく、発火具や回転穿孔具などの弓切り式の弓に使われたと想定されています。

縄文人の道具のなかで、もっとも地味なのが打製石斧です（図21）。砂岩や安山岩などの手ごろな大きさの礫を打ち割って、短冊《たんざく》や撥《ばち》、分銅《ふんどう》のような形に作ります。石斧と呼ばれていますが、鋤のように長い棒状の柄（直柄《なおえ》といいます）の先や鍬のように樹木の幹と枝の分かれ部を利用して、幹の部分に身を着柄（膝柄《ひざえ》といいます）して、土を掘る道具として使いました。ヤマノイモなどの根茎類を掘るのに使っただけでなく、竪穴住居の床や柱穴、ドングリなどを保存する貯蔵穴、動物の罠を仕掛けるための落とし穴を掘るなどというように、定住生活をはじめた縄文人にとっては、その当初から必需品の一つでした。

ヤマノイモといえば、日本列島の山野に豊富な実をつけるトチやドングリなどの堅果類、クズやワラビなどの根茎類など植物質食料を製粉するのに使ったのが、石皿、磨石、敲石と呼ばれる道具です

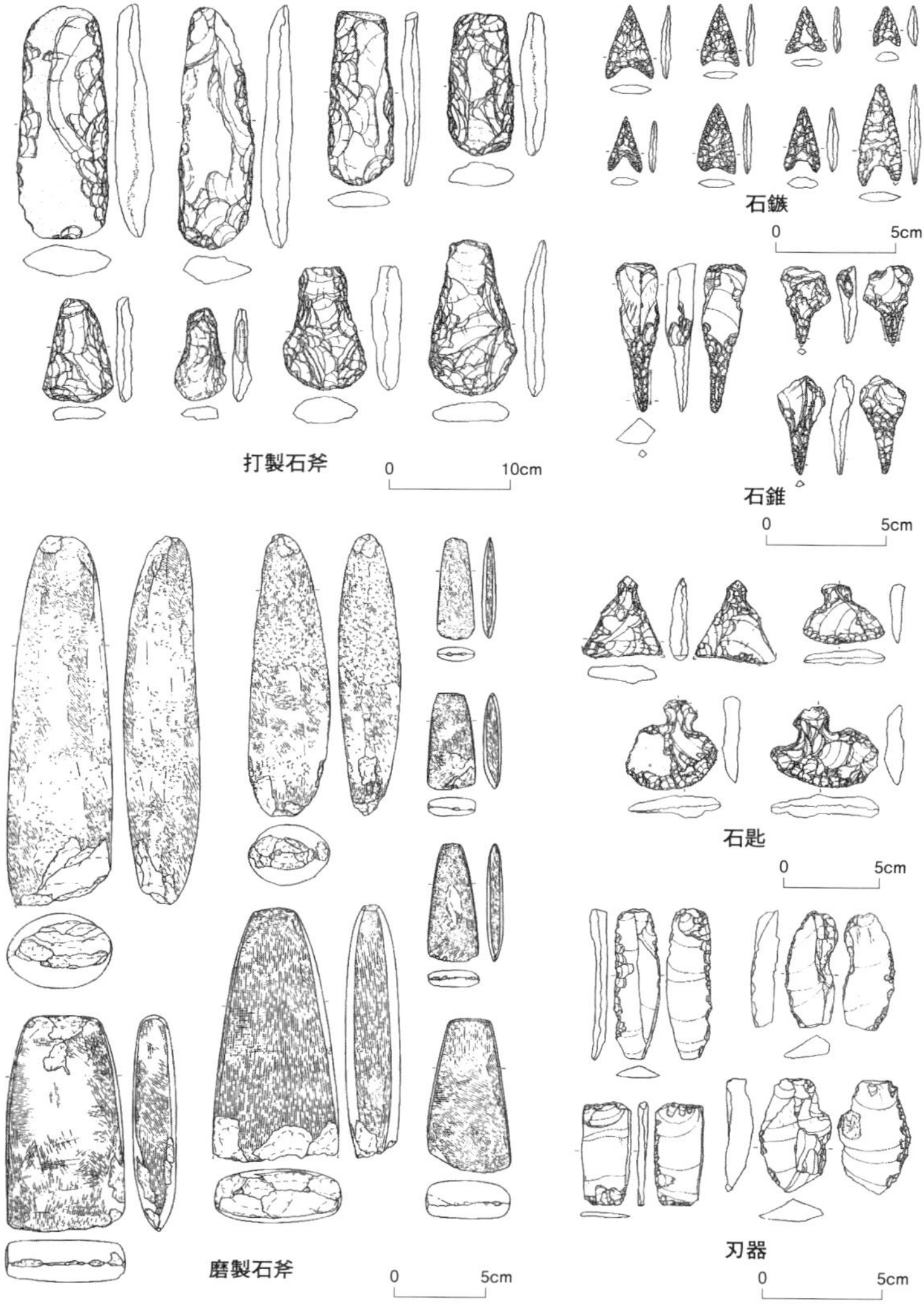

図 21　聖石・長峯遺跡出土の石器（長野県茅野市、中期）

（図10、49ページ）。植物質食料の多くはアクがあるので、効果的にアクを抜くために製粉します。また製粉することによって、ほかの食料品と練り合わせて、栄養価が高く、かつ美味な加工食品を作ることもできます。

漁労具には、まずは骨角製の釣針があります。これは早期の初頭に、すでに二センチ前後の非常に精巧なものが使われています（図12の②、55ページ）。早期の末葉になると、大小の釣針が使われるようになりますが、とくに中期の後半以降、三陸海岸や磐城海岸などで軸と針を別に作った一〇センチ以上にもなる大型の釣針など多種類のものが使われるようになります。一方、ヤスと銛のうち、ヤスは早期の初頭から内湾や内水面漁業の漁具として使われています。それに対して、銛は中期の後半以降、三陸海岸や磐城海岸で回転銛など機能性の優れたものが使われているように、外洋性漁業の漁具として活躍しています（図22）。また、漁網は、網そのものは愛媛県松山市の船ケ谷《ふねがたに》遺跡で晩期のものが唯一発見されているだけですが、土器片や河原石を打ち欠いただけの簡単な作りの漁網錘が早期の初頭からみられ、中期以降になると磨り切りで切り目をつけたり、溝をめぐらした土製（土錘）や石製（石錘）の漁網錘が各地から発見されているので、その存在を知ることができます。

縄文人の道具で、もう一つ大切なものがあります。それは木材を伐採し、加工する道具です。木材を伐採するのには、両刃で大型の磨製石斧を柄と平行に装着して使われました。大型の伐採斧に対して、中・小型の磨製石斧は、柄と直角に装着して、手斧《ちょうな》のようにして、木材を削る加工斧として使われました。こうした斧としての磨製石斧が本格的に使われるようになるのも、早期初頭の撚糸文系土器の時期からですが、大型の乳棒《にゅうぼう》状や少し平べったい定角《ていかく》式の磨製石斧が使われるようになるのは前期も後半に入ってからです（**図21**の磨製石斧のうち、左上の二点が乳棒状磨製石斧、そのほかの六点が定角式磨製石斧）。

一方、仕上げには、黒曜石《こくようせき》やサヌカイト、硬質頁岩《けつがん》など鋭利な刃先をもつ刃器が使われていますが、形の整った定型的なものは少なく、多くは材料にあわせて多様な形のものが使われました（**図21**）。なかには、鋭い刃部とつまみ状の突起をもち、動物の皮はぎや物を切るナイフとして使われた石《いし》匙《さじ》のような定型石器もあります。また、錐《きり》のように、小さな穴をあける道具としては、石錐《せきすい》と呼ばれるものが使われました。これはつまみの部分を残して、刃先を錐状に作りだしたもので、木材だけでなく、骨角器に穴をあけたり、皮に穴をあけたりするのにも使われました。

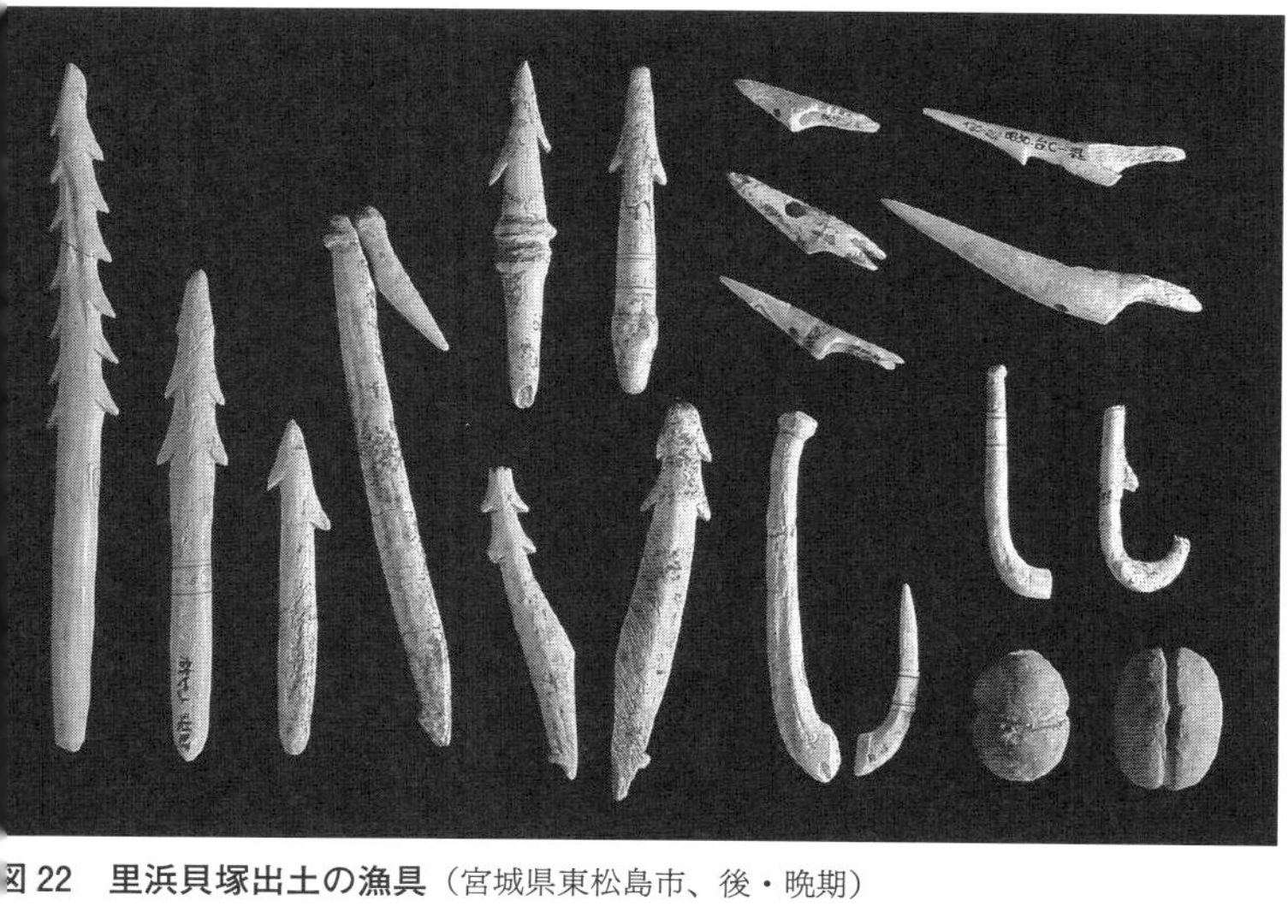

図22　里浜貝塚出土の漁具（宮城県東松島市、後・晩期）

●高水準の木工・編み物技術

このように、縄文人は狩猟具であれ、漁労具であれ、採集具であれ、食料の獲得とその消費に直接かかわる道具類、それに定住生活を支える木材を伐採・加工するための道具類などのほとんどは、早期の早い段階でほぼ開発を済ませます。それ以後は、食器や容器などの生活用具、あるいは呪具や祭祀具などの社会的・精神的な要求にもとづく道具類の開発へとむかうことになります。そして、私たちが想像していた以上に縄文社会が豊かであったと実感させられるのは、実は生活用具などの充実ぶりをみせられたときです。その充実ぶりは順をおって述べることにして、ここでは生活用具を代表する植物製容器類について紹介することにします（図23）。

木製容器は、その製作技法から、刳物《くりもの》、挽物《ひきもの》、曲物《まげもの》、結物《ゆいもの》の四種類に分けられますが、縄文時代の木製容器といえば、石器という道具の限界から、材を刳りぬいて作る刳物にほぼ限られました。しかし、刳物にほぼ限られるとはいえ、食器に使った皿や鉢、椀などの小物から、食品をこねるのに使ったと思われる大皿などの大物、あるいは液体をすくう杓子《しゃくし》や水差しというように、私たちの日常生活と馴染み深い容器の多くが使われているのには驚かされます（図23）。しかも、それら木製容器は早期の早い段階から用いられ、時期をおって種類が豊富になります。たとえば後期の埼玉県さいたま市の寿能《じゅのう》遺跡から七四点の刳物が出土していますが、その種類は鉢、浅鉢、椀、壺と豊富で、しかも、鉢がサクラ、浅鉢がトチノキ、椀や壺がイヌガヤというように、容器の種類に応じて用材を選択しているのに驚かされます。また、新潟市の御井戸《おいど》遺跡からは、晩期の製作途中の把手《とって》付の片口容器や水差形容器が八点出土していますが、どの個体も加工痕が生々しく残っていて、大まかな木取りから外形の粗削りをへて、内部を刳りぬき、最後に内外面を入念に仕上げるという製作工程が明らかになりました。しかも、完成品は把手の精巧さといい、赤く塗られた漆の鮮やかさといい、発見当初は本当に縄文人の製品かと驚嘆されたほどです。

もう一つ植物利用の容器で見逃せないのが、籠《かご》や笊《ざる》などの編み物の容器です。目の粗いものを籠、目の細かいものを笊といいますが、その区別は曖昧なので、ここではカゴ類と総称しておきます。カゴ類の編み方には、縦材と横材を交互に潜らせて編む網代《あじろ》編み（図23の1）と、縦（横）材に複数の横

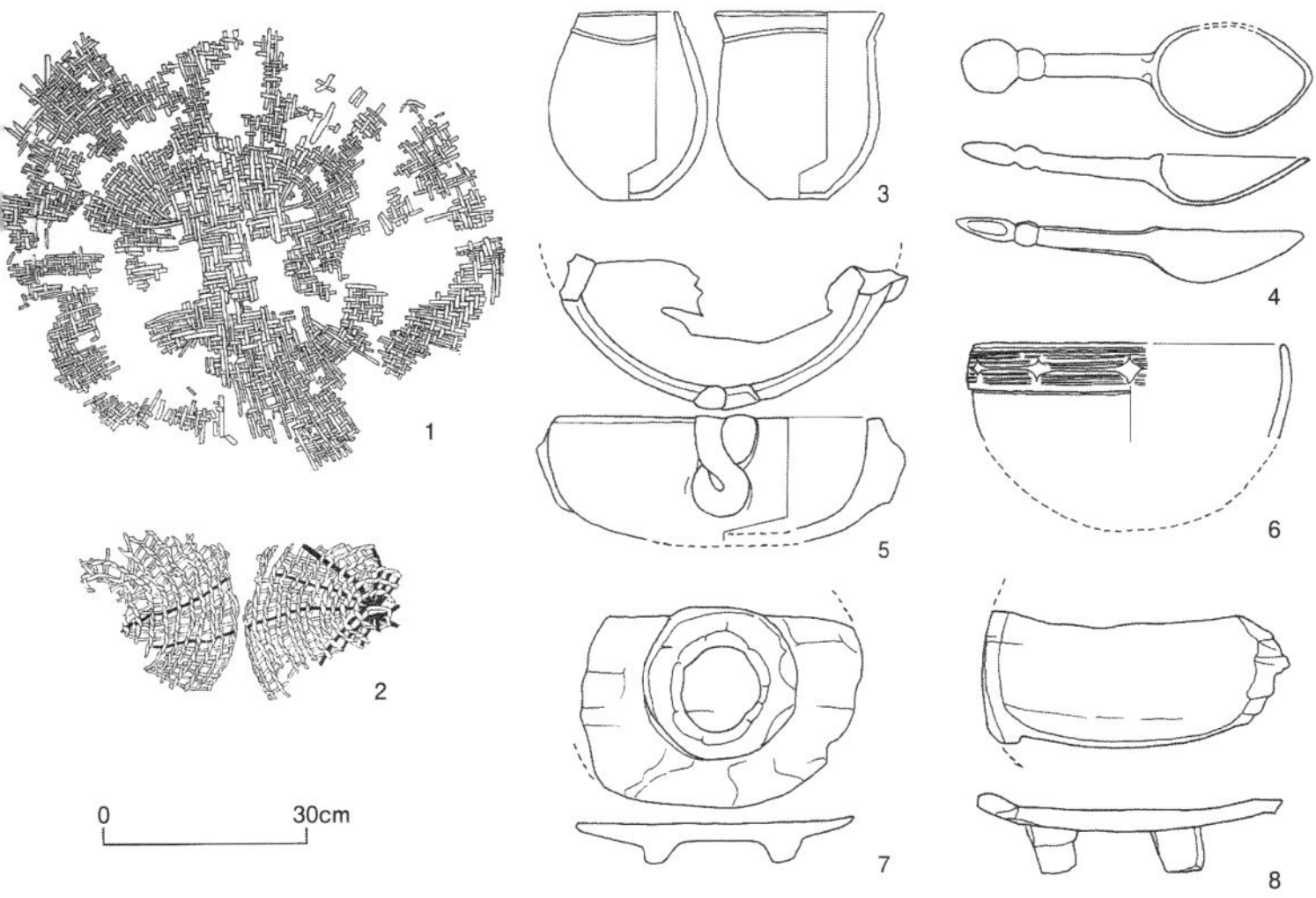

図23　縄文時代の木製容器とカゴ類
1. 網代編みのカゴ（熊本県曽畑貝塚・前期）、2. 捩り編みのカゴ（佐賀県坂の下遺跡・中期）、3. 無頸壺（埼玉県寿能遺跡・後期）、4. 匙（鳥取県栗谷遺跡・後期）、5. 浅鉢（埼玉県寿能遺跡・後期）、6. 鉢（滋賀県滋賀里遺跡・晩期）、7•8. 皿（岩手県萪内遺跡・後期）

（編）材を編ませたたら編も抜け編みとなります（図2の3）。そして、材の幅や本数、交互の潜らせ方や間隔などを組み合わせることによって、用途に応じた多様な容器を編んでいます。

こうしたカゴ類は、早期末の佐賀市の東名《ひがしみょう》遺跡から七〇〇点をこす製品が出土しています。それらの編む技術や種類をみると、現在の私たちが使っているカゴ類のほとんどは、すでに縄文時代の早い段階で用いられていたことがわかります。ただし、東名遺跡のカゴ類の材料をみると、全体の八〇パーセント以上が木本《もくほん》植物を割り裂いたヒゴ、残りがツル植物で、タケ・ササ類は一切使われていません。カゴ類の材料にタケ・ササ類が使われるようになるのは前期以降で、後期になると東京都東村山市の下宅部《しもやけべ》遺跡の事例ではタケ・ササ類が多用されるようになります。容器の堅牢さでは、タケ・ササ類のほうが優れています。

なお、佐々木由香《ゆか》などの研究によれば、九州地方から出土したカゴ類は、早期以降も木本植物やツル植物で、それも照葉樹林のなかに普通にある植物が使われており、山陰から北陸地方は針葉樹杯の木本植物やツル植物、東北地方北部は落葉広

東名遺跡出土のカゴ

栗谷遺跡出土の木製匙

葉樹林の木本植物やツル植物が多用される傾向がみられるのに対して、タケ・ササ類を好んで使うようになるのは、関東地方から東北地方南部の縄文人の特性であるということです。

このように、縄文人が時期をおって豊富な種類の容器類を多量にもつようになるのは、縄文時代が定住生活であったからです。移動民であった旧石器時代人との生活環境の本質的な違いを、そこにみることができます。

◉彩のある生活

このような容器類を美しく飾ったのが漆塗です。山形県東置賜《ひがしおきたま》郡高畠町の押出《おんだし》遺跡からは、縄文前期前半の土器の下地に赤漆を塗り、その上に黒漆で繊細な幾何学文様を描いた彩文《さいもん》土器が出土しています。また、木器に彩文土器と同じような文様を描いた木胎《もくたい》漆器も、破片ですがかなりの数が出土しています。漆塗の土器は、鳥浜貝塚や神奈川県小田原市の羽根尾《はねお》貝塚などでも前期の漆塗の櫛とともに出土しているので、この時期には、すでに漆工技術が完成していたことがわかります。しかも、北海道函館市の垣《かき》ノ島《しま》B遺跡から縄文早期前半にさかのぼる漆製品が発見されていることから、日本列島での漆利用の起源は、さらに古くさかのぼることが明らかになっています。しかし、この列島での漆利用の起源を探る貴重な資料は、二〇〇二年一二月に収蔵庫の不審火で焼失してしまったことは惜しまれます。

ルシの木の生長が活発な初夏から秋にかけてが最適期で、事実、下宅部遺跡から出土した縄文後期の杭に転用された漆掻きの痕跡があるウルシの木の伐採時期を検討してみると、それらが秋に集中していることがわかりました。

漆工の工程で欠かせないのが、生漆中の水分を二パーセントぐらいまでに蒸発させる「くろめ」と、漆液の不純物を取り除くための濾過《ろか》です。これらを怠ると、漆塗膜の光沢やきめ細やかさ、赤色顔料を混ぜた時の鮮やかな色合いはだせません。そして、縄文遺跡から出土する漆製品の光沢や鮮やかな色合いをみると、縄文前期には、すでに「くろめ」や濾過などの工程が考えだされていたと想定されています。なお、今のところ後・晩期のものですが、「くろめ」に使った土器が下宅部遺跡から、濾過の布も福島県大沼郡三島町の荒屋敷《あらやしき》遺跡や青森県八戸市の是川《これかわ》遺跡などから発見されています。

そしてもう一つ、これが肝心なことなのですが、漆を乾燥させるためには、一定の湿度と温度が必要です。その条件とは、湿度が七〇から八五パーセント、温度が摂氏二五度前後、つまり高温多湿という環境です。しかも、漆を塗ってから乾燥させ、それが使用に耐えうるまでには、数週間から一カ月程度は必要であるということです。これだけでも、漆製品には、たいへん手間暇がかかることがわかっていただ

押出遺跡出土の彩文土器

けるものと思います。

漆製品は、耐久性に優れているだけでなく、縄文人の生活を美しく彩りました。このような漆製品は、製作にたいへん手間と時間がかかりますが、これも定住生活の開始によって、はじめて手にすることができたのです。

◉二次林的な環境の創造

通年的な定住生活の開始は、もう一つの大きな画期をつくることになります。その興味ある事例を、南九州の掃除山遺跡と加栗山遺跡でのプラント・オパール分析の成果でみてみましょう。プラント・オパール分析によれば、半定住的な居住地であった掃除山遺跡ではタケ類が多く、周辺環境への人類の関与が認められなかったということです。それに対して前述のように、定住集落を形成した加栗山遺跡では、開かれた場所に生育するススキやチガヤが目立ちました。この場所が長期の伐採による開けた土地であったということは、それだけ周辺環境への人類の関与が顕著であったことを示しています。

縄文人は、集落を建設するために、落葉広葉樹や照葉樹の深い森林を切り開かなければなりません。深い森林のなかにあって、集落の周辺に、ぽっかりと大きな穴が開いたように明るく開かれた場所がつくられます（図52、247ページ）。こうした明るく開かれた場所こそは、クリやクルミなどの二次植生（二次林）の生育に、願ってもない環境を提供することになります。しかも、集落での生活を維持していくためには建設材や燃料材に必要不可欠で、それらは当然、集落の周辺から切りだすことになります。ということは、集落の周辺には、人類の関与によって、つねに二次林的な環境が形成されることになります。

こうした二次林的な環境は、加栗山遺跡でのプラント・オパールの分析結果は、そのことを証明したといえます。林床《りんしょう》植物と呼ばれる、いわゆる下草《したくさ》にも大きな影響をあたえることになります。ワラビ、ゼンマイ、フキ、クズ、ヤマノイモ、ノビルなどの有用植物は、陽性植物と呼ばれるように、落葉樹や照葉樹の極相林のなかでは生育しにくく、二次林的植生のもとで繁茂します。つまり定住化によって縄文人は、集落の周辺に有用植物が繁茂しやすい二次林的な環境＝雑木林という新しい環境を創造したことになります。その証拠に、縄文時代の遺跡から建築材や燃料材が出土しますが、その大半がクリであるということは、縄文集落の周辺にクリの林があったことを示しています。

実際に遺跡でも、たとえば富山県射水《いずみ》市の小泉《こいずみ》遺跡の前期末、あるいは後にも紹介する青森市の三内丸山《さんないまるやま》遺跡の前期後半から中期後半にかけての包含層の花粉分析の結果では、クリ属の花粉が優勢を占めていることから、周辺に発達したクリ林の存在が指摘されています。また、鳥浜貝塚からは、約五〇種の植物種子が検出されていますが、「草創期」の時期のものはすべて極相林に生育するものであり、縄文早期から前期の時期のものに、大半が極相林には生育できない陽性植

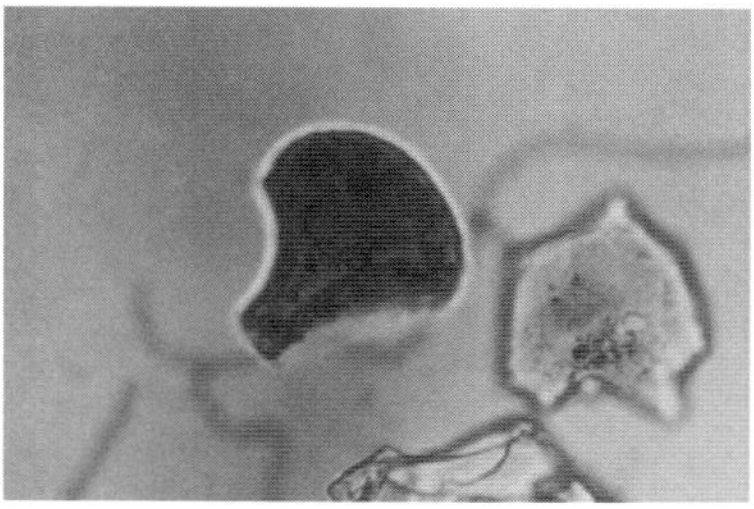

プラント・オパール
（イネ、熊本市上南部遺跡出土）

物であることからも明らかです。

こうした二次林的な環境の創造とその積極的な活用こそが、日本列島の旧石器時代と縄文時代を区別する決定的な違いとみても、決して過大な評価ではないでしょう。それは、陽性植物こそは、縄文人の主要でかつ安定した食料資源であったという事実を指摘するだけで十分でしょう。そして、この二次林的な環境こそが、その後の縄文文化の発展にとって、東西日本の地域差を生む大きな要因になるのですが、それは第Ⅳ章で詳述することにします。

3　労働と生業の特質

◉男女間の労働の分担

獲得経済社会での男女間の労働は、一般的に動きが激しく瞬間的な体力を使う狩猟やモリ漁など一部の漁労は男に、動きが緩やかで持続的な体力を使う植物や貝の採集は女に、それぞれ労働の役割が分担されていたと考えられています。それは男女間の生理的・肉体的な差異から考えても、世界の狩猟採集民の民族誌的事例に照らしてみても、ほぼ間違いないことと思われます。

るのに狩猟活動に、このような道具しか残さなかった列島の旧石器時代にあっても、山野に自生する木の実・実、おそらく植物などの可食物を重要な食料資源としてきました。したがって、旧石器時代でも、男女間の労働の分割は、ごく自然におこなわれていたことは想像に難くありません。しかし、生産用具である道具や労働対象からみた植物採集活動や漁労活動の未分化・未発達、とくに遺構から推定される遺跡でのキャンプ的な居住とその頻繁な移動生活から考えて、その分割・分担は潜在的で未分化なものであったと想像されます。移動生活そのものが、特定の労働対象を求めて居住地を変えていくことですので、当然、居住地ごとの労働対象は、かなり限定されたものとならざるをえないだけに、それだけ両性がひとしく労働にかかわることも多かったといえます。

これに対して、定住生活を開始した縄文時代になると、労働が一年の季節的変化をつうじての多様な食料資源にむけられたために、旧石器時代にごく自然におこなわれていた男女間の労働の分割・分担を、よりはっきりさせることになりました。とりわけ加熱処理具として土器を活用することによって、それまで食料とすることが困難であったトチやドングリなどの堅果類、クズやワラビなどの根茎類、さらには食料とすることが不向きであった貝類などを主要な食料資源とすることができるようになったわけですが、こうした食料資源のほとんどが女、一部には子どもにも採集できるものでした。そのなかでも食料資源として高い位置を占めていた堅果類は、加工・調理に手間がかかるものですが、それは生理的に出産・育児に大きな時間をさかなければならない女にとって、格好の家事労働の一部として組み込むことができたのです。しかも、これらの主として女の分担としておこなわれた採集活動だ、縄文人が利用した食料資源としてもっとも安定した内容をもっていたことから、その活動によって安定した食料の供給がある程度保障されるようになりました。その結果、男は狩猟などの食料獲得のための労働以外にも、積極的に労働力を振りむけることが可能となり、山林の伐採、住居の建築、生活用具の製作など、定住生活を発展させるというように、縄文文化の質的な発展を大いにうながしたのです。

このように、定住生活の開始は、生産力の発展にとって一つの要因となる労働の分業でも重要な役割をはたしたことが、これでもわかっていただけると思います。そして、「生理的」な男女間の労働の分割にもとづく分業の発展は、自然物に頼る縄文人が日本列島の豊かな自然を巧みに利用して、多様な生業活動をおこなうことを可能とさせたのです。

◉労働の三要素

労働という言葉がでてきましたので、ここで人類と労働との関係について、若干の解説をしておきたいと思います。

人類が誕生したのは、最新の遺伝学的な研究や人類進化の直接的な証拠となる化石人骨の発見などから、今から六〇〇〇万年前から七〇〇〇万年前ぐらいと想定されています。仮に六〇〇〇万年前としても、私たちの一生とくらべると途方もなく長いといえます。しかし、約四六億年という地球の歴史とくらべると、ほんの瞬時の出来事でしかありません。原生生物である単細胞生物の出現が約三五億年前、霊長類の出現が約六六〇〇万年前ということを考えても、人類の歴史はきわめて短いものです。

このように、もともと自然の一部分として地球上に誕生した人類が、あたかも自然と対立し、独立するかのような独特の社会、それまでの自然界にはなかった人類の社会を、かくも短期間につくりだしたのは労働です。その労働は三つの要素――人類の労働、労働手段、労働対象――で構成されています。このいわゆる労働の三要素こそは、生産力を規定する三つの要因となります。これを井尻正二にならって数式化してみると、つぎのようになります。

生産力＝人類の労働×労働手段×労働対象

ということは、生産力が発展するには、労働の三要素のうち一つ以上がプラスにむかうことが必要です。

さて、労働を構成する第一の基本は、いうまでもなく人類の労働です。人類は、労働によって自然に働きかけ、それを変化させて人類の生存を可能にするとともに、人類そのものをも変化させます。つまり人類は、労働を繰り返すことによって、自らの労働能力をも発達させることになります。

一方、労働対象とは、人類の労働が働きかける対象のことです。労働対象には、大地をはじめとして、動物、植物、鉱物などのように天然に存在する自然物と、衣服を作るための獣の革や石器を作るための石材のように、すでに過去の労働が蓄積された原料・原材料とがあります。また、燃料、接着剤、塗料なども補助材料として、労働対象に含めることができます。

こうした人類の労働とその労働対象とを仲介する物、または複合体のことを労働手段といいます。

そして、労働手段には、道具や機械などの生産用具と、労働をおこなうために必要なすべての対象的諸条件としての耕地、作業場、道路、運河などの一般的労働手段とがあります。とくに人類は、生産用具を作ることによって、人類の生まれつきの器官に制約されることなく、人類の労働そのものを発展させることができたという点で、生産用具が狭義の労働手段ともいわれる理由です。

このように、労働の三要素を文字で表現すると、なんだか堅苦しいと敬遠されるかもしれませんが、考古学に馴染みの弥生時代の銅鐸《どうたく》絵画でみると、簡単に納得できるものと思います。

図24は、有名な江戸時代の画家の谷文晁《たにぶんちょう》が愛蔵したと伝えられる銅鐸の拓本ですが、そのシカを狩猟している絵のうち、弓矢でシカを狙っている人物の活動が人類の労働で、その人物が手にもっている弓矢が労働手段（生産用具）であり、その人物に狙われているシカが労働対象です。

労働手段の使用とそのあいつぐ改良、新しい労働手段の発明は、本能としての動物の活動と、目的意識的活動としての人類の労働とを決定的に区別するものです。その労働手段を考古資料でいうと、生産用具として石器、骨角器、木器、土器、金属

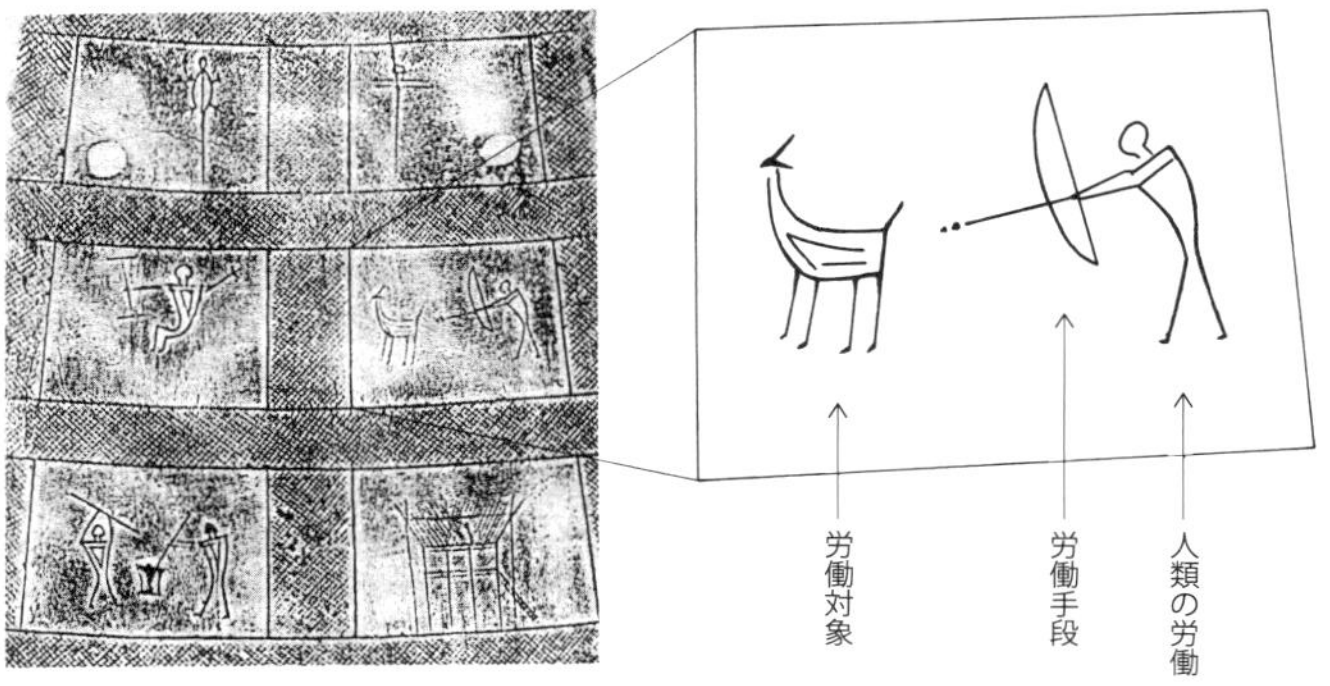

図 24　銅鐸絵画にみる労働の三要素

器などの遺物があり、一般的労働手段として罠跡、水田跡、畑作跡、窯跡などの遺構があります。このうち一般的労働手段という用語は読者にあまり染みがないと思いますが、縄文人による大地の利用を考察するのに、一つのキーワードとなる重要な概念です。

◉大地の利用

労働手段における生産用具と一般的労働手段の関係を考えるうえで一つのモデルとなるのは、弥生時代の耕地である水田がはたした役割です。縄文時代から弥生時代への転換は、列島社会が狩猟・植物採集・漁労活動をおもな生業とする獲得経済から、水田稲作を根幹とする生産経済への変革であることは、よく知られています。そうした生産体系の変革は、一つには生産用具の変革に端的に示されており、弥生時代には縄文時代の伝統をひく生産用具とともに、新たな大陸系の石製工具や木製農耕具などがセットで出現します（図65、296ページ）。そして、もう一つには一般的労働手段の変換で、天然の大地から水田という耕地として加工されたことが、弥生時代の生産力の発展にとって決定的に重要な役割をはたすようになります（図64、295ページ）。

では、獲得経済段階にあった縄文時代には一般的労働手段が存在しなかったかというと、決してそうではありません。狩猟活動では、早期後半に列島各地に普及する落とし穴（図9、46ページ）や北海道千歳市のキウス5遺跡で発見された後期の追い込み猟用の柵列、漁労活動では、北海道石狩市の紅《もみ》葉《じ》山《やま》49号遺跡の中期後半から後期初頭に、また岩手県盛岡市の萪内《しだない》遺跡の後期に発見された魞《えり》などの罠跡は、縄文時代を代表する一般的労働手段といえます。

しかし、それらはそれぞれの生業活動の一部を構成することはあっても、縄文時代の生産基盤を規定するような決定的な役割をはたしてはいません。それは縄文人の二次林的な利用にもいえることであって、そこでは植生に人為的に関与して、有用植物が繁茂する環境をつくりだしてはいても、水田のように本来の自然を加工して、まったく人工的なものをつくりだすまでにはいたっていません。つまり縄文人の大地の利用は、天然に存在する自然物を対象（労働対象）として、基本的には、その再生産の枠組みのなかにあったといえます。

それに対して、弥生時代の一般的労働手段を代表する耕地は、まさにその時代の生産基盤にとって不可欠のものとして、当初から確固たる位置を占めていました。それは弥生時代に新たに出現する生産用具の大半が、耕地とかかわりのある木製農耕具、あるいは灌漑《かんがい》のための施設に用いる材木を伐採・加工するための石製工具が占めていることからも明らかです。つまり縄文時代以前が生産用具によって、それぞれの時代の生産を特徴づけているのに対して、弥生時代は生産用具とともに、一般的労働手段である耕地が、その時代の生産を特徴づけているところに、決定的な違いを指摘できるということです。

魞に使われた杭列（北海道石狩市紅葉山 49 遺跡）

◉栽培植物はあった

縄文時代に何らかの農耕があったとする、いわゆる縄文農耕論は古くから議論されてきました（コラム2を参照）。たとえば在野の考古学者として著名な藤森栄一《ふじもりえいいち》は、戦後の早い時期に、中部高地の縄文遺跡の繁栄と非狩猟的な道具の組み合わせなどから、少なくとも縄文中期には農耕があったと主張しました。しかし、農耕の直接の証拠となる栽培植物が発見されなかったこともあって、藤森などが主張した縄文農耕論は、仮説のまま止まらざるをえませんでした。

ところが、一九七二年から発掘が本格化した鳥浜貝塚で、ヒョウタンやリョクトウ（現在では、ササゲの野生種の可能性が指摘されています）、エゴマ、ゴボウなどの栽培植物が発見されると、堰を切ったように各地の縄文遺跡から栽培植物の発見がつづきました。しかも、鳥浜貝塚では、それら栽培植物の多くが前期の層から検出され、さらにヒョウタンは早期の層から検出されるというように、縄文時代の栽培植物は、かなり古いところまでさかのぼる可能性が高くなってきました。しかし、一方で、いくつかの問題も残していました。その最大の問題は、後世の混入や試料の汚染（コンタミネーション）という、栽培植物の信頼性にかかわる問題です。とくに主食となりえる穀物の種子は、いずれも小粒なだけにミミズやアリ、あるいは木の根などの活動でも入り込みやすく、それだけに後世の混入の可能性が高くなります。

この後世の混入という問題を解決するのに大いに役立つ研究が、一九九〇年代に入って開発されました。一つは、第I章で紹介した放射性炭素法の加速器質量分析法（AMS法）です。このAMS法では、数ミリグラムの量で年代測定が可能ですので、穀物などの種子を直接年代測定できます。その結果、千葉県館山市の沖ノ島《おきのしま》遺跡のアサや滋賀県大津市の粟津《あわづ》湖底遺跡のヒョウタンが早期前半、山梨県大月市の原平《はらだいら》遺跡のエゴマが早期末、青森県上北郡六ヶ所村の富ノ沢《とみのさわ》遺跡のヒエや東京都の下宅部遺跡のダイズが中期、京都市の上里《かみさと》遺跡のアズキが晩期に属することが明確となりました。その一方、かつて話題となった北海道函館市のハマナス野遺跡の前期のソバ、青森県八戸市の風張《かざはり》遺跡の後期のイネ、新潟市の御井戸遺跡の後期のオオムギ、熊本県天草市の一尾《ふとお》貝塚の後期のコムギなどは年代が新しく、後世の混入であることが判明し、イネ科のイネやアワ、オオムギ、コムギ、タデ科のソバなどは、AMS法という年代測定では、今のところ縄文時代までさかのぼるものは確認できていないことになります。

もう一つの研究は、丑野毅《うしのつよし》が開発したレプリカ法です。これは土器の表面や内部に残された植物の種子などの圧痕を型にとって、それを電子顕微鏡で観察し、種類などを同定するものです。このレプリカ法では、圧痕が残された土器そのものが年代決定の資料となりますので、土器の型式認定や圧痕を残した種類などの同定を間違わないかぎり、後世の混入の問題は回避されます。そして、シソ属のシソとエゴマは早期、マメ科のダイズやアズキの仲間で中期に属するものが検出されました。とくにアズキは東日本の検出例が多いのに対して、ダイズは後・晩期になると九州を中心に検出例が増加します。また、ダイズの野生種であるツルマメやアズキの野生種であるヤブツルアズキは、前期に属するものが検出されています。

ところが、このレプリカ法でも評価が分かれるのが、九州の後・晩期のイネ科のイネ、アワ、オオムギなどの穀類です。まず、熊本市の後期の石《いし》の本《もと》遺跡の種子圧痕については、調査者の山崎純男《すみお》はイネと報告していますが、中沢道彦《みちひこ》はイネと同定するだけの根拠はないとしています。また、長崎県南島原市の権現脇《ごんげんわき》遺跡の種子圧痕は、イネの圧痕ということでは問題ないとされていますが、その土器型式が小畑弘己《おばたひろき》らは晩期の古閑《こが》式や黒川《くろかわ》新式土器としているのに対して、中沢は弥生時代早期の刻《きざみ》目突帯文《めとつたいもん》土器の時期の可能性が高いと考えています。このイネの事例のように、九州の後・晩期のイネ科のイネ、アワ、オオムギなどの穀類については、土器の型式認定や圧痕を残した種子の同定という点で、いまだ研究者間で共通した理解がえられておらず、今のところ確定できる資料とはいえません。

いずれにしても、縄文時代の早期には、アサ、ヒョウタン、エゴマなどの栽培植物が縄の繊維や容器、調味料などに利用され、前期に入るとダイズの野生種であるツルマメやアズキの野生種であるヤブツルアズキ、それにヒエ属も利用され、それが中期になると栽培ダイズやアズキ、ヒエに相当する大きさの穀物が利用されるまでになっていたことは、ほぼ間違いありません。

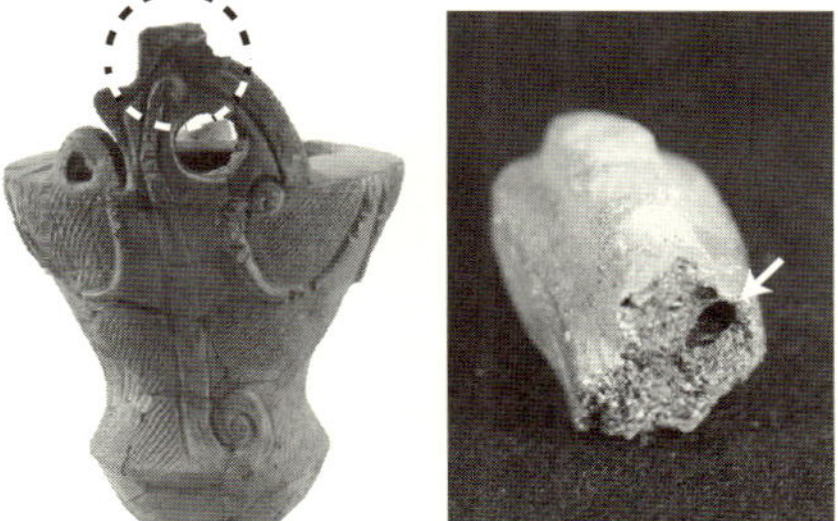

ダイズの圧痕がついた土器
（山梨県北杜市酒呑場遺跡）

◉農耕はなかった

こうしてみると、イネ科のイネ、アワ、オオムギなどの穀類については評価が分かれているとはいえ、縄文人は、小畑弘己が「タネをまく縄文人」と評価したように、早い段階から栽培植物を利用していました。しかし、問題なのは、それら栽培植物が縄文時代の生業のなかで、どのような役割をはたしてきたかという点です。縄文時代の栽培植物の利用の可能性がある資料が増えるにしたがって、皮肉にも弥生時代の水田稲作との質的な差がますますはっきりとしてきているのです。というのは、それらの栽培植物は、長い縄文時代をつうじて大きな発展をみせることなく、ついに一時たりとも、彼らの生産や社会を恒常的に支える経済基盤とはなりえなかったからです。その意味で、縄文時代の栽培植物は、あくまでも獲得経済の枠のなかでの利用の段階にとどまっていたといえます。

このことに関連して、レプリカ法による土器の種子圧痕の観察を精力的に進めている山崎純男は、その圧痕資料をもとに九州の栽培植物の展開について、第一段階（「草創期」から中期前半）は堅果類が圧倒的に多く、明瞭な栽培植物の種子圧痕がないこと、第二段階（中期後半から後期前半）は植物の種子圧痕が増加し、不明確ながら栽培植物の圧痕が出現すること、第三段階（後期後半から晩期）は堅果類の圧痕が少なくなり、植物種子の圧痕が急増し、それにともなって栽培植物の数と種類が増加すること、第四段階（刻目突帯文土器以降）は縄文時代の圧痕とは一変し、イネの圧痕が圧倒的に増加し、本格的な農耕の開始期として位置づけられること、という四つの段階に整理・分類しています。そして、山崎は、第三段階に焼畑農耕を想定し、第四段階に水田農耕に切り替ったと考えています。第三段階ではイネ、オオムギ、アワ、ヒエ属、ダイズ、シソ・エゴマなど種類が多いのに対して、第四段階ではイネが主体でわずかにマメ類、アワがともない、ほとんどイネに集約されるだけでなく、その検出率もおおむね一対二〇と圧倒しているというように、種子圧痕からも縄文時代の栽培植物の利用と弥生時代の農耕との質的な差異を明らかにしています。

さて、山崎が縄文後・晩期に焼畑農耕を想定したのは、土器に付着した種子圧痕とともに、そうした土器が出土した遺跡の立地や石器組成など考古資料にもとづいています。このうちイネ、オオムギ、アワの種子圧痕については、前述したように疑問をもつ研究者もいますので、いまだ確定したとはいえません。一方で、プラント・オパール分析法による植物の判定もおこなわれています。植物珪酸体は無機質であるだけでなく、摂氏一〇〇〇度前後の熱にも耐えられることから、遺跡の土壌中あるいは土器胎土中にも残されることになります。なかでも土器胎土中のプラント・オパールは、土器そのものが年代決定の資料となりますので、年代の実証性という問題は解決できます。

プラント・オパール分析法を開発した藤原宏志《ひろし》によれば、縄文時代の土器胎土中と遺跡の土壌中の資料から検出されたイネのプラント・オパールの多くが熱帯ジャポニカであることから、弥生時代の水田での稲作に先立って、縄文時代に焼畑での稲作があったことは疑いないとしています。ただし、プラント・オパールは微化石（約五〇ミクロン）であるだけに、研究施設での試料汚染という問題は依然として拭いきれません。とはいえ、そうした問題を熟知した複数の研究者が、九州の後・晩期の土器胎土中にイネのプラント・オパールを検出していることも無視できません。

そこで、ここでは、縄文時代の後・晩期に焼畑によるイネを含めた穀物の栽培がおこなわれていたと仮定してみましょう。しかし、焼畑では、耕地、つまり常畠*をともなわず、天然の大地と未分化なものです。その意味では、基本的に大地を労働対象としてしか利用できていないという点で、植物採集活動と根本的に異なるものではありません。それに対して、弥生時代の農耕は、労働対象としての大地に労働力を恒常的に投下することによって、それを労働手段に転化させ、不断の改良・発達を可能にすることができるようになります。だからこそ、弥生時代の生産は、食料の増加↓人口の増加↓新たな耕地の開発という拡大再生産が可能となったのです。しかし、大地を労働対象としてしか利用できなかった縄文時代の生産は、食料の増加↓人口の増加↓自然物のとりすぎ↓人口の減少（ほかの地域への移動）という、自然の再生産の枠組みのなかでの生産の繰り返しを余儀なくされたのです。

＊ハタケは、「畑」もしくは「畠」と書きます。黒田日出男《ひでお》によれば、「畑」は、「火」と「田」という字のつくりのとおり焼畑の意味であり、近世以前では常畠としての「畠」と明瞭に区別されていたということです。一方の「畠」は、「白い」「田」のことであり、水がなく乾いている田（耕地）という意味で、陸田と言い換えることができるということです。木村茂光《しげみつ》によれば、『日本書紀』（神代 上）では「水田種子」と「陸田種子」とを対比して、前者として稲を、後者として粟・稗・麦・豆をあげ、さらに「水田種子」を「たなつもの」と訓じているのに対して、「陸田種子」を「はたつもの」と訓じていることなどから、陸田は雑穀の栽培地＝畠であったことは間違いないとしています。そこで、本書でも、焼畑の

4 余剰のあり方と分業の特質

◉余剰のあり方

縄文時代と弥生時代の生産の本質的な違いは、余剰のあり方に端的にあらわれることになります。この縄文時代にも余剰が生じていたことは、貯蔵穴に食料が蓄えられていたことからもわかります。貯蔵穴での食料の蓄えが、たとえ季節的に食料が不足するときのための保存食料だったとしても、日々の食料がかつかつの生活では蓄えが生じる余地がないわけで、これも余剰の一つであることは間違いありません。また、後に述べるように、縄文時代でも硬玉《こうぎょく》製品や塩といった生産物のように、特定の集団による労働が蓄えられたものが、ほかの集団に広範囲に供給されていったという事実こそは、余剰があったことのなによりの証明になります。

しかし、縄文時代は、生産そのものが自然に頼る社会であったために、豊凶は完全に自然の手中にゆだねられていました。そうした獲得経済社会の生産の基本的な性質から、そこでの余剰は一時的・偶発的なものとならざるをえません。そして、この一時的・偶発的な余剰を拡大再生産に振りむけたとすれば、それでなくても不安定をかかえた生活をいっそう不安定にし、ひいては自然の再生産そのものを破壊することになり、結果として集団の経済基盤そのものが危うくされることになります（実際にそうしたことがおこっていたことは、次章以降で詳しく解説します）。そこでの余剰の累積的な増大は望むべくもなく、余剰を拡大再生産に振りむけるのは、きわめて限定せざるをえなかったのです。つまり弥生時代以降の余剰を拡大再生産に振りむけるのとは、決定的な違いがある*ことに注意する必要があります。

＊世界の民族誌を再検討し、農耕をおこなわない狩猟採集民、とりわけ多くの漁労民社会のなかに、農耕社会と類似の特性である社会的成層化と経済的不平等が存在していたことを明らかにして、従来の定説である狩猟・採集／農耕・牧畜からではなく、遊動・非備蓄システム／定住・備蓄システムという新たな視点から、人類史の再構築を試みたのがテスタール（Alain Testart）の『新不平等起源論―狩猟＝採集民の民族学』（山内昶訳、法政大学出版局、一九九五年）です。そこでテスタールが問題としたのは、一つには、人類の定住は、基本食料とするのに十分豊富なだけの季節的食料を開発して、それを大量に取得し、大規模に備蓄できるようになったときに可能となるのであって、野生か栽培かは問題とならないということと、もう一つは、備蓄にもとづく技術・経済システムこそが、人類社会に不平等と労働の搾取の起源をもたらしたことを明らかにしたことです。

一方でテスタールは、狩猟採集民社会と農耕民社会における余剰の質的な違いを明確に認めています。

それは定住・備蓄の狩猟採集民社会は、自然があたえてくれた食料資源の量に必然的に制約されているので、不平等が生じても、階級対立まで発展しない、つまり首長制社会の段階に止まるのに対して、定住・備蓄の農耕民社会では、植物を馴化し、新しい栽培種を導入して、食用植物の再生産に働きかけることができるので、不平等が階級対立まで発展する、つまり国家をつくるまでにいたるということです（首長制社会や国家については第Ⅲ章を参照）。その理由をテスタールは、「農業経済と狩猟＝採集経済の相違は、前者がはるかに大きな備蓄システムの確立能力をもっているところにある」と端的に述べているように、農耕経済（生産経済）が拡大再生産という大きな備蓄システムを確立できる能力をもつのに対して、狩猟採集経済（獲得経済）は、自然があたえてくれる食料資源の量によって制約されるので、拡大再生産という大きな備蓄システムを確立する能力をもてないからだということです。

こうした縄文社会の発展そのものがもつ矛盾を回避するために、縄文人は余剰が生じても、それを拡大再生産に振りむけることをできるだけ避けて、直接生産に結びつかない労働、あるいは共同体での生活を円滑にするための活動へと振りむけていきました。縄文土器にみられる実用的な用途から遊離した装飾文様、精巧な櫛や耳飾りなどの装身具、土偶《どぐう》や石棒《せきぼう》などの呪術的な遺物、あるいは漆器などの製品が、時期をおって豊かになってくることが、そのことを雄弁に物語っています。また、古くは秋田県鹿角市の大湯《おおゆ》遺跡で発見された巨大な配石遺構（**図40**、187ページ）、近年では三内丸山遺跡を有名にした巨大な木柱遺構（**図42**、191ページ）などは、共同体の記念物として構築されたものです。

◉分業の特質

さて、余剰と関連して、縄文時代と「交易」についても考えてみたいと思います。

縄文時代にも、黒曜石、翡翠《ひすい》、アスファルトなど原産地が限定しているものが、日本列島各地の縄文遺跡で発見されることから、活発な「交易」があったとされてきました。この「交易」という用語の意味について私は、『広辞苑』(第五版)の「互いに品物を交換して商いすること。」という説明をもとに、「商い」、つまり交換によって利益をえる、それは後の「商人」へと発展する集団の介在がある ことから、社会的分業が成立してはじめて可能な経済活動ととらえ、縄文時代に「交易はなかった」と主張してきました。ところが、最近になって、熱心な読者から、「交易」という用語は、「商い」に限定された狭義の意味だけでなく、「物品を交換する」という広義の意味があり、むしろ後者の意味合いのほうが強いのではないかという趣旨のご指摘をいただきました。

そこで、あらためて「交易」の意味を辞書で調べてみると、確かに『岩波国語辞典』では「物品を交換すること。そのあきない。」、『角川新国語辞典』では「物品を交換して売り買いすること。」、『三省堂国語辞典』では「外国と物品を売り買いすること。」、三省堂『大辞林』では「互いに物品の交換や売買をすること。」などと多義に使われていることがわかりました。そこで、読者に誤解をあたえないためにも、縄文時代に「交易はなかった」という記述は、正確を期して「商人が介在するような交易はなかった」とあらためることにします。

そうしたうえで近年、蛍光エックス線分析によって列島各地の遺跡で出土する黒曜石や翡翠などの広域な物資[illegible]の流通範囲が明確になってくると、縄文時代にすでに「商人」と呼[illegible]るような集団が存在したと積極的に主張する論者がでてきました。たとえば大工原豊《だいくばらゆたか》は、レンフリュー（Andrew Colin Renfrew）の交換モデルに準拠して、中部・関東地方の前・中期の黒曜石流通に関連した各遺跡の黒曜石製石器群を分析し、互酬連鎖交換から、遠隔地の拠点集落の交換従事者が積極的に介在した交易初期段階をへて、地域の束縛をうけない「商人」と呼びうるような自由度の高い専業的な交易集団が介在する仲介者交易が発展したと考えました。また、小山修三と岡田康博《やすひろ》は、縄文時代に翡翠や黒曜石などの物資が環日本海の全般にわたり、かなり広範囲に取り引きされていたことから、物資の交流を専門的に手がけていた「商人」がいて、彼らは翡翠のような価値の高いものを運ぶときは、一〇艘ぐらいの船団を組んで運んだと、「商人のグループ」までいたと述べています。

小山らの船団を組んだ「商人のグループ」は論外としても、大工原がいう「商人」と呼びうるような自由度の高い専業的な交易集団がいたとすれば、そこでは商いを専業としているので、その商いである交易活動によって日々の糧をえていたことになります。しかし、そうした「交易」活動の性格を明らかにするには、まず縄文時代の分業の特質を究明する必要があります。

分業とは、広い意味で労働が分割されることをいい、それは大きく分けて社会内分業と作業場内分業とがあります。そして、社会内分業はさらに、自然発生的分業と社会的分業に区分されます。自然発生的分業とは、「生理的」な男女間の労働の分割（分担）や「自然的」な条件における限定的な余剰にもとづく分業で、分業そのものが食料を獲得する生業（生産）から自立する方向をとることがないことを特徴とします。それに対して、社会的分業とは、恒常的な余剰生産物を背景に、分業が食料生産から自立して、生産者が互いに異なった生産部門や職業に専門化して生産することです。

この自然発生的分業と社会的分業は、ある社会内における労働の分割＝社会内分業ですが、それに対して、作業場内分業は、工場などの一作業場内において、労働者がそれぞれに細分化された作業を分業し、それが全体として協業すること（分業にもとづく協業）です。そして、分業は、自然発生的分業→社会的分業→作業場内分業という継起的発達をたどるといわれています。

では、縄文時代を代表する「交易品」といわれている翡翠で考えてみましょう（図25）。翡翠には、鉱物学的に異なる硬玉と軟玉《なんぎょく》がありますが、日本列島で翡翠といえば、もっぱら硬玉を指します。硬玉は、硬度が七と硬く、良質のものは半透明で緑色、あるいは青緑色に輝きます。列島内での硬玉の産地は、かつては新潟県の姫《ひめ》川と青海《おうみ》川にしかない（当然、海岸部まで転石として流れだしている）と考えられていましたが、質の良し悪しを別にすれば、現在では、北は北海道から南は長崎県までの約一〇カ所で確認されています。しかし、縄文時代から古墳時代にかけて用いられた硬玉の原産地は、すべて姫川と青海川産であることは、蛍光エックス線分析によって確かめられています。つまり縄文人などが利用した硬玉の原産地は、姫川と青海川に限定されていました。

姫川と青海川がある西頸城《にしくびき》地方には、縄文時代の硬玉生産遺跡が分布しています。それは硬玉の製品と未成品、それから加工具などの出土遺物とその出土状況から、硬玉が生産されたと特定できたのです。

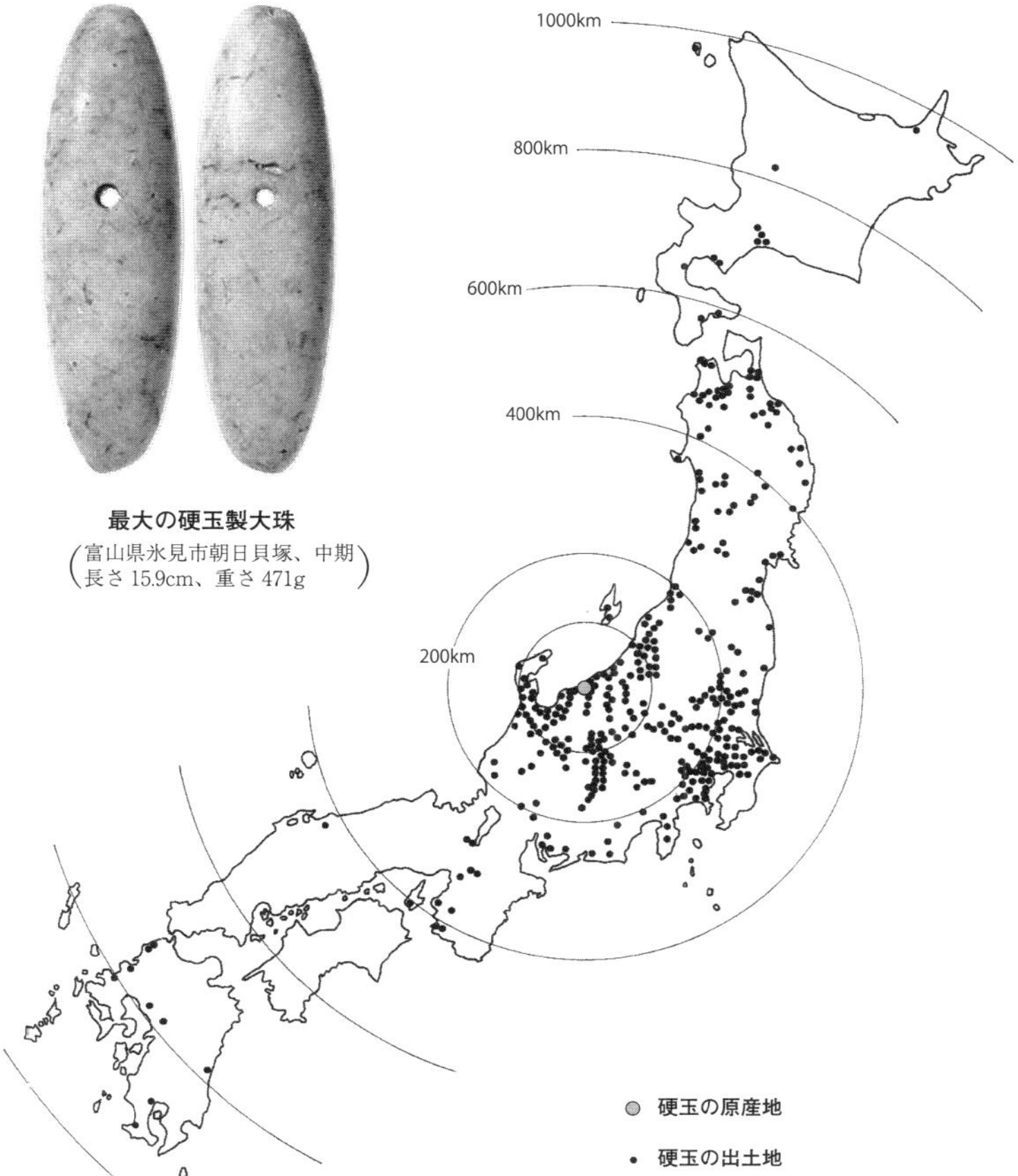

最大の硬玉製大珠
（富山県氷見市朝日貝塚、中期
長さ 15.9cm、重さ 471g）

図 25　縄文時代の硬玉（翡翠）の原産地とおもな出土地

なう竪穴住居跡がみつかったことで知られる同市の寺地《てらじ》遺跡にしろ、硬玉に関係した遺物のほかに、石鏃、打製石斧、石皿、磨石、磨製石斧、石錘などの遺物が出土しており、それはほかの遺跡とまったく共通しています。つまり、硬玉生産遺跡でも、狩猟・植物採集・漁労活動という基本的な生業活動はおこなっていたことになります。

また、縄文時代の生産遺跡に、土器を使い、海水を煮沸（煎熬《せんごう》）して食塩の結晶を採取した製塩遺跡があります。煎熬に使う土器（製塩土器）は、大量消費と熱効率を高めるために、粗製で無文の薄手に作られ、使用後の土器は、器壁がはがれ、飴《あめ》色や灰白色の炭酸石灰（$CaCO_3$）が付着するなどの特徴があります。また、煎熬で長時間火を使うので、遺跡には大量の焼土や灰が残ります。

こうした大量の製塩土器と、焼土や灰の層の出土状況などから、縄文時代にも土器製塩がおこなわれていたことが明らかとなったのですが、製塩遺跡以外の遺跡、しかも海からはるかに離れた内陸部の遺跡からも製塩土器が出土します。このことから、製塩遺跡でえられた余剰生産物としての塩が交換物として広い範囲に供給されていたことは間違いありません。しかし、製塩遺跡として著名な茨城県稲敷《いなしき》郡美浦《みほ》村の法堂《ほうどう》遺跡からは、製塩遺跡に関係した遺構・遺物以外にも、貝塚と獣骨が遺存し、打製石斧、石皿、磨石、敲石などが出土しています。ここでも、狩猟・植物採集・漁労活動という基本的な生業活動はおこなっていたことになります。

ということは、縄文時代の硬玉や塩などの生産活動は、たとえほかの集団に広範囲に供給するような余剰生産物を生みだしていたとしても、そこでの生産は、食料を獲得するための生業から自立していたのではなく、その一部に組み込まれていたことになります。つまり縄文時代の分業は、いまだ「自然的」な条件にもとづく、限定的な自然発生的分業の段階にあって、「商人」が介在するような経済活動は、分業の見地からすればなかったといわざるをえません。

このようにいうと、長野県小県《ちいさがた》郡長和《ながわ》町の鷹山《たかやま》遺跡群での縄文時代の大規模な黒曜石の採掘跡や東京都北区の中里《なかざと》貝塚の「水産加工場」を思わせるような大規模な貝塚遺跡などは、とても説明できないのではないかと疑問に思う人もいるでしょう。確かに規模の大きさからみれば、従来の縄文遺跡からは想像できないように思われますが、これらの遺跡も、縄文時代の分業の特質を基本的にかえるものではありません。その点をみていきましょう。

◉大規模な黒曜石の採掘遺跡

長野県の霧ヶ峰から八ヶ岳の一帯は、日本列島でも有数の黒曜石の原産地として知られていますが、その一つに鷹山遺跡群があります（図26）。鷹山遺跡群は、もともとは旧石器時代の原産地遺跡として知られていましたが、その一角にある星糞《ほしくそ》峠から虫倉《むしくら》山の斜面にかけての約三万平方メートルの範囲に、最大で直径二〇メートルをこす縄文時代の黒曜石採掘跡が約二〇〇カ所も確認されました。鷹山遺跡群調査団による調査・研究は、現在も継続中ですが、一九九一年から本格化した第一号採掘跡の発掘調査によって、縄文時代における黒曜石の採掘の実態がはじめて明らかにされたのです。

発掘調査の結果、まず、現地表面で一つの採掘跡とみられる大きな窪みは、数回から十数回の採掘によって形成されたものであることがわかりました（**図27**の①）。しかも、一回の採掘でできた竪坑《たてこう》の底には、水の作用によって形成された白色粘土と砂が縞状に互層となって堆積していましたので、少なくとも、この水成堆積層が形成されている間は、採掘活動が中断していたことになります。また、採掘の時期も、早期後半の鵜《う》ヶ島台《しまだい》式土器から後期中ごろの加曽利《かそり》B式土器の時期というように、断続的に、かつ何回かにわたって採掘活動がおこなわれた結果、一つの大きな窪みが形成され、それが現在、地表で約二〇〇カ所の採掘跡として残されたことになります。しかも、星糞峠の鞍部では、早期初頭にさかのぼる採掘跡も確認されていますので、この黒曜石の採掘場が縄文

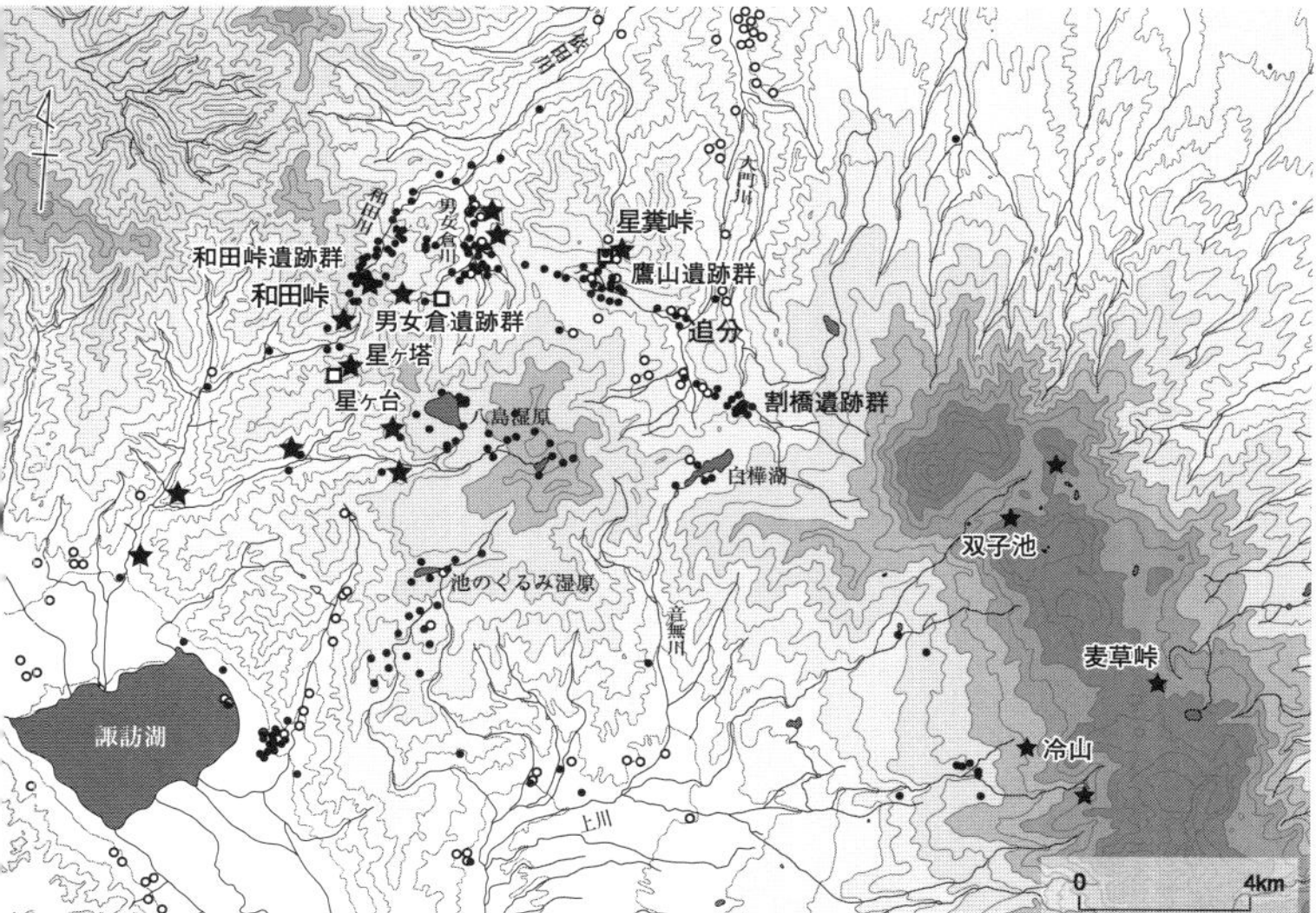

図 26　長野県の黒曜石原産地と遺跡の分布
★ おもな黒曜石の産地　● 旧石器時代の遺跡
□ 黒曜石の採掘跡　○ 縄文時代の遺跡

時代の全期間にわたって使用されていた可能性が高いことになります。

この星糞峠の黒曜石採掘跡からは、採掘に関係した遺構・遺物以外には、若干の土器が出土するだけです。縄文人の日常生活の匂いがまったくせず、採掘に従事した人びとはここで暮らしていませんでした。縄文時代の集落遺跡は鷹山遺跡群のなかにはなく、約一〇キロ下がった麓にいかなければありません。

一回の採掘にはかなりの労働力が必要ですから、麓のいくつかの集落の人びとが共同して、季節ごとか、あるいは数年ごとかは不明ですが、短期間に集中して黒曜石を採掘していたことになります。しかも、その黒曜石は自家消費のものも当然ありますが、多くは交換財として用いるために採掘されたのです。だからこそ、良質な黒曜石を手に入れるために、地表下三から四メートル、あるいはそれ以上の深さの竪坑を掘るという、多大な労働力を費やしたのです。

このように、鷹山遺跡群の黒曜石採掘跡は、交換財をえるための生産の場であったとしても、いくつかの集落の共同管理のもとで、長期にわたって利用された結果、大規模な生産遺跡として残されたものです。つまり、従来では考えられないような大規模な生産遺跡であっても、その規模だけで、食料を獲得する生業から自立した専業集団の存在を想定することはできません。

鷹山遺跡の黒曜石採掘竪坑

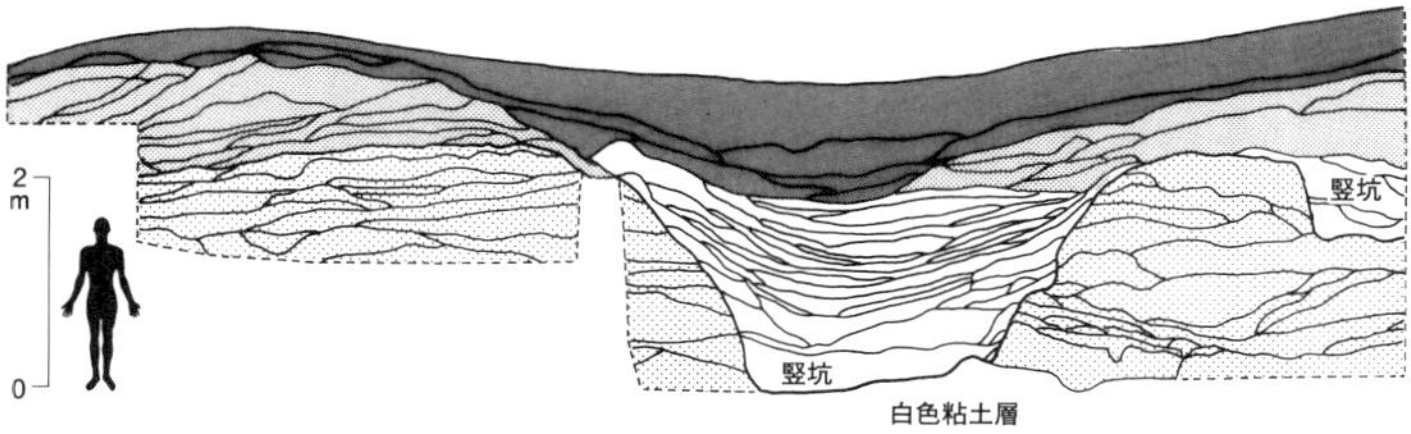

①鷹山遺跡群第1号採掘跡の黒曜石採掘坑断面図

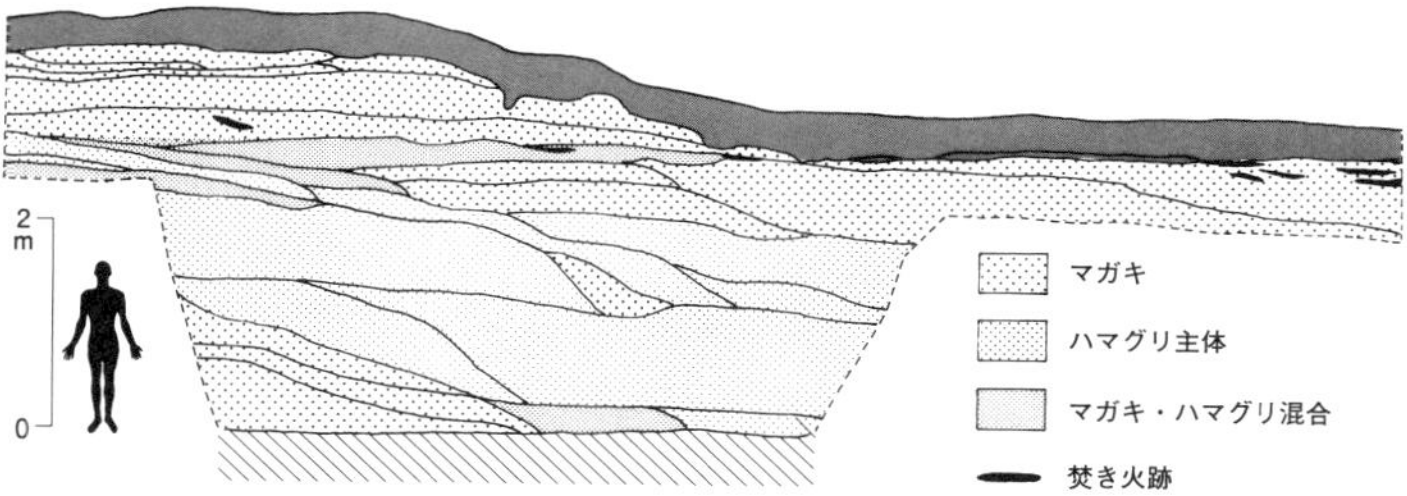

②中里貝塚のFトレンチ貝層断面図

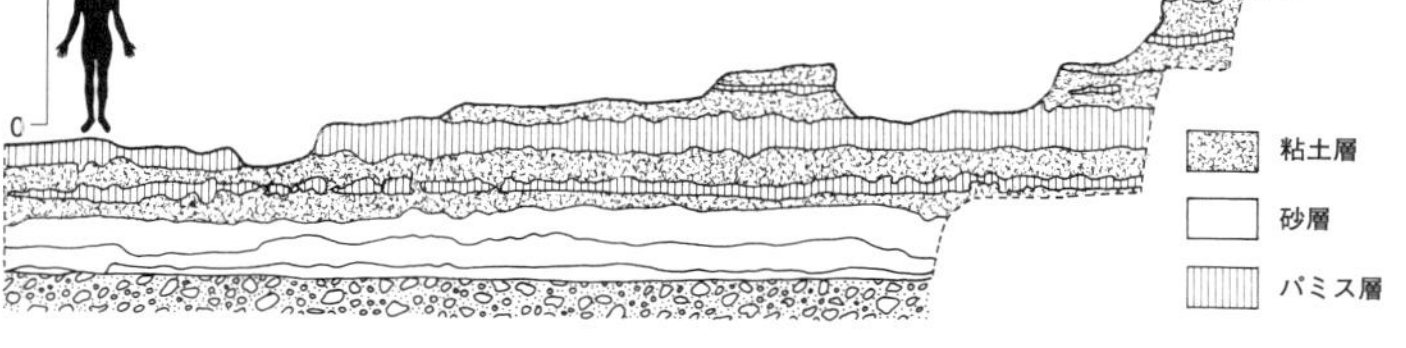

③多摩ニュータウン No.248 遺跡のB地区粘土採掘坑断面図

図 27　縄文時代の大規模な生産遺跡（人物は縄文人男子の平均身長）

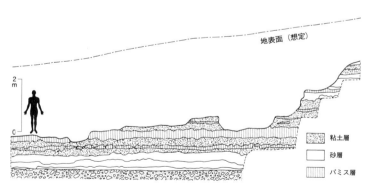

●縄文の「水産加工場」

　中里貝塚は、武蔵野台地の東端の崖線下、かつての縄文時代の海岸線にそって形成された貝塚遺跡です。一九九六年の盛夏から発掘調査が開始されましたが、その直後から地表下一面に貝殻だけからなる、いわゆる純貝層があらわれました。低地での発掘調査ですので、掘り下げるほどに地下水が湧きでてきたそうですが、貝層の厚さを確認するために、さらに深く掘り下げたところ、約四・五メートルという、列島で最大の厚さをはかる貝層が確認されました（**図27**の②）。しかも、貝を加工・処理したと思われる跡やカキの「養殖」を想起させるような杭列がでてきたことから、縄文時代の「水産加工場」を示す大貝塚と大々的に報道されました。現在、貝塚は市街地のなかにありますが、さいわいにも明治の中ごろに大野雲外《うんがい》が描いたと思われるスケッチが残されており、それと住宅地の貝の散布状況などから、その規模は幅約四〇メートル、長さ一キロにもおよぶことがわかっています。

　出土する貝の種類は、カキとハマグリの二種類でほとんどを占めており、ほかにはハイガイ、アカニシなどが数えるほどしかありません。ハマグリは形が大きく、その大きさもそろっているといいます。そして、ハマグリ層、カキ層、破砕された貝層などが交互に堆積し、そのなかに焚《た》き火跡とみられる炭化物や灰が重なって発見されました。し

中里貝塚の貝層

かし、ほかの遺物は、貝層の下のほうから中期中ごろの勝坂式、上のほうから中期後半の加曽利E式、最上面から後期初頭の称名寺《しょうみょうじ》式の土器片が、石器とともにわずかに出土するだけで、魚の骨や動物の骨は確認されませんでした。

貝塚は、考古学研究の宝庫といわれています。それは貝塚には、貝類だけではなく、当時の人びとが食料とした獣や魚の骨なども一緒に残されているからです。日本列島の土壌は酸性が強いために、骨は腐ってしまって、遺跡に残らないのが普通ですが、貝塚では、大量の貝殻が土壌をアルカリ性にたもつことと、溶けた炭酸石灰が保護の作用をして、魚骨などの細かい骨まで残してくれます。また、貝殻や獣・魚骨といった食料の残滓《ざんし》だけでなく、破損した土器や石器、骨角器などの道具類、さらには生活のなかで生じた焼け土や灰なども一緒に廃棄されています。

だからこそ、貝塚は考古学研究の宝庫といわれているわけですが、そうした従来までの貝塚のイメージとはまったく異なるのが中里貝塚です。つまり中里貝塚は、鷹山遺跡群の黒曜石採掘跡と同じように、貝の加工・処理以外には、縄文人の日常生活の匂いをまったく感じさせないのです。

中里貝塚を望む台地の上には、北から北区の七社神社裏《ななしゃじんじゃうら》貝塚、西ヶ原《にしがはら》貝塚、さらに南には文京区の神明《しんめい》貝塚、動坂《どうざか》貝塚、台東区の領玄寺《りょうげんじ》貝塚など同じ時期の貝塚をともなう集落遺跡があります。これらの集落遺跡の貝塚は、貝類の種類が多く、動坂貝塚のように貝層が小規模にもかかわらず豊富な魚骨が検出されています。ということは、自家消費する水産資源は、これらの集落にもちこまれて加工・処理されていたことになります。

ところが、中里貝塚においては、カキとハマグリの二種類にほぼ限定される貝殻が投棄されていました。そのうちカキは破砕されているものが多かったのですが、ハマグリは粒がそろった大型のものであることから、貝を選定して採集していたことは間違いありません。そして、膨大な貝殻の投棄量を考えると、資源が枯渇しないよう生息環境を維持するために、浜の管理がおこなわれていたと、調査者の中島広顕《ひろあき》は考えています。しかも、日常生活の匂いがまったくしないということは、ここでカキとハマグリの加工・処理に従事した人びとは、台地の上のいくつかの集落に暮らして、そこで日々の糧をえながら、浜の管理と貝の採集、さらには加工・処理を共同しておこなっていたことになります。そこでの貝の加工品は、自分たちで消費するものではなく、交換財として用いられたものであることは間違いありません。だからこそ、交換財としての価値が高い、実が大きくて粒ぞろいのカキとハマグリを選定したのでしょう。

このように中里貝塚は、たとえ交換財をえるための生産の場であったとしても、いくつかの集落の共同管理のもとで、長期にわたって利用された結果、大規模な貝塚として残されました。つまり、従来では考えられないような大規模な貝塚遺跡であっても、その規模だけで、食料を獲得する生業から自立した専業集団の存在を想定することはできないのです。

なお、中里貝塚と共通する特徴をもつ貝塚が、同じ北区の袋《ふくろ》貝塚、さらに千葉県側で市川市の奉免《ほうめん》安楽寺《あんらくじ》貝塚、千葉市の妙経寺《みょうきょうじ》貝塚など、東京湾をめぐる旧海岸線に点々と残されています。周辺集落が共同して管理する入会地（浜）的な性格をもつ場所が、すでに縄文時代に存在していた可能性が高いことになります。

◉粘土採掘跡と土器作りの集落

多摩ニュータウンNo.二四八遺跡は、一九九〇年に発掘調査がおこなわれた縄文時代中期から後期にかけての国内最大の粘土採掘跡です。谷を取り囲むように谷奥の斜面地に堆積した粘土層を掘削しており、その面積は約五〇〇〇平方メートルもあります。粘土層はローム層と御殿場礫層との間に、一〇から六〇センチの厚さのものが数枚あって、この粘土層をねらって、縄文人は深いものでは三メートルもある不整円形を呈する竪坑を連続して掘削していったのです（**図27**の③）。出土土器の年代などから、約一〇〇〇年間かけて、土器の原料となる良質の粘土を採掘した結果、あたかも蜂の巣のような形状になったということです。

多摩ニュータウン No.248 遺跡の粘土採掘跡

このNo.二四八遺跡から二五〇メートルほど南にNo.二四五遺跡があって、ここからは一九八九年から九一年までの発掘調査で、勝坂式期一二、加曽利EⅠ～Ⅱ式期九、加曽利EⅢ式期九、堀之内《ほりのうち》式期一五、時期不明二二、計六七棟の竪穴住居跡などがみつかりました。粘土採掘跡とほぼ同時期の集落遺跡です。そして住居跡からは、粘土の塊や焼き上げる前の土器とともに、土器の製作台と思われる器台が出土していることから、土器作りの集落であったことがわかります。

この二つは近接した同時期の遺跡でこの

で、No.二四五遺跡の人びとがNo.二四八遺跡で粘土を採掘し、集落にもち帰って、土器を製作していたのではないかと予測されていました。その後の資料整理によって、二つの遺跡から出土した土器と石器の破片が接合したことから、両遺跡を縄文人が行き来していたことが立証されました（図28）。

粘土がなければ土器は製作できないことから、土器作りは、どこの集落でもおこなわれたというよりは、良質の粘土が容易に入手できる集落で作ったほうが合理的です。No.二四五遺跡も、そうした土器作りの集落の一つでしたが、そこが土器作りの専業集団の集落であったということでは決してありません。No.二四五遺跡からは、土器製作に関係した遺物をのぞけば、ほかの集落と

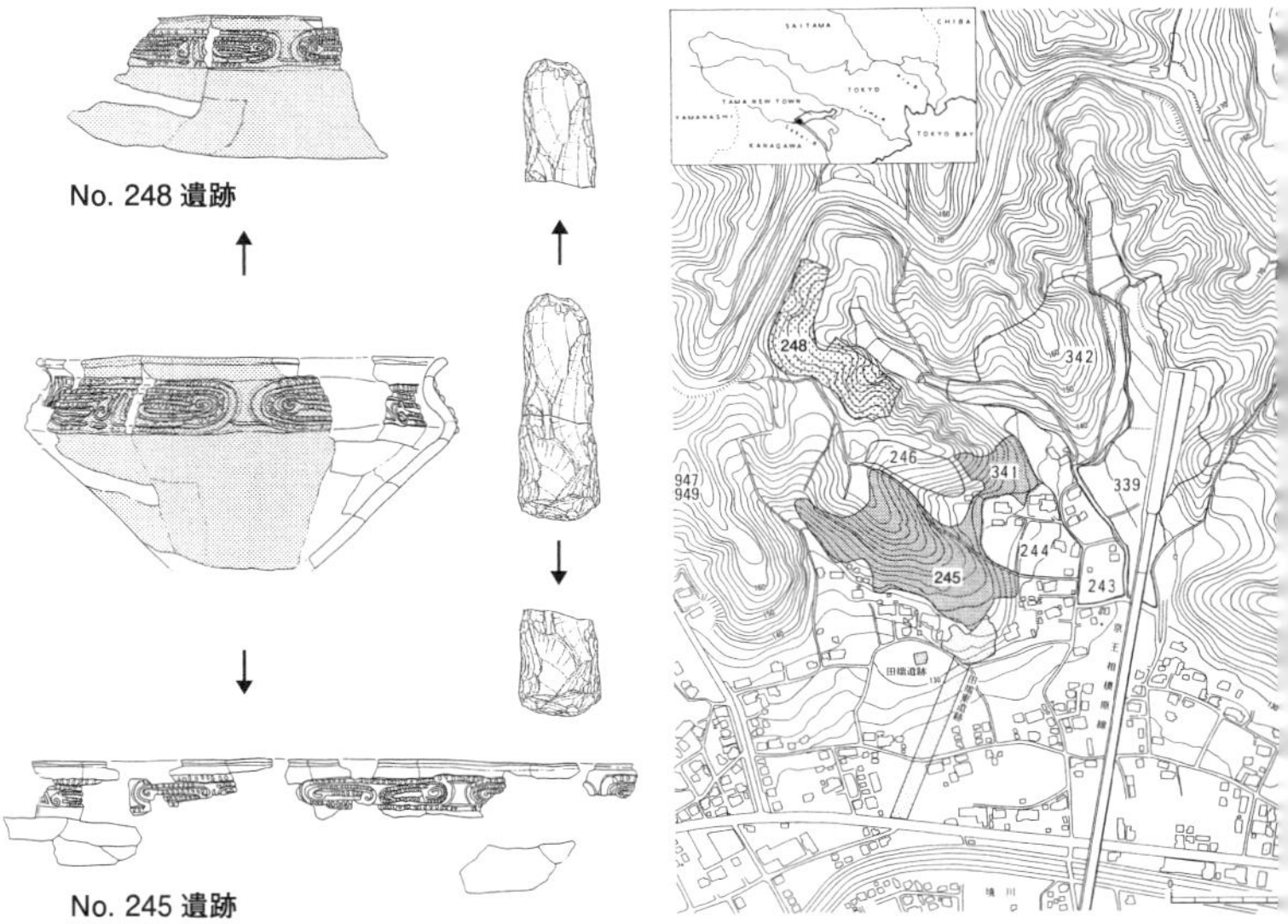

図28　粘土採掘跡と集落遺跡の接合関係

まったく共通した道具類が出土しています。食料を獲得するための生業の一部に組み込んで土器作りをおこなっていたのです。

◉縄文時代の分業と交換経済

日本列島が自然環境に恵まれているとはいえ、どこでも等質な資源があるわけではありません。縄文人の生産と消費活動に不可欠な石器を例にみてみましょう。一口に石器といっても、狩猟具である石鏃や石槍、あるいは解体具である石匙（ナイフ）などのように鋭利な刃先を必要とする道具には、黒曜石、サヌカイト、頁岩などの硬くて貝殻状の割れ口をもつ石材が用いられ、植物質食料を加工・製粉する道具である石皿、磨石、敲石には、安山岩、砂岩などのザラザラした多孔質の石材が用いられました。また、木材などを伐採する石斧には、蛇紋《じゃもん》岩、凝灰《ぎょうかい》岩、粘板《ねんばん》岩などの硬くて緻密な石材が用いられたというように、縄文人は、石器の用途に応じて多種類の石材を使い分けていました。

とはいえ、縄文人が必要とした多種類の石材は、集落の周辺からすべて供給することができたわけではありません。**図29**は、千葉市の加曽利《かそり》貝塚から出土した石材の原産地を調査したものですが、その結果は、それらがかなり遠く、かつ広範囲から入手していたことがわかります。考古学の世界では、千葉県は「石無県」と呼ばれますが、このような石材の乏しい千葉県内の遺跡に限らず、石器の用途に応じて多種類の石材を使い分けていた縄文時代では、大なり小なり、石材の供給はかなり広範囲で、

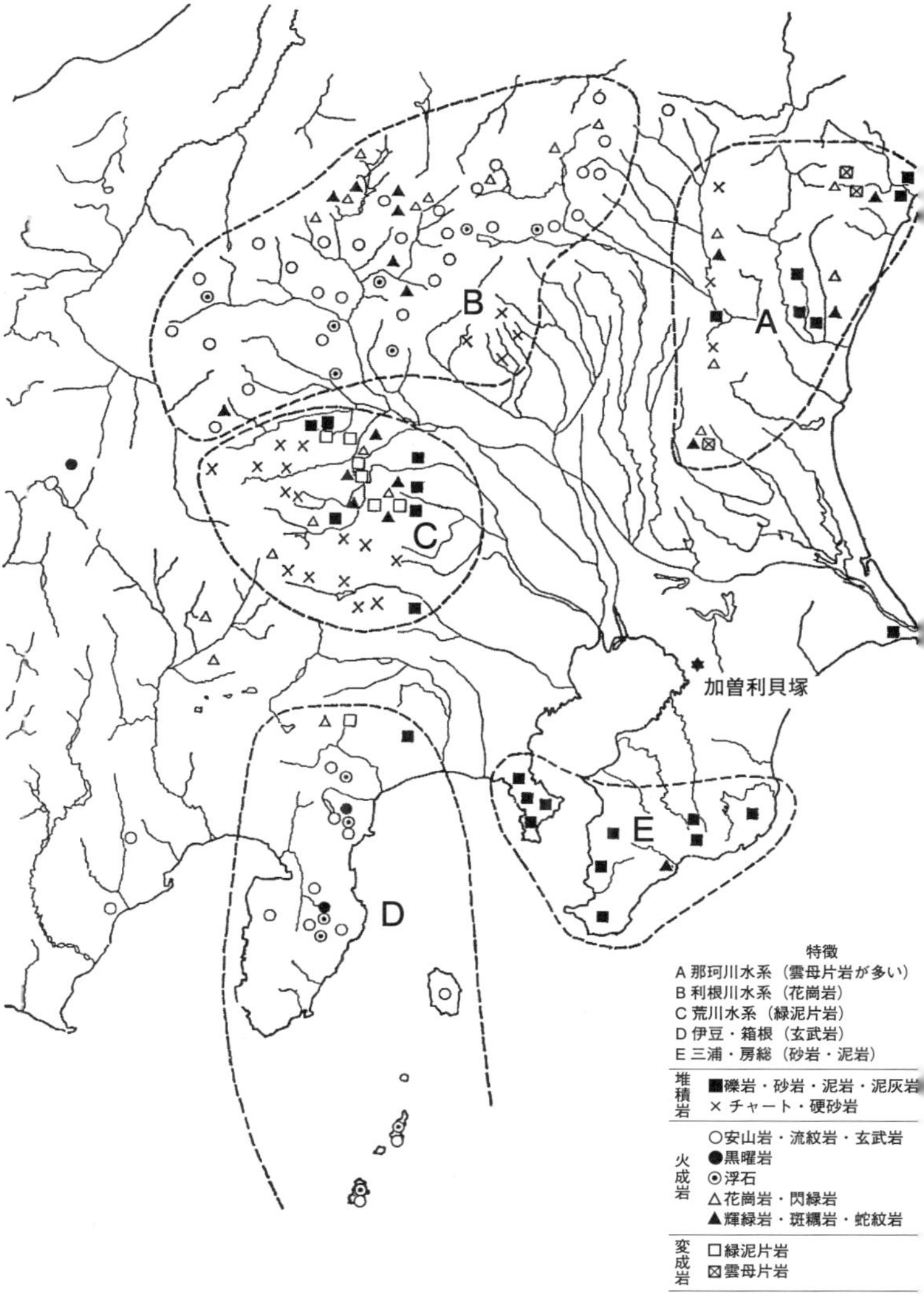

図 29　加曽利貝塚出土の石器石材の原産地分布

たのです。

加曽利貝塚などの海浜地帯の遺跡では、内陸地帯にない、いわば特産品がありました。干貝や塩、あるいは昆布などの海産物です。また、装飾品の貝製品なども、海浜地帯の特産品ですが、とくに南方海域産のタカラガイやイモガイなどが珍重され、それらが遠く北海道最北端の礼文島の船泊《ふなどまり》遺跡にまで達しているのです。

このように、地域ごとに資源の偏りがある縄文社会では、お互いが不足する物資を、それが原材料であるか製品であるかを問わず、交換しあうことによって解消しました。

硬玉生産遺跡や製塩遺跡など余剰生産物を生みだしたことが明らかな遺跡、大規模な黒曜石や粘土などの採掘跡、あるいは「水産加工場」を思わせる大規模な貝塚遺跡など専業集団の存在を髣髴とさせるような生産遺跡でも、その特異性や規模の大きさにかかわらず、そこでの生産は食料を獲得するという生業から自立することができないでいたことは明らかです。とすれば、その分業は、社会的分業の段階にはなく、あくまでも「自然的」な条件における限定的な余剰にもとづいた、自然発生的分業の段階にとどまっていたことになります。

このような縄文時代の分業の特質を考えれば、縄文時代には商人が介在するような交易はなかったことは明白です。つまり縄文時代では、それぞれの地域での特産品を交換財とするために、その生産活動を生業の一部に組み込むことで、長期で、かつ安定的に交換財をえていたことになります。

コラム2……縄文農耕論とは

◆問題の所在

縄文農耕論とは、一般に狩猟採集経済の段階にあったとされる縄文時代に農耕が存在し、それが一定の社会的な役割を担ったとする学説のことです。

石器時代と認識されていた縄文時代にも、何らかの農耕があったとの考えは、古く一八八四年（明治一七）に神田孝平《たかひら》が外国に日本の石器を紹介する目的で著したNotes on Ancient Stone Implements, & c., of Japan（『日本大古石器考』叢書閣、一八八六年）のなかで、打製石斧を農具と紹介したことにはじまります。その後、沼田頼輔《らいすけ》が『日本人種新論』（嵩山房、一九〇三年）、鳥居龍蔵が『諏訪史』（一巻、信濃教育会諏訪部会、一九二四年）などで、台湾の原住民が打製石斧を耕作具としていることを根拠として、打製石斧を使用していた石器時代に原始的な農耕があったことを想定しました。

この打製石斧を農具とする考えを、より具体的に提示したのが史前研究室（後の大山史前学研究所）を主宰していた大山柏《かしわ》です。大山は、一九二六年に神奈川県相模原市の勝坂《かつさか》遺跡を調査し、そこから多量に出土した打製石斧に注目します。そして、その打製石斧のうち長方形の短冊形をしたものをヨーロッパの新石器時代の資料や世界の民族誌と比較して、土掻き用の農具であるとし、石皿や敲石など製粉具の存在からも、縄文時代（彼は縄紋式石器時代と呼称）に「原始農耕の存在は可能である」と主張しました（『神奈川県下新磯村字勝

坂遺物包含地調査報告』史前研究会、一九二七年)。

この大山らの主張に対して、山内清男は、コラム1で紹介した「日本に於ける農業の起源」(『歴史公論』六巻一号、一九三七年)で縄文時代を高級狩猟民の段階にあるとして、日本で栽培されている農作物のほとんどが伝来品であって、それはほかの農耕具とともに弥生時代に大陸から伝来したとして、縄文時代の農耕の存在を否定しました。そして、大山らが注目した打製石斧についても、中部・関東地方で地方的発達をとげたものにすぎず、それも中期に限定されたものであって、集落の増大や定住化も高級狩猟民の枠のなかでとらえられるとして、植物質食料などを採集した土掘り具であっても、農具などではないとの認識を示したことで、縄文農耕論は一端は沈静化します。

◆縄文中期農耕論

敗戦直後の地方の夕刊紙に、一つのエッセイが掲載されます。藤森栄一の「原始焼畑陸耕の問題」(『夕刊信州』一九四九年一一月二五日)です。そこで藤森は、八ヶ岳山麓の縄文中期の遺跡では、石鏃の希少化、石鍬・石鋤である打製石斧や製粉具である石皿の激増、地母神信仰のシンボルである土偶や石棒の存在、狩猟生活では賄えない大集落と狩猟に不向きな森林地帯の立地などを理由に、縄文時代中期に原始的な焼畑農耕がおこなわれていた可能性を指摘したのです。その翌年、藤森は、あらためて「日本原始陸耕の諸問題」を『歴史評論』(四巻四号)に発表し、戦後の縄文時代研究の主要なテーマの一つとなる縄文農耕論の議論が本格的にはじまります。

その後も藤森は、信州の地にある人びとと富士見町の井戸尻《いどじり》、大花《おおばな》、曽利《そり》などの遺跡を精力的に調査していきます。その一連の調査の過程で、藤森らは、土器や石器の機能や用途はもとより、住居や集落、生業環境や信仰の問題などをからめながら、縄文中期農耕論の立証に努めていきます（『縄文農耕』〈学生社、一九七〇年〉に所収）。そして、その集大成ともいえる『井戸尻』（中央公論美術出版、一九六五年）で藤森は、縄文中期文化の本質を濶葉樹《かつようじゅ》（広葉樹）林帯における植物質食料の多用ととらえて、その植物質食料を多用する生活のなかに、原始的な植物栽培としての焼畑農耕が組み込まれていたと考えました。

藤森の論考は、彼特有の感性が働いて、それを考古資料で補足しながら、持論を展開するという思考方法をとるのが特徴です。縄文中期農耕論も同様で、そのために全体的に感性的、あるいは情緒的に流れるきらい――それが藤森考古学の魅力でもあるので

縄文中期農耕論を立証するために井戸尻遺跡を調査する藤森栄一

すが――があって、肝心の論証が不足していることは否めません。しかし、当時、芹沢長介《せりざわちょうすけ》の言葉を借りれば、「縄文文化は、発生の当初から終末に至るまで、本質的に変化のない猟人・漁者（Hunter-fisher）の文化であった」（「縄文文化」『日本考古学講座』三巻、河出書房、一九五六年）と画一的にとらえられがちな認識に対して、藤森は、中期の中部高地を中心に植物質食料の多用の一つに植物栽培としての焼畑農耕の仮説を提示することで、縄文文化が多様な地域文化から構成されていたことを明らかにしたことは、その後の研究に一つの方向性を示すことになりました。

◆縄文後・晩期農耕論

縄文中期農耕論からやや遅れて、九州を中心とした西日本の縄文後・晩期に農耕の存在が賀川光夫《みつお》らによって主張されます。賀川は、九州の縄文後・晩期の土器である黒色磨研《こくしょくまけん》土器が中国先史文化の一つである竜山文化の黒陶の直接の影響があったと想定します（「中国先史土器の影響」『古代学研究』二五号、一九六〇年）。そして、賀川は、農具とみられる石器や墓制、遺跡の立地、栽培植物の分析などを総合して、後期後半から晩期初頭にヒエやアワなどの雑穀を主とする焼畑農耕、晩期末には稲作農耕が開始されたと主張しました（『農耕の起源』講談社、一九七〇年）。

ところで、一九七八年に福岡市の板付《いたづけ》遺跡から、従来の土器型式観からいえば縄文晩期末の刻目突帯文《きざみめとつたいもん》土器の水田跡が発見され、それが完備された水量調節機能をもつばかりか、弥生文化における基本的な生産用具がセットで存在することが明らかとなりました（本文295ページの**図64**）。その後も、佐賀県唐津市の菜畑《なばたけ》遺跡や福岡市の野田目《のため》遺跡、岡山市の津島江道《つしまえどう》遺跡などで刻目突帯文土器の水田跡が発見されたことから、賀川らが想定した晩期末の稲作農耕は、今日では弥生時代早期に位置づけられています。

◆縄文農耕論の展開

こうした考古学者の縄文農耕論を補強するように、栽培植物学や民族学などの分野から示唆に富む見解が示されました。中尾佐助《さすけ》は、照葉樹林帯における野生採集段階から水稲栽培までの農耕の発展段階を示し、これをうけて佐々木高明《こうめい》は、弥生時代の稲作農耕の開始以前に照葉樹林焼畑農耕文化が存在していたと主張しました（中尾佐助『栽培植物と農耕の起源』岩波書店、一九六六年。佐々木高明『稲作以前』日本放送出版協会、一九七一年ほか）。しかし、いずれも農耕の直接の証拠となる栽培植物が発見されていなかったことから、考古学者の見解も含めて、今後に課題を残していました。

ところが、一九七二年から発掘が本格化した福井県の鳥浜貝塚でヒョウタンやエゴマ、ゴボウなどの栽培植物が発見されると、堰を切ったように各地の縄文遺跡から栽培植物の発見がつづきました。そうした栽培種子の発見とともに、新しい年代測定法であるＡＭＳ法や検出

中尾佐助による照葉樹林文化の農耕の発展段階

（１）野生採集段階	堅果類（クリ、トチ、シイ、ドングリ、クルミなど） 野生根茎類（クズ、ワラビ、テンナンショウなど）
（２）半栽培段階	品種の改良・選択がはじまる （クリ、ジネンジョ、ヒガンバナなど）
（３）根茎作物栽培段階	サトイモ、ナガイモ、コンニャクなどの栽培 焼畑農耕
（４）ミレット作物栽培段階	ヒエ、シコクビエ、アワ、オカボなどの栽培 西方高文化の影響下に成立
（５）水稲栽培段階	水田稲作、灌漑そのほかの施設 永年作畑

法であるレプリカ法の開発によって、縄文早期にアサ、ヒョウタン、エゴマ、前期に入るとダイズの野生種であるツルマメやアズキの野生種であるヤブツルアズキ、それにヒエ属も利用され、それが中期になると栽培ダイズやアズキ、ヒエに相当する大きさの穀物が利用されるまでになっていたことが明らかとなってきました。

では、これで藤森らの主張した縄文農耕論が立証されたかというと、ことはそう簡単ではありません。というのは、縄文時代に植物栽培はあっても、その役割こそが歴史学では問題となるからです。小畑正己は、縄文中期農耕論の舞台となった中部高地や後・晩期農耕論の舞台となった九州で、それぞれの時期に遺跡数の増加や規模の拡大にみられる人口の増加をもたらしたのは、ダイズやアズキを主とした栽培植物であり、これらは時間差をもって東から西へと伝播したとして、縄文農耕を積極的に評価しています（『タネをまく縄文人―最新科学が覆す農耕の起源―』吉川弘文館、二〇一六年）。それに対して、中山誠二《なかやませいじ》は、縄文時代の植物栽培は認めても、それは植物採集・狩猟・漁労などの生業の補完的な役割をはたしているだけで、決して生業基盤とはなりえていなかったと主張しています（『植物考古学と日本の農耕の起源』同成社、二〇一〇年）。

私が中山の考えを支持していることは、本文のとおりです。いずれにしても、縄文農耕論が新たな展開をみせていることは間違いありません。

Ⅲ

縄文人の社会

日時計状組石（大湯環状列石）

1　住居の営みと集落の仕組み

◉住居での生活

　縄文人の住まいは、半地下式の竪穴《たてあな》住居が一般的であることは、すでに紹介しました。地面を円形や方形に掘り込んで平らな床面とし、これに柱を立て、屋根をかけるのが基本的な構造です（図14の②、80ページ）。そこでは、文字どおり一つ屋根の下にまとまって、独立した「ウチ」という空間、たとえ狭くても「ソト」とは遮断された空間を占有することから、この竪穴住居で寝起きをともにする人びとこそは、縄文時代の社会を考えるための最小の単位となります。

　そこで問題となるのは、住居での生活が消費単位として、独立した機能をもっていたかどうかです。

　住居での生活を考えるにあたって、まず注目しなければならないことは炉の存在です（図30）。縄文時代の住居における炉は、床面を浅く掘りくぼめて炉とした、いわゆる地床炉《じしょうろ》と呼ばれるものがもっとも一般的です。これに周囲を石で囲む石囲炉《いしがこいろ》、土器を埋めて炉とする埋甕炉《まいようろ》、石囲炉の中央に土器を埋めた石囲埋甕炉などがあり、いずれも中期に入ってから普及する形式です。また、関東地方の早期の撚糸文《よりいともん》系土器の時期には、床面の中央を方形に掘り込み、そこに木枠を組んで灰を入れて炉とした灰床炉《はいしょうろ》とか、東北・北陸地方の中期の大木《だいぎ》式土器の分布圏を中心に、石囲炉と埋甕炉とを複雑に組

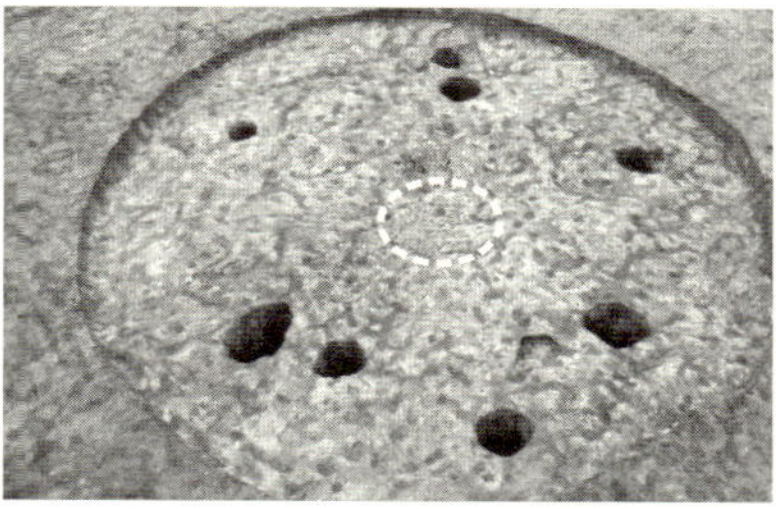

第 6 号住居跡と地床炉（破線）

第 1 号住居跡と石囲炉

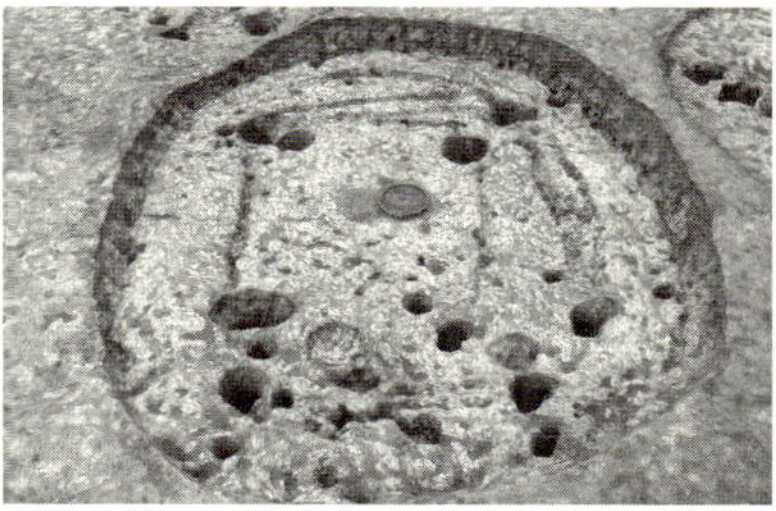

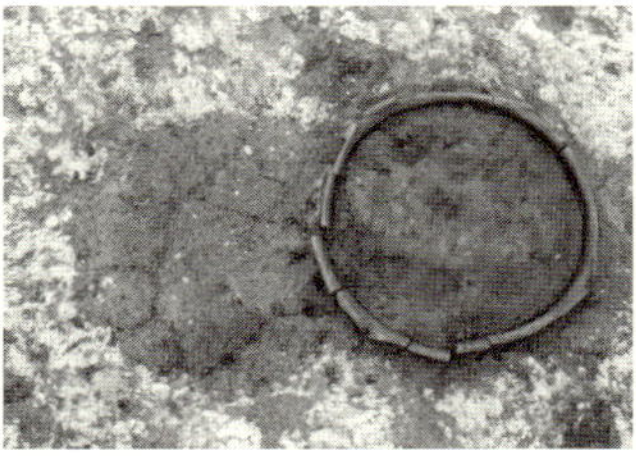

第 3 号住居跡と埋甕炉

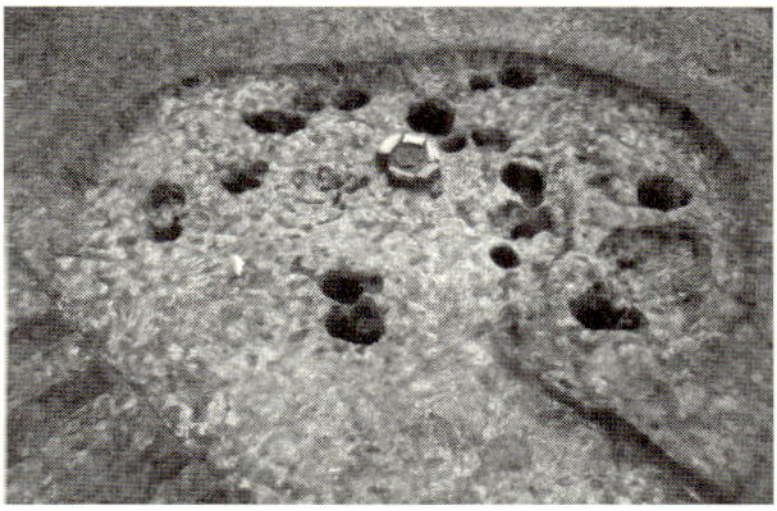

第 67 号住居跡と石囲埋甕炉

図 30　竪穴住居跡と炉の形式（長野県茅野市梨ノ木遺跡、中期）

み合わせた複式炉というように、時期や地域を限った特異な形式の炉もあります。

しかし、たとえば鹿児島県霧島市の上野原《うえのはら》遺跡の早期前半の集落のように、竪穴の床面が平均で八平方メートルと極端に狭い住居では、屋内に炉を構築するだけのスペースがとれないので、屋外に炉を構築して付属施設とせざるをえないものが、とくに早期に多いのも事実です。また、東北北部から道南地方の前期後半の円筒《えんとう》下層式期、あるいは関東地方東部の中期の阿玉台《あたまだい》式期の住居には、炉をともなわないという特徴があり、それは地域文化を表現しているという興味ある指摘もあります。

こうしたことを考慮に入れても、縄文時代の住居には、炉（屋内にない場合は屋外の炉が補完）が重要な付帯施設として存在していたことはまぎれもない事実です。

住居の炉の機能には、大きく分けて、①食料を調理する厨房《ちゅうぼう》の場、②冬季の暖房の場、③屋内照明の場の三つが考えられます。日本考古学では、古墳時代に入って竪穴住居に竈《かまど》が設置されるようになってから、住居内に厨房の場が固定されましたが、それ以前の屋内の炉は、床面の中央、あるいはやや片すみにあって、「暖」や「明」をとるのが本来の姿で、主たる厨房の場は屋外炉であったと考えられた時期もありました。それは乱交的な集団婚の原始社会にあっては、個々の住居の独立性は低く、単婚的な小家族の存在は認められないという考えが根強くあったからです。そうした社会にあっては、個々の住居で独立した消費生活がおこなわれていたとは考えにくいことから、厨房の場を屋外の共同施設に求めたわけです。

そうした見方からすれば、竪穴住居に竈が設置される以前の集落遺跡には、当然、屋外に共同の厨房施設がなければなりません。しかし、縄文早期の屋外の炉穴を除けば、そうした屋外の厨房施設はほとんどみつかっていません。たしかに縄文時代の集落のなかには、中央の広場の一画などに熱をうけて破砕した多数の礫をともなう、いわゆる集石土坑をもつものがあり、ここで食料を共同調理したことが想定されています。しかし、この集石土坑にしても、住居数とくらべて数が少なく、これで日常的にすべての食料調理をまかなったとはとても考えられません。しかも、集石土坑が主に石蒸し調理の場であることからすれば、後にくわしく考察しますが、集落の全成員の結集力を高めるために、特別な獲物を獲得したときや祭礼の際などに特別に使われた施設であって、日常的には、屋内の炉が厨房の場であったと考えられます。

屋内の炉が日常の厨房の場であるとすれば、当然、消費生活を維持するための一そろいの生活用具が住居内で使用されていたことになります。それを明らかにするためには、竪穴住居跡から出土する遺物をみればいいのですが、日常生活のままの状態で埋没しているとはかぎりません。引っ越すときに生活用具をもちだすこともありますし、火災に遭遇しても焼失後に片づけてしまう場合もあります。そのようななかにあって、長野県諏訪郡富士見町の藤内《とうない》遺跡の第九号住居跡は、火災による急激な上屋の倒壊によって、すべての生活用具が日常の生活していた状態のまま埋没されていたものとして貴重です（**図14**の②、80ページ）。

この藤内遺跡第九号住居跡には、炉の周囲を中心に加熱処理具である土器や植物質食料調理具である石皿《いしざら》、凹石《くぼみいし》（磨石《すりいし》）、あるいは土掘り具である打製石斧や狩猟具である石鏃《せきぞく》などが残されていて、消費生活を維持する一そろいの生活用具が住居内に保有されていたことがわかります。しかも、藤内遺跡第九号住居跡で注目すべきことは、炉の奥寄りから火棚《ひだな》と思われる格子目状の炭化材とともに、約二〇リットルの炭化したクリがみつかったことです。新潟県長岡市の中道《なかみち》遺跡でも、中期の第五一号住居跡から火棚の上の籠に保存されていた多量のトチの実が、火災で床に落ちた状態でみつかっています。また、竪穴住居内から多量の堅果《けんか》類が出土した事例は、山形県東置賜郡高畠町の押出《おんだし》遺跡や新潟県栃尾《とちお》市の栃倉《とちくら》遺跡、同県中魚沼《うおぬま》郡津南《つなん》町の沖《おき》ノ原《はら》遺跡などで確認されていることからみても、食料が個々の住居に一定量保管されていたことがわかります。さらに、藤内遺跡第九号住居跡の炉の近くからは、炭化したパン状の加工食品も発見されています。パン状、あるいはクッキー状の炭化物がみつかった事例は全国で三〇例をこえており、これも食料が個々の住居に保管されていたことを物語っています。

　このようにみてくると、縄文時代の住居は、日常の厨房の場である炉をもち、植物質食料調理具と加熱処理具などを保有し、さらには縄文時代の主要な食料の一つである堅果類を一定量保管していることから考えて、少なくとも消費生活では独立した機能をもっていたことが明らかです。

曽利遺跡出土のパン状炭化物

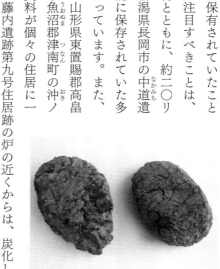

◉住居の家族構成

縄文時代の竪穴住居は、全体的にみると、時期や地域によって、ほぼ同じような形態をとるという特徴があります。たとえば前述した早期前半の南九州の上野原遺跡では、この時期としては大きな集落が営まれていますが、竪穴住居の面積は五平方メートルから一〇平方メートル前後と大小のバラつきがありながらも、炉と柱穴が竪穴内にはなく、その柱穴も竪穴を取り囲むように外側にあるという珍しい形態をとります。同じ早期前半の南関東地方には、東京都府中市の武蔵台《むさしだい》遺跡で大きな集落が営まれます（図16の③、89ページ）。ここでも面積は小型と大型がありますが、住居の形態は、規模の大小にかかわらず隅丸方形で、壁に沿って柱穴をめぐらすという、同じものです。

このように、縄文人の住まいは、面積的には大小のバラつきがありますが、ほぼ同じような形をしています。しかも、大小のバラつきは、住居構成員の人数などに対応する程度の範囲におさまっています。つまり同じような形態の住居に独立して住み分けるということは、その住居の構成員を「家族」とみるのがもっとも合理的な考えといえます。

では、実際のところはどうだったのでしょうか。実証するのは難しいのですが、もう一度、竪穴住居から考えてみましょう。縄文時代の竪穴住居は、消費単位として独立した機能をもっていたことを述べましたが、後にも紹介するように、縄文集落には住居が一棟だけというのも決して珍しくないことから、一棟が世帯として独立していたと考えられます。しかも、竪穴住居の床面積は、平均で早期が約一五平方メートル、前・中期が約二〇平方メートル、後・晩期でも約三〇平方メートルで、全体平均で約二〇平方メートルですので、複数の成人の男女が集合するような家族構成をとることは難しく、単婚家族的な小世帯の可能性が高いと思われます。

ただし、前期の東北・北陸地方から北関東地方には、床面積が八〇平方メートル、ときには一〇〇平方メートルをこえるような長方形の超大型住居があります（図50、238ページ）。また、後・晩期になると東日本を中心に、これも床面積が長方形の超大型住居と同様の、円形の超大型住居がみられます。これらの超大型住居は、とても小世帯とはいえないと疑問を感じる人は多いと思います。しかし、長方形の超大型住居は、第Ⅳ章で紹介するように、複数の炉や間仕切りなどからみて、複数の小世帯が集住するロングハウスと考えられます。一方、円形の超大型住居は、日常の生活用具が出土しないことや儀礼や祭祀に使う道具の出土が目立つことから、通常の住居ではなく、集落の共同祭祀や集会施設ではないかと考えられています。いずれにしても、今後に課題を残すとはいえ、縄文時代の住居の家族構成は単婚家族を基本としていたものと考えられます。

そこで、人間行動進化学という別の視点から、人類の配偶システムというのを考えてみましょう。動物一般では、一夫多妻の傾向が強いほど、配偶者の獲得をめぐる雄どおしの競争が強いため、雄の身体が雌よりも大きく、角や牙などの性的差も大きくなるということです。それに対して、人類は、身体や犬歯の性差が小さいことから、典型的な一夫一妻の霊長類の範疇におさまり、極端な一夫多妻や完全に乱交的な配偶システムは排除されるということです。また、人類の配偶システムを歴史的・民族誌的にみると、極端な多くの一夫多妻は、農耕や牧畜が開始されて以降、富の蓄積と分配の不平等た生じるようになってからで、そうした一夫多妻の婚姻制度がある社会でも、それを実現しているのは富を蓄積したごく一部の男性だけで、大多数は一夫一妻だということです。

　このようにみてくると私は、縄文時代の家族構成は、一組の夫婦とその子どもからなる単婚家族を基本とし、それに夫婦の一方の兄弟姉妹が結びつく、いわゆる拡大家族がせいぜいだったと考えています。ただし、誤解を招くといけないのであえて強調しておきますが、たとえ縄文時代の家族構成が単婚家族を基本としていたとしても、つねに集団的な性の原理にもとづいて、家族そのものが共同体の拘束から自立できなかったということでは、近代の単婚家族とは社会的役割が根本的に異なります。

◉縄文集落の三つの類型

　私たちが実際に目にする集落遺跡は、縄文人が生活するなかで、住居を新築したり、改築したり、増設したり、あるいは廃絶したりするという、彼らの活動の痕跡が時間の経過とともにつぎつぎと重なり合ったものを、発掘という手段によって明らかにしたものです。ですから、たとえば一〇〇棟をこえるような住居跡が発見された大規模な集落遺跡でも、それらを詳細に分析してみると、時期によって大きな変化があって、ある時期には一棟だけというのも珍しくはないというように、きわめて複雑な様相をみせています。しかし、一見すると複雑な集落も、考古学的な方法によって分析してみると、いくつかの類型に分けることができます。かつて私も、八ヶ岳西南麓の遺跡を事例として、縄文集落を前沢《まえざわ》類型、向原《むこうはら》類型、曽利《そり》類型の三つに分類したことがありますが、その後の集落遺跡の発掘事例が増加した現在でも、そこでの分類は十分に通用するので、ここでも使うことにします（図31）。

前沢類型の集落　長野県諏訪郡原《はら》村の前沢遺跡は一棟の住居からなる集落です（図32）。広範囲に発掘調査しましたが、早期の落とし穴が二基みつかった以外には、中期の曽利II式期の竪穴住居跡が一棟しかありませんでした。また、竪穴住居跡を埋める土（覆土）からまったく遺物が出土しなかったことも、この住居が単独に存在していたことを示しています。

この住居を使用しなくなった後でも、そのまわりで縄文人が生活していれば、廃絶した住居のくぼみに、いらなくなった土器や石器を捨てたり、あるいは流れ込んできていたはずです。ところが、土器が一片も出土しなかったということは、一棟だけの住居で生活をした後、その周辺では、縄文人が生活していなかったことを物語っています。

一棟の住居で集落と呼べるのかと、疑問に思う人

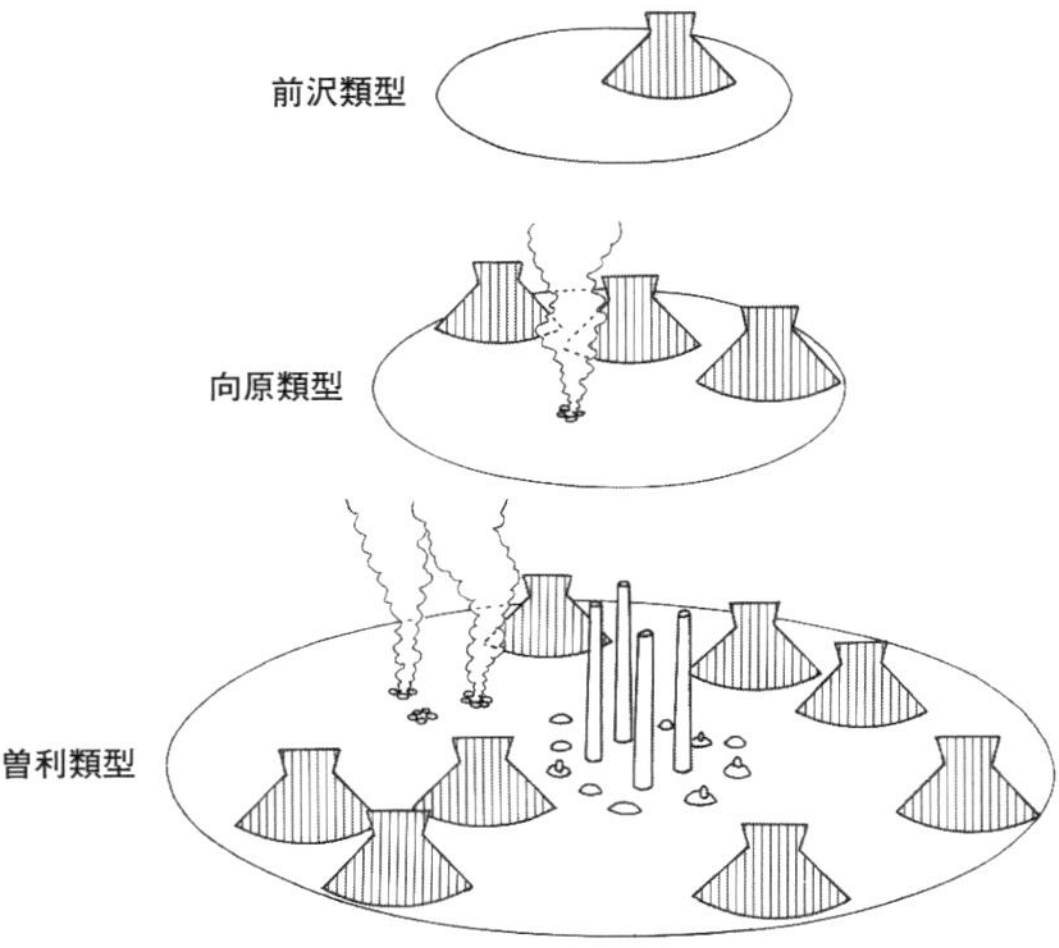

図31　縄文集落の類型（模式図）

す多いでし[illegible]ただし、前沢遺跡の住居跡に[illegible]跡みしめられ、炉跡も長期に使用された状態で、何よりも周溝の位置などから住居の拡張すらおこなわれていることから、この住居で一定期間、生活を営んでいたことは間違いありません。しかも、住居が消費単位で独立した機能をもち、そこでの家族構成が単婚家族を基本としていた蓋然性が高いことからすれば、一棟の住居だけの集落というのも決して不思議ではないのです。

事実、全国各地の大規模開発にともなって、大小さまざまな遺跡が発掘調査されていますが、住居跡が一棟しかみつからない遺跡の事例が増えてきています。また、何十棟、何百棟という数の住居跡がみつかった遺跡でも、それらを詳細に分析してみると、時期によって住居跡の数に変化があって、そのなかには一棟だけというのも珍しくはなくなっています。

わかりやすい事例を同じ原村の弓振《ゆみふり》日向《ひなた》遺跡でみて

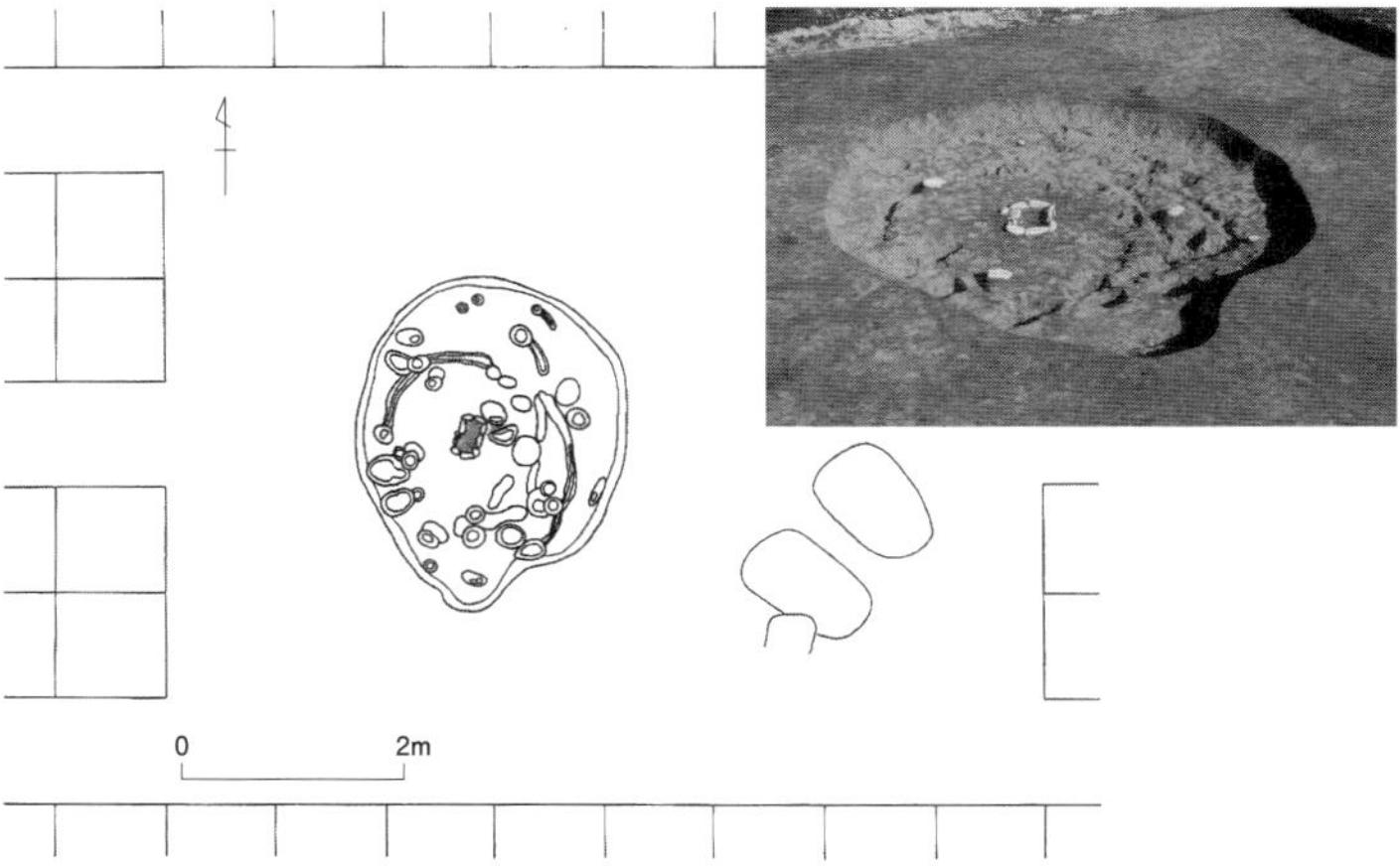

図 32　前沢遺跡の曽利Ⅱ式期の住居跡

みましょう（**図33**）。弓振日向遺跡では、中期前半の新道《あらみち》式期の九棟の環状にめぐる住居跡の一角に、それらとは時期をへだてた中期後半の曽利Ⅱ式期の住居跡が一棟だけあります（**図33**の**2**）。この弓振日向遺跡では、新道式期につぎに述べる向原類型の集落が形成され、そこがいったん放棄された後に、曽利Ⅱ式期になって再び集落が形成されるのですが、その時は一棟の住居だけの集落だったということになります。しかも、その住居跡の覆土内からは、前沢遺跡と同様にまったく遺物が出土しなかったことも、この住居跡が単独に存在していたことを示しています。

向原類型の集落　長野県諏訪郡富士見町の向原遺跡は三棟前後の住居の単独のグループからなる集落です（**図34**）。向原遺跡では、曽利Ⅱ式期の六棟の住居跡がみつかっていますが、それらは重複関係がなく、出土する土器からの新旧を確認することはできな

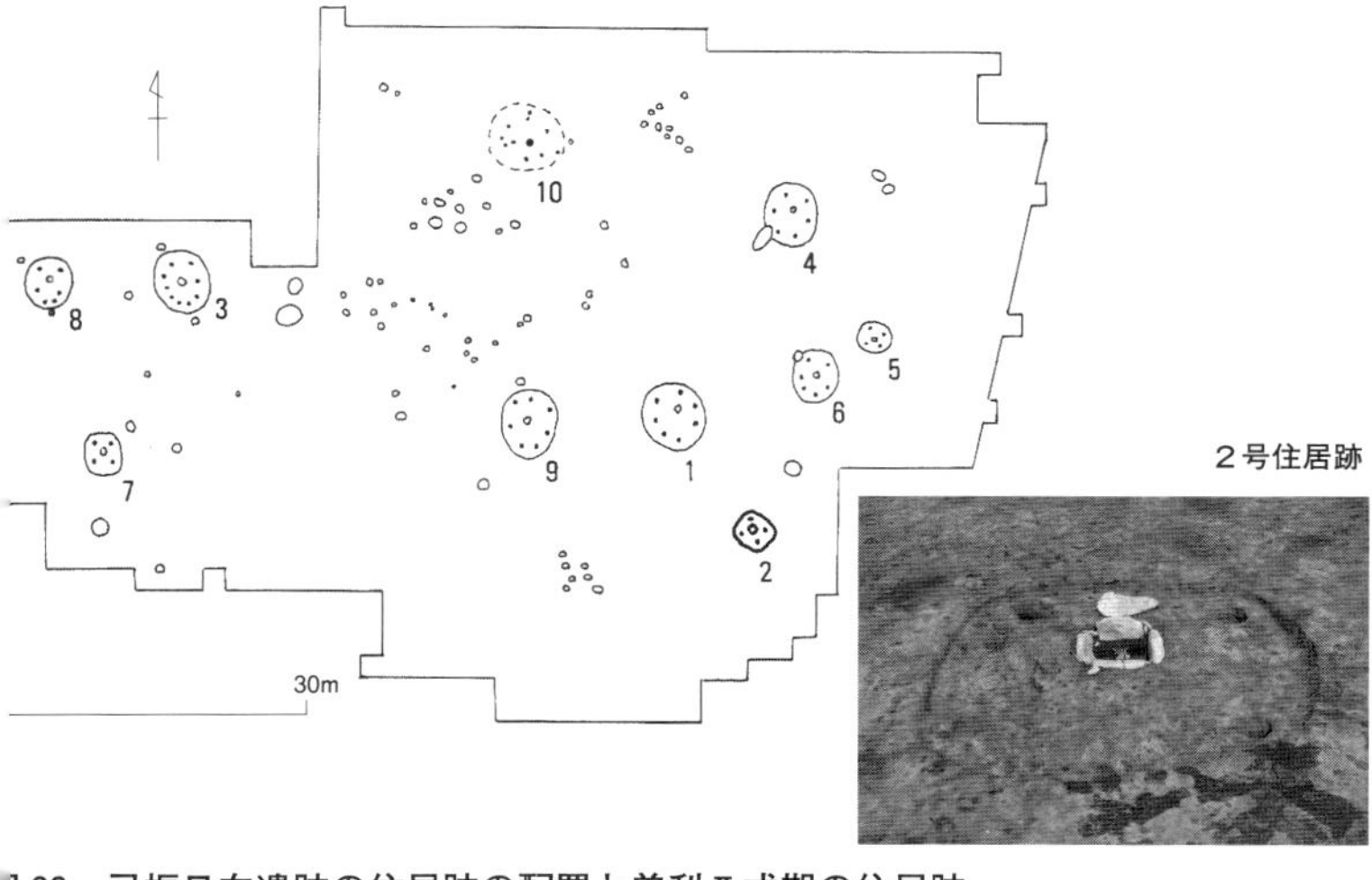

図33　弓振日向遺跡の住居跡の配置と曽利Ⅱ式期の住居跡

ったということです。しかし、住居跡の石囲炉をみると、炉石が完存するものと、住居を廃絶したときに炉石が抜かれたものがあります。そして、炉石が完存する三棟の住居は、ほぼ等間隔に、しかも同一の弧状に並ぶように配置されていることから、この三棟の住居で一時期の集落を形成していたものと考えられます。

この向原類型の集落は、その継続期間が一土器型式内という短期の集落と、二から三型式にわたって継続する集落とがあります。特徴としては、一土器型式内の住居の配置に限れば、住居跡が重複することはほとんどないことと、住

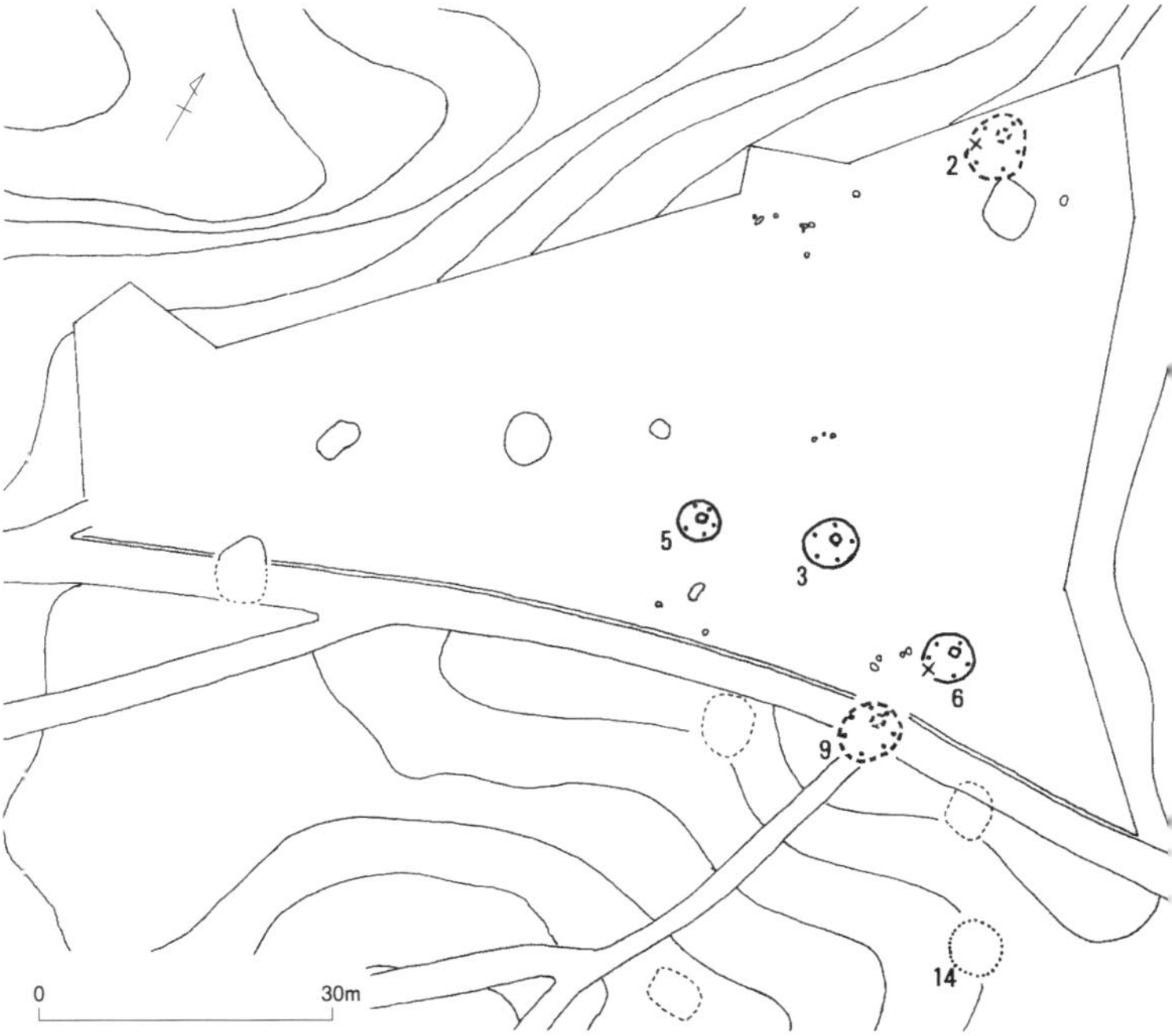

図 34　向原遺跡の曽利 II 式期の住居跡（破線は炉石が抜かれた住居跡）

居以外の施設をともなうことが少ないことです。そのために向原類型の集落は、広場としての空間をもちながらも、そこにはわずかに土坑などがあるだけで、共同の広場としての空間的利用の痕跡が乏しい例が多いのです。

そこで問題となるのは、向原類型の集落の構成員が、どのような絆によって結ばれていたかです。それを解明する手立ては、今のところ考古学では開発されていないのが実情ですが、集落の成り立ちを、前沢類型の集落とのかかわりからみると、一つの見通しが立てられるように思います。というのは、前沢類型の集落は単独の家族からなっていますが、その家族のなかに生まれた子どもが成長し、ほかの集落から配偶者をむかえると、その子どもは独立して別に住居を構えて、新たに一つの家族をつくることになります。そして、この新しい家族が親と同じ集落にとどまることになれば、前沢類型の集落は、ただちに向原類型の集落へと転化することになります。

家族は生殖的な機能をもっていることから、一つの家族は親族関係の網の目をつくって、無限に広がっていく可能性をもっています。しかし、向原類型のように単独のグループからなる集落が、三棟前後の住居から構成されているということは、それが親族群としてもっとも強い絆をもつとともに、日常の生業活動などで支障がおこらない範囲での、いわば縄文集落の基礎的な集団のサイズであった可能性が高いといえます。とすれば、向原類型の集落は、親子二世代から多くても孫までの三世代の親族が集まった、いわゆる拡大家族が基本単位となった集落と考えてほぼ間違いないでしょう。

曽利類型の集落　長野県諏訪郡富士見町の曽利遺跡は、住居群がいくつかまとまる複数のグループからなる集落です。曽利遺跡では、五次にわたる発掘調査によって、七七棟の住居跡がみつかっています。発掘調査は全体の一〇パーセントしか実施されていないので、集落の全体像を復元することはできませんが、発掘された住居跡の分布と遺跡の範囲から推定して、複数の住居跡のまとまりと、それら複数のグループから一つの集落が構成されていたことがわかります。本書では、集落のほぼ全域を発掘調査し、縄文中期初頭から終末まで、土器型式からみれば、中期という時期のなかでほとんど切れ目なく住居跡が確認された長野県塩尻市の俎原《まないたばら》遺跡を事例として図示することにします（**図35**）。

この曽利類型の集落の特徴は、住居跡群がいくつかのブロック状のグループにまと

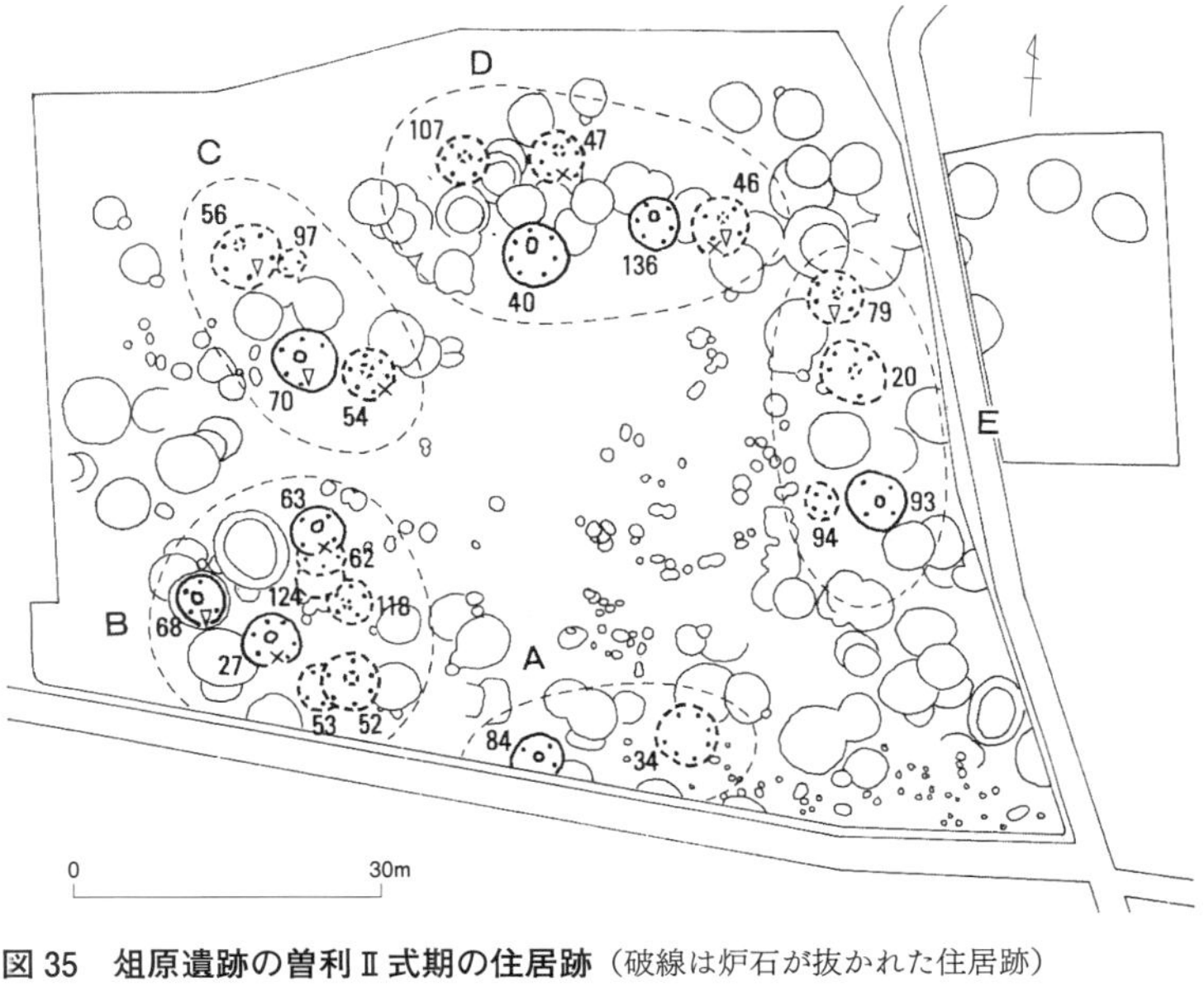

図35　俎原遺跡の曽利Ⅱ式期の住居跡（破線は炉石が抜かれた住居跡）

まるとともに、それらのグループの住居跡の重複関係が頻繁にみられることから、グループごとに住居を建てる空間が定められていたことです。もう一つは、それらグループ分けされた住居跡群が、全体として中央の広場を囲んで環状に配置される、いわゆる環状集落とか馬蹄形集落と呼ばれる定型集落を形成していることです。* そして、中央の広場には、埋葬施設のほかに、祭祀的な施設、貯蔵施設、屋外の共同調理施設などがあり、この中央の広場が各種の行事や祭祀、共同作業の場として、集団が共同生活を営むためになくてはならない必須の場であったことがわかります。つまり中央の広場こそは、複数の親族からなる集落にあって、円滑な共同生活を送るための装置としての役割をはたしているということです。ですから、集落の規模が大きくなれば、当然、それらの装置も大きくなるわけで、青森市の三内丸山遺跡の巨大な木柱遺構や大規模な盛土《もりつち》遺構も、そうした共同体を維持するための装置と考えることができます。

＊この二つの特徴について、谷口康浩《やすひろ》は「環状集落の二つの重要な構造」ととらえて、それを集落空間の直径的区分としての「分節構造」と同心円的区分としての「重帯構造」と呼んでいます。そして、分節構造のなかに集団の区分性を、重帯構造のなかに集落の規則性をとらえた谷口は、前者が出自集団を識別するものと認識しています。しかし、筆者は谷口が分節構造と呼ぶ住居群のグループは、出自集団より下位の家族ないし親族集団と考えています。

このようにみてくると、曽利類型の集落では、複数の家族や親族が集まって集落を構成しながらそれらの家族や親族の絆をこえて、集落全体として一つのまとまった社会をつくり、労働や生産の面でも、分配の面でも、つねに集落全体の組織的な行動に強く規制されていたことがうかがえます。

ところで、曽利類型の集落といっても、すべての時期が曽利類型になるわけではありません。**図36**は、狙原遺跡の土器型式別にみた集落の変遷を示したものですが、中期という長い期間に、同じ規模の集落をつねに形成していたわけではなく、井戸尻式期のように、調査者の小林康男《やすお》が「過疎化が一段と進む」と表現した時期を含みながら、きわめて変化のある動きをしていることがわかります。それは縄文時代の集落が、離合集散を繰り返していたことにほかならないわけです。しかし、そのなかにあって、中央の広場は集落の形成された当初から一定の空間的な位置を占め、しかも、その場所を一貫して維持しています。

ということは、環状集落は、一定の場所が居住地として繰り返し利用された最終の姿として生まれたのではなく、中央の広場に規制された結果、必然的に形成されたことがわかります。だからこそ、この中央の広場に規制されて住居が環状に配置される集落形態こそが、縄文時代の集落をほかの時代の集落と区別する最大の特徴となっているのです。

◉縄文集落の仕組み

縄文時代の個々の住居が、日常の厨房の場である炉をもち、石皿、磨石、凹石などの植物質食料調

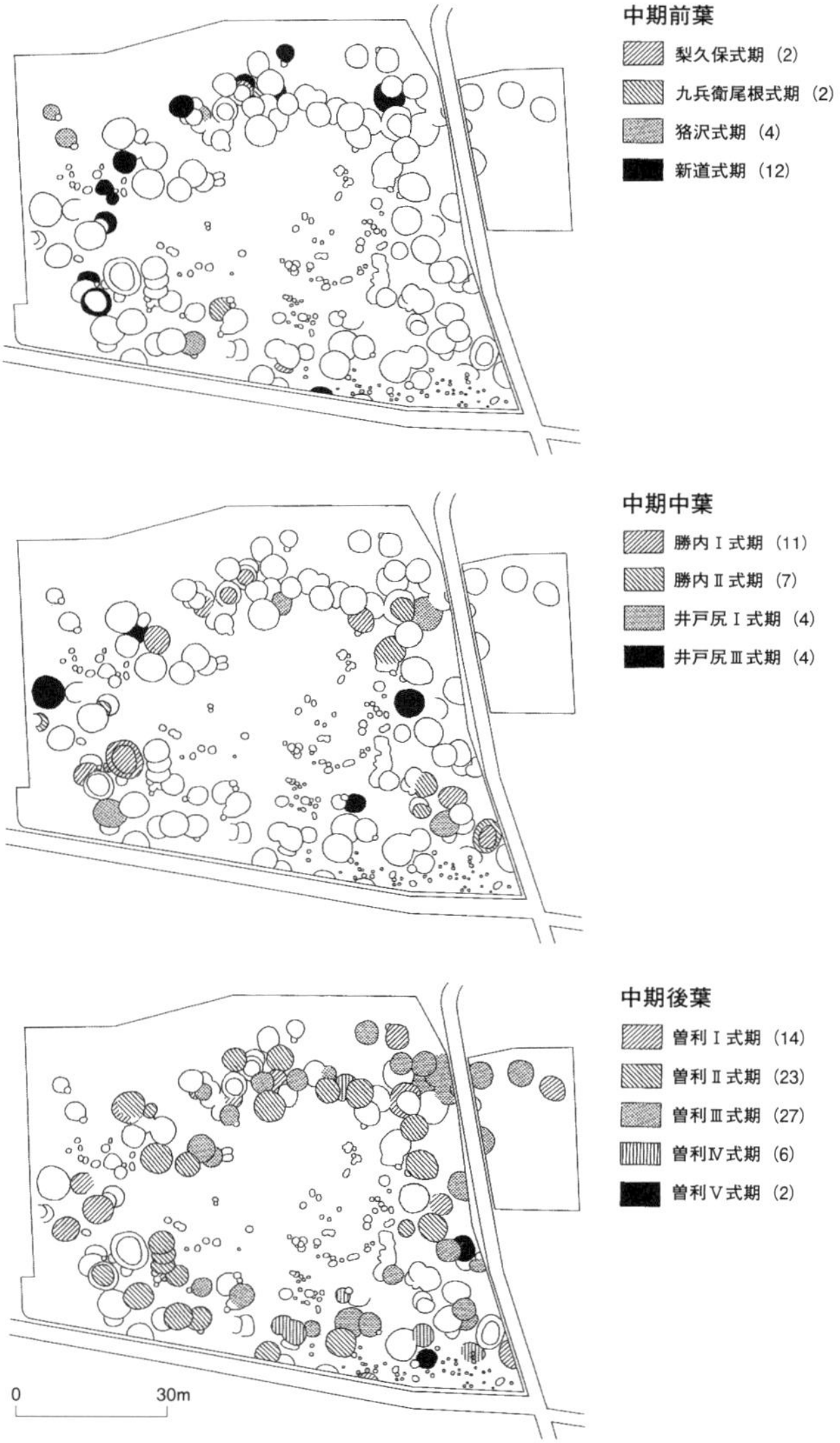

図 36　俎原遺跡の集落の変遷（カッコ内の数字は住居跡の数）

理具や加熱処理具としての土器、さらには主要な食料の一つである堅果類を保有するといったように、消費生活で独立した機能を強くもっていたこと、また、竪穴住居の家族構成が一組の夫婦とその子どもからなる単婚家族を基本としていることから、個々の住居は生殖機能をもあわせもっていたことになります。

このように個々の住居が潜在的に独立した機能をもっていながら、曽利類型の集落のようにいくつかの家族や親族が集まって一つの集落を構成すると、集落が全体として一つのまとまった社会をつくり、そこでは集落の全構成員が組織的に強く結ばれ、強固な統一体として機能していたことは、一見矛盾するように思われます。

しかし、この個々の住居の潜在的な独立性と集落の強固な統一性こそが、縄文社会の長期の安定性をうながしました。というのは、いくつかの住居が集まったときには、個々の住居の独立性を集落全体のなかに埋没させることによって統一性をはかり、集落を分割しなければならなかったときは、個々の住居の独立性を顕在化させて集落の分割を無理なくおこなうことによって、縄文人は限りある自然物と環境の変化に巧みに対応していったのです。

2 集落と村落のつながり

◉集落と生活領域

縄文人が集落を拠点に安定した日常生活を維持していくためには、少なくとも日常生活を営むために必要な物資を保障する一定の生活領域が必要です。この集落と生活領域の関係については、戸沢充《みつ》則《のり》が千葉県市川市域、堀越正行《まさゆき》が同県千葉市域という、いずれも東京湾東岸の貝塚密集地帯の遺跡群を事例に分析した結果、生活領域は半径二から三キロの範囲であったことを明らかにしています。また、長野県松本平の犀《さい》川をはさんで、樋口昇一《ひぐちしょういち》らが西岸の北アルプス山麓、平林彰《あきら》が東岸の長峰《ながみね》山麓の遺跡群を事例に、ここでも半径二キロ内外の生活領域を想定していることは注目されます。

私も、集落と生活領域の関係について、八ヶ岳西南麓を事例に分析したことがあります。なぜ、八ヶ岳西南麓を選んだかというと、八ヶ岳のような成層火山では、広大な裾野を谷が直線的に刻むという特徴があり、そのなかでも西南麓は、フォッサ・マグナと呼ばれる日本列島を南北に分ける糸魚川《いとい》〜静岡構造線の活断層もあって、谷の浸食は深く、尾根の先端部では約四〇メートルの谷となっています。そのために、尾根と尾根が深い谷によって対峙し、その地形的区分が明確であることから、集落と集落との関係を視覚的にとらえるうえで、八ヶ岳西南麓ほど格好な地域はないからです。

図37の①から④は、八ヶ岳西南麓の縄文中期の初頭（九兵衛尾根式期）、前半（藤内式期）、中ごろ（井戸尻式期）、後半（曽利式期）の四つの時期の集落の分布を示したものです。

中期初頭の九兵衛尾根式期は、八ヶ岳西南麓の各尾根に集落がいっせいに進出する時期にあたりますが、それでも各尾根には、集落が単独に存在するだけです（図37の①の45の判《はん》ノ木山西《きやまにし》遺跡と46の判ノ木山東《ひがし》遺跡は、後者が九兵衛尾根Ⅰ式期、前者が同Ⅱ式期の集落です）。ところが、藤内式期に入ると、各尾根に複数の集落が分布するようになりますが、同一の尾根では集落と集落の間は確実に二キロ以上離して、それらが近接しないように配置されています。しかも、図示はしていませんが、狢沢《むじなざわ》式期と新道式期をはさんで、つぎの藤内式期（図37の②）と井戸尻式期（同③）ばかりか、曽利式期もⅠからⅤ式期のうちのⅡ式期だけをのぞいて、同一の尾根では集落と集落の間を確実に二キロ以上離すという原則が維持されていました（同④）。ただし、曽利Ⅱ式期だけは、前尾根《まえおね》遺跡（同④の17）に近接して前《まえ》沢《ざわ》遺跡（同④の15）、居沢尾根《いざわおね》遺跡（同④の29）に近接して原山《はらやま》遺跡（同④の30）というように、同一の尾根でも集落が一キロ前後に並存してしまうのです。この曽利Ⅱ式期は、第Ⅳ章の4で詳述するように、集落が爆発的増加をみせた中期のなかでも、その絶頂期にあたり、それ以後、集落が衰退することからみても、さまざまな矛盾もまた頂点に達していた時期にあたっています（図60、267ページ）。その曽利Ⅱ式期のわずか一時期のみしか原則がくずされていなかったということは、それだけ集落と集落の間を確実に二キロ以上離すという原則が堅持されていたことを意味しています。

ということは、八ヶ岳西南麓の各尾根に集落がいっせいに進出する九兵衛尾根式期の集落は、同一

井戸尻式期の集落

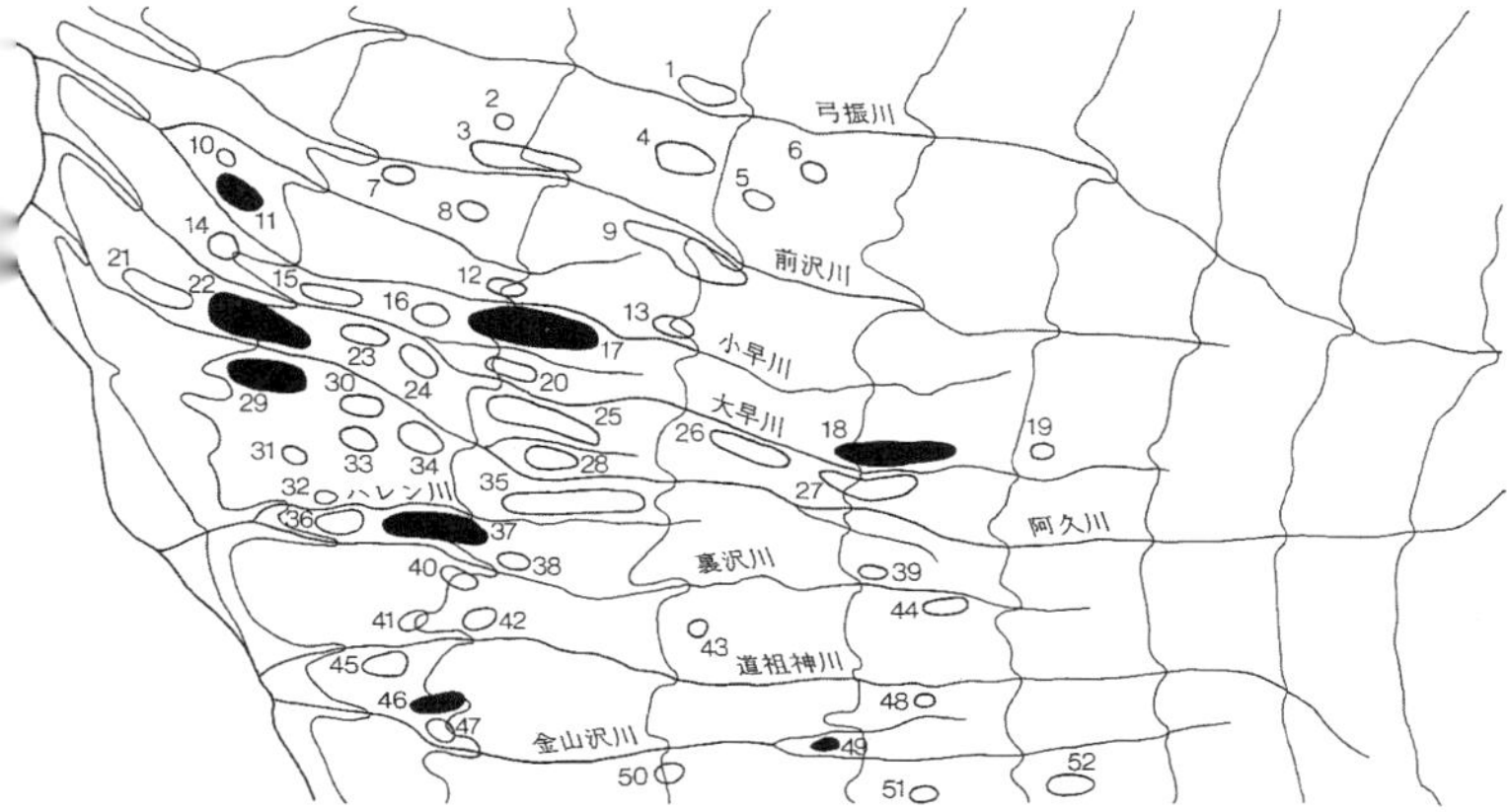

曽利式期の集落（アミは曽利Ⅱ式期）

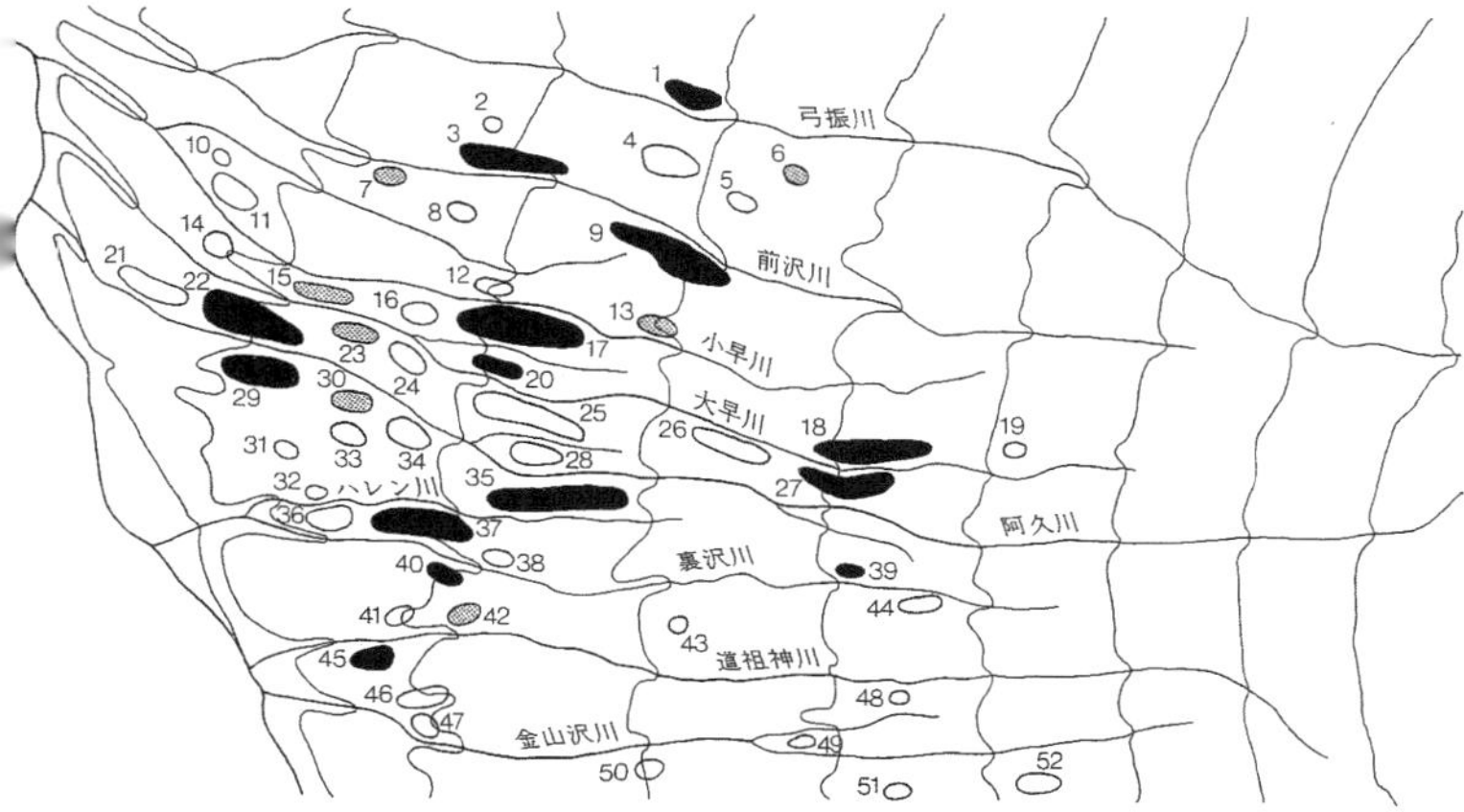

ワナバ、28. 中尾根、29. 居沢尾根、30. 原山、31. 広原日向、32. ヲシキ、33. 宿尻、34. 橡ノ木、35. 家前・久保地尾根、36. 大石、37. 山の神、38. 水掛平、39. 小払沢、40. 姥ヶ原、41. 下原山、42. 下原山南、43. 番飼場、44. 裏の尾根、45. 判ノ木山西、46. 判ノ木山東、47. 金山沢北、48. 古屋敷、49. 堤の尾根、50. 箕手久保、51. 梨の木沢、52. 芝原尾根

①九兵衛尾根式期の集落

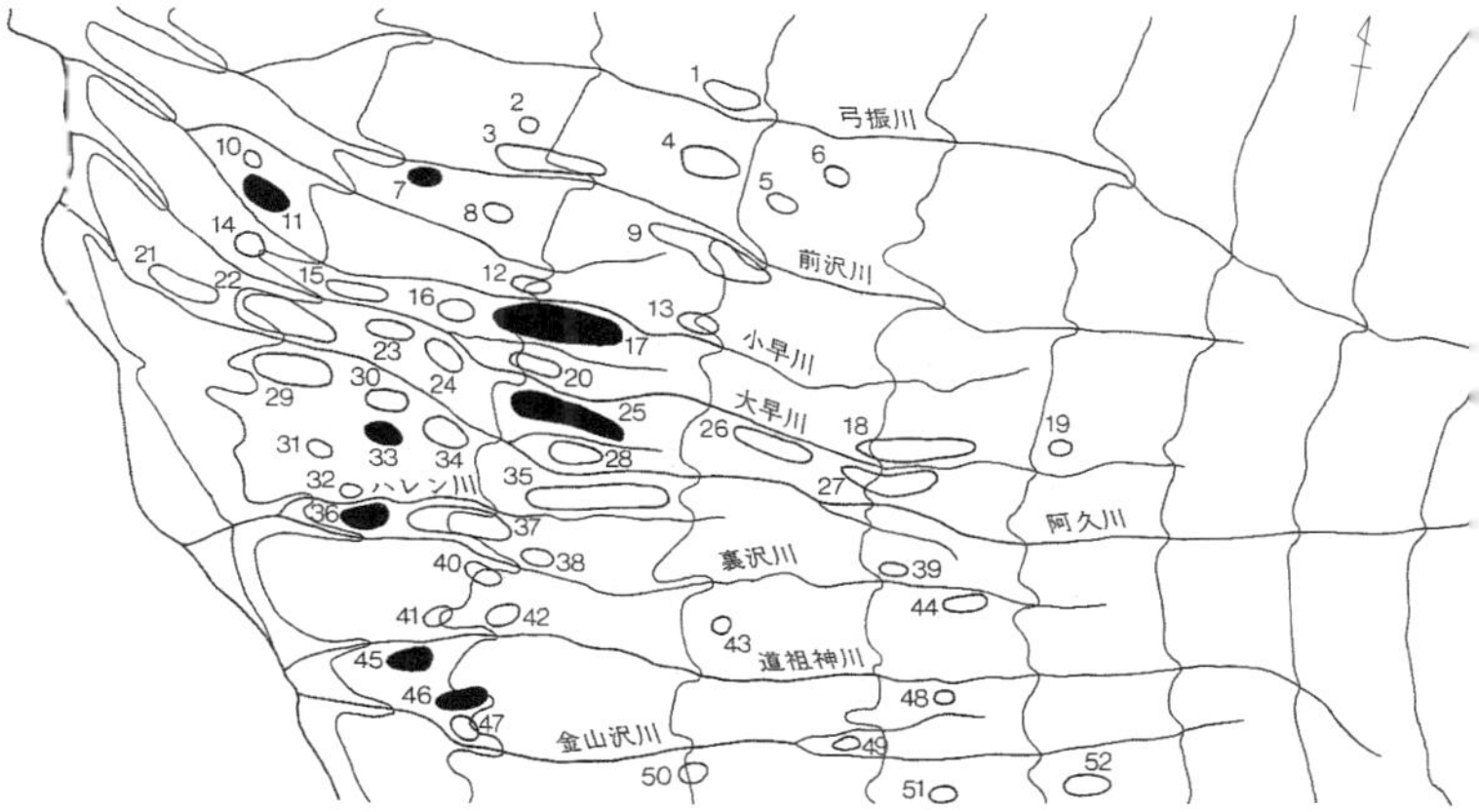

②藤内式期の集落

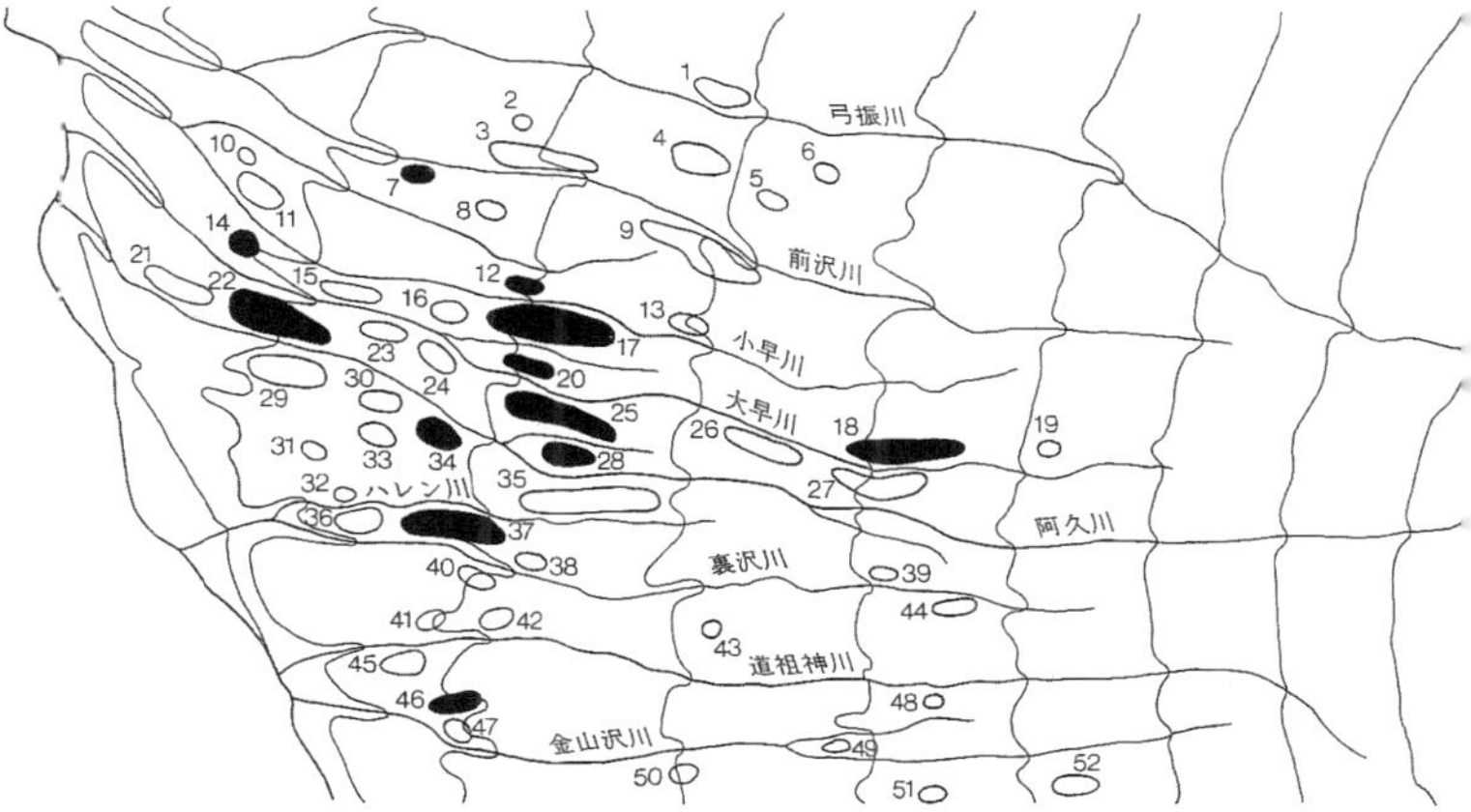

図 37　八ヶ岳西南麓の時期別の集落分布（黒塗りが当該期の集落）

1. 家裏、2. 大悦、3. 大悦南、4. 向尾根、5. 横道下、6. 弓振日向、7. 長峰、8.
9. 恩膳、10. 比丘尼原北、11. 比丘尼原、12. 上居沢尾根、13. 裏尾根、14. 柏
15. 前沢、16. 前尾根西、17. 前尾根、18. 臥竜、19. 中原、20. 清水、21. 阿
22. 阿久、23. 臼ヶ原、24. 南平、25. 雁頭沢、26. 向・南・中尾根、27. 大

の尾根に集落が単独に存在したわけですが、時期をおって各尾根の集落人口が増大し、それにともなって集落を分割しなければならなくなったときには、同一の尾根では、集落と集落の生活領域の境界を明確にする必要から集落を分散して配置したわけです。しかし、谷をはさんだ尾根では、深い谷が視覚的にも生活領域の境界となったために、あえて分散した配置をとる必要がなく、そのために近接した配置をとる集落もあったということです。

　中部高地は、縄文中期に遺跡が爆発的な増加をみせ、なかでも八ヶ岳西南麓は、その増加が著しい地域として知られています。その八ヶ岳西南麓の中期でも、集落ごとにきちっと生活領域が守られていたということは、縄文集落というものが、その時々の生産力や集落が立地する環境などによって、当然、範囲の大小はあったとしても、食料、燃料、建築資材など日常生活に必要な物資を保障する生活領域をもっていたことになります。

　そうした生活領域というのは、どのように機能した領域かということが問題となります。その点では、東京湾岸の海辺の集落であろうと、中部高地のような山辺の集落であろうと、いずれも生活領域が半径二から三キロの範囲という分析結果がでていることに注目する必要があります。というのは、この程度の広さでは、植物採集活動は満足させられても、縄文時代を代表する狩猟獣であったシカやイノシシの行動範囲は、生活領域の範囲にはおさまりません。海辺の集落でも、この生活領域をこえた奥部にも馬蹄形の大型貝塚が存在する（**図38**）ことから、動物質食料をえるための狩猟・漁労活動は、日常の生活領域を含め、さらに広い範囲でおこなわれていたことになります。ということは、集

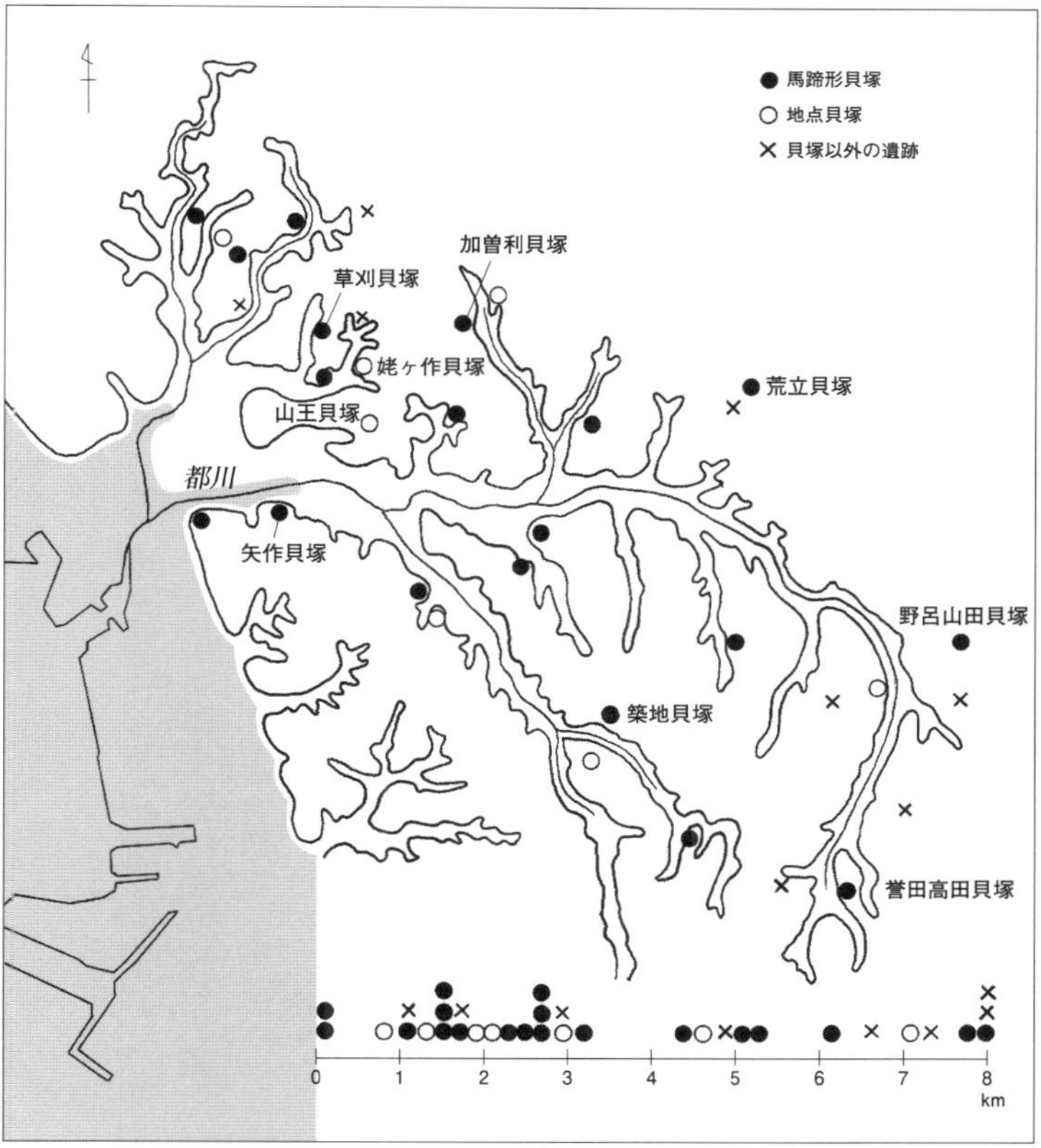

図 38　都川流域の縄文後期の海岸線と遺跡分布

落の生活領域というのは、主に植物採集活動をはじめとする植物資源の独占的利用を保障したものになります。

植物資源は、縄文人が文字どおり主食としていたばかりか、日常生活に不可欠な燃料や建築資材でもあることから、その植物資源を独占的に利用できることこそが、集落での安定した生活を保障したのです。しかも、植物採集活動は、少人数でも十分可能な生業活動であることから、個々の集落での日常の生業活動を考えても、もっとも道理にかない、かつ合理的であったといえます。

◉村落と共同体

貝塚は海との強い結びつきのもとに形成されながら、海に直面しない奥部にも存在することを紹介しましたが、そのことをもう少しくわしくみてみましょう。**図38**は、千葉市の都川《みやこ》流域の縄文後期の遺跡の分布ですが、この図をみて明らかなように、貝塚は臨海部に集中することなく、海岸線から離れた場所にも多く分布しています。しかも、海岸線から直線距離にして二キロ以内の山王《さんのう》貝塚や姥ケ《えびが》作《さく》貝塚などで、集落のなかに部分的に貝塚が点在する、いわゆる地点貝塚しか形成されない集落もあるように、海岸線の近くだからといって大型貝塚が形成されるとは限りません。逆に直線距離で八キロも離れた都川本流の最奥に位置する誉田高田《ほんだたかだ》貝塚では、キサゴやハマグリなど鹹水《かんすい》産の貝類を主体とした一五〇×二〇〇メートルの馬蹄形をした大型貝塚が形成されています。

海とその水産資源が臨海部の集落に独占されていたとすれば、貝塚は臨海部にしか存在しないはずです。それが海岸線から離れた場所にも広く分布し、しかも長期の貝塚でも大型貝塚を形成していれば、安定した水産資源の供給があったということは、海岸線との遠近にかかわりなく、海とその水産資源の利用が基本的に平等に保障されていたことになります。とすれば、漁場である海の入会権《いりあい》は、当然、集落よりも上位の社会組織に帰属していたことになります。

一方、陸上の動植物はというと、植物採集活動は個々の集落が生活領域を独占的に利用していたとしても、縄文時代を代表する狩猟獣であったシカやイノシシの行動範囲を考えると、狩猟活動は日常の生活領域をこえておこなわざるをえないことになります。しかも、前沢類型や向原類型の集落では成人男性の人数が少なく、いくつかの集落の住人が集まって集団猟をせざるをえないことになります。ということは、陸上の狩猟活動も、集落をこえておこなわれていたことになります。そして、狩猟活動をスムーズにおこなうためには、狩猟場となる場所の入会権は、集落よりも上位の社会組織に帰属していたことになります。また、狩猟活動と同様に、漁労活動の場合でも、石川県鳳珠《ほうす》郡能登町の真脇《まわき》遺跡などにみられるイルカ漁、北海道から東北北部の海岸でみられる海獣猟、東日本の河川のサケ・マス漁などのように漁（猟）期が限られ、しかも一度に捕獲した獲物を保存食料とするためには非常に短期

真脇遺跡（中央の湾奥）

間で加工する必要があることから、ここでも、いくつかの集落が集まって集団漁（猟）をおこなわざるをえないことになります。

そうすると縄文時代の社会は、一つの集落が独立した生業活動を営んでいるようにみえても、実際には、いくつかの集落が集まって共同体的な組織をつくっていたことになります。そうした集落を統合するような社会組織を、私は「村落」と定義しています。そして、漁場や狩猟場の入会権が集落よりも上位の社会組織に帰属していたとすれば、それらの入会権を含めた土地の所有が、この村落の共同管理のもとにあったことになります。

このことに関連して、縄文集落の分布を検討していくと、いくつかの集落が視覚的に一つのまとまりをみせるなかで、集落が立地できる条件がありながらも、そのなかに集落が空白となる地帯が存在します。たとえば**図37**でいえば、弓振《ゆみふり》川と前沢《まえざわ》川に開析された尾根と、裏沢《うらさわ》川と道祖神《どうそじん》川に開析された尾根には、縄文中期初頭（九兵衛尾根式期）、前半（藤内式期）、中ごろ（井戸尻式期）というように、長期にわたって集落の空白地帯が存在します。こうした集落の空白地帯と深くて広い沖積低地をもつ河川などの緩衝地帯を組み合わせると、八ケ岳西南麓では、個々の集落の生活領域より上位の二〇から三〇平方キロほどの、いわば共同領域を認識することができます。また、堀越正行も、貝塚が密集する地域として知られる下総台地西端部の市川市を中心とする地域で、集落が立地する条件がありながら、やはり空白地帯があることに注目して、ここでも二〇から三〇平方キロほどの共同領域を認めています。

　このような個々の集落の生活領域をこえた上位の共同領域を認識できるとすれば、これこそが村落が共同管理した領域の範囲と想定できるのではないかと考えています。

◉血縁社会

　集落を統合するような社会組織があったと仮定すれば、縄文時代の婚姻もうまく説明できることになります。前沢類型の集落はたった一家族で構成されています。それから向原類型の集落は、世代深度が三世代ぐらいからなる集落であることから、これらの集落では、当然、集落のなかから嫁や婿をさがすことはできません。また、曽利類型の集落でも、外見上の数ほど同一時期における住居の数は多くはありません。たとえば曽利類型の集落として紹介した俎原遺跡でも、一〇棟以上の住居が同時存在していたという証拠はみいだせないように、一見何十棟、何百棟とあるようにみえる集落でも、同一時期の住居の数は一〇棟から多くても二〇棟前後ということが大半です。たとえば二〇棟からなる集落であったとしても、その構成員のなかから夫婦や老人、未成年の子どもを差し引くと、それこそ結婚適齢者の数は限定されてしまい、集落のなかだけで婚姻関係を維持することは不可能だということになります。つまり縄文時代の婚姻制度は、集落外婚とならざるをえず、近親婚の忌避というインセスト・タブーからいっても、外婚制は当然となります。

　では、外婚制をとるからといって、隣接する集落の間だけで婚姻関係がうまく成立するかというと、否と答えざるをえません。曽利類型の集落といえども、婚姻適齢者は少数であり、ましてや前沢類型や向原類型の集落の存在を考えると、隣接する集落間だけでは恒常的な婚姻関係を維持することができず、複数の集落との間で婚姻関係の網の目をつくる必要があります。しかも、土地の所有が村落の共同管理にあったとすれば、この村落という枠組みが一つの外婚の単位となると、婚姻関係は非常にうまく機能することになります。

このようにみてくると、縄文時代の村落というのは、一つの必然的な社会的要請のもとにつくられた血縁社会だということになります。それは民族学でいえば、おそらく氏族と呼ばれているような、祖先を共通にするという血縁的な結びつき――それは親族的な系譜関係が直接的にたどれるとはかぎらず、一連の系譜関係が記憶され、共通の関係がたどれる伝統的な結びつきが認識される集団関係をも含んでいる――のもとで組織された氏族共同体を想定してほぼ間違いないと考えています。

3 縄文時代の社会組織

◉組織化された社会

千葉市の加曽利《かそり》貝塚から出土した石器の石材が、かなり遠く、かつ広範囲から供給されていたことは、第II章の4で紹介しました（**図29**、143ページ）。考古学の世界で「石無県」と呼ばれる千葉県、とりわけ下総台地には、石器の石材を供給できるような山がなく、河原はもとより、河口にいっても石が転がっているという光景はみられません。

在地に石材を供給する場所がない加曽利貝塚は極端な事例ですが、私がフィールドとしている武蔵野台地の遺跡、たとえば東京都東村山市の下宅部《しもやけべ》遺跡では、供給先が遺跡の付近に産出する在地の石材と、遺跡から離れた非在地の石材とに分けられます。しかも、非在地の石材でも、原産地が限定された良質なものは遠隔地から、原産地があまり限定されないもの、あるいは似通った石材で代替できるものなどは中隔地からというように、その供給の範囲は大きく違っていました（図39）。

石斧の製作地である神奈川県足柄上《あしがらかみ》郡山北《やまきた》町の尾崎《おざき》遺跡では、遺跡の近くを流れる河内《かわち》川の河床から採集された凝灰岩や結晶片岩を利用して、磨製石斧と打製石斧を製作していました。これらの

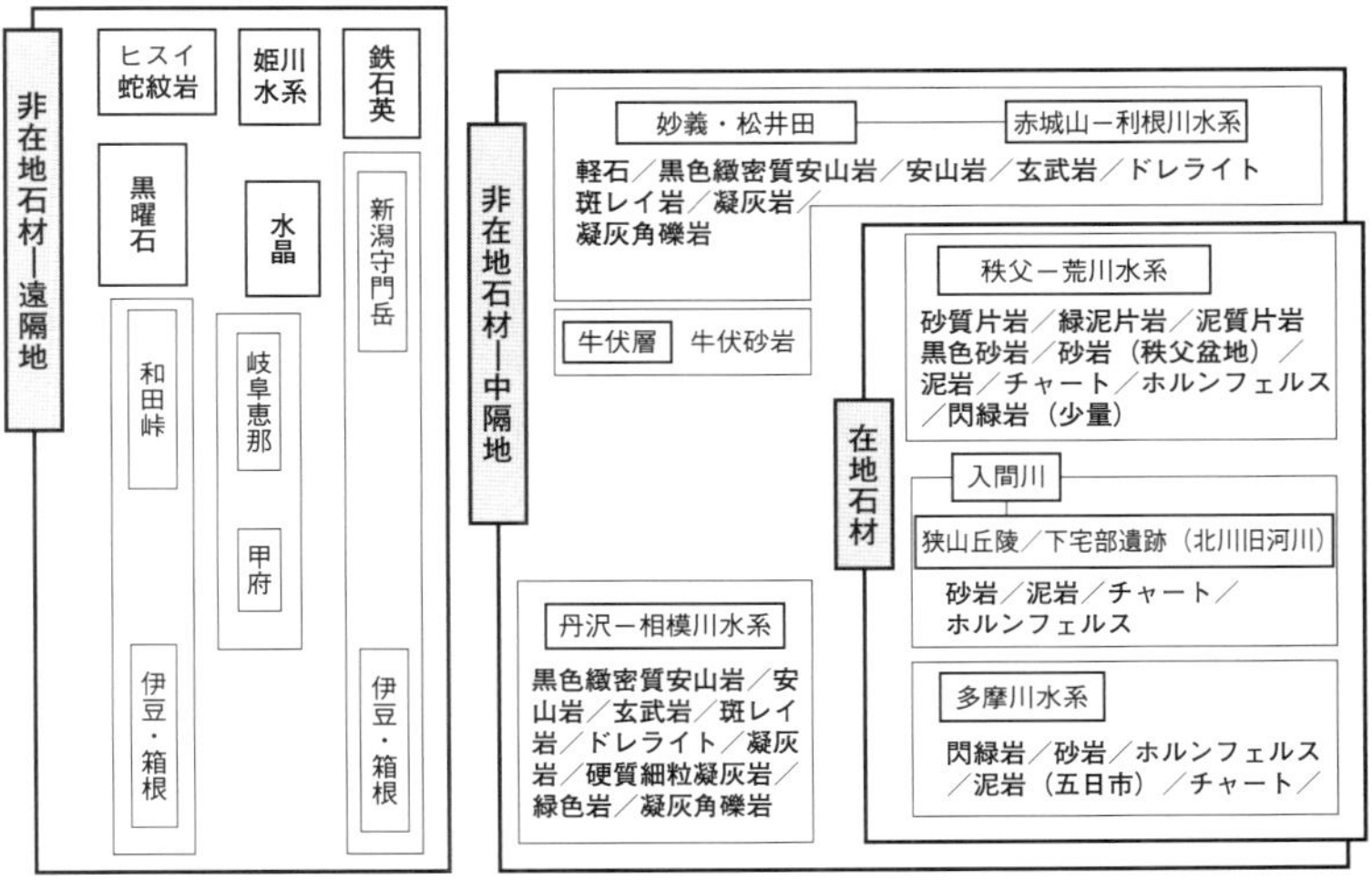

図39　下宅部遺跡出土の石器石材の原産地

石材は必ずしも河内川付近の集落だけで利用されていたものではなく、周辺の集落にも供給されていましたが、その範囲は一つの土器型式圏内にほぼとどまるということです。また、これも石斧の製作地である富山県下新川《しもにいかわ》郡朝日《あさひ》町の境《さかい》A遺跡では、遺跡の眼前に広がる海岸から採集した蛇紋岩を利用して磨製石斧を製作していましたが、この蛇紋岩とそこで製作された石斧は、北陸各県だけではなく、東北から中部、関東地方にまで広く供給されており、その範囲は複数の土器型式圏にまたがっています。一方、利器の石材としてもっとも優れ、かつ良質な霧ヶ峰産の黒曜石は、遠くは北海道南部から近畿地方というように広範囲にわたって供給されています。こうした丹沢《たんざわ》山系の結晶片岩や姫川水系の蛇紋岩について、尾崎遺跡や境A遺跡からみれば、それぞれ在地の石材となりますが、武蔵野台地の遺跡からみれば、結晶片岩は非在地のうちの中隔地、蛇紋岩は遠隔地、当然、黒曜石も遠隔地の石材ということになります。

このように、石器の石材を一つとっても、縄文人は広範囲で、かつ遠隔地の集団との間で、物資の流通や情報などの交換をおこなっていました。さて、これらは集落ごとに個別におこなわれていたとか、あるいは集落と集落の間を物々交換されながら広がっていったというように、単純な構造のものであったのでしょうか。そこで注目されるのは、前述した尾崎遺跡と境A遺跡という二つの石斧製作地のあり方です。

尾崎遺跡では、集落の需要をこえた磨製石斧を製作し、それらがほかの集団に供給されていったと考えられていますが、出土した磨製石器とその未成品は約四六〇点にとどまっています。一方の境A

遺跡はというと、磨製石器とその未成品は三万点以上という膨大な数にのぼっています。石材およびその製品の供給された範囲をみると、尾崎遺跡の場合には、ほぼ一土器型式圏にとどまっていたのに対して、境A遺跡の場合には、複数の土器型式圏にまたがって供給されていたわけです。ということは、二つの遺跡の磨製石斧の製作量の違いは、それぞれ供給された範囲の集団の需要に見合った磨製石斧が製作されていたことを物語っており、それは物資の交流や情報の交換などが、すでに組織化されていたことを反映しています。

さらに、長野県小県郡長和町の鷹山遺跡群などで発見されている縄文時代の大規模な黒曜石採掘跡は、境A遺跡などの石器製作とはまた違って、かなりの労働力を集中する必要があって、ここでの黒曜石の採掘は、一つの村落というような限られた地域の集団の手になるものではなく、たとえば関東地方を結ぶような黒曜石流通網のもとで、計画的・組織的におこなわれたと想定されます。

このようにみてくると、縄文時代の社会では、移動する物資の流通・配布は集落ごとに個別におこなっていたのではなく、そうした流通・配布の仕組みを集落の上位の社会組織である村落が握り、その村落が主体となって、ほかの村落との折衝や情報の交換をおこなうなど、複雑で高度に組織化されていたことがわかります。だからこそ、縄文人が必要とする多種類の物資が、広範囲で、

境A遺跡出土の磨製石斧と砥石

かつ遠隔地のものも含めて、集落ごとに安定的に供給されていたのです。

◉環状集落と環状列石の役割

縄文時代は、集落を日常的な生産と消費の場としていながらも、集落を統合する上位の社会組織である村落が、移動する物資の流通・配布の仕組みを握り、その村落が主体となって、ほかの村落との折衝や情報交換をおこなっていたとすれば、集落での日々の日常的な営みとは別に、共同体という意識のもとに結ばれた村落での営みがあったことになります。そうした村落での営みは、なかなか考古資料では解き明かすことは困難ですが、じつは前述した集落類型のなかに一つの手がかりがあるように思います。

というのは、八ヶ岳西南麓で認められたような村落というのは、等質な規模の集落が集まっていたわけではなく、一棟の住居からなる前沢類型の集落や三棟前後の集落からなる向原類型の集落、それに住居群がいくつかまとまる複数のグループからなる曽利類型の集落が組み合わさって、一つの村落が構成されていました。そのうち曽利類型の集落は、環状集落という形態をとるといいましたが、この環状集落は中央の広場に埋葬施設のほかに、祭祀的な施設、貯蔵施設、屋外の共同調理施設などをともない、この中央の広場が各種の行事や祭祀、共同作業の場として、集団が共同生活を営むためにはなくてはならない必須の場となっていました。そして、村落では、曽利類型の集落が中心となって、その周囲に前原類型や向原類型が組み合わさるという構成をとることから、曽利類型の集落こそが村落の中核の役割をはたしていたことになります。

ということは、曽利類型の集落における中央の広場というのは、ただたんにその集落の構成員が結集する場となっただけでなく、村落の全構成員が結集する場の役割をもあわせもっていたことになります。なお、村落によっては、曽利類型の集落が複数を含む例もありますが、その場合には、必ず拠点となる大型の環状集落があって、そこではたんに居住域だけでなく、中央の広場の祭祀的空間にも大きな格差がみられることから、この拠点となる大型の環状集落が村落の中核の役割を担っていたと考えられます。

縄文時代の村落での営みを考察するもう一つの手がかりは、とくに一九七〇年代からの大規模開発にともなう遺跡の発掘調査にともなって、発見例が増加してきた大型遺構です。その一つである環状列石の発見は、じつは意外と古くて、明治時代も前半期にさかのぼります。一八八六年に北海道小樽市の忍路《おしょろ》で、高さ一メートルほどの石が直径約三〇メートルの環状にめぐっているのが発見され、イギリスなどヨーロッパのストーン・サークルにちなんで環状石籬《せきり》（環状列石）と呼ばれました。その後も、深川《ふかがわ》市の音江《おとえ》遺跡など北海道各地で類似の遺構が発見されましたが、これらの環状列石が人びとの間に強烈に印象づけられたのは、終戦直後におこなわれた秋田県鹿角市の大湯《おおゆ》遺跡の発掘調査です。

大湯遺跡が発見されたのは一九三一年のことですが、一九五一年と五二年に文化財保護委員会（現文化庁）と秋田県教育委員会が主体となって、本格的な学術調査を実施しました。この大湯遺跡で中核をなすのは、約一三〇メートルの距離をおいて東西に対峙する万座《まんざ》と野中堂《のなかどう》と呼ばれる二つの環状列石です。万座では四八基の組石、野中堂では四四基の組石が、ともにいくつかの群を構成しながら、全体として外帯と内帯の二重の同心円状に配置されていることが明らかとなりました（図40の下）。それぞれの組石の下からは墓坑がみつかったことから、この遺構の全体が縄文後期の共同墓地と考えられたのです。

一九八四年からはじまった環状列石の周辺の確認調査では、外帯の配石のさらに外側に掘立柱建物跡群がめぐっていることが明らかとなり、これらは墓地に付随した葬送・儀礼にかかわる施設ではないかと想定されています（図40の上）。そして、環状列石の周辺には、数棟の竪穴住居跡しか確認できず、万座の北一〇〇メートルの位置から確認された竪穴住居跡を含めても、大湯の環状列石には、大規模な集落が存在しないという、注目すべき調査結果が明らかとなったのです。つまり万座と野中堂の環状列石は、一つの集落だけで営まれたものではなく、調査者の秋元信夫《のぶお》も指摘するように、周囲に点在する複数の集落の人びとによって営まれた共同の葬送・儀礼の場であったということです。

こうした大型の環状列石は、後期から晩期前半の東日本に盛行しますが、その契機となる遺跡として注目されるのが岩手県二戸《にのへ》郡一戸《いちのへ》町の御所野《ごしょの》遺跡です。御所野遺跡は、中期中ごろから集落が本格的に営まれ、中期後半に入ると集落が大型化します。そして中期末には、それまで住居がつくられな

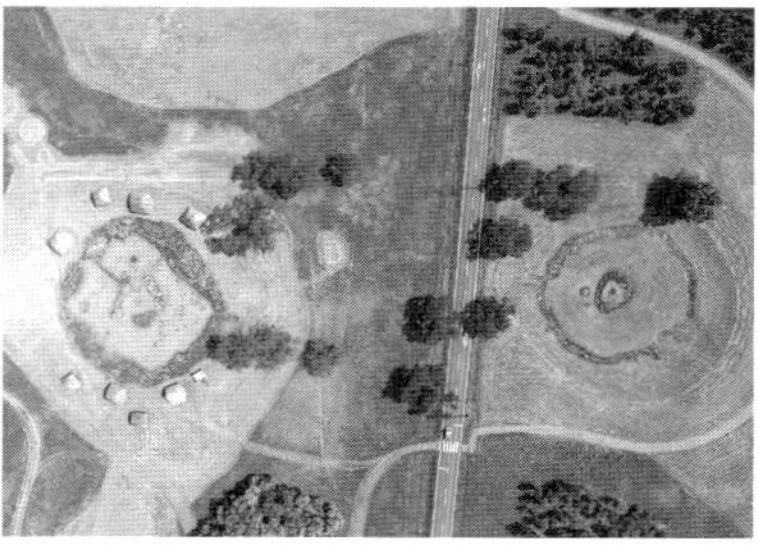

大湯遺跡の万座と野中堂環状列石

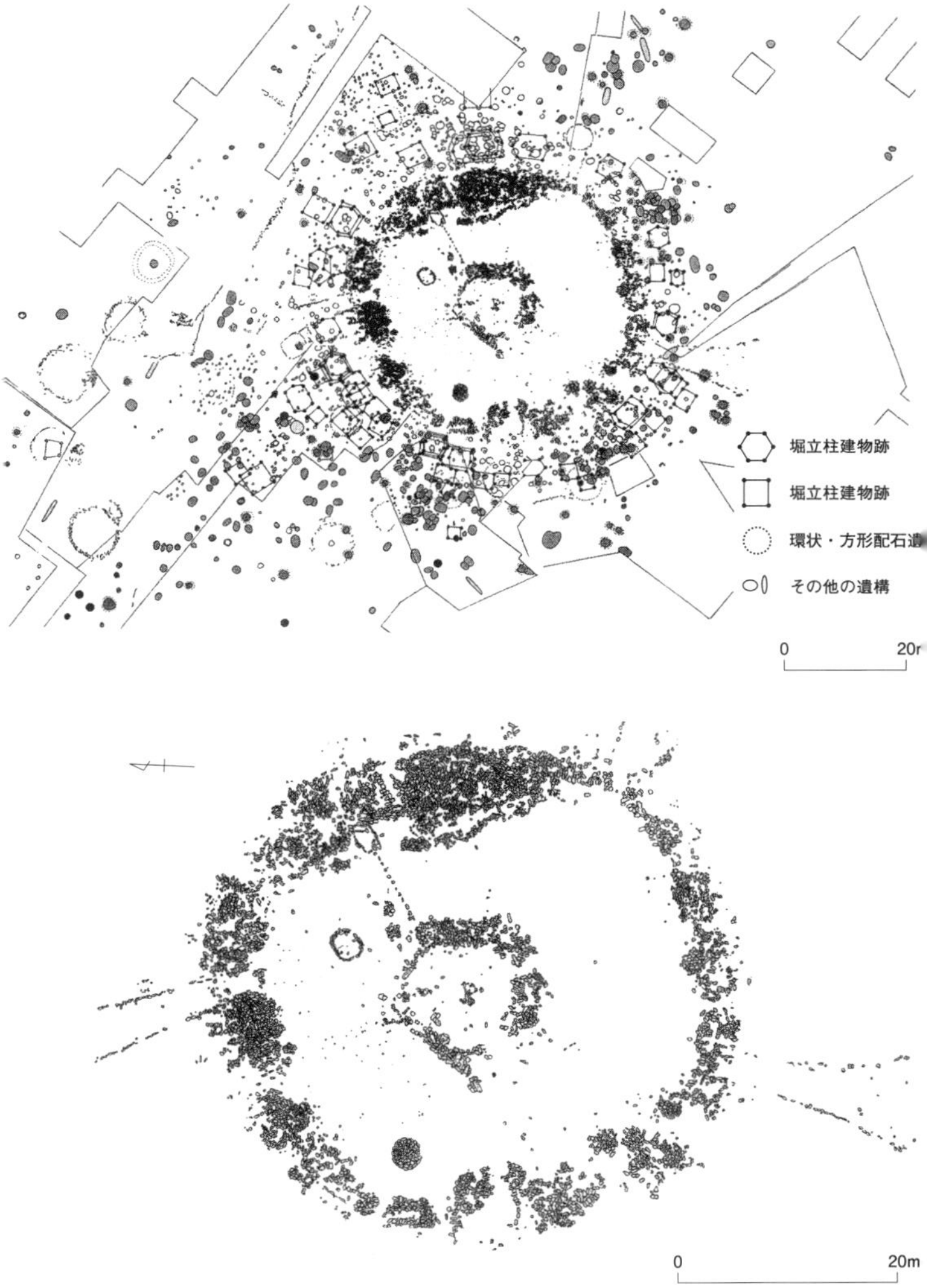

図 40　万座環状列石（下）**と周辺の遺構配置**（上）

かった場所にもつくられるようになるというように、遺跡のなかで集落が分散化する傾向をみせます。さらに遺跡内だけでなく、周辺の田中《たなか》遺跡や大平《おおだいら》遺跡、子守《こもり》遺跡などにも集落が分散化します。つまり集落が分散化の傾向を強める中期末に、その中心となる御所野遺跡の集落の中央には、それぞれ分散した集落を一つにまとめる役割をはたすかのように、環状列石がつくられたのです。

縄文中期の東日本では、第Ⅳ章で詳述しますが、遺跡数が増加し、各地で環状集落に象徴される大型の集落が営まれますが、しだいに人口の増加による食料資源の枯渇という問題が生じていました。そして、それに拍車をかけるように、中期後半に気候が冷涼で湿潤な環境に悪化してしまうことから、中期末には、各地で大型の集落が衰退化の傾向をみせ、後期になると環状集落が解体し、小型・分散化が進みます。

このように、縄文社会が矛盾をきたしはじめた中期末に、御所野遺跡にみられるように環状列石がつくられ、集落の小型・分散化が進む後期になると、それに対応するように、大湯遺跡に代表されるように、大型の環状列石がつくられるようになったのです。つまり集落を小型・分散化して生活するようになった人びとは、環状集落のかわりに環状列石をつくり、その環状列石で複数の集落が共同して葬送・儀礼を営むという行為をとおして、氏族としての結束を高め、村落の維持をはかったのです。

◉阿久遺跡の巨大な配石遺構

訪郡原村の阿久《あきゅう》遺跡です。中央自動車道の建設にともなう事前調査として、一九七五から七八年に調査された阿久遺跡からは、縄文前期の環状にめぐる集落が発掘されました。圧巻であったのは、集落の内側から大小三〇万個にもおよぶ集石群が幅約三〇メートル、径約九〇から一二〇メートルの環状にめぐって発見されたことです（**図41**）。この環状の集石群は、七七三基の墓坑と二七一基の集石からなるが、未調査区が半分以上残されていることから、その数は二倍以上になるものと想定されています。そして、墓抗群と集石群の中心からは、立石と列石が発見されました。

立石に使われた石は長さ約一二〇セン

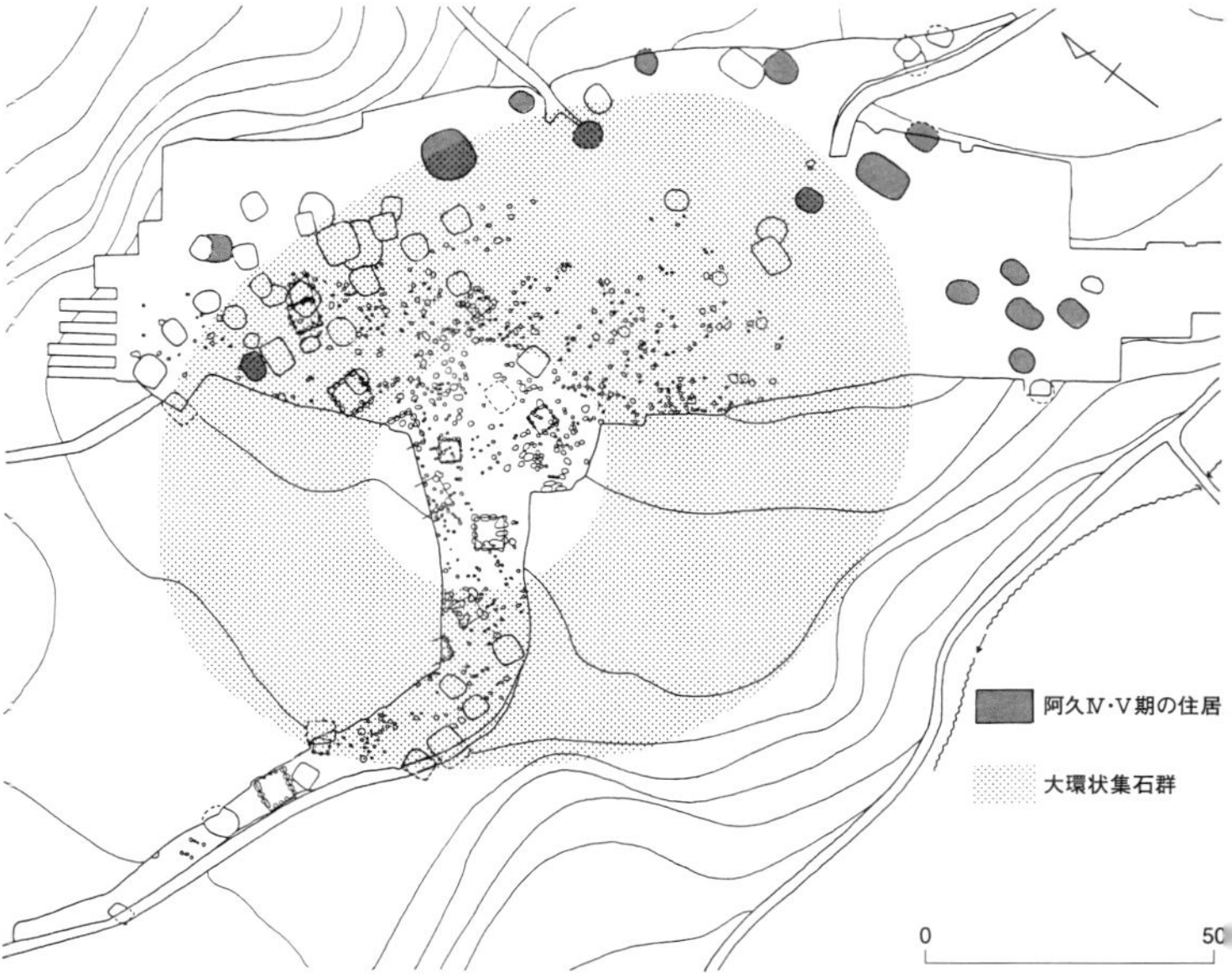

図41　阿久遺跡の集落と巨大な配石遺構

チ、厚さ約三〇センチからなる角柱状の花崗閃緑《かこうせんりょく》岩で、この岩石は遺跡の周辺には産出しないもので、少なくとも十数キロ離れた諏訪湖盆地周辺から運ばれてきたものです。また、立石の周囲の土は激しく焼けていて、立石自体にも前面に火熱をうけた痕跡が著しいことから、ここで一種の火祭りのような祭祀がおこなわれたと思われます。一方、列石はというと、八個の板状の安山岩が二枚一組になるように等間隔に、全長約五メートルに並列して立てられ、その延長線上にみごとに秀麗な蓼科《たてしな》山を望むことができたのです。

　阿久遺跡の集落は、前期初頭から前期末のⅠ期からⅦ期に区分され、そのうち環状集石群がつくられたのはⅣ期とⅤ期で、土器の編年で諸磯《もろいそ》a式と諸磯b式土器の時期に相当します。検出された墓坑と集石は、それぞれ七七三基と二七一基となることは前述しましたが、それらがつくられた時期の竪穴住居跡はわずかに一五棟しかなく、墓抗などとくらべて住居の数が極端に少ないことがわかります。ということは、阿久遺跡の環状集石群も、大湯遺跡の環状列石と同じように、一つの集落だけで営まれたものではなく、複数の集落の人びとによって営まれた共同の葬送・儀礼の場であったということになります。

阿久遺跡の環状集石群

　この阿久遺跡の前期の環状集石群が、配石遺構としては現在のところもっとも古いもので、中期末の西日本でも発見例が増えてきています。これらの配石遺構は、それぞれ複雑な構造をもちながらも、基本的に共通することは、明確な円形プランという企画性をもって、環状に配列されていることです。それは個々の墓やそれにともなう施設を勝手気ままにつくったのではなく、一定の社会的な規範にしたがってつくったことをうかがわせます。しかも、大湯遺跡や阿久遺跡などの大型の配石遺構は、一つの集落をこえた周辺のいくつかの集落の共同利用であることを考えれば、それらは集落を統合する上位の社会組織である村落の共同利用のもとにつくられたものであるといえます。

◉巨大な木柱遺構

環状列石とともに、縄文時代を代表する大型遺構に巨大な木柱遺構があります。一躍有名にしたのは青森市の三内丸山遺跡で、一九九四年の夏、直径一メートル近いクリの巨大な柱の根元が六本、それも一間×二間に整然と配置されているのが発見され、耳目を集めたことは記憶に新しいことです（**図42**）。三内

図42　三内丸山遺跡の巨大木柱遺構とその出土状況

丸山遺跡の木柱遺構は中期のものですが、群馬県利根《とね》郡みなかみ町の矢瀬《やぜ》遺跡からは、後期後半から晩期の半分に截《た》ち割られた直径四〇から五〇センチの木柱四本、あるいは六本が約五メートルの方形に立て並べているのが発見されました。また、柱根は残っていないものの、方形に巨大な柱穴が並ぶものとしては、前期の阿久遺跡（図41）をはじめとして、東日本の各地から発見されています。

一方、円形に並ぶ巨大な木柱遺構としては、石川県金沢市のチカモリ遺跡が有名です。発見された後期から晩期の総数は三四七本、そのうち直径五〇センチ以上の二三本の巨大なものは、集落の中央広場付近に八から一〇本が組になって、直径約六から八メートルの円形に規則正しく立て並べられていました（図43）。しかも、半分に断ち割られた面は、すべてが外にむけられていたばかりか、一角にはU字形に削られた木柱が、あたかも出入り口を示しているかのように、弧面をむきあわせて立てられていたのです。

その後、石川県鳳珠郡能登町の真脇《まわき》遺跡からも、チカモリ遺跡を彷彿させる晩期の巨大な木柱遺構が発見されました。また、かつて発掘された遺構の資料を検討した結果、新潟県糸魚川市の寺地《てらじ》遺跡（晩期）や富山県南砺《なんと》市の井口《いのくち》遺跡（後期末から晩期）など北陸地方のいくつかの遺跡でも、同様の木柱遺構があったことが明らかとなったのです。

こうした方形や円形の巨大な木柱遺構には、上屋《うわや》があったかどうかが問題となっています。仮に上屋があったとしても、このような大型の建造物は、どこの集落にもあったというわけではなく、拠点となるような大型の環状集落に構築されていたのです。

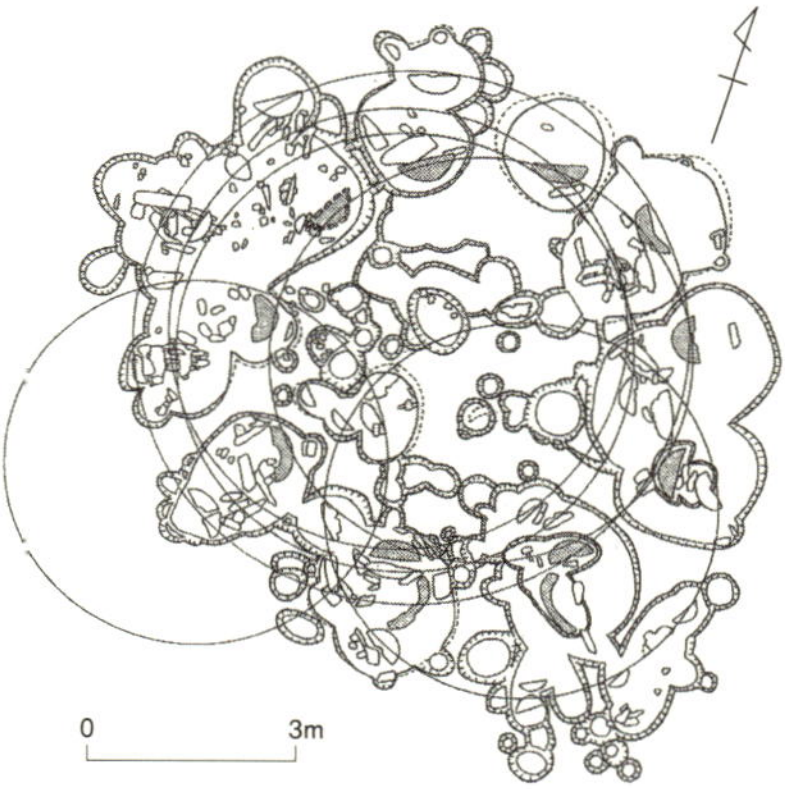

チカモリ遺跡の巨大木柱遺構

① クリ材の半截

② 半截材の曳きだし

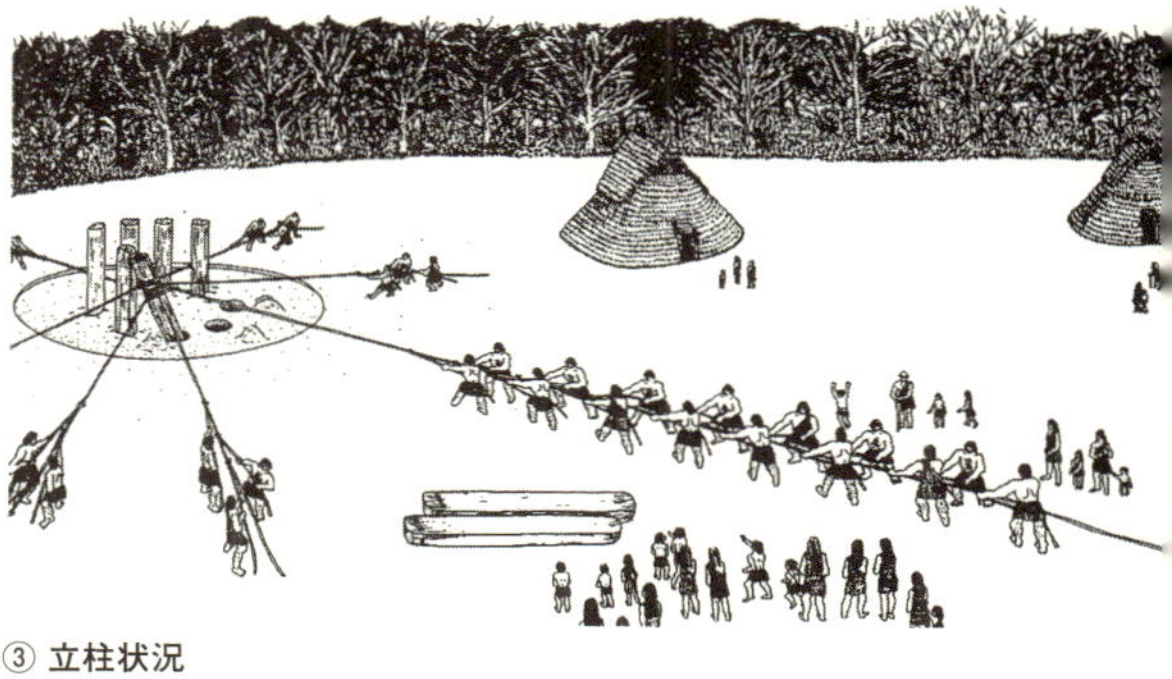

③ 立柱状況

図 43　チカモリ遺跡の巨大木柱遺構とその想像図

◉大型遺構に投じられたエネルギー

縄文時代の巨大な木柱に使われた木材は、その大半がクリ材です。クリ材は、かつて鉄道の枕木に使われたように、堅くて耐久性に優れています。この堅いクリ材を石斧で伐採し、整形し、緊縛のための細部加工をし、さらに運搬し建立するという一連の行為には、大勢の人手が必要です。事実、三内丸山遺跡やチカモリ遺跡の巨大な木柱は、推定復元すると重さ一トンをこえるといいます。この重い木材を一本運ぶだけでも、成人男性二〇人以上の人手が必要です。それを四本から六本、あるいは一〇本も建立するということになると、それだけでも大勢の人手が必要なことはいうまでもなく、一つや二つの集落だけではとても手に負えるものではありません。周辺の集落から人びとが集って、巨大な木柱を建立したことは確かです(図43)。

古い共同体による巨木信仰の面影を残すものとして、よく引き合いにだされるのが長野県諏訪大社の御柱祭《おんばしらさい》です。この祭は申《さる》と寅《とら》の年、つまり七年ごとにおこなわれる諏訪地方最大の祭事です。祭は上社《かみしゃ》本宮と前宮《まえみや》、下社《しもしゃ》春宮と秋宮にそれぞれ四本ずつ計一六本の御柱とする生木を選定する仮見立てからスタートします。翌年には、正式の決定をする本見立てをし、三年目には、いよいよクライマックスとなる樅の巨木の伐採と山だしから崖を曳き落とす「木落とし」、宮川の水で清める「川渡し」などをへて、最後に社殿前の所定の位置に建立する「曳き立て」で勇壮な祭事を終了します。御柱は、大きいものでは直径約九〇センチ、長さ一五メートルをこえ、その推定重量は八トンにもなるといいます。そして、一本の御柱の山だしだけでも、八部落から八〇〇人が参加したという記録があるように、御柱祭は諏訪郡内の氏子が総出の祭事であって、この地方最大の晴（ハレ）の行事となっています。

この御柱祭は、諏訪大社という神道の祭事であり、それをはるか縄文時代、しかも社会構成の違う時代の人びとが残した遺構と、ただちにくらべることはもちろんできません。しかし、巨木の山だしから建立までに投じられる人手とそのエネルギーは、縄文時代もそうであったでしょうし、何よりも祭事をとおして、一つの共同体という意識のもとに人びとを結びつける重要な役割をはたしたということでは相通じるものがあります。

縄文時代は、集落を日常的な生産と消費の場としながらも、集落を統合する上位の社会組織である村落が、移動する物資の流通・配布の仕組みを握り、集落間の利害の調整や折衝の権限をもっていたということは前述しました。また、漁場や狩猟場などの入会権を含めた土地の所有は、村落の共同管理のもとにありました。さらに、真脇遺跡など能登の遺跡でみられるイルカ漁、北海道から東北北部の海岸でみられる海獣猟、あるいは東日本の河川のサケ・マス漁などのように、漁・猟期が限られ、しかも、一度に大量に捕獲された獲物を加工するためには、当然、村落をあげての共同労働や共同作業が必要だったのです。

こうした村落での土地の共同管理と諸種の活動に労働力を集中し、かつそれらが円滑に運営されるためには、なによりも村落の構成員を一つの共同体という意識のもとに結びつける必要があるわけで、巨大な配石遺構や木柱遺構に投じられた人手とエネルギーこそは、日常的には交流する機会が少ない村落のすべての構成員を結びつける、いわば結節点の役割をはたしたハレの場所（施設）であったのです。

◉縄文時代の社会構成

縄文時代の村落における社会的結合の仕組みである社会組織を基本的にささえていたのは、祖先を共通にするという血縁的な結びつきで、それは親族的な系譜関係が直接的にたどれるとは限らず、一連の系譜関係が記憶され、共通の関係がたどれる伝統的な結びつきが認識される集団関係であって、民族学でいう氏族に相当します。そして、村落の構成員は氏族の一員として、生涯のあいだにさまざまな通過儀礼をともないますが、その最後で、かつもっとも厳粛におこなわれるのが死の儀礼です。縄文時代のハレの場所の中心となる広場には、必ず墓域がともなうのも、そのような理由からです。大湯遺跡などの巨大な配石遺構にみられるような墓地とそれに付随した葬送・儀礼にかかわる施設を営むには、巨大な木柱遺構と同様に大勢の人手とエネルギーを集中する必要がありますが、そうした死の儀礼に費やされるエネルギーこそは、村落の構成員が祖先を共通にするという血縁的な結びつきを確認し、その氏族としての結束を強める役割をはたすことになったのです。

では、集落とその上位の社会組織である村落で、縄文時代の社会は成り立っていたかというと、もう少し複雑な社会であったと思います。というのは、何回も紹介しているように、縄文人の生産と消費に不可欠な石器の素材を一つとっても、一つの村落の範囲ではまかないきれないものを、多方面から入手していました。たとえば三内丸山遺跡では、原産地が限定され、しかも、ほかのものでは代替できない、それだけに縄文人にとっては貴重ともいえる翡翠、琥珀、天然アスファルト、黒曜石がそろって出土しています。とくに翡翠は約四六〇グラムもある大珠《たいしゅ》と呼ばれる大型の完成品だけでなく、原石や加工途中の未成品も出土しており、新潟県の姫川・青海川産の翡翠が運びこまれて、ここで加工されていたと考えられています。また、黒曜石では、在地産のものに混じって、北海道産の良質な黒曜石が出土していますが、在地産で作られた石器は小型品が多いのに、北海道産のそれは約一〇から一五センチの長さをもつ大型品に限られるといいます。それだけに、北海道産の黒曜石は、貴重な物資であったことがわかります。この三内丸山遺跡にみられるように、縄文人は集落や上位の社会組織である村落をこえて、物資の流通や情報の交換をおこなっていたわけです。

そうした村落をこえた社会の枠組みというのは、村落を構成する氏族と氏族との間の婚姻関係の網の目を広げることによって組織された社会、民族学でいうところの部族ではないかと想定しています。その部族は、考古資料としてどのようにとらえられるか

加曽利E式土器
（東京都自由学園南遺跡）

曽利式土器
（長野県曽利遺跡）

唐草文土器
（長野県床尾中央遺跡）

というと、たとえば縄文中期でいえば、南関東地方の加曽利E式土器、甲信地方の曽利式土器、あるいは伊那谷地方の唐草文《からくさもん》土器などと呼ばれる共通の土器型式圏こそが、部族の社会的表現だったのではないかと考えています。

4 身分階層などのない社会

◉首長制社会とは

前節でみてきたように、縄文時代が高度に組織化された社会であることが明らかになってから、その組織を指揮する首長層ないし貴族層などの身分階層があったとの主張が登場してきました。たとえば縄文時代研究の第一人者である小林達雄は、漁労を主たる生業としたアメリカ北西海岸のインディアンの社会に奴隷がいたことを参考にして、福岡県遠賀《おんが》郡芦屋《あしや》町の山鹿《やまが》貝塚で二〇枚をこえる貝輪をはめた女性（図44）をはじめとして、文様を彫刻した鹿角《ろっかく》製の腰飾り（図56の1・2、256ページ）をつけた男性など高い身分層を示すと思われる例が共同墓地のなかにみられることから、縄文社会に身分階層があって、ことによると邪馬台国の女王の卑弥呼が魏王に献上した生口《せいこう》は、弥生時代に唐突に出現した奴隷層ではなく、その一部の出自は遠く縄文時代からつづいた下層の人びとと考えました。また、

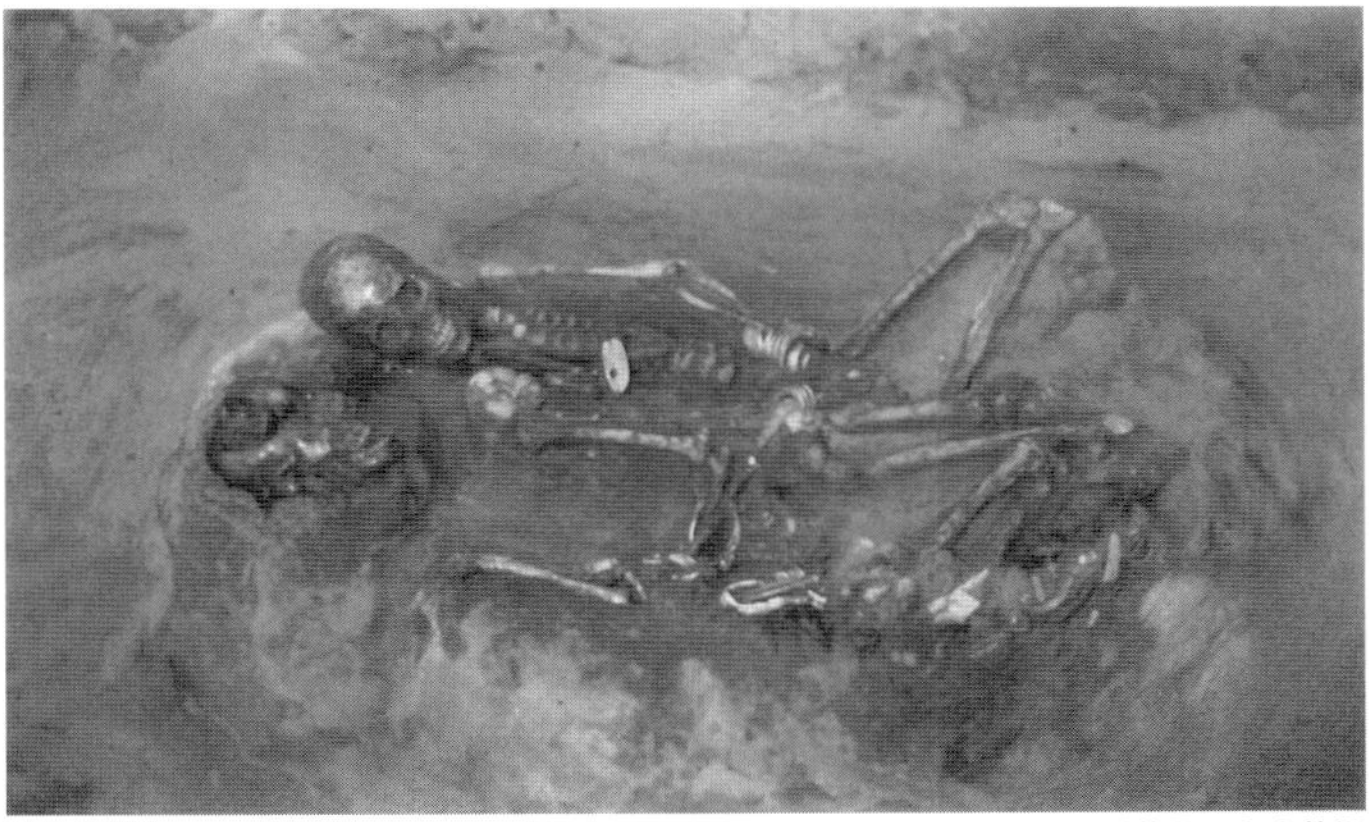

副葬品の出土状況

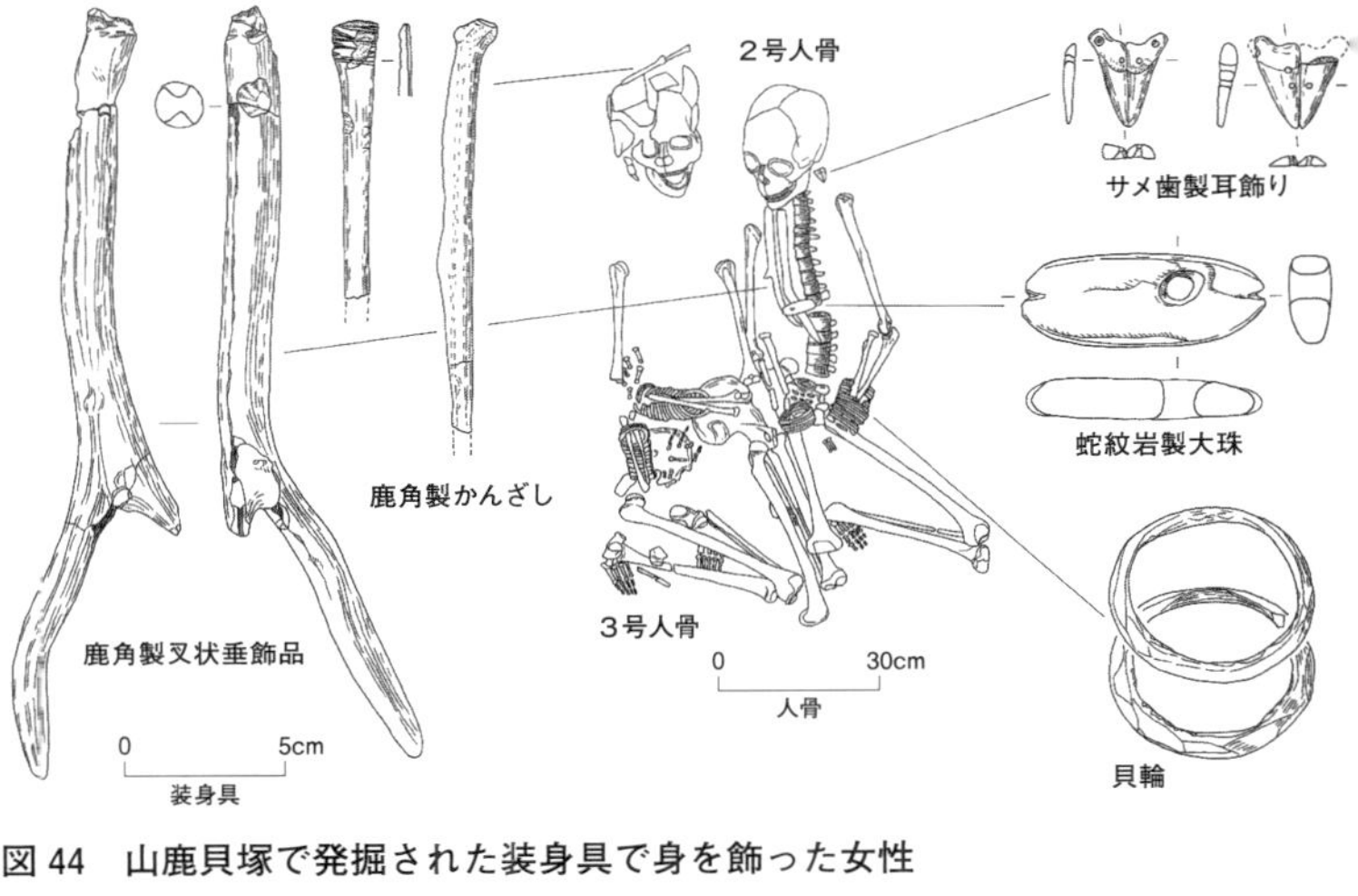

図 44　山鹿貝塚で発掘された装身具で身を飾った女性

新進化主義学説をリードしたサーヴィス（Elman R. Service）が社会進化の諸段階として、バンド社会、部族社会、首長制社会、国家社会、産業社会という五段階説を唱えましたが、そのうちの首長制社会を縄文時代に想定する研究者が増えてきており、前述した小林の考えも、この範疇に入るものといえます。

サーヴィスのいう首長制社会（chiefdoms）とは、バンド社会と部族社会という性や年齢にもとづくもののほかは経済的な分化などがみられない平等主義的な氏族制社会から、いきなり階級的な政治社会である国家が成立するのではなく、氏族制社会と国家社会の間に、それらとは質的に違う社会進化の段階として、世界の民族誌の実例をもとに設定したものです。その首長制社会の特徴は、一般成員と区別される首長ないし貴族層が、社会内の経済、政治、宗教活動などを統括する機能をはたしており、そうした首長ないし貴族層は、特定の出自集団が世襲しているというものです。社会の経済基盤は、部族社会よりも高い生産力と、それにともなう余剰が存在することと、そうした余剰が首長のもとにいったん貢納された後に、公共事業や祭祀への参加、首長たちへの奉仕の見返りなどという形で、一般成員に再分配されます。この再分配の行為によって、首長たちの威信と一般成員からの支持が期待でき、それにより部族社会よりも高次の社会統合と組織化が可能となりますが、国家のような政治機関はもたない社会と説明しています。

サーヴィスの首長制社会は、その後さまざまな批判をうけますが、その多くは首長制社会にも多様な差違があるということで、たとえばアール（Timothy K. Earle）は、単純首長制（simple chiefdoms）と複雑首長制（complex chiefdoms）と類型化して、サーヴィスの単純で模式的な首長制に対して、多様性をもった首長制モデルを提唱しました。しかし、サーヴィスの首長制社会の定義は、平等社会と階級社会である国家の中間に、ある種の階層社会を位置づけたということでは今でも有用な概念で、また縄文時代の社会を考えるにあたっては、サーヴィスの模式的な定義の方がより有効でしょう。

◉階層社会と階級社会

階層社会と階級社会、平等と不平等という言葉は何を示しているのでしょうか。

国家の本質を理解するのに、今日でも不可欠な古典にエンゲルス（Friedrich Engels）の『家族、私有財産および国家の起源』（Der Ursprung der Familie, des Privateigenthums und des Staats, 1891. 戸原四郎訳『家族・私有財産・国家の起源』岩波書店、一九六五年。以下、『起源』）があります。エンゲルスが『起源』を著したのは一八九一年のことで、今から一二〇年以上も前のことになります。当然、文化人類学や民族学は発展途上で、考古学などはいまだ独自の方法論を確立していませんので、考古学のデータを社会発展や国家論に活用できる段階にはいたっていないことから、『起源』に事実誤認や修正すべき箇所が多々あります。しかし、『起源』が、①血縁によらない領域（地縁）による国民の区分、②住民自らの武装とは異なる公権力としての軍事組織、③公権力を維持するための租税、④公権力と徴税権を掌握して社会の上に立つ官吏、の四つを国家の指標として明確に示したことは国家の本質を理解するために重要です。また、そうした国家というものが、外部から社会に押しつけられたものではなく、一定の発展段階にある社会の産物で、それは経済的に支配する階級が被支配階級を抑圧し、搾取する機関として機能するという、国家のもつ本質を歴史的、かつ論理的に解明したことも重要です。この『起源』が明らかにした国家の本質を、あらためて『起源』の文脈と関連づけながら今日的な視点で整理してみると、つぎのようになります。

第一に、国家は、社会発展のある段階に成立した歴史的所産であること。

第二に、国家の成立以前の人類社会には、どこにおいても家族や親族などの血縁を帰属原理とする平等主義社会が存在したこと。

第三に、国家の成立は、階級の対立が平等主義社会を崩壊させ、社会が経済的に支配する階級と被支配階級とに分裂したことに起因し、そこでは支配階級が公権力を独占することによって成立すること。

そして、エンゲルスは、平等主義社会である氏族制社会からいきなり国家が成立するのではなく、その前段として部族連合体というものをおいています。この部族連合体とは、労働の生産性と分業の拡大、部族間の交換と海外交易、富の増大にともなう階級の分化、部族の共同の利益代表者である軍指揮者の世襲化などを特徴としますが、階級抑圧のための自立した機関＝国家はいまだ成立していない段階と位置づけています。

このエンゲルスの部族連合体の概念は、サーヴィスの首長制社会の概念とほぼ共通した内容をもっていることがわかります。ただし、エンゲルスは、部族連合体を氏族制社会の終末期においたのに対して、サーヴィスは、豊富な民族誌をもとに、平等主義社会である氏族制社会と階級社会である国家の間に、階層社会である首長制社会を社会進化の一段階として位置づけたのです。この位置づけの違いは、エンゲルスが人類社会の発展段階の質的変化*を重視したのに対して、サーヴィスは人類の社会進化のプロセスを重視しようとした、両者の歴史に対する視点の置き方の違いによります。いずれにしても、サーヴィスの首長制社会の概念は、人類の社会進化の道筋（プロセス）をより鮮明に描き出すことに、大きく貢献したことは間違いありません。

＊首長制社会は、余剰が首長や貴族層のもとにいったん貢納された後に、公共事業や祭祀への参加、首長たちへの奉仕の見返りなどという形で、一般成員に再分配されます。この再分配の行為によって、首長たちの威信と一般成員からの支持が期待できるわけで、この再分配の行為を怠ると、首長たちの威信は失墜し、一般成員からの支持もえられなくなってしまいます。このように、首長制社会では、余剰が首長たちの手元に集められても、それは一時的なことで、階級社会のように余剰が特定の階級のもとにとどまるということはありません。つまり階層社会である首長制社会とは、本質的には平等な社会であって、階級社会のような不平等はみられないということです。その点で、平等主義社会から不平等な階級社会への質的な変化ということでは、エンゲルスの考えは、今でも正鵠を射ているということです。

こうした諸論をもとに、あらためて階層と階層社会、階級と階級社会を定義してみましょう。

階層とは、社会のなかに生じるさまざまな差異による地位の上下関係のことで、階層社会とは、その地位を貴族層ないし首長が独占・世襲するとともに、その首長が貢納された余剰の再分配をとおして、社会統合と組織化を図っているが、国家のような政治機関をもたない社会のことです。一方、階級とは、社会における地位の違いで、階級社会とは、その地位が支配階級と被支配階級にわかれるとともに、支配階級が被支配階級を抑圧するための政治機関である国家をもつ社会のことです。

◉平等と不平等

人類の不平等についての認識を深化させ、その本質を論じた古典がルソー（Jean-Jacques Rousseau）の『人間の間の不平等の起源と基盤についてのディスクール』(Discours sur l'origine et les fondements de l'inégalité parmi les homes, 1755. 本田喜代治・平岡昇訳『人間不平等起源論』岩波書店、一九七二年。以下、『人間不平等起源論』）です。ルソーは不平等について、つぎのように述べています。

私は人類のなかに二種類の不平等を考える。その一つを、私は自然的または身体的不平等と名づける。それは自然によって定められるものであって、年齢や健康や体力の差と、精神あるいは魂の質の差から成りたっているからである。もう一つは、一種の約束に依存し、人々の合意によって定められるか、少なくとも許容されるものだから、これを社会的あるいは政治的不平等と名づけることができる。この後者はいくらかの人々が他の人たちの利益に反して享受しているさまざまな特権、たとえば、他の人たちよりも裕福であるとか尊敬されているとか勢力があるとか、さらには彼らを自分に服従させるというような特権から成りたっている。

このようにルソーは、不平等には自然的または身体的不平等（以下、自然的不平等）と社会的あるいは政治的不平等（以下、社会的不平等）の二種類があることを明確に分けています。そして、自然的不平等は、年齢、健康、体力、精神の差で、これは身体に規定される個人的な資質の差であって、決してなくすことはできないので、ルソーは、人類の不平等を論じるにあたって、社会的不平等のことを問題としました。ルソーは、人類とは「本来相互に平等」であって、「自然が人々との間に設けた平等と人々が打ち立てた不平等」とを『人間不平等起源論』で考察したのです。

自然的不平等とは、人類だけでなく、植物であれ、動物であれ、生き物の世界では多寡は別とすれば、共通に存在するものです。たとえば種子植物は、一度に数万もの花粉を発生させますが、その大半は受粉できずに落下してしまいます。受粉に成功した花粉でも、実（種子）になれるとは限らず、発芽しても、すべてが成長できるわけではなく、まして子孫を残すまでになれるのは、それこそ数十万分の一ということになります。

動物はどうでしょうか。たとえば百獣の王といわれるライオンでは、一回の射精で最終的に卵管を通過する精子は約二万個で、何十回という行為のなかで受精ができるのは、それでも平均で三個です。その三個がかりに出産できたとしても、生後一年以内の死亡率が六〇パーセント以上（そのうち子殺しが約三分の一を占める）ですので、一頭残れるのがやっと、成獣にまでなれるのは二〇パーセントを切るので、五頭が生まれたら、そのうちの一頭だけがやっと成獣になれるという勘定です。そして、ライオンは少数の雄が中心となって、多数の雌とその子どもたちがプライド（pride）と呼ばれる集団をつくって生息しています。群れの雄には順位があって、順位が高い雄ほど交尾頻度が高く、それだけ子孫を多く残すことになりますが、事故や病気、老齢化で弱った雄の群れは、ほかの雄たちにプライドを乗っ取られてしまいます。そして、乗っ取った雄たちは、前の雄たちの子どもがいれば、それを殺すということが頻繁におこなわれているのです。つまり、すべての個体が平等に、それぞれの種がもっている寿命を全うできたり、子孫を残すことができるわけではなく、自然的不平等というのは、生物に共通して存在するものといえます。

　しかし、生物の世界に自然的不平等があったとしても、人類を除く生物一般を不平等な社会だとはいいません。それは人類を除いては、社会的不平等というものが存在しないからです。では、人類だけに社会的不平等が、なぜ存在するかというと、人類だけが明確に血縁を識別することができ、特定の地位や財産などを世襲することができるようになるからです。その意味で社会的不平等というのは、きわめて歴史的な所産だということになります。

　ルソーの古典などを引用して、あらためて自然的不平等と社会的不平等の違いを明確にしたかったのは、縄文時代に身分階層があったとか、縄文社会が階層化社会であったと主張する論者の多くが、こうした自然的不平等と社会的不平等の違いを混同していると思われるからです。かつて都出《つで》比呂志《ひろし》か一個人的能力・財産などなんらかの具体的基準から社会的地位の高低を量的に測定しようとするブルジョア社会学の階層論からいえば、縄文時代からすでに階層差は存在する」と指摘したように、経済的格差などの原因を生まれながらの身分や地位などではなく、各個人のさまざまな貢献に応じた社会的地位や資源の配分の結果と見なしたり、とりわけ一九八〇年代以降、競争主義のもとで経済格差などは自己責任の問題とする時代の風潮が、縄文時代の階層化論に拍車をかけてきたように思われます。

◉身分階層などはなかった

そこで、あらためて縄文時代に身分階層があったかを考えてみましょう。

縄文時代に身分階層があったとするおもな論拠は、墓から出土する装身具や副葬品に格差がある点です。たしかに前述した山鹿貝塚からは、装身具をまったくもたない多数の墓のなかにあって、髪飾り（かんざし）、耳飾り、胸飾り（大珠）、腕飾り（貝輪）などで身を飾った二体の成人女性（二号・三号人骨）をはじめとして、装身具をもった複数の墓が発見されました（図44）。山鹿貝塚は女性の事例ですが、新潟県佐渡市の堂《どう》ノ貝塚では、海獣牙製の胸飾りを身につけ、石鏃一三本を頭部の脇に副葬した男性（六号人骨）の墓が発見されています（図45）。また、主に男性の装身具とされる文様を彫刻した鹿角製の腰飾りなどは、それこそ特定の墓から発見されるだけですし、縄文時代を代表する装身具である耳飾りですら、一つの墓地で一〇パーセント以下の遺体にしかともなっていません。

このように、墓から出土する装身具や副葬品を量的にみると、縄文時代にも身分階層があったと想像したくなります。しかし、肝心なことは、これら装身具や副葬品をもった墓といえども、共同墓地の一画を占めているだけで、ほかと区別されるような特別な墓を築いてはいないことです。たとえば北海道の周堤墓《しゅうていぼ》をみてみましょう。

周堤墓とは、縄文後期後半の道央から道東にかけてつくられた墓地で、円形に竪穴を掘り、その廃土を周囲に土堤状に積み上げて墓域としたものです。**図46**の恵庭《えにわ》市の柏木《かしわぎ》B遺跡第1号は、そのなかでも中規模の周堤墓ですが、竪穴のなかに二一、土堤の上に一八、土堤の裾に五、計四四基の土坑墓が発掘されています。それらの墓には、装身具や副葬品をともなうものがありますが、土坑の大きさは大人と子どもの違い以外はなく、その種類や数もバラバラです。しかも、墓の位置も、竪穴の中央の一一〇五号土坑墓で石鏃一つなのに、土堤上の一〇〇八号土坑墓では石棒二、尖頭器三、石斧一、半月形ナイフ一、大型剥片一というよ

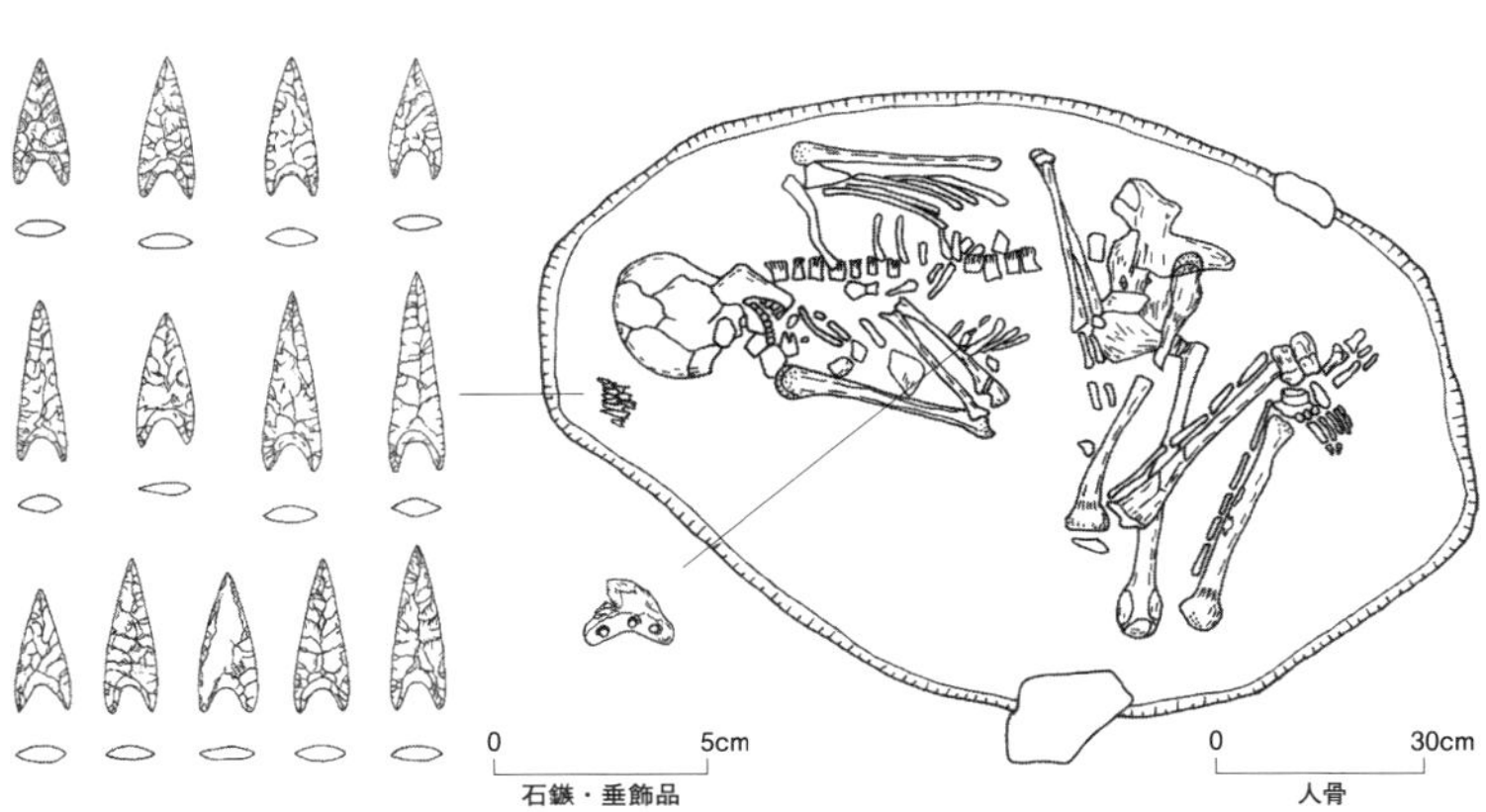

図45　堂ノ貝塚で発掘された石鏃13本を副葬した男性

それは、装身具や副葬品をともなったからといって、特定の場所を占めることもありません。

このように、縄文社会でもっとも厚葬の習俗をもつといわれる北海道の周堤墓ですら、装身具や副葬品の量的な違い以外には、何らの規格性や統一性をもっていないということは、特定の身分や階層が制度として存在していなかったことを意味しています。

では、縄文時代の共同墓地のなかに、なぜ特別に装身具や副葬品をともなう墓があるのでしょうか。それは縄文社会といえども、安定した生活を営むためには、豊かな経験と知識をもったリーダーが必要ですし、厳しい自然環境に立ち向かうためには、原始的なアニミズムがあったことは間違いありません。しかし、縄文人の誰でもが、リーダーや霊能などの資質をもっているわけではありません。当然、個人的な資質の差、つまり自然的不平等はあるわけで、リーダーとしての素質があったり、霊能にたけていたり、あるいは狩猟や漁労などの技能に優れているなど、それぞれの能力に応じた役割をはたしていたわけです。

そうしたなかに、生前に集団の維持・発展に貢献した人物がいれば、それを敬う意味で、その貢献度にみあう装身具や副葬品を墓に納めたということです。つまり個人に対する「栄誉」以外の何ものでもなく、まして、首長や貴族層が世襲化するといった社会的不平等は、墓はもとより、ほかの考古資料からも見いだすことはできないのです。

柏木Ｂ遺跡の第１号周堤墓

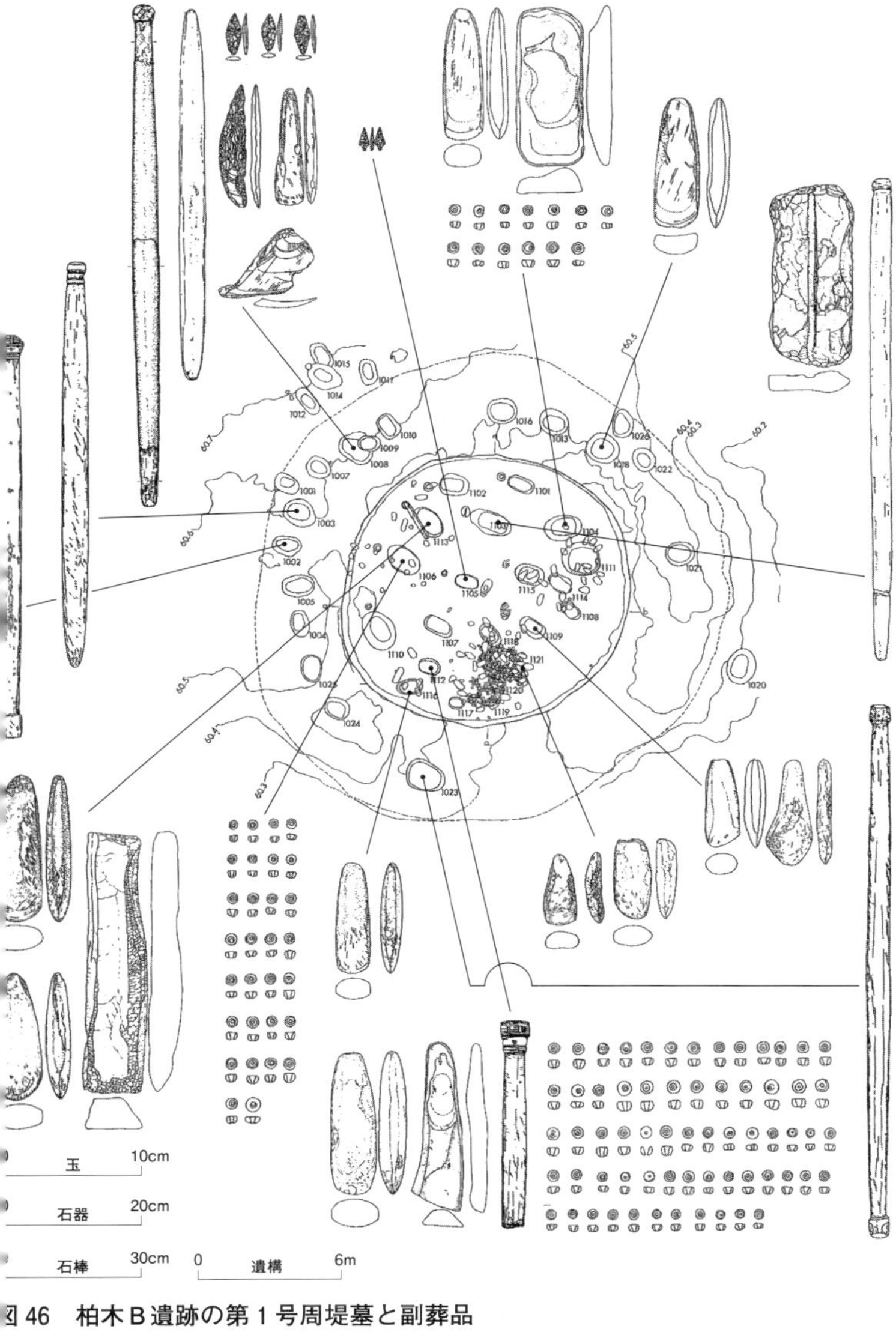

図 46　柏木B遺跡の第1号周堤墓と副葬品

そして、興味深いことに、縄文時代でも、時期をおって厚葬の例は増えてきますし、北海道や東北地方など冬の寒さが厳しい地方ほど厚葬の例は多くなります。それは縄文時代といえども、時期を追うごとに社会は複雑化してきますので、それだけリーダーがはたす役割は大きくなります。また、冬の寒さが厳しい北日本ほど、秋までに冬の食料を大量に備蓄する必要があるだけでなく、とくに重要な保存食料となったサケなどは漁期が限られ、しかも、短期間に保存処理をしなければならないこともあって、リーダーには、それだけ高い能力や強い統率力が求められることになり、必然的に厚葬の事例は多くなるということです。ただし、こうした人物も共同墓地の一角に葬られただけで、約九〇〇〇年もつづいた縄文時代にあって、決して傑出した墓を築くようなことはなかったことからも、これらの人物が身分階層として固定した階層から生まれたものでないことは明らかです。

世界の初期国家の多くは、支配者が絶対的な権力を体現するための記念物として、豪華な副葬品をともなう巨大な墓をつくっています。日本列島では古墳時代が該当し、列島社会が階級社会に入ったことは、衆目が認めるところです。また、各地で特色をもった墳丘墓がつくられ、環濠集落のなかに首長の居宅が出現する弥生時代の少なくとも中期以降は、階層社会の段階に入っています。それに対して、縄文時代の大規模な土木工事を彷彿とさせる大型遺構が、たとえば古墳時代の前方後円墳や弥生時代の墳丘墓に代表されるように、特定の個人や集団の権力とは結びつかない、いわば共同体の記念物として構築されていることは、その社会が個人的な資質や性、年齢などにもとづくさまざまな差異はあったとしても、基本的には互恵と平等主義につらぬかれた氏族共同体社会であったことを雄弁に物語っています。サーヴィスの社会発展の五段階説に従えば、部族社会に該当します。

◉戦争はなかった

縄文時代が階層社会であったかどうかを考える、もう一つの重要な論点が戦争の問題です。首長制社会では、首長が威信を高め、一般成員への影響力を強めるために、しばしば戦争をおこないます。当然、勝利集団は、敗者集団より優位に立つだけでなく、彼らを奴隷にすることもあるということで、戦争が階層化を促進させ、奴隷という極端な不平等をも生むことになります。

戦争とは、武力による集団間の争いのことです。そして、戦争は、弓矢や剣などから鉄砲、機関銃、長距離砲が生まれ、やがて戦車や飛行機、さらにはロケット砲や原子爆弾というように、武器を極限なく発達させるとともに、それにあわせて防具・防御施設をも発達させるという特質をもっています。戦争のもう一つの特徴は、前述したように、階層化を促進させるだけでなく、特定の階級が兵力（軍事力）を世襲・独占することで、支配する者と支配される者という階級関係を固定化させる役割を担うことにあります。

集団間の争いということでは、主に縄張りの確保という、いわば生存のための防衛行動として、動物の世界でも一般的にみられる現象です。とくに人類にもっとも近いチンパンジーでは、縄張りをめぐって集団間が争い、敵対する集団のメンバーを殺害するだけでなく、それを消滅させる事例すらあるということです。集団間の争いで、相手が死ぬまで攻撃する行為は、ほかの哺乳類ではみられないことから、これを「戦争」と呼ぶ霊長類研究者もいます。しかし、チンパンジーは、集団間で争うことはあっても、決して武器を使うことはないので、争いが人類の戦争のように極限なく発達することはありません。また、チンパンジーで殺害されるのは雄だけで、消滅された集団の雌が相手方に移っても、その雌の地位が固定化されたり、ましてや子どもに影響を及ぼすようなことはないので、戦争が階層化を促進させ、階級関係を固定させる役割を担う人類とは、本質がまったく違います。

日本列島の戦争については、佐原真が人を殺傷するための武器や防御的集落、武器を埋葬する戦士の墓、大量虐殺を物語る大量の人骨、武器の崇拝を示す造形などから、弥生時代を起源と提唱して以来、いわば定説化してきています。その佐原の弥生戦争起源論に対して、前述した縄文階層社会論の立場から、縄文時代にも「戦争」があったと強固に主張するのが小林達雄です。また、戦争とはいわないまでも、殺傷人骨の詳細な検討をもとに、鈴木隆雄《たかお》は古病理学、内野那奈《なな》は考古学の立場から、縄文時代にも明確な殺意をもった戦闘がおこなわれていたと主張しています。

縄文時代に戦争や殺意をもった戦闘行為があったとする根拠は、縄文人骨に弓矢や斧と思われる殺傷痕があることです。しかし、約六〇〇〇体ともいわれる縄文人骨のうち、殺傷痕*があるのは、わずかに一五体ほどでしかありません（**表3**）。そのうち骨格内の石鏃の遺存から殺傷具が弓矢だと確定できるものが四体、傷などの状況から弓矢と推定できるものが六体（内野那奈によれば、宮下貝塚例は石槍の可能性もあるということです）、そのほかは斧や棍棒状のものと想定されています。いずれにしても、縄文時代の殺傷具は、弓矢と斧というように、縄文人のもっとも身近にある道具類が凶器に転用されたものです。しかも、弓矢による殺傷人骨は、中期にさかのぼるものが岩手県大《おお》船渡《ふなと》市の宮野《みやの》貝塚や岡山県倉敷市の粒江《つぶえ》貝塚で発見されていますが、その後の約三〇〇〇年間にわたって、弓矢が対人用の武器としては発達しないばかりか、そのほかの武器はもとより、防具や防御施設をまったくつくった形跡がみられません。このことからいえることは、縄文人は、人を殺傷する目的をもった武器というものをつくらなかったし、当然、武力による集団間の争いである戦争もおこなわなかったということです。

＊従来まで、縄文人骨に石鏃などの傷が残されているのは、狩猟活動の際の誤射や流れ矢などの事故によるものと

表 3　殺傷痕のある縄文人骨

所在地	遺 跡 名	人骨記号	性別	時期	殺傷具	特　　　徴
北海道	栄磯岩陰		熟年女性		石斧？	右頭頂骨、即死
岩手県	宮野貝塚	101 号	熟年男性	中期	石鏃	右腸骨後端部、治癒
福島県	三貫地貝塚	22 号	熟年男性	晩期	石鏃	右腸骨前端部、治癒
千葉県	高根木戸遺跡	5 号	成人男性	中期	石鏃？	右上腕骨、治癒
〃	加曽利南貝塚	6 号	成人男性	後期	石鏃？	頭蓋骨の 2 カ所に円形孔
静岡県	蜆塚貝塚	1 号	若年女性		石鏃？	頭蓋骨、楕円形小孔、即死？
〃	〃	12 号	成人男性		石鏃？	頭蓋骨、楕円形小孔、即死？
愛知県	伊川津貝塚	16 号	熟年女性	晩期	石斧？	左側頭骨、即死
〃	〃	20 号	成人男性		石鏃	右尺骨後面、治癒
〃	保美貝塚	7 号	老年男性	晩期	石斧？	頭蓋骨、複数ヵ所、即死
〃	〃	20 号	成年男性		石斧？	頭蓋骨、2 ヵ所に打撃痕、即死
岡山県	粒江貝塚	103 号	老年女性	中期	石鏃	第三胸椎、即死
広島県	大田貝塚		熟年男性		石斧？	左側頭骨、即死
長崎県	深堀貝塚		成人男性	晩期	石鏃？	頭蓋骨、治癒
〃	宮下貝塚		成人男性		石鏃？	右脛骨遠位端、治癒

解釈されてきました。この事故説に対して、古病理学者である鈴木隆雄は、骨の損傷の形状や位置などから、人を殺傷する目的で加えられた殺傷痕である可能性が高いことを明らかにしています。なお、鈴木などが最古の殺傷人骨例とした愛媛県上《かみ》浮《う》穴《けな》郡久万《くま》高原《こうげん》町の上黒岩岩陰《かみくろいわいわかげ》遺跡の早期の事例は、その後の研究によって、女性の遺体に複数回突き刺した篦《へら》状の骨器が残ったもので、死後の儀礼的処置である可能性が高いと結論づけられています。

縄文時代にも、集落での日常の生活領域や村落の共同領域を侵されるようなことがあれば、当然、防衛のための争いはおこります。とくに生業活動中などで突発的に遭遇した場合には、手にもっていた弓矢や斧が争いの道具に使われ、逃げる相手に矢を射かけることもあったことは、わずか一五体とはいえ殺傷人骨が発見されていることからわかります。しかし、こうした突発的な争いというものが、約九〇〇〇年もつづいた縄文時代に、ついに武力による集団間の争いである戦争にまで発展しなかったということは、その社会が首長制社会のような階層社会でなかったことを雄弁に物語っています。

コラム3……縄文集落研究とは

◆竪穴住居跡の発見

北海道では、今日でも地表から、それとわかる竪穴住居跡のくぼみが点々とみられます。これを石器時代の竪穴としてはじめて学界に報告したのは、一八八六年（明治一九）の渡瀬荘三郎《わたせそうざぶろう》ですが、この報告「札幌近傍ピット其他古跡ノ事」（『人類学会報告』一号）が明治期の日本考古学を代表する人種・民族論争のきっかけをつくったことはよく知られています。

このように、竪穴の存在は、早くから研究者の注意にのぼっていたのですが、それが正式に縄文時代の住居跡として調査されたのは、一九二四年（大正一三）の柴田常恵《じょうえ》による富山県氷見《ひみ》市の朝日《あさひ》貝塚の発掘です（「石器時代住居阯概論」『石器時代の住居阯』雄山閣出版、一九二七年）。朝日貝塚では、前期末と中期の二棟が重複して確認されましたが、二六年の宮坂光次《みつじ》らによる千葉県市川市の姥山《うばやま》貝塚の発掘では、二三棟の竪穴住居跡が発見され、縄文時代の竪穴住居跡が

朝日貝塚で発掘された国内最初の竪穴住居跡

群在するという事実が明らかとなりました（宮坂光次・八幡一郎「下総姥山貝塚発掘調査予報」『人類学雑誌』四二巻一号、一九二七年）。

◆集落への関心

全国各地から縄文時代の竪穴住居跡の調査例が報告されると、八幡一郎は、縄文土器の編年研究の成果をもとに、前期は方形、中期は円形、後期は平地式で敷石が認められると、住居跡の形態とその年代的位置づけをはじめておこないました（「日本石器時代の住居型式」『人類学雑誌』四九巻六号、一九三四年）。また、関野克《まさる》は、埼玉県ふじみ野市の上福岡《かみふくおか》貝塚の発掘成果をもとに、家屋構造の復元、住居の拡張、居住人口の算出などを、建築学の立場から論じています（「埼玉県福岡村縄紋前期住居址と竪穴住居の系統に就いて」『人類学雑誌』五三

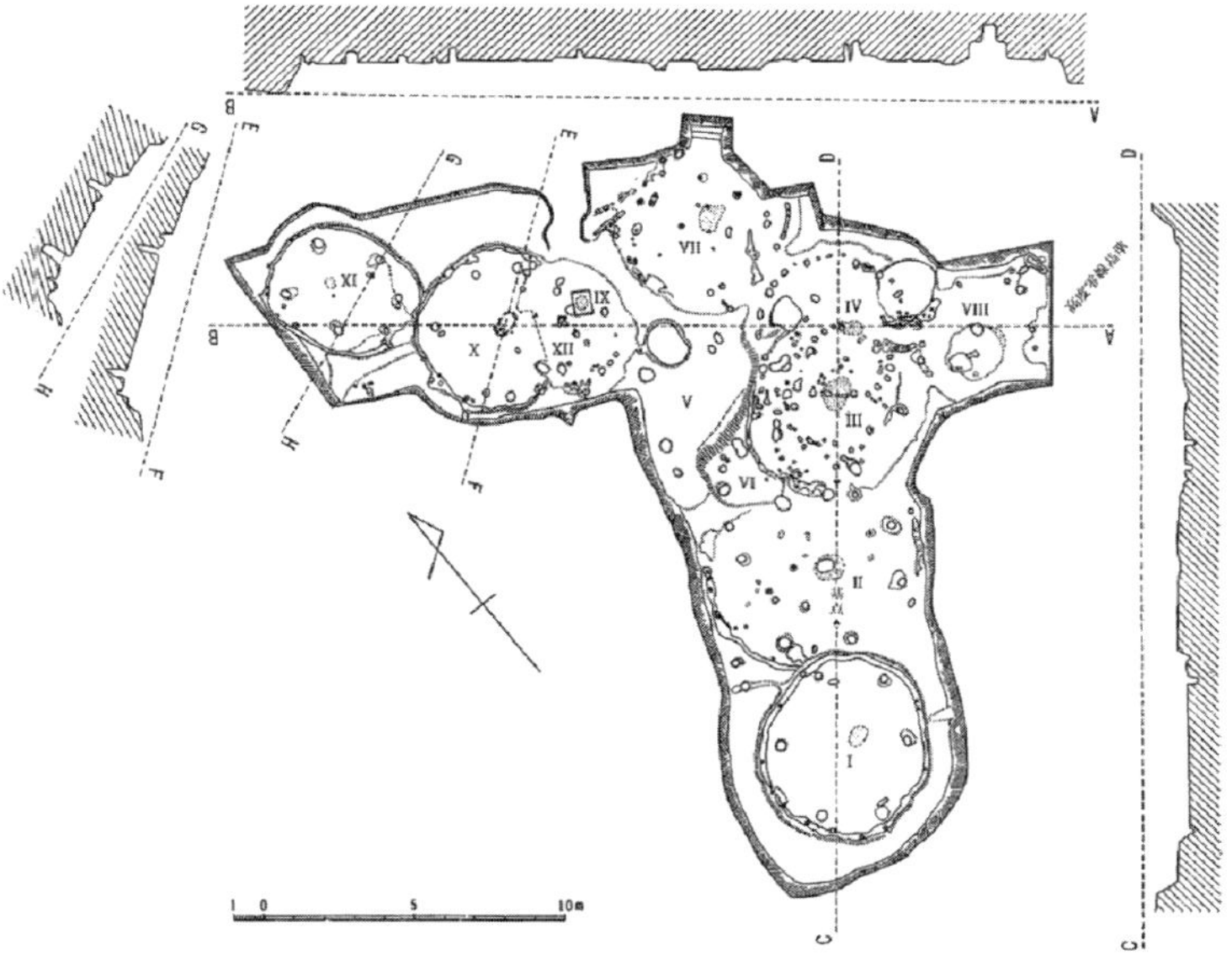

姥山貝塚Ａ地点出土の住居跡群の実測図（1926年調査）

巻八号、一九三八年）。そして、後藤守一《しゅいち》は、住居跡を全国的に集成し、住居跡のあらゆる問題について総合的に分析しました（『上古時代の住居』『人類学先史学講座』一五～一七巻、雄山閣出版、一九四〇年）。しかし、この時点では、集落跡の全貌をうかがえるような発掘例がなかったために、集落への関心を深めつつも、個別の住居跡の研究にとどまらざるをえませんでした。

そうしたなかにあって、宮坂英式《ふさかず》は、八ヶ岳山麓の長野県茅野市の尖石《とがりいし》遺跡の発掘を開始します。一九三〇年に第一号となる炉跡を発掘した宮坂は、その後の約一〇年間に五一もの炉跡を発掘します。一九三九年からは、竪穴住居跡の発掘へと発展させて、四二年までの三年間に三二棟の住居跡を発掘するとともに、それら炉跡や住居跡に囲まれた地区から、小竪穴群や円形に配列された列石群、石でふたをした巨大な埋甕《うめがめ》などをあいついで発掘

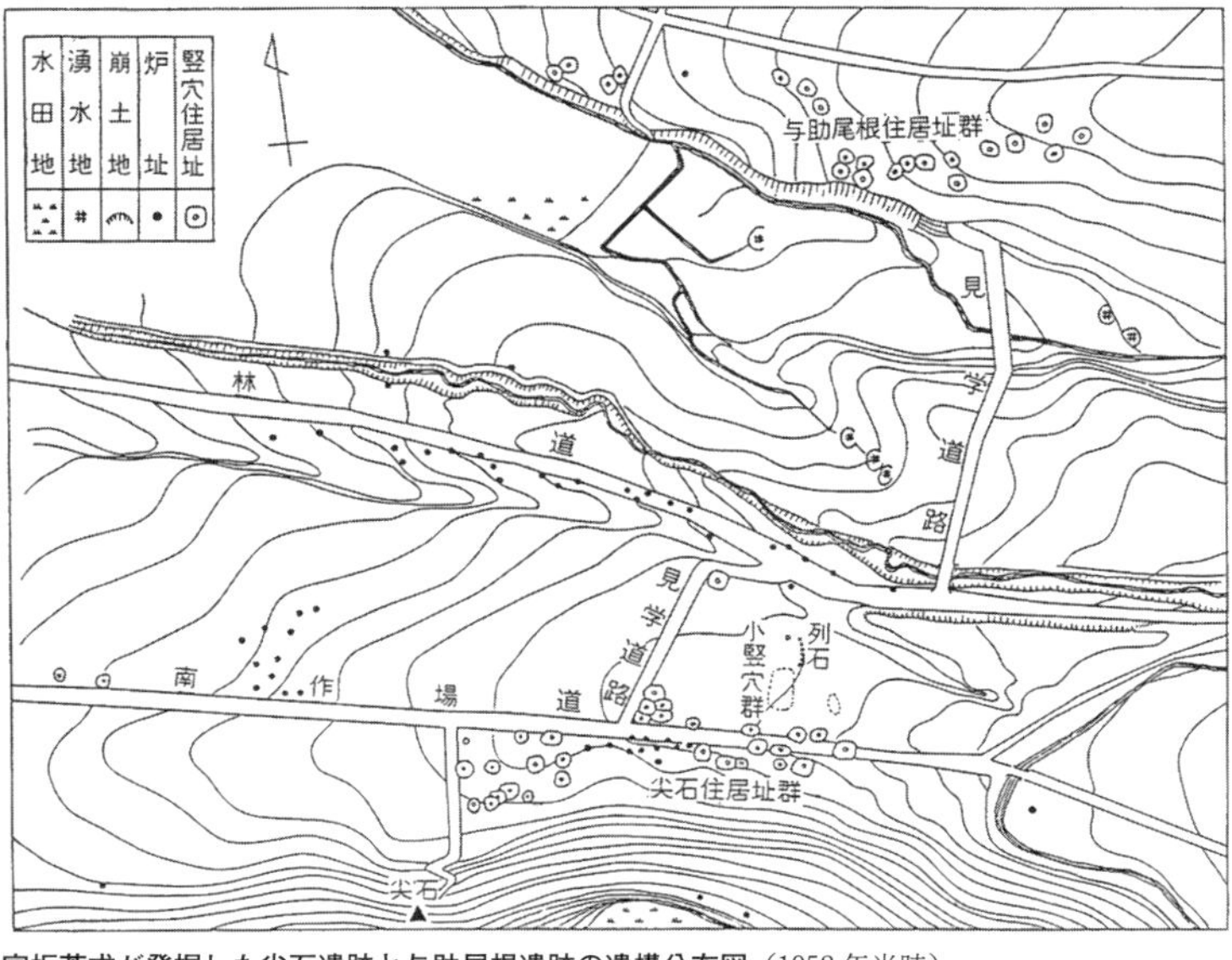

宮坂英式が発掘した尖石遺跡と与助尾根遺跡の遺構分布図（1952年当時）

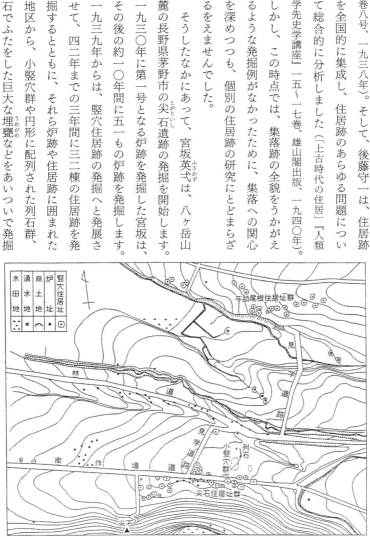

して、縄文集落の全貌を明らかにしていきました。こうした発掘を地元で教員生活のかたわら研究をつづけた在野の考古学者が、周囲の人びとや中央の研究者の支援・協力をえながらも、ほぼ努力でおこなったということは、驚異的といわざるをえません。

◆縄文集落研究の原点

敗戦の翌年、宮坂は、尖石遺跡の発掘の成果を「尖石先史聚落址の研究（梗概）―日本石器時代中部山岳地帯の文化―」（『諏訪史談会報』三号、一九四六年）と題して発表します。そこで、宮坂は、尖石集落が小竪穴群や列石群、巨大な埋甕などをともなう中央の社会的地区を中心に、南・北の二つの住居地区から構成されていることを明らかにしました。さらに宮坂は、尖石集落の周辺には、生活物資を供給する資源地区が付随するとして、集落の領域の問題にまで注意をむけました。これは発掘された具体的な資料から、縄文集落を復元した日本考古学史上はじめての研究となったのです。

この尖石遺跡などの個別の研究の成果を、戦後いち早く理論的に総括して、日本原始・古代集落の構造を歴史的に追究したのが和島誠一《せいいち》の「原始聚落の構成」（『日本歴史学講座』学生書房、一九四八年）です。そこで、和島は、縄文集落が中央の広場を中心に住居跡群が環状に配置されていることに注目し、その構成の特質として、個々の住居が有機的なまとまりをもった強固な統一体として機能していたことを指摘するとともに、そこに氏族共同体的な規制を認めて、縄文時代の社会構成を氏族共同体社会と位置づけました。

◆縄文集落研究の展開

一九六〇年代、縄文集落研究に新風を吹き込んだのが水野正好《まさよし》です。水野は、長野県茅野市の与助尾根《よすけおね》遺跡の住居跡の重複と炉石の抜きとりを手がかりとして、集落を前後の二時期に分け、二棟を一単位とする三小群が東西に二つの大群をなして併存するという構成をもつと考えました。そして、東西の各大群には、石柱または石敷きの祭壇、石棒、土偶をもつ住居が一棟ずつあることに注目した水野は、独自の祭祀観念にもとづいて、祭祀構造と集落構成との統一的な理解を試みました（「縄文式文化期における集落構造と宗教構造」『日本考古学協会第二九回総会研究発表要旨』一九六三年）。この水野の集落分析は、基礎的な資料操作に問題を残しましたが、住居跡の群別から集落構成を究明し、社会組織の復元への示唆的な方法を多く含んでおり、以後の縄文集落研究に大きな影響をあたえました。

和島や水野に代表される縄文集落研究は、集落が定着性をもち、かつ比較的規模も大きいことを前提としています。ところが、一九七〇年代に入ると、国土開発にともなう集落遺跡の発掘事例の増加によって、そうした前提に疑問が示されることになりました。一つは、神奈川県横浜市の港北ニュータウン地域内の詳細な分布調査と発掘調査の成果をもとに、石井寛《ひろし》が一土器型式内においても集落の移動が繰り返されたとして、従来まで単純に考えられていた縄文集落の定着性について、その実態をさらに吟味する必要性を問題提起したことです（「縄文時代における集団移動と地域組織」『調査研究集録』二冊、一九七七年）。

もう一つは、住居跡が一棟から多くても三棟前後しかみつかっていない、いわゆる小規模集落の発掘事例が急増したことと、集落分析の方法と精度が高まったことによって、従来まで大規模集落と考えられていたもののなかには、実際に同時存在していた住居の数は少ないことが、いくつかの遺跡で明らかになったことです。そうした縄文集落の定着性への疑問と従来までの認識よりも小規模であったという実例が多くなったことから、縄文集落を特徴づけると考えられてきた環状集落というものは、住居の建て替えが中央部を避けるように繰り返された結果にすぎないという、いわゆる環状集落の「見直し論」が提起されています（土井義夫「縄文集落論の原則的問題―集落論の二つのあり方について―」『東京考古』3、一九八五年）。また、近年では、小林謙一がAMS法という年代測定法を用いて、一土器型式のうちに住居の建て替えが何回もあることを明らかにして、「見直し論」の補強に努めています（小林謙一『縄紋社会研究の新視点―炭素14年代測定の利用―』六一書房、二〇〇四年）。

◆縄文集落研究の現状

縄文時代は、獲得（狩猟採集）経済であるがゆえに、土地の所有関係はなく、したがって社会的な結合原理も血縁関係にのみもとづくという、歴史学の古いテーゼに従っていました。そのために、集落研究はあっても、地域共同体としての村落研究はおこなわれてきませんでした。そこで、林謙作《けんさく》は、集落を日常的な生産と消費の部分的な主体であって、集落を統合する上位の社会組織である村落が、移動する物資の流通・配布の仕組みを握り、集落の利害の調整や折衝の権限をもっていたとして、生産と消費の主体を村落に求める考えを示しました（「縄文時代の集落と村落」『新版日本考古学を学ぶ』三巻、有斐閣、一九八八年）。そこでの村落は、当然、血縁関係とともに地縁関係が社会的結合原理の役割をはたすことになりますが、その関係については、私も八ヶ岳西南麓の遺跡群を事例として具体的に論じています（「縄文時代の社会構成―八ヶ岳西南麓の縄文時代中期遺跡群の分析から―」『考古学雑誌』七八巻一・二号、一九九二年）。

いずれにしても、縄文集落は、一つの集落ですべての生産と消費が完結していたわけではなく、複数の集落が血縁関係だけでなく、地縁関係でも結ばれながら生産と消費を維持していたとすれば、環状集落という定型的な集落形態をとる大規模な拠点集落と小規模な集落が結びついて一つの地域共同体を構成しており、共同の契機によっては、大規模な集落がさらに小規模な集落に分かれることもあると考えるほうが、縄文集落が大規模か、小規模かという二者択一的な理解よりも、より実態に近いものといえます。

Ⅳ

縄文文化の発展と限界

縄文ビーナスの出土（棚畑遺跡）

1 縄文文化の広がり

◉北辺の縄文文化

日本列島の範囲について、本書では、北海道から南西諸島として話を進めてきました。ここであらためて、縄文文化の広がりを日本列島の範囲とからめながら考えてみたいと思います。

北海道の縄文文化は、札幌や苫小牧あたりの石狩低地帯を境にして、大きくは南西部と北東部とに分けられます。道南西部は、東北地方北部とほぼ同一の文化圏を形成しており、北海道と本州を区切る津軽海峡は、縄文人にとって障害とはなっていなかったようです。一方の道北東部は、縄文早期の石刃鏃《せきじんぞく》文化*に代表されるように、本州の縄文文化にはみられない様相が確実に存在しており、サハリンと千島列島を介した北方諸地域との関連がうかがえます。

*石刃鏃とは、連続的にはがした剝片（石刃）を素材とした石鏃で、旧石器時代末から新石器時代初頭のユーラシア大陸北東部に広くみられるもので、この石刃鏃を特徴とする文化を石刃鏃文化と呼んでいます。

サハリンと北海道の間にある宗谷海峡は約四二キロ、晴れた日には対岸が望める一衣帯水の関係にあります。前述した石刃鏃は大陸からもたらされたものですが、北海道の白滝《しらたき》や置戸《おけど》産の黒曜石が、サハリンから遠くシベリアのアムール川下流域で発見されているので、相互に何らかの交流があったことは間違いありません。しかし、サハリンでは、縄文土器が散見されることはあっても、縄文文化の遺跡となると、今のところ確実なものは発見されていません。

礼文《れぶん》島や利尻《りしり》島には、縄文文化の遺跡が濃密に分布しています。その礼文島などの海岸を洗いながら北上する対馬暖流が到達するサハリンでも、当然、縄文文化の遺跡があってもおかしくないと考えられてきましたが、今日まで縄文文化の遺跡は確認されていないので、宗谷海峡が境界ということになります。

千島列島ではどうでしょうか。択捉《えとろふ》島など南千島では、道東部の縄文文化と軌を一にした文化的な様相をみせています。しかし、択捉海峡をはさんだ得撫《うるっぷ》島以北からは、今のところ縄文土器が発見されていませんので、縄文文化の遺跡もないことになります。なお、本州で弥生時代に相当する続縄文《ぞくじょうもん》文化の土器は、中千島までは確実に分布し、北千島まで分布圏を拡大している可能性もあります。

このようにみてくると、北辺の縄文文化は、現状では択捉海峡と宗谷海峡に境界があったことになります（**図47**の②）。

トコロチャシ跡遺跡出土の石刃鏃
（北海道北見市、縄文早期）

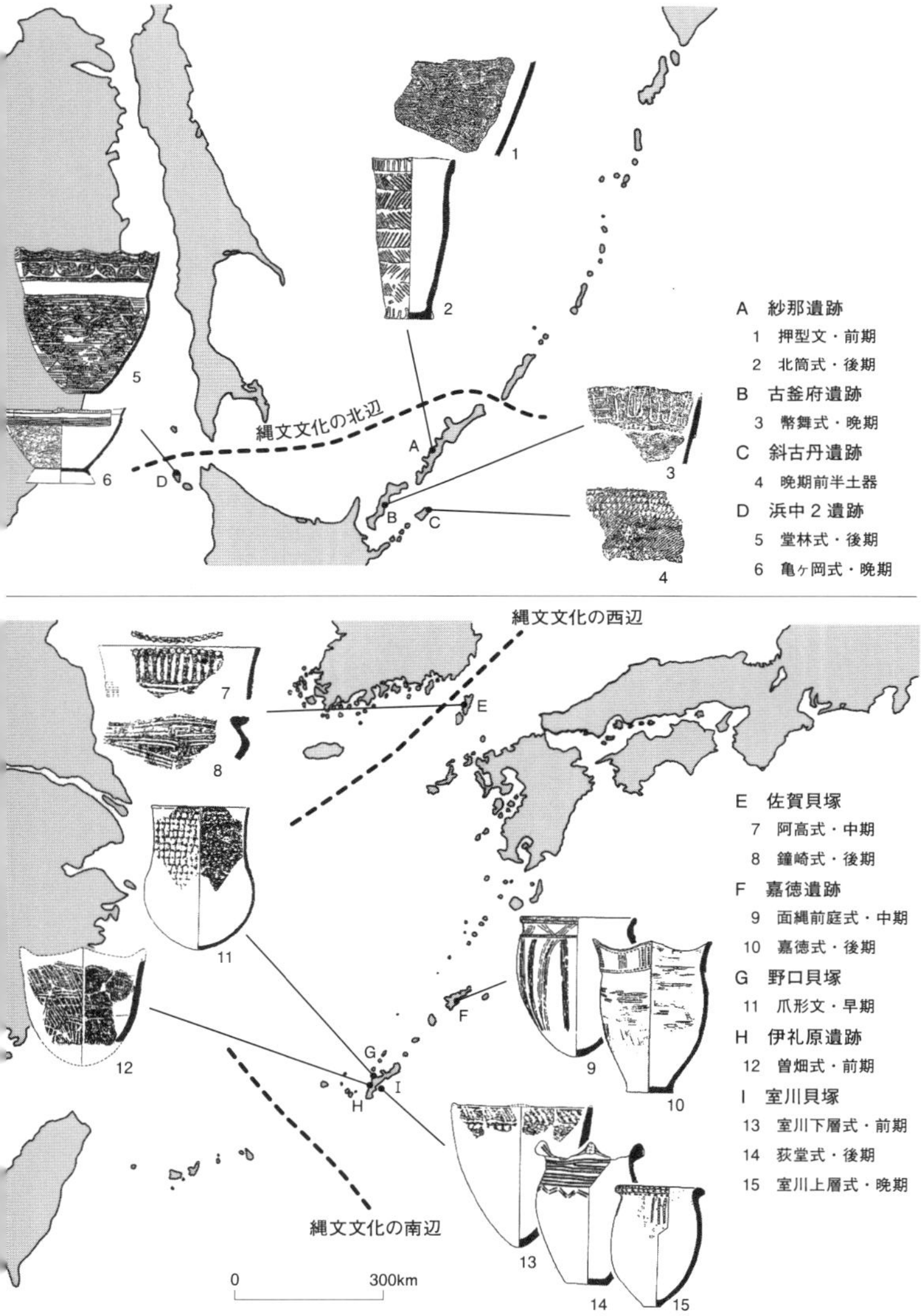

②**縄文文化の広がり**（土器の縮尺は不同）

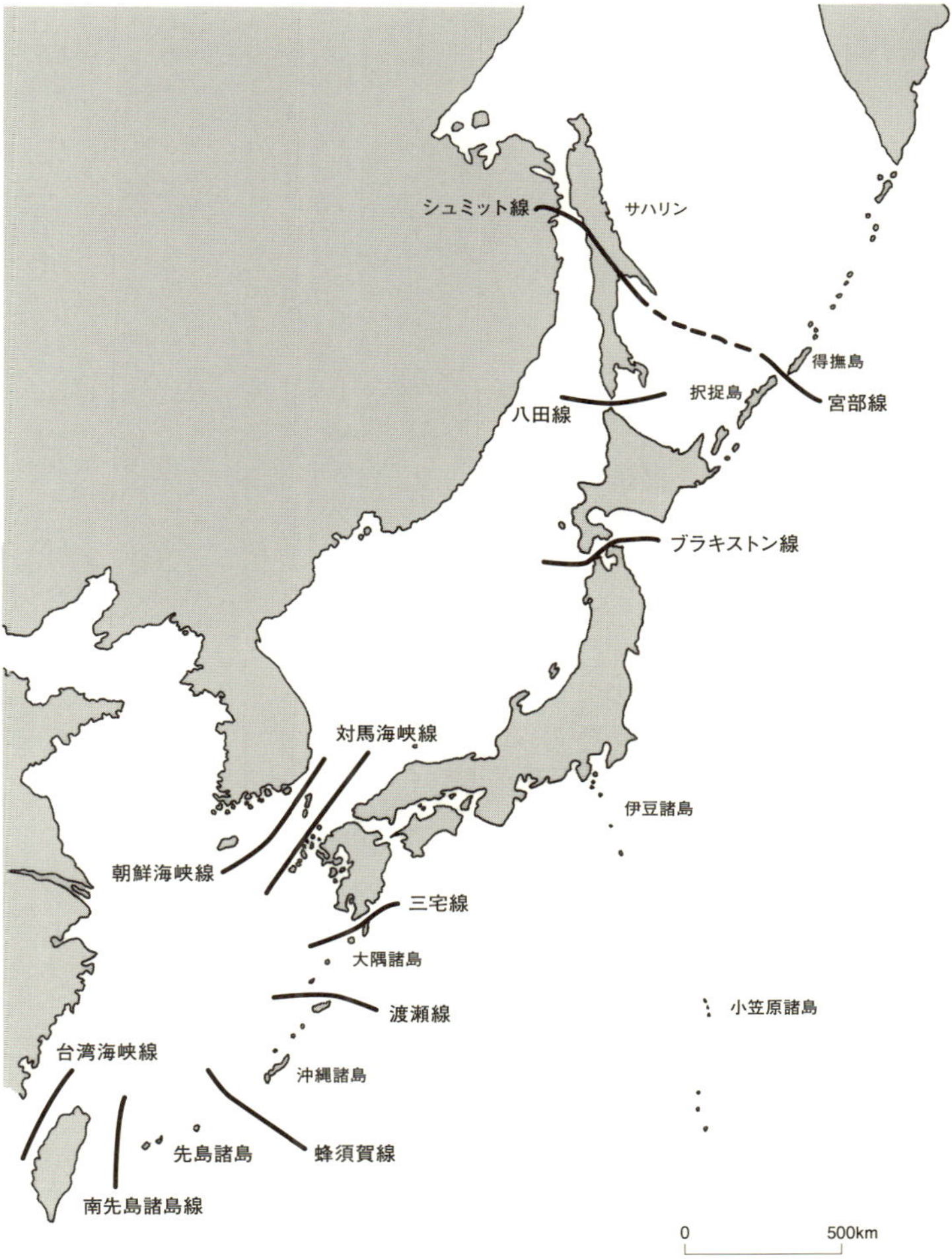

①生物分布境界線

図 47　生物分布境界線と縄文文化の広がり

◉西辺の縄文文化

朝鮮半島と対馬の間にある朝鮮海峡、対馬と壱岐《いき》の間にある対馬海峡は、それぞれ約五〇キロしかなく、晴れた日には対岸を望める近さにあります。縄文前期の曽畑《そばた》式土器が、朝鮮半島の有文《ゆうもん》土器である櫛目文《くしめもん》土器と密接なつながりをもっていることは、古くから指摘されていました。近年の半島の有文土器と九州の縄文土器研究の進展によって、通説のとおり半島の有文土器の影響のもとに曽畑式土器が成立したことが明らかになりましたが、その影響については直接説と間接説とに意見が分かれています。いずれにしても、直接的か間接的かは別として、曽畑式土器の成立に半島の有文土器が影響していたことは間違いありません。そして、半島と九州の関係を土器や黒曜石の出土でみると、朝鮮半島南部の遺跡からは、前期の轟《とどろき》式や曽畑式をはじめとして、中期の船元《ふなもと》II式や阿高《あだか》式、後期の坂の下《さかのした》（南福寺《なんぷくじ》）式や北久根山《きたくねやま》式土器などとともに、佐賀県の腰岳《こしだけ》産の黒曜石が出土しています。

一方、朝鮮の土器は、古くから有名な佐賀県の西唐津海底出土の有文土器をはじめとして、佐賀県と長崎県の一〇カ所をこえる遺跡から出土しており、半島と九州の間で、時期によって多寡はあるとしても、一定の交流があったことがうかがえます。しかし、縄文文化の遺跡となると対馬までが範囲で、朝鮮海峡が境ということになります。

このようにみてくると、西辺の縄文文化は朝鮮海峡に境界があったことになります（図47の②）。

◉南辺の縄文文化

南西諸島はというと、九州から沖縄諸島まで、その距離は最大の横当《よこあて》島と奄美《あまみ》大島で五四キロ、屋久島と口之《くちの》島で五三キロというように、晴れた日には、それぞれの島々の対岸が望める近さにありまます。しかし、沖縄諸島の久米《くめ》島から先島《さきしま》諸島の宮古島との間は、約二二〇キロも離れており、どうあがいても対岸を望むことはできません。縄文文化の遺跡は沖縄諸島までで、先島諸島までは広がりません。沖縄諸島と先島諸島の間隙は、縄文文化の広がりを阻害したようで、むしろ先島諸島は、台湾から中国大陸、ルソン島など南の文化の影響をうけています。

このようにみてくると、南辺の縄文文化は、沖縄諸島と先島諸島の間に境界があったということになります（図47の②）。

一方、本州の南に広がる伊豆諸島から小笠原諸島ではどうでしょうか。伊豆諸島では、八丈島まで縄文文化の遺跡が確認されていますが、そこから六五キロ離れた青ヶ島は、高さ五〇から二〇〇メートルほどの直立する海食崖からなっていることから、縄文文化の遺跡はみつかっていません。当然、もっと南にある小笠原諸島には、縄文文化の影響はまったく認められません。

◉生物分布境界線と縄文文化

日本列島周辺には、多くの生物の分布の境界になっている、生物分布境界線が存在します（図47の①）。北から宮部《みやべ》線─シュミット線、八田《はった》線、ブラキストン線、対馬海峡線、朝鮮海峡線、三宅線、渡《わた》瀬《せ》線、蜂須賀《はちすか》線、南先島諸島線、台湾海峡線の一〇の境界線です。

宮部線は、択捉海峡を境界とするもので、エゾマツ、トドマツ、ミズナラなどの植物の分布の境界を示し、この線から南の植物相は、北海道のものと一致します。また、サハリンでは、この境界はシュミット線と呼ばれています。この線が東西方向ではなく、北西の方向に走っているのは、対馬暖流の影響によるものです。

八田線は、宗谷海峡を境界とするもので、両生類や爬虫類など動物相の分布の違いから引かれたものです。また、哺乳類や鳥類の分布の違いでは、津軽海峡を境界線とするブラキストン線が有名です。一方、植物相では、シュミット線南西部以南のサハリンは、道南を除く北海道と同じ針広混交林とされていますが、サハリンはエゾマツを主とする常緑針葉樹林が発達しているのに対して、北海道はコナラ亜属とトドマツを主とした針広混交林が発達するというように落葉広葉樹を構成要素とする点では、宗谷海峡をはさんで大きな違いをみせています。また、道南と本州東北部は、同じ落葉広葉樹林に含まれているので、植物相ということではブラキストン線は分布境界線になっていません。ということは、動物と植物を併せた生物分布境界線では、八田線がより重要だと考えられます。

対馬海峡線は、対馬海峡に引かれた分布の境界線で、大陸系の哺乳類であるツシマヤマネコ、爬虫類のアカマダラなどが対馬に分布することから引かれたものです。一方の朝鮮海峡線は、朝鮮海峡に引かれた境界線ですが、対馬には日本固有種の分布が多くみられることから、生物分布境界線としては、朝鮮海峡線のほうがより重要だと考えられています。

三宅線は、大隅海峡を境界線とするもので、主にチョウなど昆虫類の分布から引かれたもので、これから北は純日本系、以南は熱帯系の色彩が強くなります。一方、トカラ海峡に引かれた渡瀬線は、哺乳類、鳥類、爬虫類、両生類など大半の陸生動物の分布の境界がみられ、温帯植物の多くも、渡瀬線を分布の南限とすることから、生物分布境界線としては、渡瀬線のほうが重要だとされています。

蜂須賀線は、沖縄諸島と先島諸島の間に引かれた分布の境界線で、先島諸島の陸産貝や淡水性の甲殻類には台湾島との共通種がみられ、鳥類の分布にも違いがみられることから引かれたものです。生物相の全体をみても、台湾と共通の種や近縁の種をもつ生物が多くみられます。

南先島諸島線と台湾海峡線は、先島諸島と台湾島、台湾島と大陸の間に境界線があって、それぞれの地域の生物相の生息分布の相違で引かれていますが、ほかの生物分布境界線ほど区分が明確ではありません。

これら生物分布境界線と縄文文化の広がりを比較してみると、北辺が宮部線と八田線、西辺が朝鮮海峡線、南辺が蜂須賀線と一致しています。自然物に頼る縄文文化が、その生活基盤となる生態系と深くかかわっていることを考えると、おのずと縄文文化の範囲も特定されることになります。つまり縄文文化の範囲は、日本列島の範囲である現在の日本の国土とほぼ重なりながらも、北辺では南千島の択捉島まで広がりますが、南辺では南西諸島のうちの沖縄諸島までしか広がらないことになります。また、もう一つの南辺である伊豆諸島方面では、八丈島までしか広がりませんので、当然、小笠原諸島は、縄文文化の範囲から外れます。

このように、縄文文化の範囲は、北は択捉海峡の北緯四五度三三分から南は久米島の先までの北緯二六度と南北に細長く、その延長は三〇〇〇キロにもおよびます。北は亜寒帯から南は亜熱帯まで、多様な気候帯にまたがるばかりか、高標高の山岳地帯もあるために、変化にとんだ気候風土を有しており、縄文文化と一口にいっても、その発展の仕方は地域ごとに異なるわけです。そして、とくに東西日本で大きな地域差をみせています。

2 東西日本の地域差

◉気候最適期と縄文海進

今から約一万一五〇〇年前、縄文文化が成立した早期は、現在にいたる完新世の時代に入ったとはいえ、いまだ年平均気温で現在よりも摂氏二度前後低かったのです。植生は北海道を除いて、日本列島の多くが落葉広葉樹林と照葉樹林でおおわれるようになったとはいえ、本州の山地帯を中心に亜寒帯針葉樹林が広く残り、照葉樹林も海岸線沿いに分布域を広げてきてはいましたが、九州でもいまだ定着するまでにはいたっていませんでした（**図3**、19ページ）。当然、海水面は、現在よりも四〇メートル前後低い水準までしか達していなかったことから、当時の瀬戸内海などは陸化したままでした。

このように縄文文化がはじまるころの日本列島は、今日の環境とは様相を著しく異にしていたのです。そのために、早期前半の時期に、第Ⅱ章で詳述したように、南九州と関東を中心に初期の定住集落が形成されましたが、それはいまだに限定的でした。

その後、早期の後半から前期にかけて、気候最適期（ヒプシサーマル期）と呼ばれる、現在よりも温暖な気候となりました。北海道や本州の山岳地帯などを除いて、亜寒帯針葉樹林はなくなり、照葉樹林も関東平野まで分布域を広げながらも、内陸部にまで進入することはなかったことから、東日本を中心に落葉広葉樹林が広大な空間を占めるようになってきました（**図3**、19ページ）。その温暖化のピークは、今から約七二〇〇年前の前期初頭で、気温は現在よりも摂氏二度前後高くなっていて、海水面も三から五メートルほど上昇したといわれています。

こうした海水面の上昇によって、列島各地の海岸線では、海の進入をうけることになりますが、この約七二〇〇年前にピークをむかえた海進を縄文海進と呼んでいます。たとえば関東平野では、旧利根川で栃木県の渡良瀬《わたらせ》川遊水池付近、荒川で埼玉県川越市付近まで海が進入し、それぞれ奥東京湾や古入間湾と呼ばれる内湾が形成されました。また、現利根川でも、茨城県常総《じょうそう》市付近まで海が進入し、房総半島は海に囲まれた島のような状況を呈していたのです（**図48**）。これはなにも関東平野に限ったことではなく、四囲を海に囲まれた日本列島では、その規模は別にしても、各地で海が広がりをみせていたことです。

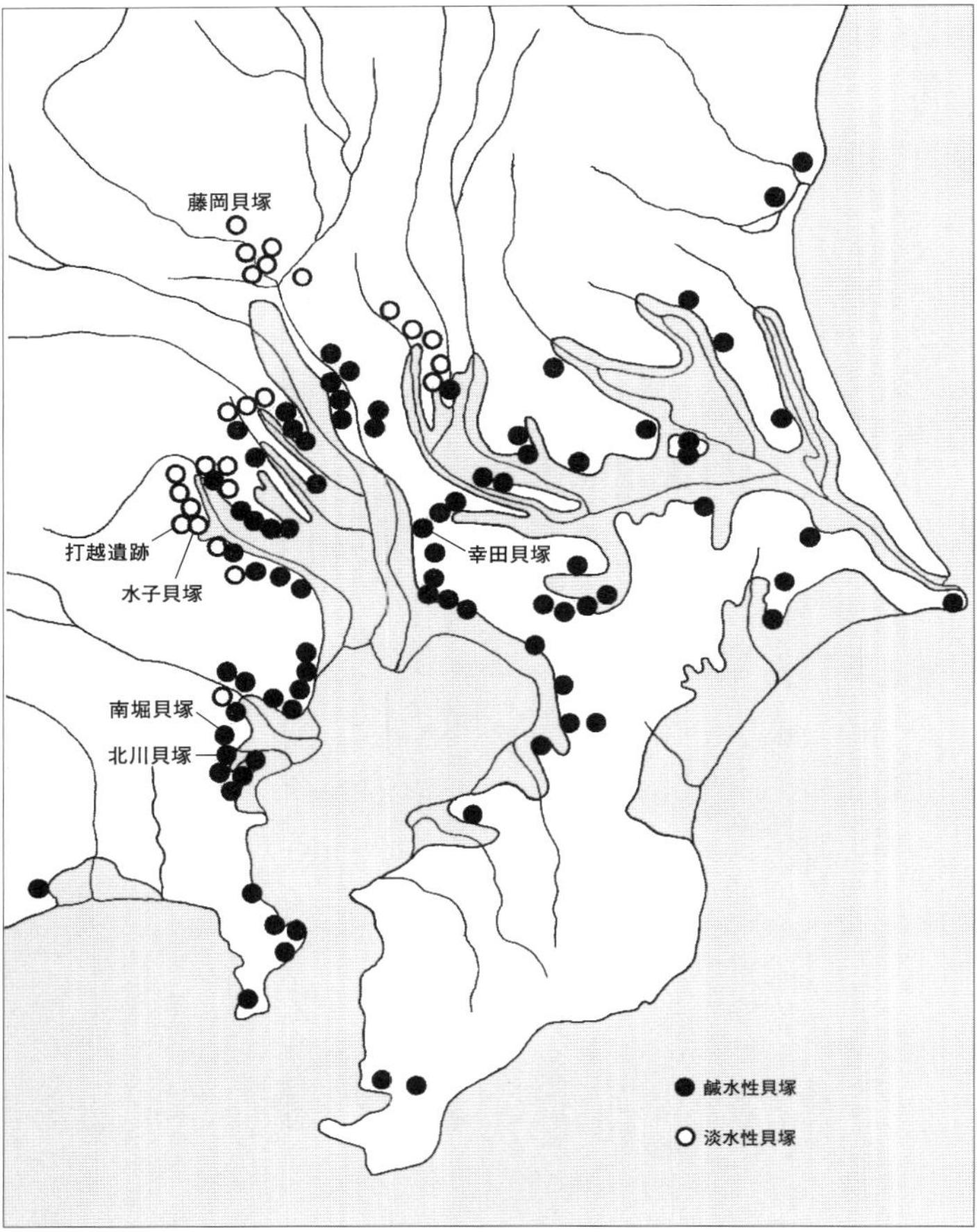

図 48　関東平野での縄文海進最大期の海岸線と早期末から前期の貝塚分布

●縄文文化の画期

縄文海進がもたらした広い海は、貝類の生息、あるいは魚類の産卵ないし策餌に格好の深く入り組んだ入江を、列島の各地にもたらしました。このような環境を縄文人は、積極的に漁場として開拓していきました（図49）。

まず、北海道ですが、たとえば今の釧路湿原のほとんどが海水で満たされた古釧路湾の湾口に位置する釧路市の東釧路《ひがしくしろ》貝塚では、早期後半に小規模な貝層を残していますが、大規模な貝層は前期に形成されました。また、古釧路湾とともに貝塚が集中することで知られる道南の噴火湾でも、伊達《だて》市の若生《わっかおい》貝塚などで早期に小規模な貝層を残しますが、前期に貝層が大規模化するだけでなく、同市

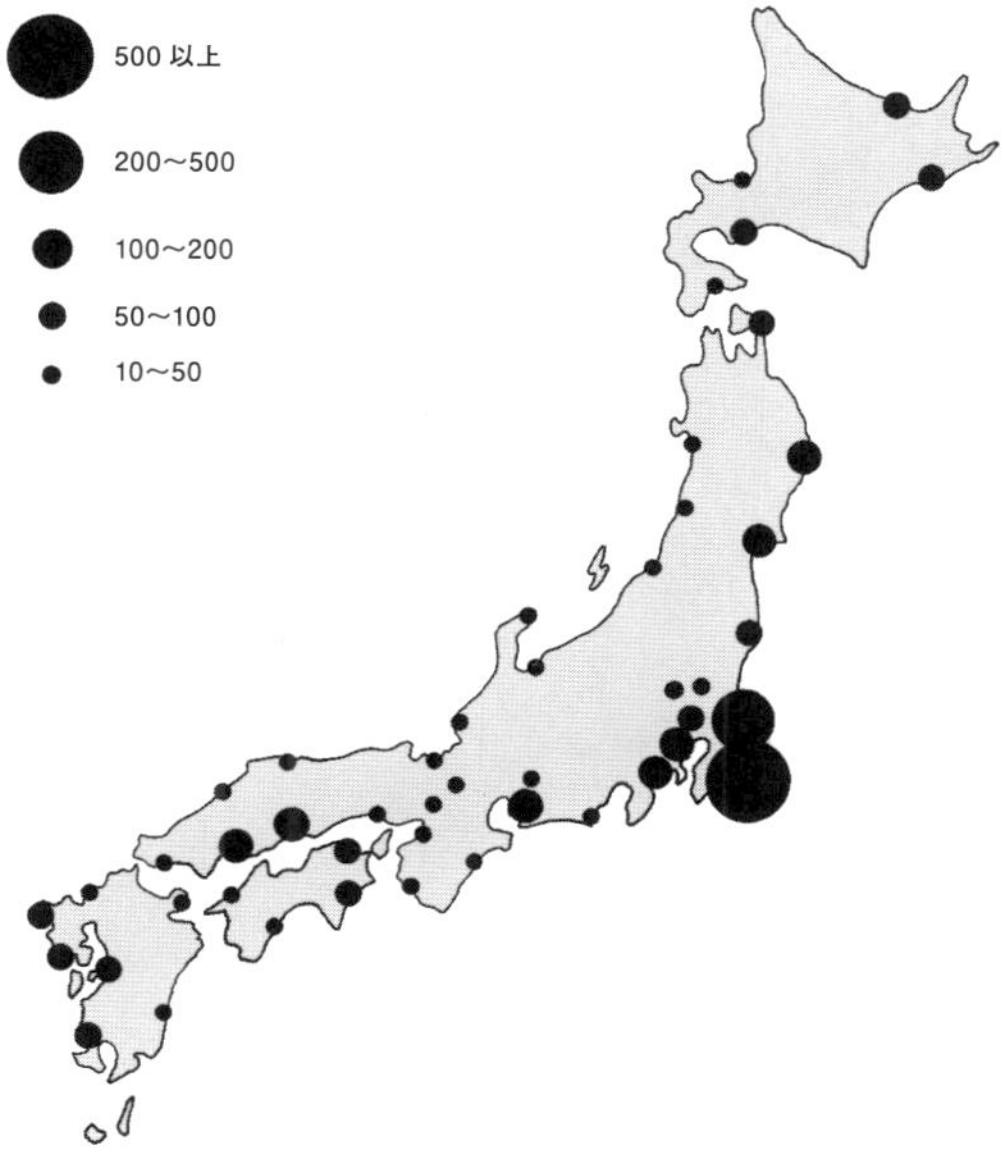

図 49　縄文時代の貝塚分布

の北黄金《きたこがね》貝塚などで新たに貝塚が形成されました。このように、道内各地で発見されている貝塚の多くが前期の所産です。

三陸地方から東海地方までの太平洋沿岸地域は、全国の貝塚の八〇パーセント強を占める貝塚密集地帯として知られていますが、ここでも早期後半から本格的に貝塚が形成されはじめ、前期になると、あたかも海の幸を目指すように海岸部に集落が進出して、多くの貝塚を残しています。なかでも仙台湾周辺地域、利根川下流域から霞ヶ浦にかけての地域、東京湾周辺地域がもっとも貝塚が密集しますが、とりわけ関東の二地域が群を抜いており、全国の貝塚の約五〇パーセントを占めています（図49）。

また、瀬戸内海では、早期後半に急速に海が進入してきて、前期初頭ごろには現在の海況を呈するようになりますが、本格的に貝塚が形成されるのは、前期後半に入ってからです。しかし、瀬戸内海の大規模な貝塚として知られる岡山県瀬戸内市の大橋《おおはし》貝塚や同県倉敷市の羽島《はしま》・里木《さとぎ》貝塚、広島県尾道市の大田《おおた》貝塚などが最下層に前期前半の羽島下層式土器の包含層を形成しているように、前期前半の段階から縄文海進によってもたらされた海と密接な関係をもっていたことを物語っています。

一方、九州地方は、約七三〇〇年前に薩摩半島の南方約六〇キロの海底にある鬼界《きかい》カルデラの大爆発で、火砕流の直撃をうけた南九州南部では壊滅的被害、南九州北部はもとより、北九州でも大量の火山灰（アカホヤ火山灰）の降下で、集落の形成が困難なほどの影響をうけたと考えられています。ただし、従来は土器型式が断絶するほど甚大な被害だったと想定されもしましたが、最近の研究によれば、土器型式はかろうじて継続していたようです。

このアカホヤ火山灰の降下以前、約八〇〇〇年前の、当時としては大規模な貝塚が佐賀市の東名遺跡で発見されました。この貝塚は、縄文海進によってもたらされた内湾に形成され、その後の海進の影響で一気に埋積されていることから、今後も、有明海の周辺の沖積低地から早期の貝塚が発見される可能性は高いといえます。そして、アカホヤ火山灰の降下後、九州では、轟B式に代表される貝殻文土器と曽畑式土器が盛行しますが、とくに曽畑式土器を残した遺跡は、有明海から不知火《しらぬい》海の沿岸部に集中し、この時期以降に貝塚の形成が活発化します。また、曽畑式土器は、北は朝鮮半島の南端から、南は沖縄本島までの広がり（**図47の②**）をみせ、西北九州型結合釣針、石鋸《いしのこ》や石銛《いしもり》と呼ぶ銛頭《もりがしら》など特徴的な漁労具をともなうなど、海との強いつながりをみせています（**図63**、293ページ）。

気候最適期の象徴ともいえる縄文海進のピークをむかえる前期は、海進がもたらした広い海を積極的に漁場として開拓し、漁労活動が汎列島的に盛行したように、縄文文化の一つの画期をむかえるのです。

◉前期に顕著となった東西の地域差

前期に縄文文化が一つの画期をむかえたといいましたが、じつは量的な面では、東日本と西日本では大きな違いをみせています。

縄文海進の影響が大きかった関東平野では、海進によって形成された内湾に沿った台地上に前期の集落が多く立地しますが、その一つである千葉県松戸市の幸田《こうで》貝塚からは、全体の三割に満たない調査面積で、関山《せきやま》式土器の時期だけでも一三〇をこえる竪穴住居跡が発見されています。これらの住居跡は、一時期に形成されたものではありませんが、その分布のあり方などから、中央に墓域などをともなう大型の環状集落であることは間違いありません。東京都北区の七社神社前《ななしゃじんじゃまえ》遺跡や埼玉県富士見市の水子《みずこ》貝塚、同市の打越《おっこし》遺跡、あるいは神奈川県横浜市の南堀《みなんぼり》貝塚や北川《きたがわ》貝塚など、この時期の大型の環状集落の多くは、縄文海進時の内湾に沿った台地上に形成されています（**図48**）。しかも、このような大型の環状集落は、河

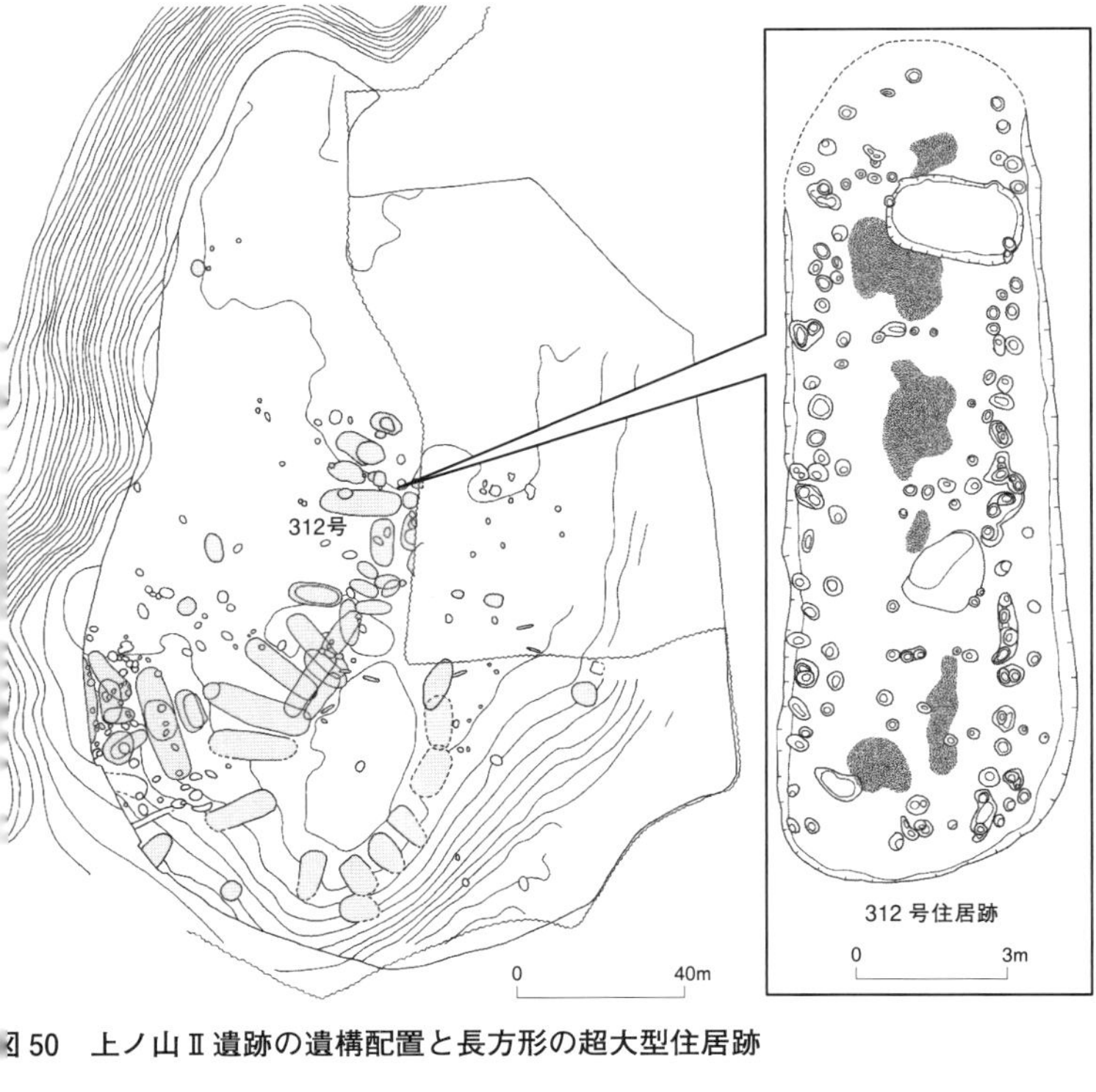

図50　上ノ山Ⅱ遺跡の遺構配置と長方形の超大型住居跡

も沿岸部だけでなく、たとえば長野県諏訪郡原村の阿久遺跡や富士見町の坂《さか》平《だいら》遺跡など内陸部でも形成されており、とくに阿久遺跡のように大規模な環状配石や方形の柱穴列などをともなう集落もあるのです（図41、189ページ）。

一方、前期の東北・北陸地方から北関東地方にかけて、大きいもので長さが三〇メートルをこえるような長方形の超大型住居、いわゆるロングハウスが顕著な広がりをみせています。このロングハウスの性格については諸説ありますが、多雪地帯だけに分布が限らないことや長軸上に複数の炉をもつこと、ロングハウスが主体となる集落もあることなどから、武藤康弘《やすひろ》が主張するように、複数の家族が集住する、文

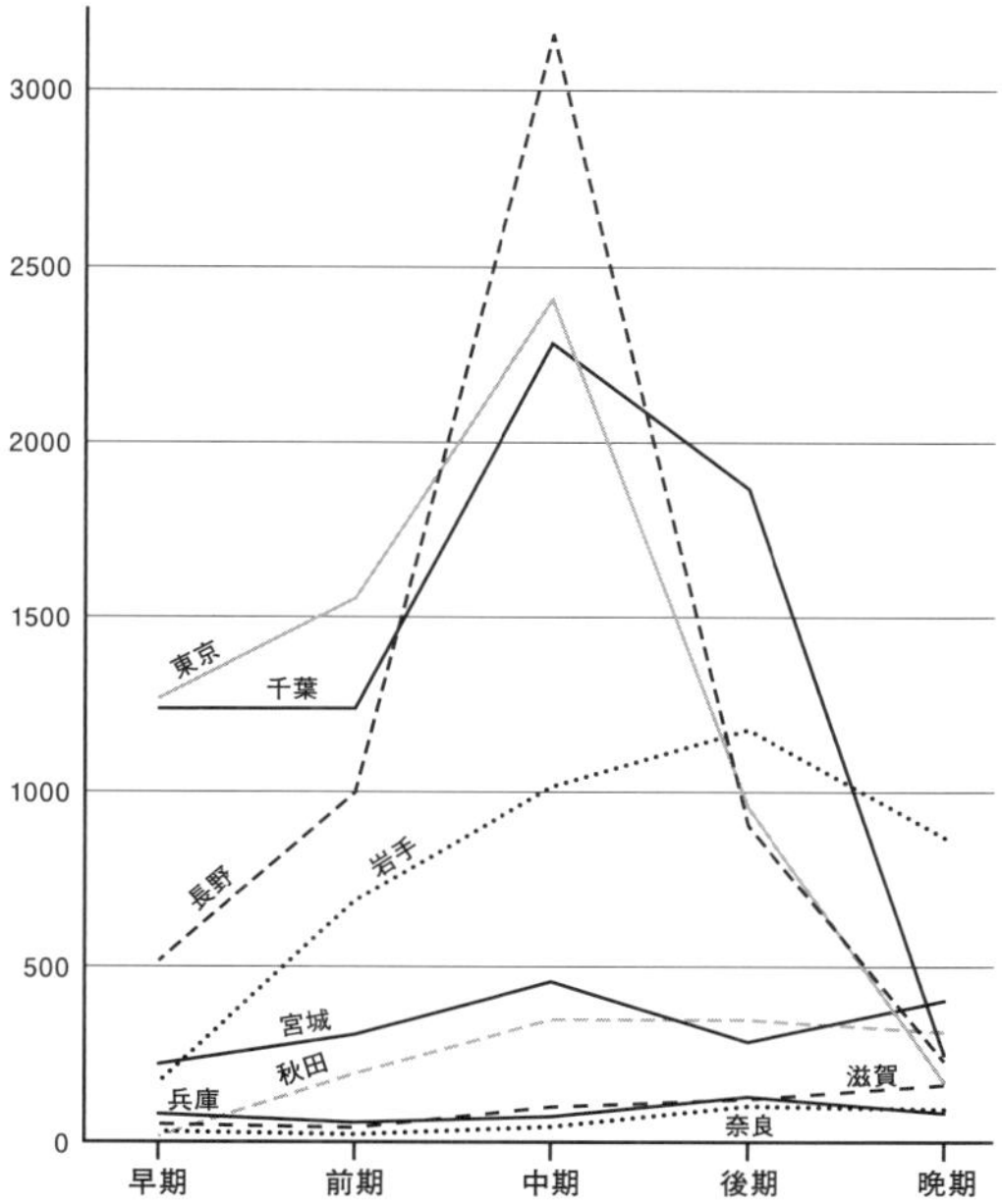

図51　縄文時代の時期別・地域別の遺跡数

字どおりのロングハウスと考えて間違いないでしょう。ロングハウスが主体となる集落は、秋田県大《だい》仙《せん》市の上《うえ》ノ山《やま》II遺跡や岩手県遠野市の新田《しんでん》II遺跡など類例は多いのですが、ロングハウスと通常規模の住居から構成される集落の方が数的には多く、いずれも住居が列状や環状に規則的に配置されています（**図50**）。

このような前期の大型の環状集落やロングハウスをともなう大規模な集落は、東日本に分布が限られていて、西日本に存在した形跡は、まったくといっていいほど確認されていないのです。こうした前期に顕著となった東日本と西日本の地域差は、中期になるとますます拡大していくことになります。前・中期は、縄文文化の発展期とか、高揚期と呼ばれていますが、**図51**の縄文時代の時期別・地域別遺跡数に端的に示すように、それは東日本に限定された地域的な特性といえます。

3 縄文文化の発展をささえたもの

◉遺跡密度の解釈

遺跡の分布密度にみられる東西日本の地域差について、明確な解釈を下したのが西田正規《まさき》です。西田は、日本列島の環境を詳細に検討した結果、食料資源の内容については東西に差があるものの、その生産量については差異が認められない。つまり縄文人が食料とする資源の潜在量には東西差がなかったことを明らかにします。にもかかわらず、遺跡の分布密度に東西差があるとすれば、その分布密度こそ疑うべきだと考えた西田は、関東地方と近畿地方の遺跡の立地に注目します。そして、関東地方の遺跡の多くが台地や丘陵上に立地しており、遺跡の保存率や発見率が高いのに対して、近畿地方の遺跡の多くが扇状地や沖積地の微高地上に立地していて、その保存率や発見率が低いことから、西田は、東西日本の地域差はみせかけにすぎないと断じました。

一見、明快そうにみえる西田の解釈でしたが、はたして正鵠を射ているでしょうか。結論からいえば、否といえます。たしかに、沖積低地に遺跡が埋もれていることは、たとえば最近の事例では、和歌山県日高郡みなべ町の徳蔵地区《とくぞうちく》遺跡で中期前半の比較的規模の大きい集落が、南部《みなべ》川の自然堤防上から発見されていることからも間違いはありません。しかし、それは西日本に限ったことではなく、たとえば千曲川が勾配を緩めて大きく蛇行する長野盆地では、かつて縄文時代の遺跡がないとされていた沖積低地から、つぎつぎと集落遺跡が発見されています。

その一つである千曲市の屋代《やしろ》遺跡群では、大小の洪水などによる堆積物でおおわれた厚さ四メートルの堆積層から、中期から晩期までの七枚の文化層が確認され、とくに中期後葉には部分調査ながらも七二棟の住居跡が中央の広場を囲むように環状にみつかりました。また、八ヶ岳山麓を中心に中期の環状集落などが密集して分布することで知られる茅野市でも、阿弥陀堂《あみだどう》遺跡など中期の集落が現水田下の低位段丘面から発見されているように、東日本でも決してまれな事例ではありません。とくに海水面が現在より低かった早期の中頃までと、沖積化が進行する後・晩期の遺跡が沖積低地に埋もれている確率は高く、事実、最近の開発によって、そうした遺跡の発見が西日本だけでなく東日本でも増えてきています。

しかし、沖積地は日本列島の陸地全体の約一三パーセントを占めているだけです。しかも、沖積地の割合がもっとも高いのが関東地方の二二パーセントで、近畿地方は一四パーセント、中国地方は一〇パーセント、九州地方は一一パーセントと、西日本は半分程度の比率です。そして意外なのは、内陸部の中部地方でも一三パーセントと、近畿地方とほとんど違わないのです。つまり西田の指摘のように、遺跡が沖積低地に埋もれていたとしても、西日本に遺跡の保存率や発見率が低い理由にはならないのです。

かりに沖積低地に埋もれている遺跡が西日本に圧倒的に多かったとしても、台地・丘陵・山麓地が占める割合が沖積地と比較して倍以上もある日本列島では、台地・丘陵・山麓地に遺跡が立地する東日本の数的な優位性は動きません。また、西日本に大型の環状集落が圧倒的に少ない現状では、集落の規模にもおのずと地域差が生じていたことは間違いありません。つまり前・中期を中心とする遺跡の分布密度と集落の規模に、東日本と西日本で絶対的な格差があるのは動かしがたい事実なのです。

なお、最近になって、内山純蔵《じゅんぞう》が動物考古学の立場から、西日本の遺跡のみせかけの少なさを論じています。内山は、福井県三方上中郡若狭町の鳥浜《とりはま》貝塚や滋賀県大津市の粟津湖底《あわづこてい》遺跡第3貝塚などの動物遺存体の分析から、西日本では、コイ科に代表される淡水生食料資源に基盤をおく低湿地定住型の生業戦略が採用された結果、低湿地の集落拠点と山間部の集落との間で季節移動を繰り返すという空間利用構造が図られたと考えました。そして、低湿地は埋没のため、山間部は分散型居住で小規模なために、いずれも遺跡の確認が困難であることを理由として、みせかけとしての遺跡の分布密度が東日本とくらべて低い結果となったと結論づけています。しかし、内山のいうように低湿地と山間部で集落の移動を繰り返していたとすれば、それこそ遺跡数は実質的に増えるはずであって、それをすべて遺跡の確認が困難であることを理由にするのは、立論の仕方そのものに無理があります。

◉地域差を生んだ要因

では、そうした東西日本の地域差は、どのようにして生じたのでしょうか。あらためて東日本と西日本の地形の違いをみてみましょう。東日本には、武蔵野台地を代表とするように、台地が広く発達しています。この台地は氷期や間氷期、後氷期における河川の浸食と堆積によって形成された河岸段丘の上に火山灰などが厚く堆積したものです。そこは、広い平坦地と豊富な湧水に恵まれています。また、丘陵地も多く、山地も八ヶ岳や浅間山、榛名山、赤城山というように広大な裾野を形成するものが多く、そこも広くて緩やかな台地と豊富な湧水に恵まれています。このように総じて東日本は、縄文人が集落を営むのに好適な場所が多いのです。

一方、西日本では、河岸段丘や丘陵の発達があまりみられず、ほとんどの地域で、傾斜の強い山地が直接沖積地に接しています。そのために、平坦地と湧水に恵まれていないことから、縄文人が集落を営むのはかなり限定的とならざるをえないのです。

このような地形の違いこそは、東日本で遺跡の分布密度が高く、大型の環状集落が発達したのに対して、西日本では遺跡の分布密度が低く、集落の規模も比較的小さく限定されるという、東西日本の地域差を生んだ第一の要因です。

ところで、東京駅から東海道新幹線に乗って、車窓を眺めていると、三河に入るころから山の様相がしだいに変わってくることに気づきます。さらに山陽新幹線の区間に入ると、はげ山や竹林が目立ち、東日本の里山とくらべて、ひどく貧相となります。それは近畿・瀬戸内から北九州地方が花崗岩《かこうがん》地帯であることによります。花崗岩は、長い年月の風化によって、数十メートルの厚さの真砂土《まさど》をつくります。この真砂土は、砂と礫が集まったようなもので、いったん表面を覆う森林が破壊されると、表層の風化土壌が流失してしまい、森林の再生を妨げてしまいます。ですから、西日本では、縄文人が下手に環境に関与すると、逆に環境破壊をおこしかねないという危険があったのです。

さらに、もう一つ重要な要因は、西日本の照葉樹林と東日本の落葉広葉樹林という植生の違いです。西田が指摘したように、堅果類の生産量では、照葉樹林と落葉広葉樹林に著しい差はありません。しかし、冬に葉を落とす落葉広葉樹林では、林床《りんしょう》植物と呼ばれるワラビ、ゼンマイ、フキ、クズ、ヤマノイモ、キノコなど、縄文人が食料とした植物に恵まれています。それに対して、一年中鬱蒼《うっそう》とした照葉樹林は、そうした林床植物に恵まれていません。そして、これらの林床植物の多くは、クリやクルミなどとともに陽生植物ですので、樹林地に人の手を加え、明るい環境にしてやると、生産量が飛躍的に増大します。つまり落葉広葉樹林のほうが照葉樹林よりも潜在的な食料資源が豊富で、縄文人の環境への関与によって落葉広葉樹林では生産性がより高まることから、人口を高めることができて大規模集落の発達も促進できたのです。

そして、もう一つ忘れてならないことは、照葉樹林を構成するカシやシイ、クスノキなどは、カシが木偏に堅いと書くように、いずれも材質が非常に堅く、かつ粘りがあって強度も強いという点です。そのために、石製の道具しかもたない縄文人にとって、照葉樹林はなかなかやっかいな代物だったのです。

このように、照葉樹林は、縄文人にとって利用しにくかったために、南九州の鹿児島県霧島市の上野原遺跡に代表されるように、早期前半には長期の定住集落が形成され、後半には土製や石製の耳飾り、土偶、壺形土器などが作られ、「早咲きの縄文文化」と形容されるほどの発達をみせながらも、早期後半に入ってからの照葉樹林の定着とともに、まず集落が衰退し、その後の鬼界カルデラの大爆発にともなう火砕流と大量のアカホヤ火山灰の降下で、遺跡そのものも壊滅してしまいます。そして、鬼界アカホヤ噴火後に回復した森林が照葉樹林であったことから、南九州で大規模な集落は形成されなくなるのです。

◉縄文集落と環境管理

縄文人の環境への関与とは、どういうことなのでしょうか。第Ⅱ章でも触れたことですが、ここであらためて集落との関係でもう少しくわしくみておきましょう。

集落を建設するといっても、その適地がどこにでもあるというわけではありません。利用しやすい水場が近くにあることや、洪水など自然災害の影響をこうむりにくく、かつ住居を建てるための一定の平坦地が必要です。とくに複数の住居などが中央の広場を囲むように配置される環状集落では、より広い平坦地が必要なことはいうまでもありません。そうした集落適地は、豊富な湧水をともなう台地や丘陵が発達した東日本のほうが恵まれていたことは、すでに指摘したとおりです。

集落の建設場所が決まると、最初にとりかかることは、住居などの施設を建てるために、落葉樹や照葉樹の森林を切り開くことです。伐採された樹木は、建築材として利用しますが、それでも足らない場合は、周辺の森林を伐採して調達することになります。ということは、深い森林のなかにあって、集落を建設した周囲は、ぽっかりと大きな穴があいたような明るく開かれた場所になります（図52）。こうした明るく開かれた場所こそは、クリやクルミなどの二次林の成育に、願ってもない環境を提供することになります。しかも、集落での生活を維持するためには、燃料材や補修などのための建築材、あるいは生活用具などの用材は必要不可欠で、それらは当然、集落の周辺から切りだすことになります。つまり集落の周辺環境は、人類の関与によって、つねに二次林的な環境が形成されることになります。

こうした二次林的な環境は、ワラビ、ゼンマイ、ヤマノイモなど林床植物の成育にも大きな影響をあたえることは、これも前述したとおりです。つまり集落を建設するということは、縄文人が集落の周辺環境に関与することによって、有用植物が繁茂しやすい二次林的な環境、今日でいう雑木林という新しい環境を生みだすことになります。

縄文人が集落の周辺環境に関与するといっても、集落の規模が小さければ、それだけ関与の度合いが低いことになります。その点で、地形的な制約から、集落の規模が比較的小さく限定される西日本では、集落の周辺環境への関与は、おのずと限定されてしまいます。しかも、集落の背後の山が急傾斜で活用しにくいばかりか、その山が花崗岩の風化した真砂土地帯であれば、下手に森林に手を加えることもままならなかったはずです。さらに、西日本の場合には、少なくとも前期以降になると、落葉広葉樹林は山頂部

図 52　縄文集落の景観（想像図）

付近に限られるようになることから、縄文人の生活は、照葉樹林のなかでおこなわざるをえなかったために、集落の規模を拡大する方向がとりにくいという、複数の要因が重なってしまっていたのです。そのために、泉拓良《たくら》が早くから指摘しているように、近畿地方などでは、中期末の人口増加期には、集落の規模を拡大するのではなく、近接地へ分散することで対処せざるをえなかったということです。

一方の東日本では、台地や丘陵が発達していて、広い平坦地に恵まれていたばかりか、人類の関与によって、生産性がより高まる落葉広葉樹林を生活の舞台としていたことから、集落の規模を拡大する方向にむかいます。集落の規模が拡大すれば、それだけ周辺環境への関与の度合いも、また高まることから、必然的に環境管理をおこなうまでに発展することになります。そして、環境管理によってえた堅果類や根茎類、あるいは中期以降に利用が本格化するマメ類は、縄文人の主要でかつ安定した食料資源となったことから、その後の集落の発達を促進するという、いわば相乗効果を生むことになりました。

その具体例を青森市の三内丸山遺跡でみてみましょう。三内丸山遺跡の谷戸《やと》（丘陵地が浸食されて形成された谷状の地形）を埋める堆積物中の植物遺体の分析から、縄文前期中ごろの最初の居住者は、まずブナとミズナラが優占する落葉広葉樹林を伐採し、開けた空間地を拡大していったことがわかりました。その結果、集落の周辺にはクリやミズナラといった林ができ、台地の斜面にはオニグルミやウルシの仲間、キハダ、ニワトコといった二次的な植生が形成されました。前期後半になると、集落の周辺はもとより、沖館《おきだて》川の河畔林《かはんりん》までが伐採されて、クリの林につくりかえられていっただけでなく、そうしたクリ林の景観が、中期後半までの一〇〇〇年近くも維持されていきました。クリ林が維持されたということは、そこでクリが選択的に管理されていたことを意味しており、縄文人が環境管理を積極的におこなっていたことを物語っています。こうした環境管理によって、安定した食料資源がえられたからこそ、三内丸山遺跡で長期にわたって、大規模な集落を維持することができたのです。

4 縄文文化の豊かさとその限界

◉豊かな社会

狩猟採集民にとっては、生活の本拠となる集落の周辺に多様な環境をもち、しかも季節が多様に変化する地域ほど、潜在的な食料資源に恵まれているといえます。その意味では、小規模で複雑な箱庭的な風景をもち、一年の季節の変化がはっきりとしている日本列島は、縄文人にとって好ましい生活環境を提供したことになります。

こうした列島の環境特性と縄文人との生業のかかわりを、年間の労働のスケジュールとして、わかりやすい一枚の図にしたのが小林達雄の「縄文カレンダー」です（図53）。狩猟・植物採集・漁労活動における利用の手段と技術を確立させた縄文早期には、いまだ十分とはいえないまでも、小林が構想した「縄文カレンダー」にみられるような潜在的な食料資源の利用を可能とし、遅くとも前期までには、その実用化を大いにうながしました。

たとえば、しばしば紹介している縄文前期の鳥浜貝塚では、食料として利用されたと推定される資源として、植物二一種、哺乳類一二種、貝類三三種、魚類一三種、鳥類四種の計八三種がこれまでに判明しています。そのうち鳥浜貝塚を生活の場としていた人びとを支えた主要な食料、いわゆるメジャー・フードは、西田正規によれば、植物がクルミ、ヒシ、ドングリ類、クリ、哺乳類がシカ、イノシシ、貝類がヤマトシジミ、マツカサガイ、イシガイ、カワニナ、魚類がフナなどの淡水小型魚類、それに豊本として浅

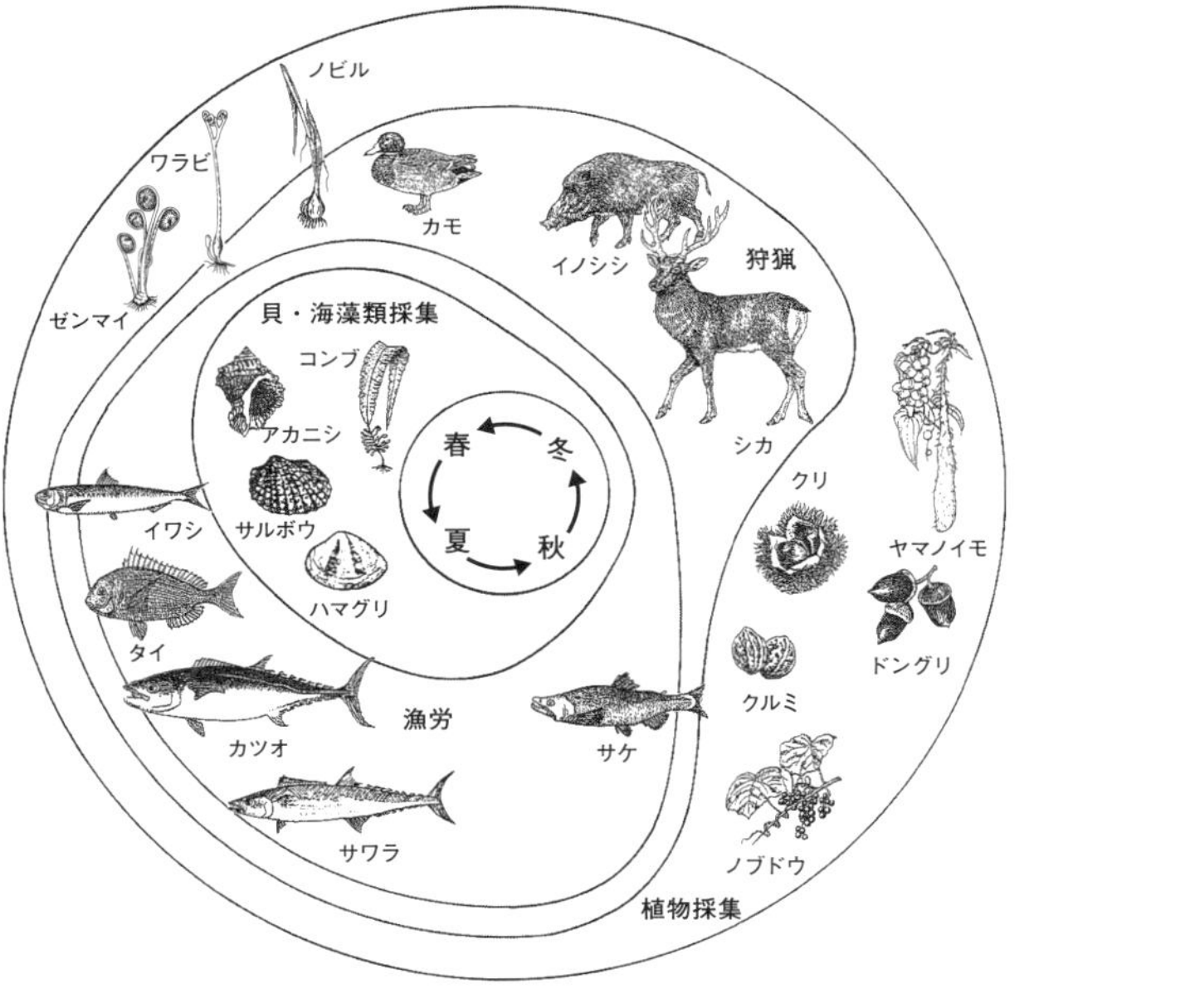

図53　縄文カレンダー

りにくいイモ類や球根類などを加えても、いずれも集落を中心とする半径約五キロの範囲内で入手可能なものであったということです（図18、96ページ）。しかも、それらのメジャー・フードは、世界の狩猟採集民のなかでも例をみないほど豊かで、かつバラエティーに富むもので、これこそが豊かな縄文社会の基盤であったのです。

さて、縄文人が食料を獲得し、それを消費するという労働の過程で必要とする基本的な道具類は、第II章の2で紹介したように、縄文早期の後半にはほぼ出揃い、それらが縄文晩期まで安定して使われています。その意味で、縄文時代は道具という、いわばハード・テクノロジーは、かなり初期の段階で基本的なものは開発済みとなり、それ以後はソフト・テクノロジーの開発にむかいますが、それにともなって精神的・社会的な要求にもとづく道具類、考古学では呪術的・儀式的な遺物（呪具）と呼ばれるもの、あるいは装身具類などが特異といえるほどの発達をみせます。

定住社会となった縄文時代では、集団生活を円滑におこなうために、祭祀や儀礼を必要としました。大型の環状集落が形成された東日本の前・中期に、考古学では呪術的・儀式的な遺物と呼ばれるもの、あるいは装身具類などが発達します。そして、とくに環状集落が解体して集落が小型分散化するなど、より社会が複雑化する東日本の後・晩期に特異といえるほどの発達をみせますが、そこではまさに祭祀や儀礼が不可欠な社会となっていたことを示しています（図54）。

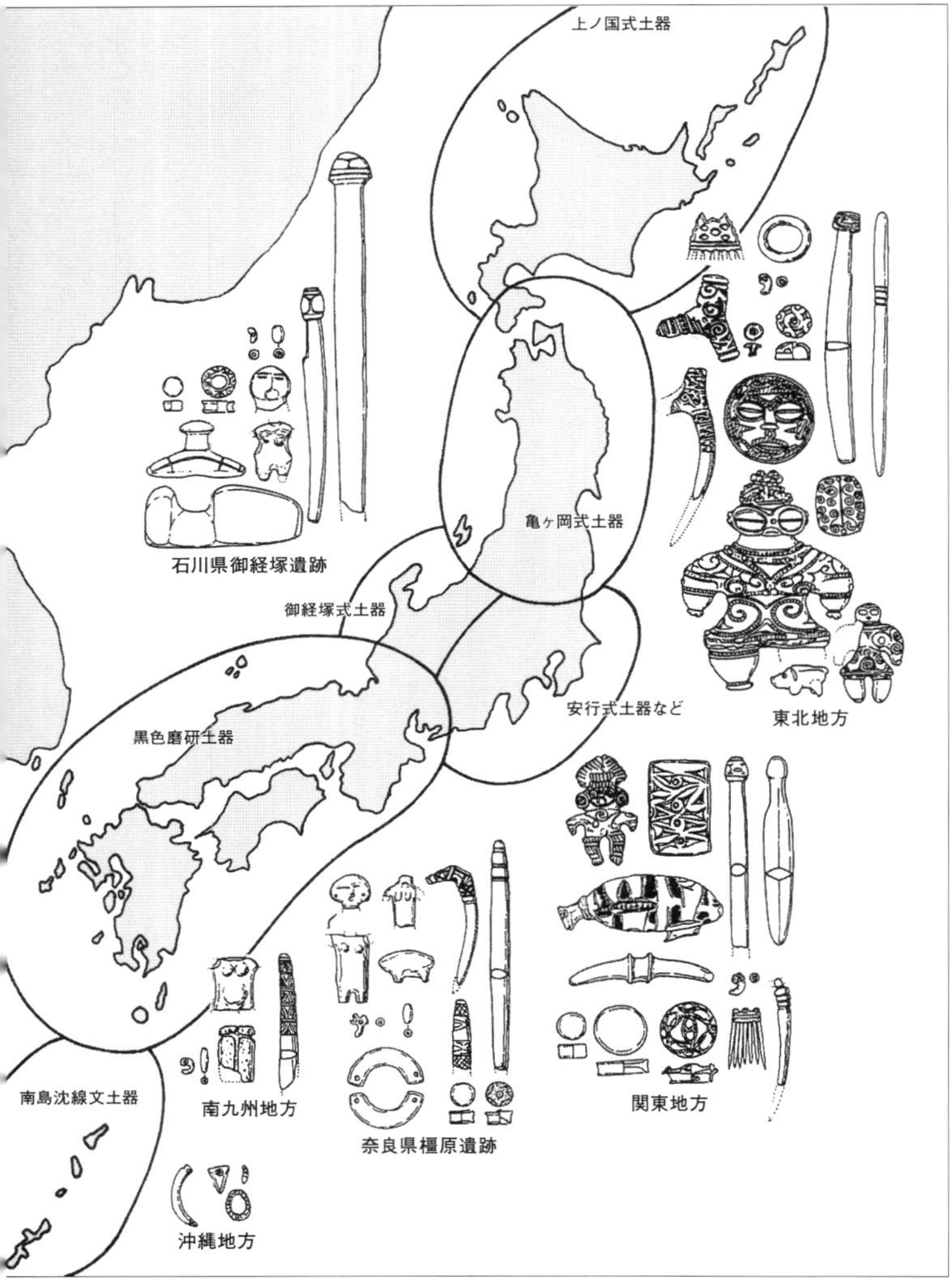

図 54　縄文晩期の呪具と装身具の分布

◉謎の呪具と華麗な装身具

縄文時代を代表する呪術的な遺物の一つが土《ど》偶《ぐう》です（図55）。土偶は、早期までは表現が稚拙ですが、乳房のふくらみなどから、当初から女性を表現していたものと考えられています。そして、時期を経るにしたがって、乳房だけでなく、妊娠を思わせる下腹部や大きな尻部、女性器などを表現する例が多くなり、土偶が女性を形象化したものであることが明確となります。

土偶が何のために作られたかは、考古学界では、いまだ大きな謎の一つです。今までにも呪具説、愛玩具説、護符説、信仰具説などが唱えられてきましたが、大量に作られた小型の土偶の大半が身体を欠損していることから、人の病気や傷害などのある部位を土偶の同じ部位を破壊することで快復を祈ったとか、あるいは妊娠を思わせる表現が多いことから安産を祈願した

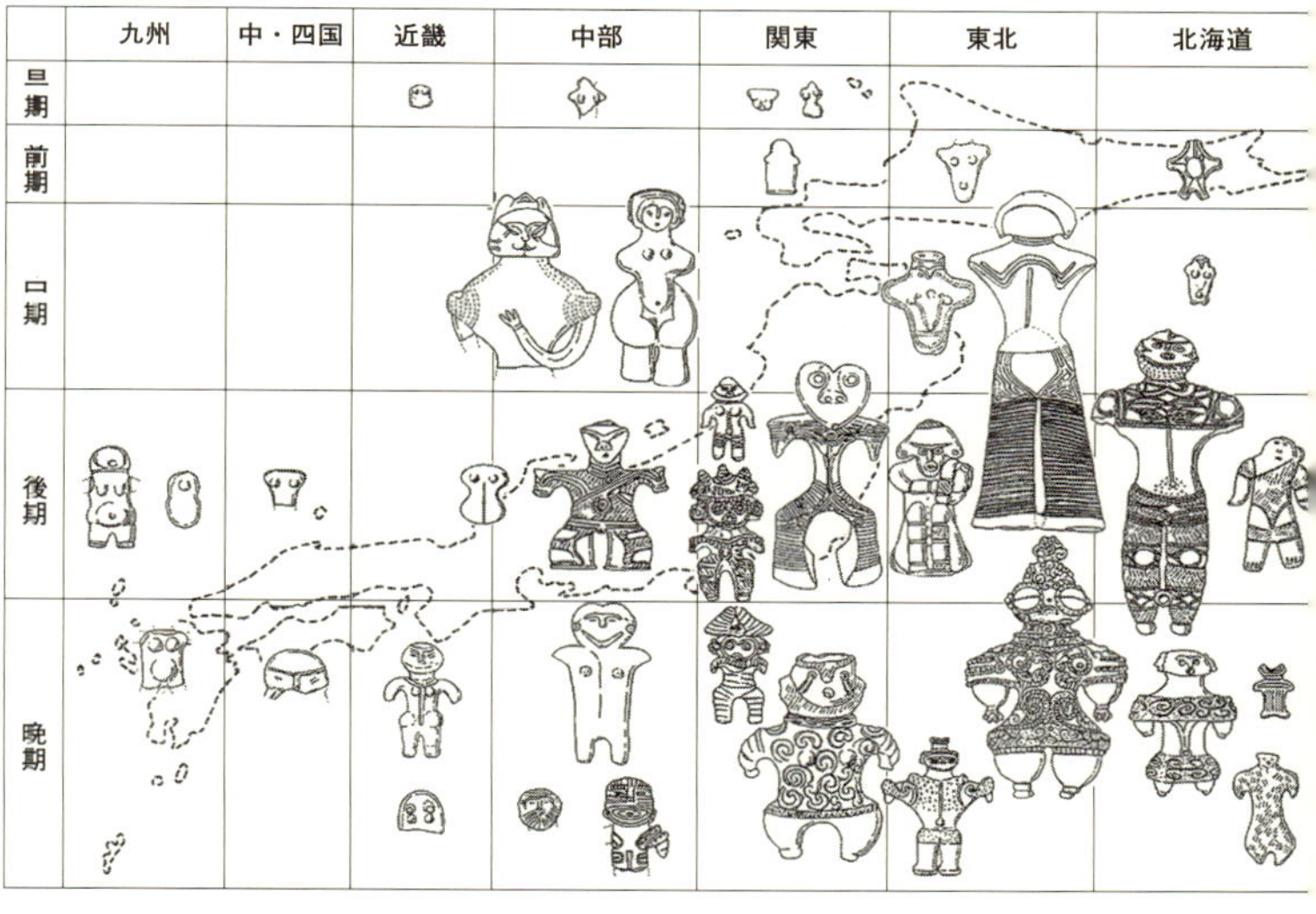

図 55　土偶の変遷

などという呪具説が有力ですが、三上徹也《てつや》は、縄文土器の完成を願う形代《かたしろ》として作られたという興味ある指摘をしています。一方、長野県茅野市の棚畑《たなばたけ》遺跡の中期の大型土偶、いわゆる「縄文ビーナス」のように、集落の中央広場に安置されたような状態で、ほとんど無傷のまま出土したものなどは、集団の安寧《あんねい》や繁栄、豊饒《ほうじょう》などを祈願した信仰説が想定されています。いずれにしても、土偶の用途は一義的なものではなく、縄文社会の呪術や信仰、祭祀にかかわる遺物であったことは間違いないでしょう。

土偶が主に女性を形象したのに対して、男性のシンボルをかたどったものが石棒《せきぼう》です。石棒は、前期の東日本に、その先行となる形態のものが出現しますが、中期になると大型になるばかりか、男根の表現もリアルとなり、なかには二メートルを超えるような大型品も作られるようになります。その石棒が後期になって、しだいに小型化するようになると、頭部の表現も抽象化され、晩期に入ると、断面が円形から扁平となって、やがて刀や剣を模したようにみえることから、石刀《せきとう》や石剣《せっけん》と呼ばれる精巧なものへと変化します（図54）。とくに石棒で興味深いのは、大型品が集落の共同祭祀として使われているのに対して、小型品になると、墓坑などに埋葬される例が多くなることから、そこに呪術から儀式へという社会的な変化を読みとろうとする考えがありますが、今後の課題といえます。

緑川東遺跡（東京都国立市）**出土の石棒**

ところで、土偶や石棒を呪術的、あるいは儀式的な遺物と呼ぶのは、実用的な道具類と違っていまだに正確な用途がわからないからです。そうした用途不明の遺物は、そのほかにも土版《どばん》、岩版《がんばん》、石冠《せっかん》、御物石器《ぎょぶつせっき》、亀形土製品、土面《どめん》、貝面《かいめん》などがありますが、いずれも時期をおって豊かになってくることだけは確かです。

＊小林達雄は、その形態や大きさから機能・用途が容易に判断できる、いわゆる実用的な道具を「第一の道具」とし、それが容易に判断できない、縄文文化を象徴する遺物を「第二の道具」と呼ぶことを提唱しています。小林いわく、「第一の道具」は、魚や獣をとったり、煮炊きをしたりと、自分たちの肉体を維持するのに必要なカロリーを摂取するための道具であるのに対して、「第二の道具」は、縄文人の心の働きと結びついて、その精神を育む道具だということです。

一方の装身具ですが、耳飾り、髪飾り、胸飾り、腕飾り、腰飾りなど、金属がないことをのぞけば、今日にみられる装身具の大半は、すでに縄文人が身に着けていました（**図56**）。なかでも石や粘土で作った耳飾りは、縄文時代を代表する装身具です。中国の玉器である玦《けつ》に似た玦状耳飾りは、早期末から前期に列島の全域に広まりますが、前期末から中期初頭

千網谷戸遺跡出土の滑車形耳飾り

に衰退してしまいます（図56の9・10）。これにかわるように、土製耳飾りが中期から晩期の東日本に盛行し（同3〜8）、とくに群馬県桐生市の千網谷戸《ちあみがいと》遺跡から出土した滑車形耳飾りは、精緻な透かし彫り文様を施し、赤や黒の漆で彩色するなど原始工芸の極致といってよく、まさに逸品です（同8）。

髪飾りでは、前期の鳥浜貝塚の赤漆塗りの木製櫛が有名です（同14）。この櫛は一枚の板目材から歯を削りだしたもので、骨角製品の技法である挽歯《ひきば》式で作られています。ただし、縄文時代の木製櫛の製作技法は、十本前後の歯を束ねて固定する結歯《ゆいば》式が一般的で、歯に細い横木を渡して糸を結び、そのうえを塑型材の下地で固めて、赤漆を塗って仕上げています。

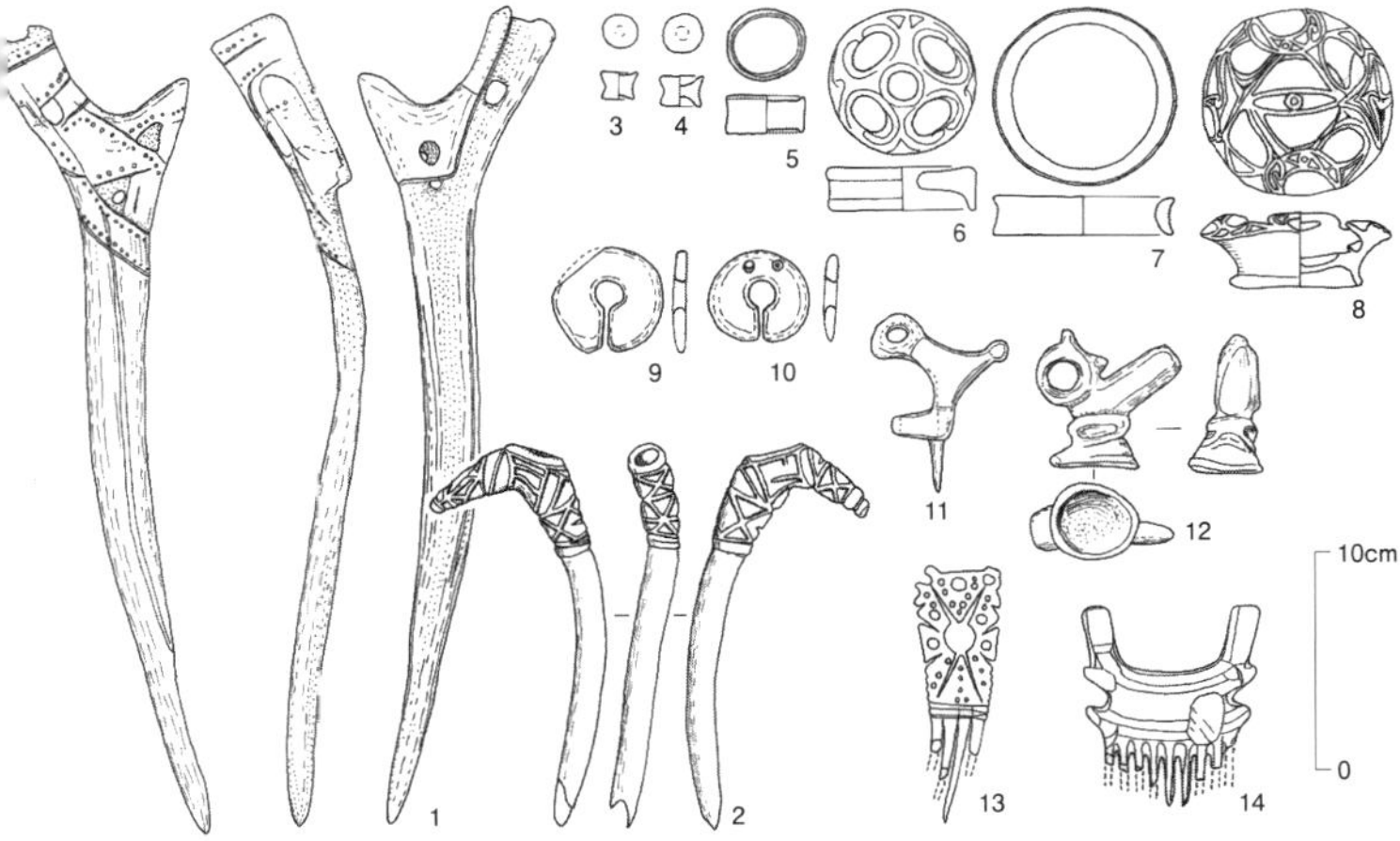

図56　縄文時代の装身具

鹿角製腰飾り（1. 宮城県屋敷浜貝塚・中期、2. 奈良県橿原遺跡・晩期、11. 岡山県津雲貝塚・後〜晩期、12. 岡山県中津貝塚・後期）、土製耳飾り（3〜7. 埼玉県高井東遺跡・後〜晩期、8. 群馬県千網谷戸遺跡・晩期）、玦状耳飾り（9・10. 大阪府国府遺跡・前期）、鹿角製櫛（13. 青森県三ツ森貝塚・前期）、木製櫛（14. 福井県鳥浜貝塚・前期）

胸飾りに、硬玉、琥珀、滑石、貝殻などの各種の材料を用いて大珠、勾玉、丸玉、管玉などの形に作り、それらを単品で、あるいは複数を組み合わせて使っています。そのほか、腕飾りは貝殻、腰飾りはシカの角を素材として、さまざまな装飾が施されています。

◉豊かさの意味

日々の日常的な営みのことを褻（ケ）といい、儀式や祭礼のような非日常的な営みのことを晴（ハレ）といいますが、縄文時代でも集落での日常的な営みとともに、一年でも節目となるような日には、村落の人びとが総出で儀式や祭礼をおこなうハレの日がありました。こうしたハレの日には、男も女も装身具などを身につけて着飾ったのです。

さらに、縄文時代の大規模な土木工事の事例としては、古くは秋田県の大湯遺跡の万座環状列石と野中堂環状列石と呼ばれる二つの巨大な配石遺構が著名です（**図40**、187ページ）。大湯遺跡は後期に構築されましたが、前期の長野県原村の阿久遺跡（**図41**、189ページ）から晩期の山梨県北杜《ほくと》市の金生《きんせい》遺跡まで数多く発見されており、とくに後・晩期の東日本に集中します。また、青森市の三内丸山遺跡を一躍有名にした巨大な木柱遺構（**図42**、191ページ）も、東日本に集中して発見されていますが、巨木の伐採から加工、そして巨木を立てるという行為までには、相当規模の労働力の投入が必要です（**図43**、193ページ）。こうした縄文時代の大規模な土木工事をともなう遺構こそは、縄文人の技術と労働力の高さを示しています。

このように、縄文社会の豊かさ、あるいは縄文文化のレベルの高さを数え上げれば切りがないといってても過言ではありません。しかし、ここで決して忘れてならないことは、縄文時代の豊かさを指し示す遺物や遺構というのは、基本的に直接生産に結びつかないばかりか、特定の個人とも結びつかない、生活の用具であり、共同体の記念物であるという特徴をもっているということです。それは第Ⅱ章の4で詳述したように、縄文時代の余剰の特質に規定されています。その本質を把握しておかないと、縄文文化の本当の姿を理解することはできないでしょう。

◉遺跡の消長

さて、恵まれた食料資源を背景に、獲得経済段階では、世界でも類をみないほど豊かな社会を築いたといわれている縄文時代であったとはいえ、つねに右上がりに上昇するような安定した発展をしていたわけではありませんでした。

そこで、あらためて**図51**（239ページ）の縄文時代の時期別・地域別遺跡数をみてみましょう。図では、東北地方、関東・中部地方、近畿地方の三つの地域から、それぞれ三つの都県を選んでグラフ化してあります。都県ごとの面積だけでなく、時期ごとの年数、あるいは開発による発掘調査密度などにも違いがあるので、この数値が実態をあらわしているとは必ずしもいえませんが、縄文文化の時期別・地域別にみた遺跡の消長を理解するには、これでも十分に通用しますので、ここではあえて数値の補正などはしていません。

この図をみてまず気がつくことは、長野県の遺跡の激しい増減です。長野県では、早期から前期に遺跡数は倍増し、さらに中期になると、いっきにその三倍以上にも激増します。ところが、後期になると、こんどは一転して激減して、晩期には、中期のわずか七パーセントにまで凋落してしまいます。これは東京都でもほぼ同じ傾向を示しており、関東から中部地方の内陸部に顕著な現象です。

これに対して、同じように中期にピークをもつ千葉県では、後期に目立った減少を示していません。これは東京湾沿岸地域など南関東の海岸部に顕著にみられる現象で、馬蹄形貝塚や環状貝塚と呼ばれる大貝塚をともなうように、海岸部には、陸上の動植物のみに頼る内陸部にはない水産資源をもっていたことから、いったんは減少化を食い止めることができたのです。しかし、これら海岸部の地域も、晩期には、長野県などと同様に遺跡数を激減させています。

一方、岩手県では、早期から後期にかけて増加した遺跡数が、晩期にわずかに減少するとはいえ、全体の二二パーセントを占めているように、安定した遺跡数をたもっています。これは秋田県でもほぼ同じ傾向をみせています。また、宮城県では、早期から中期にかけて増加した遺跡数が、後期にはいったん減少しながらも、晩期に再び増加して、中期と同程度の遺跡数を占めています。このように、晩期に安定した遺跡数を保つのは、東北地方に顕著にみられる現象ですが、これらの地域こそは、亀ヶ岡文化の範囲にほぼ相当することは注目されます。

こうした東日本と際立った違いをみせるのが近畿地方の三県で、後期などに若干の増加傾向をみせながらも、早期から晩期にいたるまで、遺跡数に大きな増減をみせることなく推移しています。これは近畿地方以西に顕著にみられる現象で、これらの地域こそは、弥生文化を象徴する土器である遠賀川《おんががわ》式土器の分布範囲とほぼ重なることは重要です。

　このように時期別という大きな物差しで遺跡数の増減をみてみると、たとえば千葉県のように、早期から前期、中期へと順調に遺跡数を増加させ、後期にも目立った落ち込みがないようにもみえますが、じつは前期末の十三菩《じゅうさんぼ》提《だい》式期と後期初頭の称名寺《しょうみょうじ》式期に大きな落ち込みをみせています。この前期末と後期初頭の遺跡数の大きな落ち込みは、何も千葉県だけにとどまらず、関東地方に広くみられ、若干の時間差はありますが中部地方にもみられる現象です（**図60**、267ページ）。しかも、それは遺跡数の減少だけにとどまらないで、集落の規模も大きく縮小されることになります。

　このような時期別・地域別の遺跡数の増減に端的に示されるように、縄文文化と一口にいっても一筋縄のものではなく、ある時は激しく、ある場所では緩やかな盛衰を繰り返していったのが実態です。そうした縄文文化の実態というものが何に起因するのか、つぎに遺跡数の増減がもっとも激しかった

亀ヶ岡式土器（青森県八戸市是川遺跡）

遠賀川式土器（福岡市板付遺跡）

関東地方と中部地方の資料をもとに考えてみましょう。

◉貝塚文化と井戸尻文化

関東平野では、縄文海進によってもたらされた広い海を、縄文人が積極的に漁場として開拓していったことは前述しました。まず、海進によって形成された内湾にそった台地に縄文早期後半、貝殻《かいがら》条痕文《じょうこんもん》系土器の時期の貝塚が点々とその分布域を広げるとともに、台地のいたるところに遺跡が発見される例がにわかに増加します。しかも、遺跡の急激な増加だけでなく、漁労技術の発達と生産の拡大がおこなわれます。神奈川県横須賀市の吉井城山《よしいしろやま》貝塚では、獲物である魚の種類におうじた大小の釣針が二〇本以上、ペン先の形をした銛、あるいはヤスの先が四〇本以上も発見されているように、漁労具が大いに改良されるとともに、六五〇点をこすマダイの頭骨が、なかには頭骨長が七・五センチにもおよぶものが検出されています。

そして、前期に入ってからの漁労活動のいっそうの進展が、この地域での生業活動の安定をうながした結果、戸沢充則が提唱する「貝塚文化」が関東地方に広く展開することになります。この時期の集落の多くが、海進によって形成された内湾にそった台地上に立地し、貝塚をともなっていることからも明らかです（図48、234ページ）。また、生業活動の安定化は、これも前述したように、千葉県の幸田貝塚や東京都の七社神社前遺跡、埼玉県の水子貝塚、神奈川県の南堀貝塚などにみられるように、定型的な大型の集落を出現させることになったのです。

さて、約七二〇〇年前にもっとも暖かい時期をむかえた世界的な気候の温暖化は、以後緩やかですが、しだいに低下しはじめました。この気候の低下にともなって海水面も低下し、縄文海進と呼ばれた海の内陸への進入は、逆に海退へとむかうことになります。とくに旧利根川や荒川などの大きな河川では、川が運ぶ土砂の堆積作用が加わって、豊かな漁場を提供していた内湾が急速に埋め立てられることになりました。

この内湾の埋め立ては、漁労活動に大きな打撃をあたえ、縄文人の生業活動を一時的にせよきわめて不安定にしました。そのために、前期末の諸磯《もろいそ》c式期から中期初頭の五領《ごりょう》ヶ台《だい》式期、とりわけ十三菩提式期に、前述したような遺跡数の激減と集落の規模の縮小を余儀なくされたのです。

一方、中部地方の高地では、逆に前期末の諸磯c式期になると遺跡数がめだって増加しますが、遺跡の立地も中期のそれにつながるように、多くが中期の遺跡と重複して残されています。そして、関東地方の十三菩提式に併行する籠畑《かごはた》式土器の時期をはさんで九兵衛尾根《きゅうべえおね》式期になると爆発的とも形容されるほどの遺跡の増加をみせます。

図57は、八ヶ岳山麓を代表する前期と中期の遺跡（いずれも長野県諏訪郡原村）の石器組成をグラフにしたものですが、前期の阿久遺跡では、石鏃が約四〇パーセントを占めていて、狩猟活動に関係した解体・処理具と考えられている石匙を加えると、狩猟活動に関係した石器の比率は約五〇パーセントにもなります。それに対して、中期の大石《おおいし》遺跡と居沢尾根《いざわおね》遺跡では、土掘り具である打製石斧が約六〇パーセントを占め、植物質食料加工具である石皿と磨石（凹石）を加えると、じつに八〇パーセン

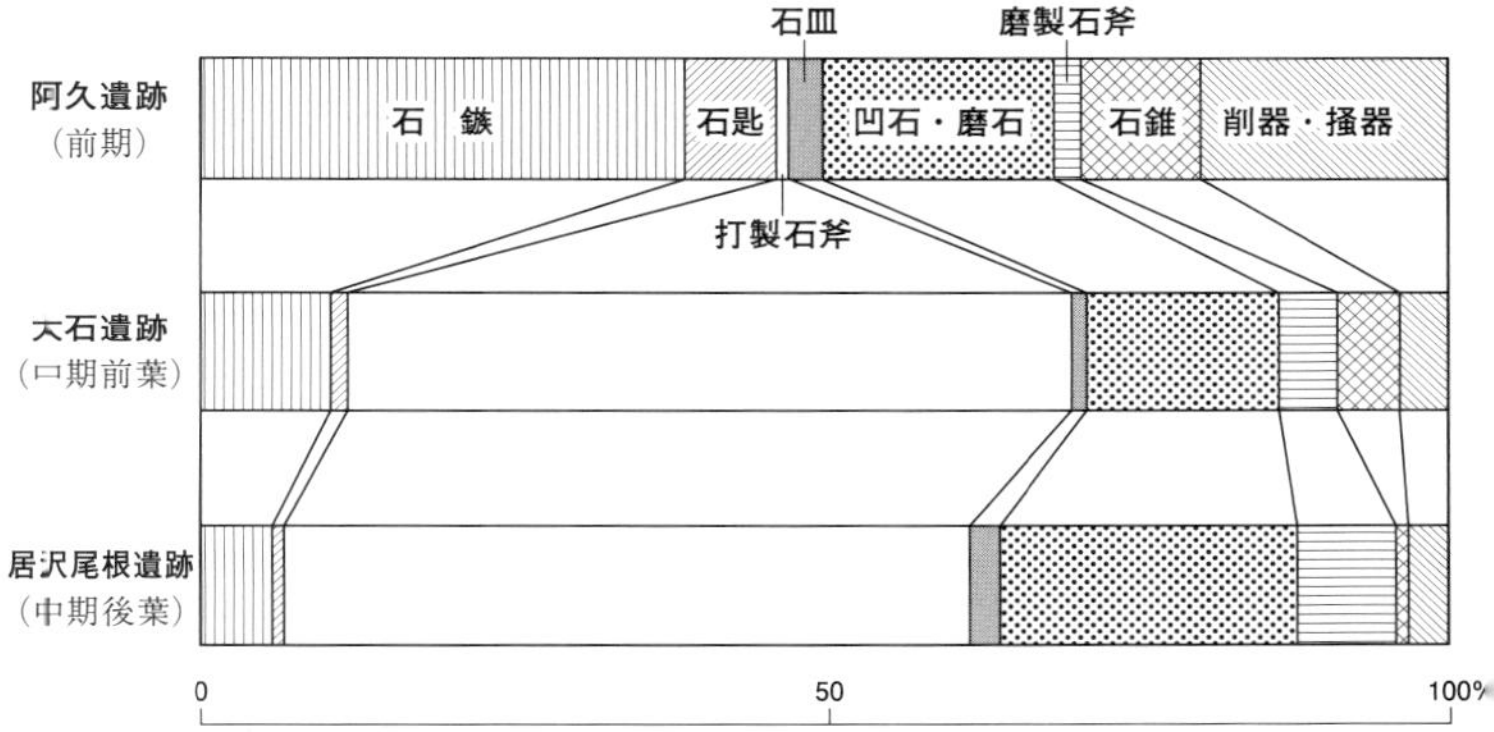

図 57　縄文前期と中期の石器組成の変化

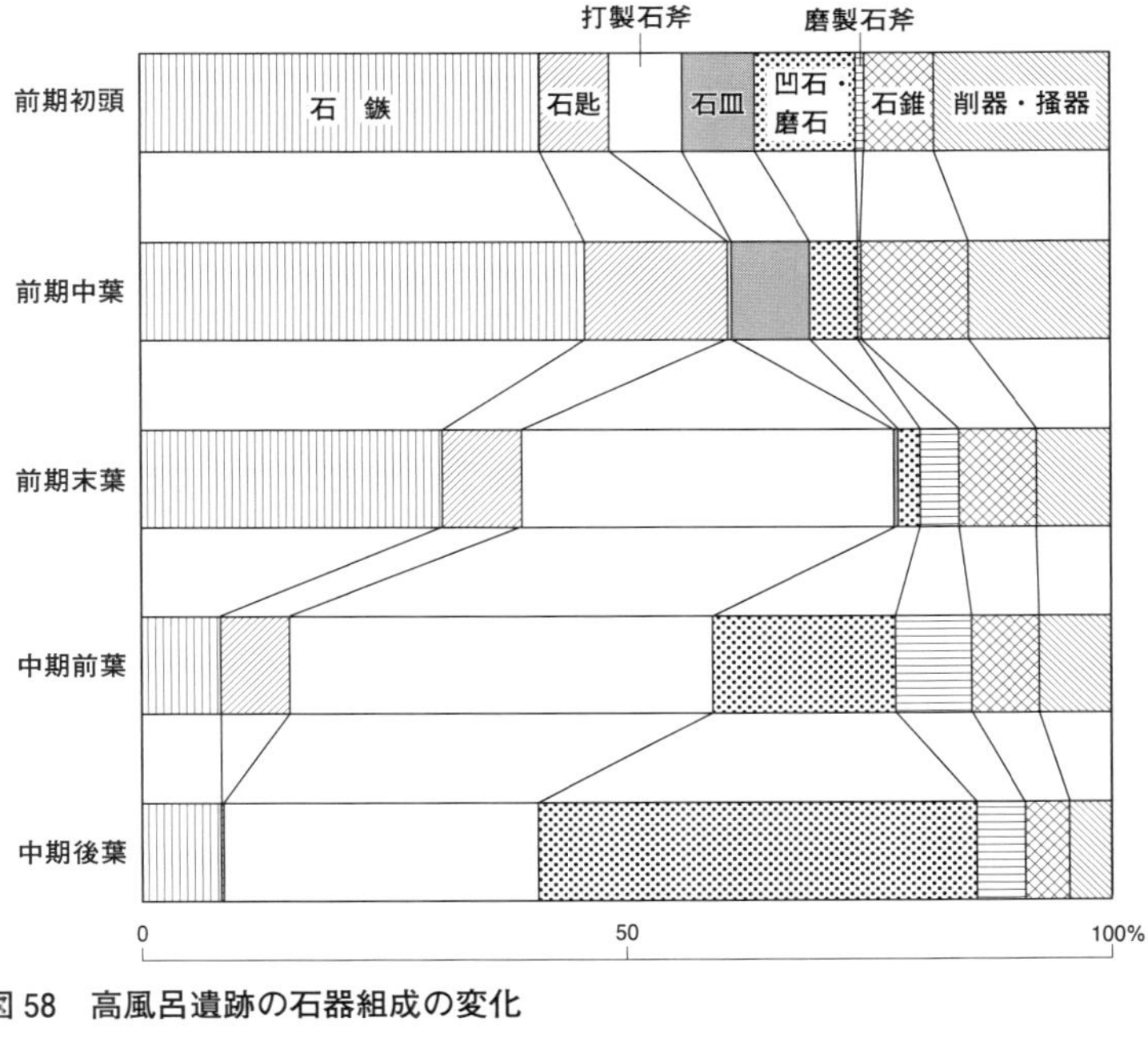

図 58　高風呂遺跡の石器組成の変化

トもが植物採集活動に関係した石器が占めています。

こうした狩猟活動を主体とした、いわば前期的な石器群から、植物採集活動を主体とした中期的な石器群への変化は、図58の茅野市の高風呂《たかぶろ》遺跡でみられるように、前期末の諸磯c式期に顕著になることは、中部高地でほぼ共通した変化としてとらえられています。ということは、中部高地では、狩猟活動に依存した生業形態から植物質食料に依存した生業形態へと切り換えることによって、戸沢が「井戸尻文化」と提唱した山麓の縄文文化を繁栄させることができたのです。

さて、海退によって、関東平野の奥深くにまで形成された内湾が埋め立てられたことで、豊かな漁場を失ったこれらの地域の人びとは、中部高地の影響のもとに、植物質食料に依存した生業形態へと積極的に切り換えました。それは中期前半の勝坂式期に、土掘り具である打製石斧が爆発的に増加し、植物質食料調理具である石皿、磨石、凹石、敲石の石器セットとしての安定化が図られたことに端的にあらわれています。こうして、関東地方の内陸部では、中部高地とともに縄文中期という時期に、植物採集と加工の技術を最大限に利用した地域文化が栄えました。そして、文化の繁栄にともなって、遺跡数の増加と集落規模の拡大がみられることになったのです。

たとえば武蔵野台地では、中・小河川の流域に平均二から三キロの間をおいて、中期の集落が分布しますが、これはほかの時期、あるいは平均的な縄文人の行動範囲と考えられる半径約五キロという数値にくらべてみても、爆発的ともいえる集落の増加・膨張であると評価でき、それは内陸部の集落の後背地の森や林の豊かさが大きな力となったものでしょう。

また、東京湾の沿岸地域や現利根川の下流域など河岸部においても、植物質食料への依存度の高い生業活動を基礎に、遺跡数の増加と集落規模の拡大がみられたことは、内陸部の地域と基本的にかわることはありません。ただし、これらの地域では、縄文中期に入っても、海退の影響をそれほど大きくうけることはなかったことから、遺跡数や集落規模の拡大にともなう人口の増加に対して、安定した食料を確保するために、豊かな漁場へも積極的に目をむけていったのです。

とりわけ東京湾の東岸にあたる千葉県松戸市から市原市にかけての地域は、深い入り江に恵まれたばかりか、大量の土砂を運搬するような大きな河川がなかったために、遠浅の深く入り組んだ砂泥質の入り江が残されていました。こうした漁場を積極的に開発したことは、千葉県市川市の姥山《うばやま》貝塚や千葉市の加曽利《かそり》貝塚など貝塚の代名詞にも使われる遺跡で、中期の中ごろから大量の貝が投棄され、いわゆる馬蹄形貝塚と呼ばれる大型貝塚の形成がはじまることが、なによりも雄弁に物語っています。

◉不安定を内包する安定

縄文中期の関東・中部地方を中心とした東日本の遺跡の増加は、文化の繁栄による人口の増加を意味する一方で、縄文社会がもつ矛盾をしだいに増大させることになります。それは人口増加による食料資源の枯渇という問題ですが、そのあたりのことを中部高地を代表する遺跡群の一つである八ヶ岳西南麓を事例に、もう少しくわしくみていきましょう。

図59は、長野県の八ヶ岳西南麓の縄文時代の遺跡分布です。それらの遺跡の、土器型式別にみた遺

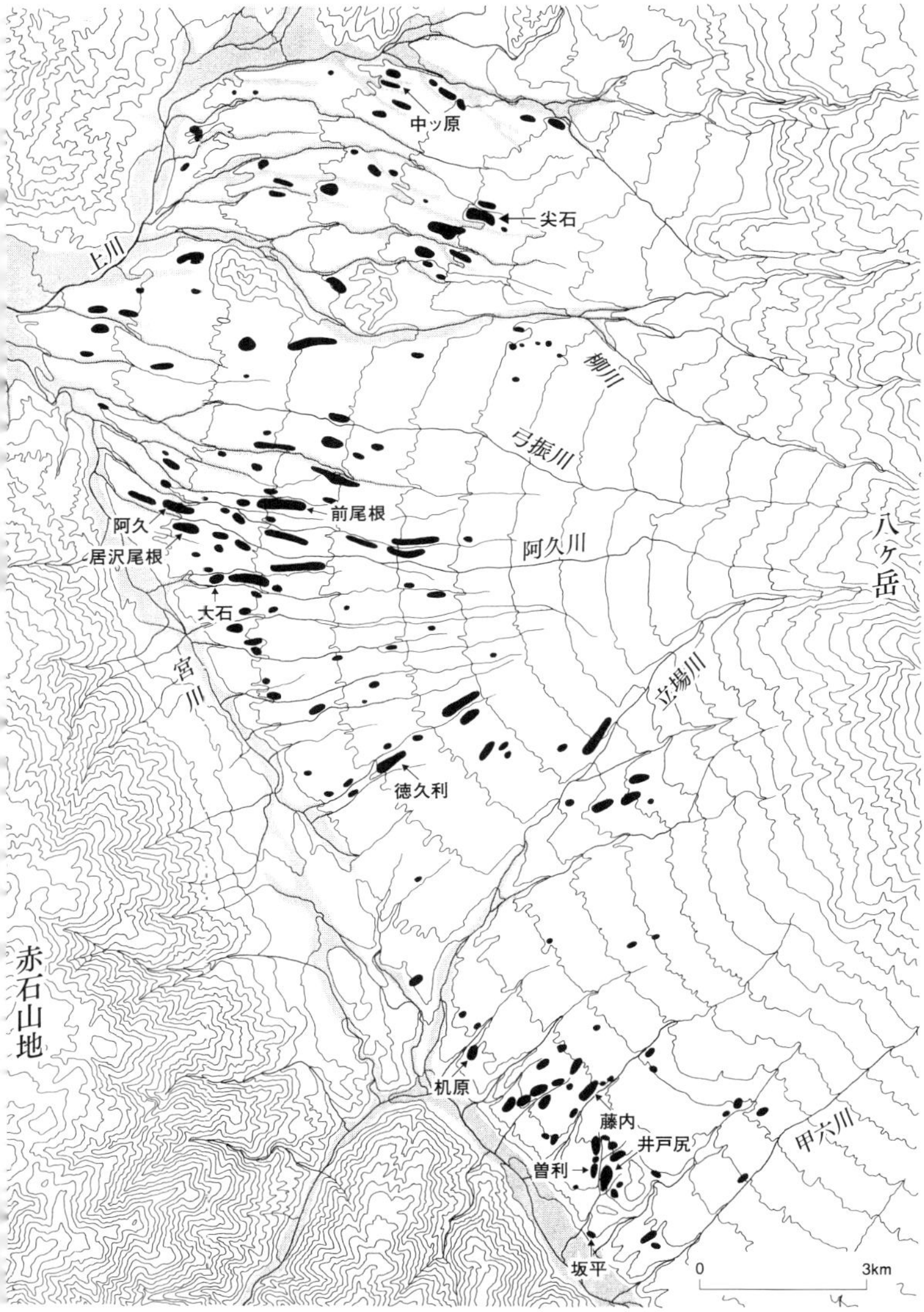

】59　八ヶ岳西南麓の縄文時代の遺跡分布

跡数・集落数・住居数を示したのが図60です（早期と晩期は数が少ないので、前半期と後半期の二時期とします）。この図をみて明らかなように、八ヶ岳西南麓で本格的に集落が営まれるようになるのは、前期に入ってからのことです。とくに関山式土器に併行する時期には、原村の阿久遺跡や富士見町の坂平遺跡で大型の環状集落が形成されますが、この時期こそは、気候最適期のうちでも、その最盛期にあたることはすでに指摘したところです。

しかし、この時期の集落立地をみると、そのほとんどが尾根の先端部に位置していることは、注意しなければなりません。つまり前期には、いまだ八ヶ岳西南麓の広大な裾野の環境特性を十分に活用する段階になく、明らかに尾根の限定した利用しかおこなっていなかったことになります。

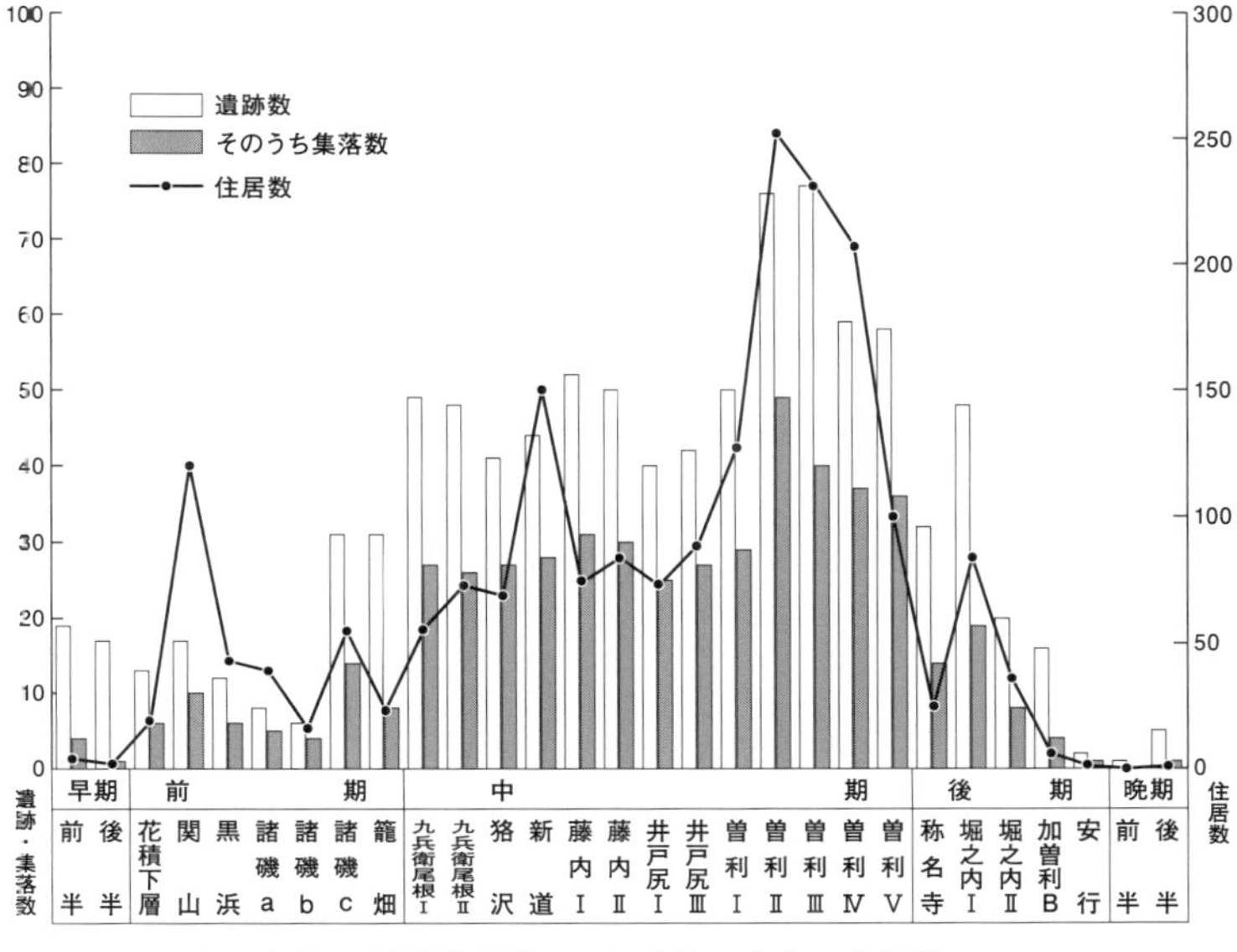

図60　八ヶ岳西南麓の土器型式別にみた遺跡・集落・住居数

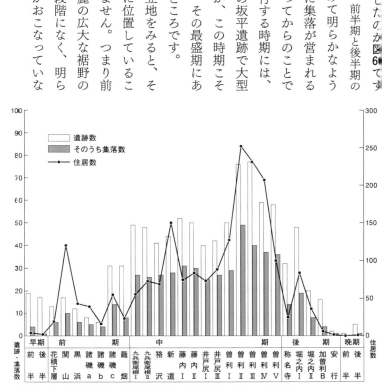

ところが、前期末の諸磯c式期になると、遺跡数がめだって増加しますが、その分布も八ヶ岳西南麓の広大な裾野に広く展開します。また、遺跡の規模こそはまだ大きくはないのですが、中期の集落と重複して残される例が多くなります。そして、籠畑式期をはさんで、中期初頭の九兵衛尾根式期に入ると、爆発的と形容されるほど集落数を増加させるだけでなく、それら集落が各尾根にいっせいに拡大するのです（図37の①、173ページ）。

第Ⅲ章の2で詳述したように、八ヶ岳西南麓では、中期に爆発的と形容されるほど集落数を増加しますが、尾根ごとの集落立地をみていくと、集落と集落の間を確実に二キロ前後離すという原則が曽利Ⅰ式期まで堅持されていました（図37、173・174ページ）。ところが、曽利Ⅱ式期になると、前尾根遺跡（図37の④の17）に近接して前沢遺跡（同15）、居沢尾根遺跡（同29）に近接して原山遺跡（同30）というように、同一の尾根でも集落が一キロ前後に並存してしまいます。この曽利Ⅱ式期は、図60をみて明らかなように、集落が爆発的増加をみせた中期のなかでも、その絶頂期にあたっています。つまり曽利Ⅱ式期になって、同一の尾根で集落と集落の間を確実に二キロ前後離すという原則が崩れてしまったわけです。それは、八ヶ岳西南麓でこの時期に集落、それはとりもなおさず人口が飽和状態に達していたことを雄弁に物語っています。

こうして、八ヶ岳西南麓では、食料資源の枯渇が深刻な問題となってきていたはずですが、さらに悪条件が重なってしまいます。というのは、縄文中期後半になると、日本列島の少なくとも東半分は、気候が冷涼で湿潤な環境に悪化したことが、花粉分析などで明らかにされています。冷涼で湿潤な環境に、自然の再生産にも大きな影響をあたえたことは想像に難くありません。人口増による食料資源の枯渇に、さらに環境の悪化が追い討ちをかける結果となってしまったわけですが、とりわけ八ヶ岳西南麓の事例でみたように、爆発的とも形容されるほど遺跡が増加した関東地方の内陸部から中部地方にかけては、その矛盾がいっぺんに頂点に達して、壊滅的といえる打撃となってしまったのです。それが**図51**（239ページ）にみる長野県と東京都の遺跡数の激減ということに、端的にあらわれているのです。

それは東京湾の沿岸地域などの海岸部も同様で、中期末の加曽利EⅣ式期から後期初頭の称名寺式期にかけて、一時的に遺跡数の減少と規模の縮小がみられます。しかし、海岸部には、陸上の動植物のほかにも頼るべき海の幸があったのです。たとえば神奈川県横浜市の称名寺貝塚では、称名寺式土器にともなう貝層から、銛やヤス、釣針、土錘などの漁労具が多量に発見されるとともに、イルカやマグロなどの外洋性の動物遺存体、とりわけマグロと思われる魚類のウロコが二センチほどの厚さで層状になって発見されたことは、漁労活動への積極的な取り組みを示すものとして注目されます。この漁労活動の積極的な取り組みこそが、後期に東京湾の沿岸地域などの海岸部、とりわけ下総台地では、馬蹄形貝塚を含む集落数の増加となって、貝塚文化の繁栄を導いたのです。

一方、縄文中期後半から目立ってきた気温の低下は、晩期に入るとピークに達して、現在よりも摂氏二度前後低下してしまいます。そして、海水面もまた、現在よりも低下してしまうことから、東京湾沿岸地域に残されていた最後の良好な漁場をも縄文人から奪うことになって、この地域の漁労活動が大きな打撃をうけることになります。それは千葉県市川市の堀《ほり》之内《のうち》貝塚や千葉市の加曽利貝塚など晩期の貝塚で、貝層が貧弱になるのにかわって、「骨塚」の様相を呈するほどの獣骨の堆積にみられるように、伝統的な狩猟活動への依存度を高めたことからもわかります。しかし、文化の衰退を食い止めることができずに、晩期後半には、関東地方全域で遺跡が激減してしまいます。

◉縄文社会の矛盾

このように、縄文時代は、総体的には豊かで安定していたとはいえ、その安定は、あくまでも自然物の増殖率の範囲内に限定されていました。つまり縄文社会の安定というのは、つねに不安定を内包するものでした。というのも、縄文時代は、栽培植物を利用していたとはいえ、そのほとんどを自然物に頼り、狩猟・植物採集・漁労活動をおもな生業とする獲得経済社会でした。そうした自然物に頼る社会では、自然物の増殖率の範囲内であれば人口増加による食料の確保も可能ですが、ひとたび増殖率を超える人口増があると、自然物が枯渇して食料の不足に見舞われることは必至となります。

縄文社会は、生産の発達にともなう人口の増加→自然物のとりすぎによる資源の枯渇→人口の減少（ほかの地域への移動）を、時期や地域によって一様ではありませんが、何回か繰り返すことになります。それは生産用具などの獲得手段や技術の発明・改良を加えても、どうしてものりこえることができない矛盾であったのです。

縄文社会がもっていた基本的な弱点は、まさに人間と自然との間におこる対立関係であったのです。

縄文中期の関東・中部地方の爆発的と形容されるほどの遺跡の増加は、文化の繁栄による人口の増加を意味する一方で、縄文社会がもつ矛盾をいっぺんに増大させることになりました。しかも、八ヶ岳西南麓の事例でみたように、その繁栄が顕著であればあるほど、ちょっとした環境の変化などが加わっただけで、もろくも崩壊するような脆弱《ぜいじゃく》さをあわせもっていたのです。

しかし、一方で、縄文人は、現代の私たちには想像できないようなしたたかさをもっていました。関東地方で貝塚文化が衰退をはじめる時期に、土器で海水を煮て食塩の結晶を採取する製塩技術を本格化させたり、原始工芸の極致ともいわれている滑車形耳飾りを製作したことなどは、そのしたたかさのあらわれです。それは遺跡の激減などの現象では、決してとらえることができない縄文人の技術や知識の永続性であり、いわば伝統といってもよいでしょう。

コラム4……縄文のタイムカプセルとは

◆考古学研究の宝庫

雨量が多い温帯モンスーン地域に位置する日本列島では、長い年月にわたる雨水によって、一番溶けやすい塩基が流失してしまうことから、土壌の酸性化が進みます。こうした酸性土壌では、有機質である資料は、長い期間地中に埋まっていると、しだいに腐ってしまって、ほとんど残ることはありません。ですから、台地や丘陵の上の縄文遺跡を発掘しても、大地に掘り込んだ住居跡や貯蔵穴、墓坑などの遺構以外は、無機質の石器や土器などが出土するだけです。

ところが貝塚遺跡では、大量の貝殻が土壌をアルカリ性にたもつことと、溶けた炭酸石灰が保護の作用をして、貝類はもとより、魚類や獣類などの骨だけでなく、人骨まで残してくれます。また、貝殻や骨といった食料残滓だけでなく、破損した土器や石器、骨角器などの道具類、さらに生活のなかで生じた焼土や灰なども一緒に廃棄されていることが多いのです。ですから、貝塚遺跡は、考古学研究の宝庫といわれています。

◆天然の冷蔵庫

その貝塚遺跡でも、植物質のものとなると、その保存例はきわめて少なくなります。それは植物質のほうが腐りやすいからです。

一方、河川や湖沼の近辺などで、地下水が地表面に近い低湿地の遺跡では、地下水が植物質資料を水漬け状態にして、酸素の供給を断つ役目をすることから、普通の遺跡では残りにくい植物遺体を豊富に残してくれます。つまり低湿地という特異な立地が、いわば天然の冷蔵庫のような役割をはたしてくれているのです。しかも、低湿地遺跡では、豊富な植物遺体だけでなく、植物質の各種の道具や容器なども出土し、なかには繊細な加工や装飾が施されて、赤や黒の漆で彩色したものまであるのです。

◆鳥浜貝塚の発見

考古学研究の宝庫といわれる貝塚遺跡、天然の冷蔵庫といわれる低湿地遺跡ですが、それが一体となった遺跡となると、長い間発見されませんでした。その待望の遺跡が一九六一年に発見されました。それが福井県三方上中郡若狭町の鳥浜貝塚です。

鳥浜貝塚は、風光明媚な三方五湖の一つ、三方湖にそそぐ鰣《はす》川と高瀬川の合流点付近の河床を中心にあって、古三方湖の湖岸に立地しています。一九六一年初夏、鰣川と高瀬川で豪雨と台風による洪水が発生し、その護岸復旧工事中におびただしい量の遺物が散乱しているのを、地元の郷土史家である今井長《ちょう》太郎《たろう》が発見します。その夏、若狭地方の原始・古代史研究に取

三方湖にそそぐ河川でみつかった鳥浜貝塚

り組んでいた石部正志《まさし》が当地を訪れ、今井の協力をえて、鰣川と高瀬川の合流点付の川底から多数の土器片を採集し、それを『先史学研究』四号に「福井県鳥浜貝塚（予報）」と報告したことが、鳥浜貝塚の事実上の「発見」となりました。

◆縄文のタイムカプセル

一九六二年に同志社大学と立教大学、六三年に立教大学が主体となって、第一次と第二次調査が実施され、鳥浜貝塚が低湿地の貝塚遺跡（低湿地性貝塚遺跡）であることが確認されました。その後、鰣川の改修工事の事前調査として、七二年の第三次調査から本格的に開始された発掘は、八五年まで一〇次におよびました。

縄文時代の丸木舟を掘り出す

その結果、遺構としては、前期の竪穴住居跡が三棟と貯蔵穴五基のほか、早期から前期にわたる杭群などが発見されました。遺物では、「草創期」から前期の土器・石器はもとより、前期を中心に大型のものは丸木舟にはじまって、櫂、弓、石斧柄、鉢、櫛などの木製品、各種の縄や編み物などの繊維製品、刺突具やヘアピンと思われる骨角器などの有機質の人工遺物が豊富に出土したのです。しかも、木製品には、見事な漆製品もあって、その洗練された技術と色彩感覚は、暗くて、みすぼらしいといった、従来の縄文文化のイメージを一変させるほどでした（福井県教育委員会『鳥浜貝塚―縄文前期を主とする低湿地遺跡の調査1―』一九七九年、福井県教育委員会『鳥浜貝塚—一九八〇から一九八五年度調査のまとめ—』一九八七年、ほか)。

もう一つは、低湿地性貝塚に特有の多種・多様な有機物の遺体が大量に出土し、自然科学の分野の研究者との共同調査・研究がおこなわれたことです。その成果は、本文でも紹介しています。

こうした成果から、鳥浜貝塚について、縄文人がその文化を後世に伝えるために、資料を収めて地中に埋めた容器のようなものだとして、「縄文のタイムカプセル」と呼ぶようになりました(森川昌和・橋本澄夫『鳥浜貝塚—縄文のタイムカプセル—』読売新聞社、一九九四年)。その後、鳥浜貝塚のような普通の遺跡では残りにくい木製品など有機質の資料を豊富に残す遺跡についても、「縄文のタイムカプセル」と呼ぶようになってきています。

縄文時代の縄がペアで出土した

V

縄文から弥生へ

遮光器土偶（手代森遺跡）

1　日本列島の自然と農耕の条件

◉日本の土壌

日本は島国といわれますが、山国でもあります。国民総生産が世界第三位の経済大国でありながら、森林の面積が七〇パーセントも占めているのは、元来が山国であるからです。しかも、日本列島を代表する山々の多くが火山であり、火山の国ともいえます。南から九州地方の桜島や阿蘇、中部地方の浅間山や箱根山、伊豆七島の三原山、東北地方の吾妻山《あづまやま》、北海道の雌阿寒岳《めあかんだけ》などは、今でも絶えることなく白い煙を吐きつづけ、それが時には雲仙の普賢岳《ふげんだけ》や最近では木曽の御嶽山《おんたけさん》などのように活発に活動して、私たちは、そのたびに日本が火山の国であることを思い知らされています。

火山は、地下にあったマグマが急な爆発によって噴出したもので、この噴火によって生じた比較的粒の小さい破砕物が地上高くまいあげられます。これが火山灰であって、日本列島の上空には、偏西風と呼ばれる西風がいつも吹いているので、火山灰は、いつも東のほうに飛ばされて堆積することになります。しかも、列島のいたるところに、大小の火山があることから、雨水で土壌が流されやすい山地帯を除く、丘陵や台地の大半は、この火山灰がおおっています。そして、堆積したばかりの火山灰は、有機質をまったく含みませんが、やがて風化作用をうけるとともに、そこに侵入してきた草本《そうほん》類や木本類が微生物の働きで分解され腐植化します。

　こうしてできた火山灰土壌は、大きく褐色森林土と黒ボク土に分けられます（**図61**）。褐色森林土と黒ボク土は、その名のように色の濃さが違いますが、それは森林褐色土に微粒炭が加わることで黒味が増して、黒ボク土になるということです。ですから、褐色森林土と黒ボク土は、火山灰を母材としていることに変わりがありません。なお、黒ボク土は、一般には黒土と呼ばれています。しかし、黒土という名称は、「土のキング（王）」とか、「土のツァーリ（ロシアの皇帝の称号）」といわれているチェルジョーム（ロシア語で黒土）と間違いやすいことから、今日では、黒

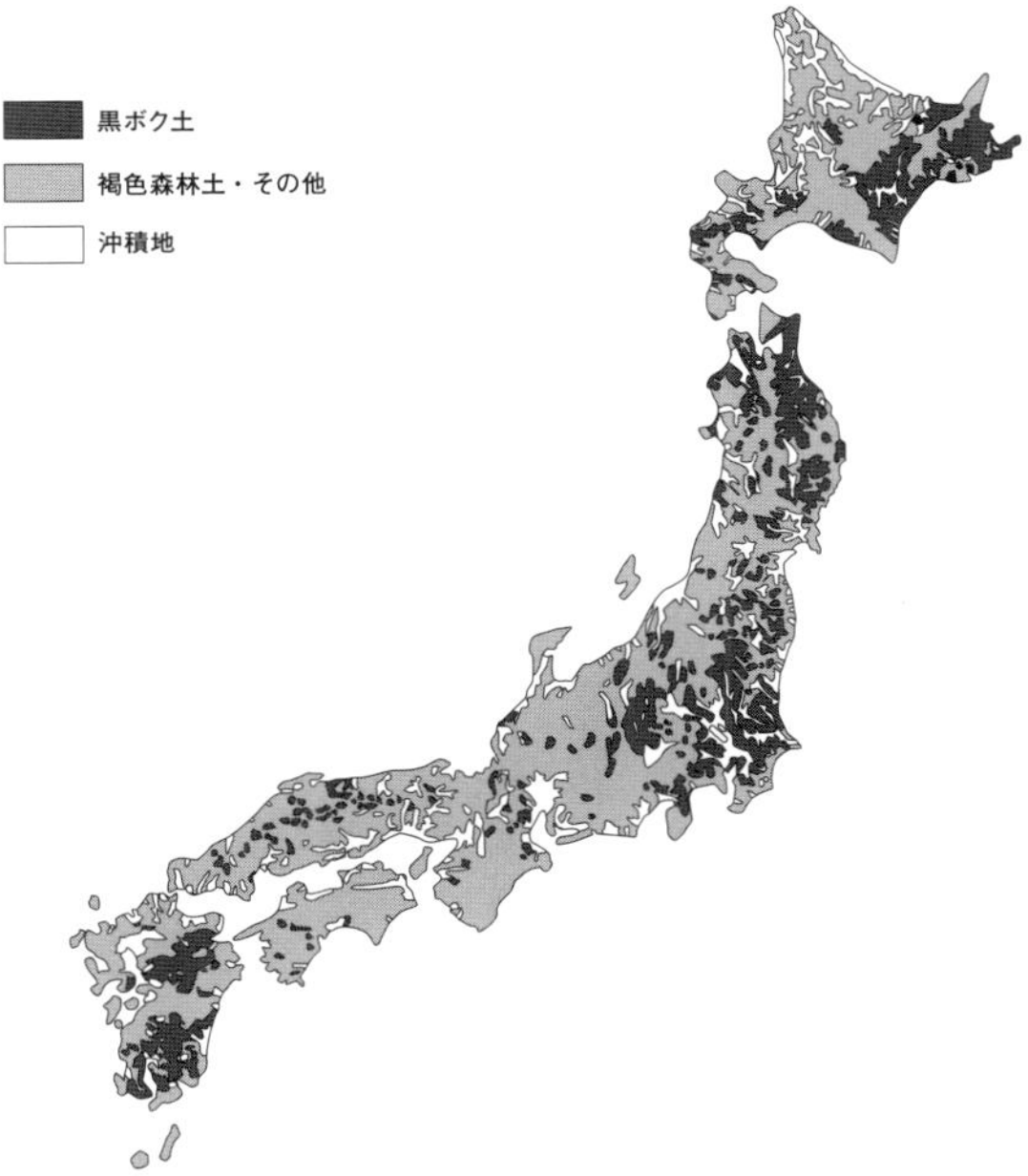

図61　日本の土壌分布

ボク、あるいは黒ボク土という名称を使うようになっています。

さて、この黒ボク土を黒色化する微粒炭を分析してみると、その主要な供給源が草本植生にあることが明らかとなりました。ところが、日本列島の気候では森林が極盛相ですから、自然のままで草本が多く含まれることはないはずです。にもかかわらず、草本植生のもとで生成された黒ボク土が列島に広く分布することから、今日では、縄文時代以来の火入れなどによって、人為的につくられた草原環境のもとで生成された土壌と考えられるようになってきました。

一方、地下水位の低い関東地方の武蔵野台地などでは、もともと森林に混じって半乾燥性の草原が広がっていたものが、近世以降の新畠開発にともなう経営の一環として、人為的にクヌギやコナラなどの雑木林が広がったと考えられていますから、そこでの黒ボク土は、草原が非人為の火災などで形成されたことになります。いずれにしても、土壌はさまざまな因子が複雑にからみあって生成されることから特定できませんが、非人為もあるとはいえ、黒ボク土は、縄文時代以来の人類の活動と密接に結びついて生成されてきたことは間違いないことです。

◉畠作に不適な土地

黒ボク土は、腐植含有量が多いことから、見た目は肥沃《ひよく》な土地のように思われます。しかし、黒ボク土は、じつは畠作には不適な土地なのです（ちなみに、ロシア語で黒土というチェルジョームは肥沃な土地です）。

では、なぜ、黒ボク土が畠作に不適な土地なのかというと、それは火山灰土壌だからです。火山灰土壌は、作物の生育にとって重要なリン酸が少ないばかりか、そのリン酸も火山灰に多く含まれる活性アルミニムと固定して非常に溶けにくくなってしまうために、肥沃度が極端に低い、農民の言葉でいえば「痩せた土地」になってしまうのです。そのために、作物をつくるには、多量のリン酸の補給が必要で、リン酸肥料が発達するまでは、開墾が困難な土地とされてきました。また、火山灰土壌は塩基の保持力がたいへん弱いところに、日本列島は雨量が多い温帯モンスーン地域に位置していることから、一番溶けやすい塩基が雨水で流失してしまい、たとえ武蔵野台地のように比較的厚い黒ボク土が形成されているところでも、作物に不向きな酸性土壌となってしまうのです。その改良のためには、多量の石灰が必要です。

ですから、この黒ボク土が厚く堆積する武蔵野台地に畠作地の開墾が本格化するのは、近世に入ってからのことです。その一つで、埼玉県入間郡三芳《みよし》町から所沢市に広がる三富《さんとめ》新田は、三〇〇年をへた今日でも、当時の計画的な開拓の景観をとどめるばかりか、農業の持続的な発展がみられるところとして注目されています。

三富新田の開拓は、川越藩主の柳沢吉保の命により、一六九四年（元禄七）から九六年（元禄九）におこなわれましたが、火山灰土壌という痩せた土地を克服するための工夫が、その地割に生かされています。一戸あたり五町歩（約五ヘクタール）が配分されましたが、その地割は間口四〇間（約七二メートル）、奥行三七五間（約六七五メートル）という細長い短冊状とし、表を屋敷地、裏には川越藩がナラなどの苗木を下賜《かし》して雑木林をつくらせ、そのあいだを耕地としたのです。そして、雑木林の落ち葉を堆肥として、肥料を自給できる条件を整えたことで、三富新田の開発は成功しました。農民は、今日でも「畠一反に山一反」と、畠と同等の価値を山（雑木林）に求めて、それを大切に守っています。だからこそ、三富では、三〇〇年間にもわたって、農業の持続的な発展が可能となったのです。つまりリン酸肥料が発達する以前の火山灰土壌の台地では、雑木林などからの堆肥による土壌の改良なしには、農業が成り立っていかなかったということです。

戦後、日本各地で、食料難と外地からの引き揚げ者のために未開墾地である中山間地域や原野などの緊急開拓の法律がだされ、多くの人びとが小さな夢をもって入植しました。しかし、戦中、戦後はリン鉱石の輸入が止まっていたために、リン酸肥料なしでの開拓となりました。わずかでも人手があって、原野を刈って堆肥をつくった人びとの畠は、草本が吸ったリン酸分が堆肥となって補給されたことから、何とか作物ができました。しかし、半数以上の人びとは、堆肥づくりの人手も知識もなかったことから、入植に失敗して、開拓地を去らざるをえませんでした。

このように、黒ボク土をはじめとする火山灰土壌が広くおおい、雨量の多い日本列島は、土壌の大規模な改良なしには、畠作としての利用は不向きだったのです。つまり土壌的にも、気候的にも、日本列島での畠作には多くの困難がまちかまえていたということです。

◉休閑農耕と中耕農耕

農作業には、耕耘《こううん》が不可欠です。耕とは、「田返す」の意味で、田畠の土を掘り返すことです。耘とは、「草切る」の意味で、田畠の雑草を刈り除く、つまり除草することです。ですから、耕耘とは何かと問えば、「土を掘り返してやわらかくし、除草をすることで、作物の生育しやすい環境をつくることだ」というのが、いわば模範回答といえるでしょう。しかし、この耕耘も、地域によって「耕」と「耘」にかける意味合いが大きく違ってきます。

ヨーロッパで伝統的におこなわれてきた農法に、二圃《にほ》式と三圃《さんぽ》式農法があります（図62）。二圃式農法とは、隔年ごとに作付《さくづけ》と休閑《きゅうかん》を繰り返す方法で、地中海沿岸の乾燥地帯に発達した農法です。地中海沿岸地方は、冬に比較的雨が多く、夏はきわめて乾燥することから、冬に作付をおこない、翌年の夏のはじめに穂だけ刈りとり、その後の畠にはヤギやヒツジを放牧して、つぎの一年間は休閑します。これは土壌の極端な乾燥を防ぐためで、この休閑期に刈り残した藁《わら》が家畜の餌となり、家畜がたれ流した糞尿《ふんにょう》は土の栄養分となったのです。そして、休閑期に二から三回の浅い耕耘をおこないますが、それは土壌の毛細管の出口を耕して壊すことによって、土壌中から水分が蒸発するのを防ぐためです。

ところが、ヨーロッパでもアルプスを北にこえると、夏に雨が多い気候となることから、夏作物を作付することができるので、秋まきコムギ（あるいはライムギ）と春まきオオムギ（あるいはエンバク）を組み合わせた三圃式農法がおこなわれるようになります。第一年目の秋にコムギあるいはライムギの種をまき、第二年目の初夏に収穫し、第三年目の春にオオムギあるいはエンバクの種をまき、その年の夏に収穫し、つぎの秋から夏までの一年間は休閑して、第四年目の秋になって、再びコムギあるいはライムギの種をまくということを繰り返していく方法です。では、なぜ、休閑期をおくかというと、この地方は地中海沿岸地方よりは雨が多いことから、雑草が三年目には繁茂してくるので、畠を休閑し、犂《すき》などで深耕して除草をおこなうことによって、その後の二年間は除草をしなくても作付が可能となるのです。しかも、すきこまれた雑草は有機質となり、休閑期に家畜を放牧することで養

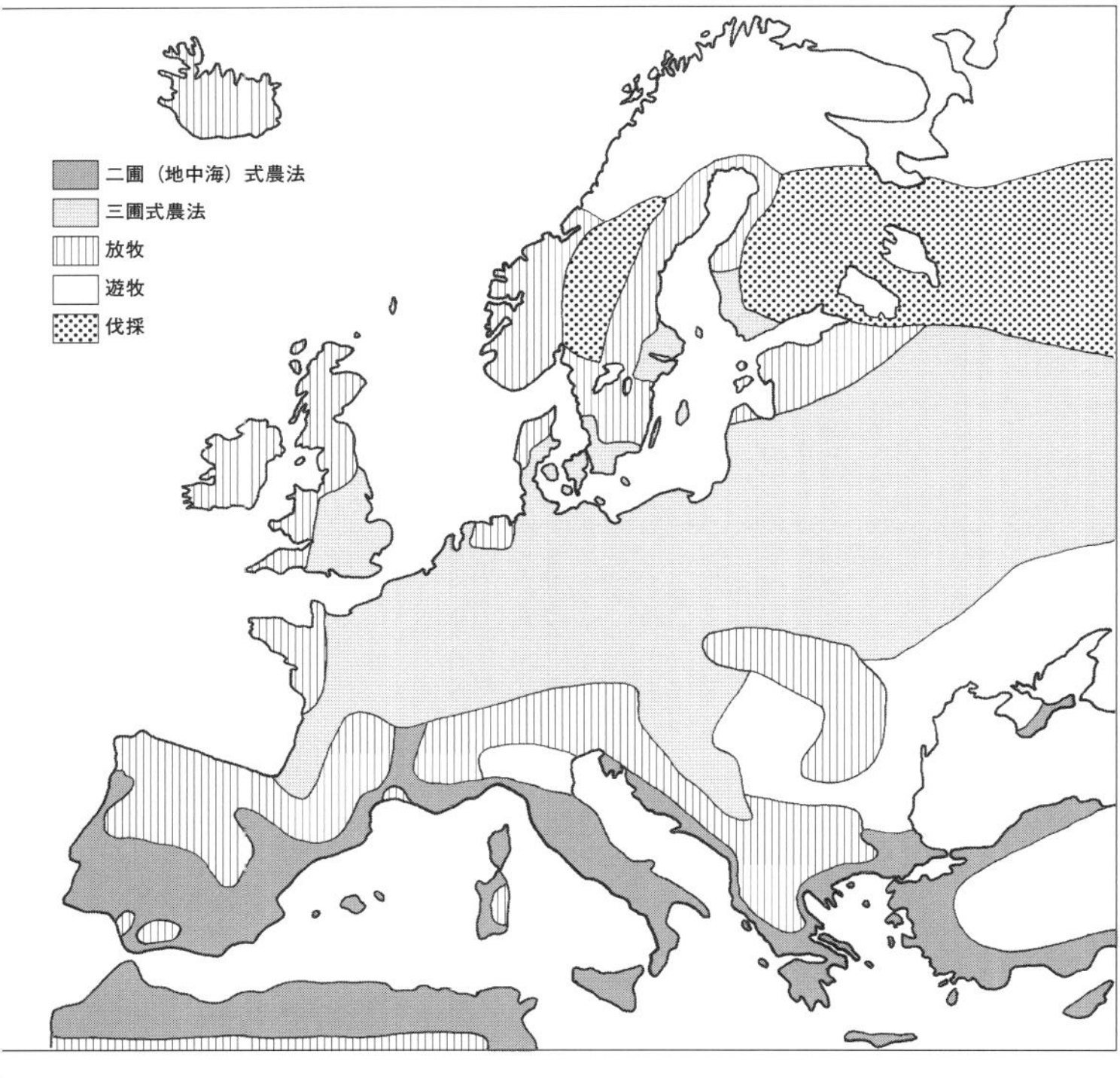

図62　ヨーロッパの伝統的な農法

[illegible]

一方、温暖で雨量が多い東アジアや東南アジアでは、雑草が繁茂するうえに、もし休閑すれば、雨で有機質が流失してしまうことから、地力が極端に衰えてしまいます。そこで、夏作物を作付して、それが生育する途中で絶えず浅い耕耘をおこなって除草をしなければ、作物が雑草に負けてしまい、秋には満足な収穫が望めません。この作物が生育する途中におこなう耕耘を中耕《ちゅうこう》といいますが、東アジアや東南アジアのように温暖で多雨な地域では、中耕による除草作業が不可欠です。

このように、二圃式や三圃式農法は休閑期をはさむので休閑農耕（農業）と呼ぶとすれば、この休閑農耕は中耕を必要とせず休閑によって地力が回復します。一方の中耕農耕（農業）はといえば、中耕を必要としますが、休閑によって地力が衰えるという正反対な特徴をもっています。したがって、休閑農耕では、手間をかけても省いても、土地の生産力はあまりかわりませんが、中耕農耕では、元来が手間をかけなければ農耕そのものが成り立たないことになります。さらにいえば、中耕農耕は、手間をかければかけるほど土地の生産力が向上します。だからこそ、休閑農耕は、手間をかけるよりも、畜力からやがては機械力を使って、経営規模を拡大する方向に発展するのに対して、中耕農耕は、経営規模を拡大するよりも、よりいっそう手間をかける方向へと発展することになるのです。

◉農耕の条件

この畠作に不適な日本列島の土地は、堆肥などの肥料がなかった時代には、焼畑による灰によって一応の改善はできました。しかし、それも多量の雨によって流失してしまうために、十分な効果が期待できませんでした。

それ以上に厄介なのは、雑草の問題です。雨量が多い温帯モンスーン地域に位置している日本列島は、火入れをした当初はともかくとしても、樹木がない環境では、数年をまたずに雑草が繁茂して、その処理にたいへんな手間がかかるようになってしまいます。しかも、熱帯林の東南アジアでは、森林の回復は一〇から二〇年といわれていますが、温帯林が主体の日本列島では、森林の回復は二〇から三〇年もかかるというように、焼畑が生産の主体となるためには、東南アジアよりも二倍近くもの土地が必要となるのです。日本列島の環境の多様性による豊かな自然の恵みを享受していた縄文人が、手間がかかるだけで、十分な生産が期待できないばかりか、豊かな自然の恵みを破壊しかねない焼畑に、経済基盤を移しかえたとは考えられません。また、畠作に不適な土地では、焼畑から常畠による畠作へとスムーズに発展することもままならなかったと思われます。

このような日本列島の自然条件にあって、縄文時代との関連で注目される栽培植物はソバとイネです。

ソバについては、もっとも古い例として北海道函館市のハマナス野遺跡から前期の実が確認されており、花粉分析の事例などからも、縄文時代の栽培が想定されていました。しかし、第Ⅱ章の3で紹介したように、最近のAMS法による年代測定の結果、ハマナス野遺跡出土のソバは年代が新しく、後世の混入であることが判明しています。また、日本列島でのソバの出土例は、古墳時代以前がきわめて少ないことや、朝鮮半島や沿海州などでも古代以降しか出土例がないことから、縄文時代のソバは、花粉も含めて後世の混入か、コンタミネーションの可能性が高いと考えられています。しかし、今でも縄文時代にソバの栽培を期待している研究者もいますし、その可能性がまったくないとは断定できませんので、ここでは縄文時代にソバが仮に栽培されていたら、それはどういう意味をもつのかを、あくまでも仮定の話として考えてみたいと思います。

ソバは、寒くて、痩せた土地でも栽培できます。しかも、短期間で生育し、雑草をもおさえてしまうほどの成長力があります。しかし、ソバは、まく種子の量、いわゆる播種《はしゅ》量と収穫量との倍率が極端に低く、せいぜい三倍がいいところです。だからこそ、イネなどの穀類と劣らない栄養価をもちながらも、焼畑でのソバは、火入れした初年の非常に生育期間が短い場合だけに作付されるというように、作物としては、補助的な役割しかもてなかったのです。ということは、縄文時代にあっても、イネなどの穀類と劣らない栄養価をもちながらも、落葉広葉樹と照葉樹の森林に豊富な実をつける堅果類の利用をこえるだけの作物に、ソバがなったとは考えられません。

一方のイネは、もともと酸性に強いうえに、どんな酸性土壌でも、水さえはれば酸性ではなくなってしまいます。そして、水が運んでくる有機質などによって、土壌の肥沃度が自然に維持されることから、何も肥料を使わなくても連作が可能です。また、畠作では、前作の残り物から病原微生物が蓄積されるので、病害が増え、それが連作障害をおこすことになりますが、水をはることによって、土中の好気的な病原微生物を死滅させることができるので、連作が可能となります。しかも、水をはることによって、陸棲《りくせい》の雑草がはびこるのを抑えることできるばかりか、除草も陸棲からくらべると、格段に負担が少なくてすむのです。さらに、播種量と収穫量との倍率が、どんな作物と比較しても優れており、手間をかければかけるほど収穫量があがるというように、中耕農耕には、イネほど適した作物はないのです。つまりイネ、それも水稲農耕こそは、日本列島の自然条件にもっとも適していたことになります。

ところが、これも第Ⅱ章の3で詳述したように、縄文時代のイネについても、ほかのアワ、オオムギなどイネ科の穀類も含めて、いまだ研究者間で共通した理解がえられておらず、今のところその存在を確定できるまでにはいたっていません。ただし、九州の縄文時代後・晩期の土器の胎土中からイネのプラント・オパールが検出されていることから、仮に縄文時代にイネが栽培されていたとすれば、それは焼畑による栽培だったと想定されています。しかも、検出されたイネのプラント・オパールの多くが熱帯ジャポニカであって、それは畠作系のイネであるということです。つまり縄文時代にイネが栽培されていたとしても、ほかのヒエやアワなどと同様に、日本列島の自然条件に不適な畠作物だったのです。そのために、縄文時代にイネなどの栽培植物がたとえもちこまれていたとしても、それは野生の植物との境界がないような多様な植物の利用、つまりあくまでも獲得経済の枠のなかでの利用にとどまっていたということです。

2 農耕社会の形成

◉海洋の民

日本列島は、四囲を海がめぐっていることから、陸橋によってユーラシア大陸と陸つづきとなっていた時期がある旧石器時代は別として、せいぜい丸木舟しかないような縄文時代にあっては、大陸との交流は途絶していたとみられがちです。しかし、北海道は、サハリンをはさめば、宗谷岬とクリリオン岬の間の宗谷海峡は約四二キロ、サハリンと大陸の間の間宮海峡は八キロ弱でしかありません。また、九州は対馬をはさめば、壱岐と対馬の間の対馬海峡、対馬と朝鮮半島の間の朝鮮海峡は、それぞれ約五〇キロしかなく、晴れた日には、対馬から対岸の釜山《プサン》や巨済島《コジェ》が肉眼でもみえる近さです。

四万年も前の旧石器時代から、黒潮が洗う伊豆七島の神津島《こうづ》産の黒曜石が南関東地方の各地の遺跡だけでなく、遠くは長野県南佐久郡南牧村《みなみまき》の矢出川《やでがわ》遺跡群にまでもちこまれ、縄文時代になると神津島産の黒曜石は、関東地方はいうにおよばず、遠くは伊勢湾沿岸地方の遺跡にまでもちこまれていたということは、本州と神津島との往来が頻繁におこなわれていたことのなによりの証明になります。また、伊豆七島といえば、縄文早期前半には大島の下高洞《しもたかぼら》遺跡、前期末にははるか八丈島の倉輪《くらわ》遺跡で、イノシシの骨が出土しています。伊豆七島は火山島のうえに、本州と陸つづきになったことがないことから、もともとイノシシは生息していません。その伊豆七島の縄文時代の遺跡からイノシシが出土したということは、丸木舟にイノシシ——おそらくウリボウと思われる——を乗せて、縄文人は黒潮の海を渡ったことになります。

そればかりか、北海道から東北北部の海岸でみられるトド、アザラシ、オットセイ、クジラなどの海獣漁、能登の海岸でみられるイルカ漁、さらにはマグロやカツオなどの外洋性の魚類を丸木舟を操って漁をした縄文人は、優れた海洋の民でもあったのです。そうした黒潮や親潮の洗う海に漕ぎだしていた縄文人が、肉眼でみえる朝鮮半島などの大陸に果敢に乗りださなかったはずはなく、それは大陸の人びとにも当然いえることです。

日本列島は、海峡をへだてているとはいえ、朝鮮半島や大陸と隣りあうという、まさに一衣帯水の関係にあったのです。

◉朝鮮半島との交流と雑穀農耕

大陸との交流が途絶えていたとみられがちな縄文時代にあっても、それが物資、情報、文化のいくつかの波として、たとえ縄文時代の生産や社会の根本をゆるがすものではなかったとしても、彼我の交流がありました。それはシベリアとの関係でいえば、第Ⅳ章でも紹介したように、アムール川中流域に発達した石刃鏃文化がサハリンをへて北海道におよんだことはよく知られています。逆に、北海道の白滝産の黒曜石は、はるかアムール川下流のマラヤガバニ遺跡からも出土しています。サハリンとの関係でいえば、縄文中期後半に北海道の東北部に分布する北筒式土器がサハリン北部のイムサンチンII遺跡で出土し、縄文後期に相当するサハリン中部のザバトナヤV遺跡からは、白滝産と置戸産の黒曜石が出土しています。

一方、新石器時代の中国との関係では、縄文早期末から前期の列島各地から発見される玦状《けつじょう》耳飾りが古くから注目されてきており、とくに福井県あわら市の桑野《くわの》遺跡からは、中国東北部の遼寧《リャオニン》省阜新《フーシン》市の査海《ヤハイ》遺跡と、玦状耳飾りばかりか箆《へら》状垂飾まで同一形態のものが出土しています。また、青銅器時代の中国との関係では、縄文晩期の亀ヶ岡文化にみられる石刀や刀剣、あるいは三足壺《さんそくつぼ》のように、中国の青銅製の刀子《とうす》や鬲《れき》を模倣したと考えられる資料が存在しますし、山形県飽海《あくみ》郡遊佐《ゆざ》町の三崎山《みさきやま》遺跡から出土した青銅製の刀子については、中山清隆《きよたか》が「遼寧から朝鮮北部に、広がった青銅器文化の展開とともに、その飛沫が日本列島に及んだ具体的な証拠物」と評価しています。

そうしたなかでも、縄文時代をつうじて列島ともっとも交流が深かったのは、やはり朝鮮半島です。文化的にいえば、半島こそが列島にもっとも近い大陸でした。

縄文前期の曽畑式土器が、朝鮮半島の有文土器である櫛目文土器と密接なつながりをもっていることは、古くから指摘されていました。近年の半島の有文土器と九州の縄文土器研究の進展によって、通説のとおり、半島の有文土器の影響のもとに曽畑式土器が成立したことが明らかになっています。その影響については、直接説と間接説とに意見が分かれていますが、直接的か間接的かは別として、曽畑式土器の成立に半島の有文土器が影響していたことは間違いありません。そして、半島と九州の関係を土器の出土でみると、まず中間に位置する対馬では、半島と九州の両方の土器が出土しています。九州の土器は、慶尚南道《キョンサンナムド》統常《トンヨン》郡の烟台島《ヨンデド》貝塚と上老大島《サンノデド》貝塚で前期の轟式、釜山《プサン》市の東三洞《トンサンドン》貝塚で前期の曽畑式、中期の船元Ⅱ式と阿高式、後期の坂の下（南福寺）式と北久根山式、蔚州《ウルチュ》郡の新岩里《シナムニ》遺跡で前期の轟式と中期の阿高式が出土しています。一方、朝鮮の土器は、古くから有名な佐賀県の西唐津海底出土の有文土器をはじめとして、佐賀県と長崎県の一〇カ所をこえる遺跡から出土しており、半島と九州の間で、時期によって多寡はあるとしても、一定の交流があったことがうかがえます。また、慶尚南道金海《キメ》郡の水佳里《スガリ》遺跡や東三洞貝塚から出土した黒曜石が、西日本を代表する原産地である佐賀県の腰岳産の黒曜石であることも、彼我の交流を考えるうえで注目される資料です。

ところで、北は玄界灘から西は東シナ海を望む西北九州の沿岸には、軸部と針部を別づくりにして組み合わせ、長さ七センチ以上もの大型の釣針とした独自の漁具が出土します。この西北九州型と呼ばれている結合釣針は、朝鮮半島の東海岸に分布する鰲山里《オサンニ》型と呼ぶ、石製の軸部をもつ結合釣針を祖形とするもので、縄文前期から弥生前期にかけて発達し、弥生中期には中国・四国地方にまで広がりをみせます。また、縄文後・晩期の西北九州の沿岸には、石鋸と呼ぶ鋸歯《きょし》状の刃部をもつ石器と石銛と呼ぶ鏃、あるいは槍先用の石器がほぼ共通した分布をみせます。いずれも鹿角製の軸に装着して銛頭としたものですが、そのうちの石鋸は、結合釣針が出土している上老大島貝塚や東三洞貝塚など半島の遺跡からも出土しています（**図63**）。

このように、朝鮮半島南部と西北九州との間には、海洋の民が漁労を介して早くから、相互に一定の交流があったことがわかります。しかも、それは広瀬和雄が指摘しているように、政治とか国家などを介しない、あるいは多数の人びとが移住するといったようなものでもない、縄文社会に基本的につらぬかれていたのと同じ互恵と平等主義にもとづく交流であったのでしょう。

朝鮮半島では、少なくとも紀元前四五〇〇年ごろからアワやキビなどを栽培する雑穀農耕がおこなわれており、最近の研究では、紀元前三〇〇〇年後半ごろになると、雑穀の一種としてイネが栽培された可能性が高くなってきているといいます。一方、縄文時代のイネ

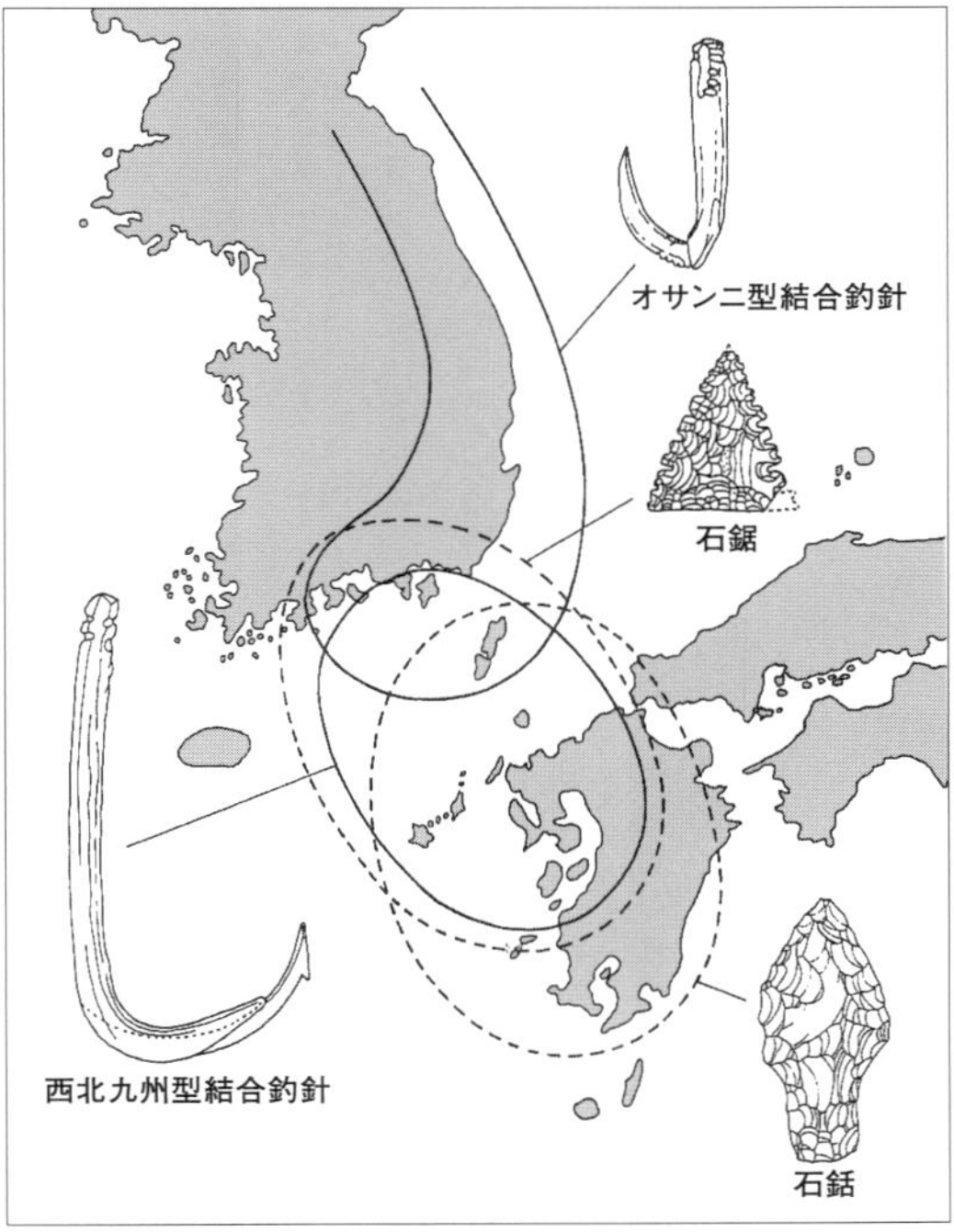

図 63　朝鮮半島と九州の漁具の分布

については、前述したように、ほかのアワ、オオムギなどイネ科の穀類も含めて、今のところその存在を確定できる資料はえられていません。また、九州における縄文後・晩期土器の胎土中のイネのプラント・オパールの検出を積極的に評価したとしても、それは畠作系のイネであるということです。いずれにしても、縄文時代にイネが栽培されていたとしても、それが単独で栽培されていたわけではなく、オオムギとともに、アワ、ヒエ、ダイズ、エゴマなど雑穀類と混作されていたといえます。

このように、たとえ縄文時代にイネが栽培されていたとしても、それはアワやヒエなどの雑穀とともに、半島と頻繁に交流をおこなっていた西北九州の海洋の民によって、いったんもちこまれた後に、縄文社会における物資の流通・配付の広範なネットワークにのって、西日本の一帯に広がっていきました。しかし、このときの半島の雑穀農耕が畠作であったことから、畠作に不適な列島の自然条件では、半島からもちこまれた作物が縄文時代の獲得経済をこえるものとはなりえず、あくまでもその枠のなかでのイネを含めた雑穀の利用の段階にとどまらざるをえなかったということです。

◉東アジアの動向と水稲農耕の開始

縄文人は、早い時期から栽培植物を利用していながら、日本列島が畠作に不適な自然条件ということもあって、列島の環境の多様性を最大限に利用して、豊かな自然の恵みを享受するという獲得経済の段階にとどまっていました。そうした縄文時代の獲得経済を変革する技術革新が大陸からもたらされることになります。水稲農耕とやや遅れて金属器です。とりわけ水稲農耕は、畦畔《けいはん》によって区画された水田、人工的な灌漑水路と堰《せき》、耕起具である木製の鍬や鋤、収穫具である磨製の石《いし》庖丁《ぼうちょう》、あるいは木製農耕具などを製作するための各種の磨製石斧というように、完備した技術と道具をもつ、高度で集約的な農耕です（**図64・図65**）。

日本列島へ水稲農耕をもたらす門戸となったのは、朝鮮半島南部です。それは福岡市の板付遺跡や佐賀県唐津市の菜畑《なばたけ》遺跡など、ごく初期の水稲農耕をおこなった遺跡から石庖丁、柱状《ちゅうじょう》片刃《かたば》石斧、扁《へん》平《へい》片刃《かたば》石斧などの農工具や木

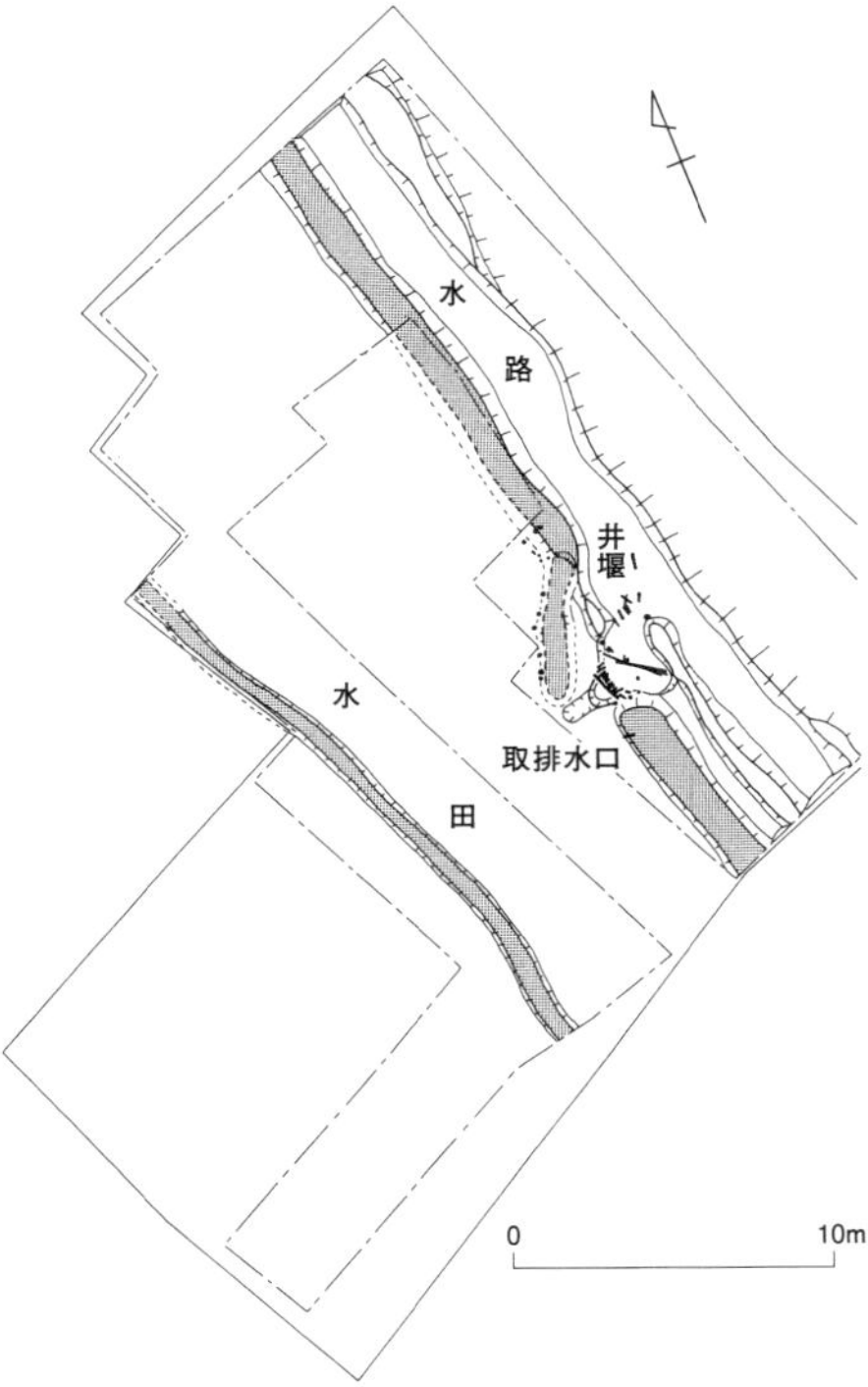

図64　板付遺跡で発見された初期の水田跡

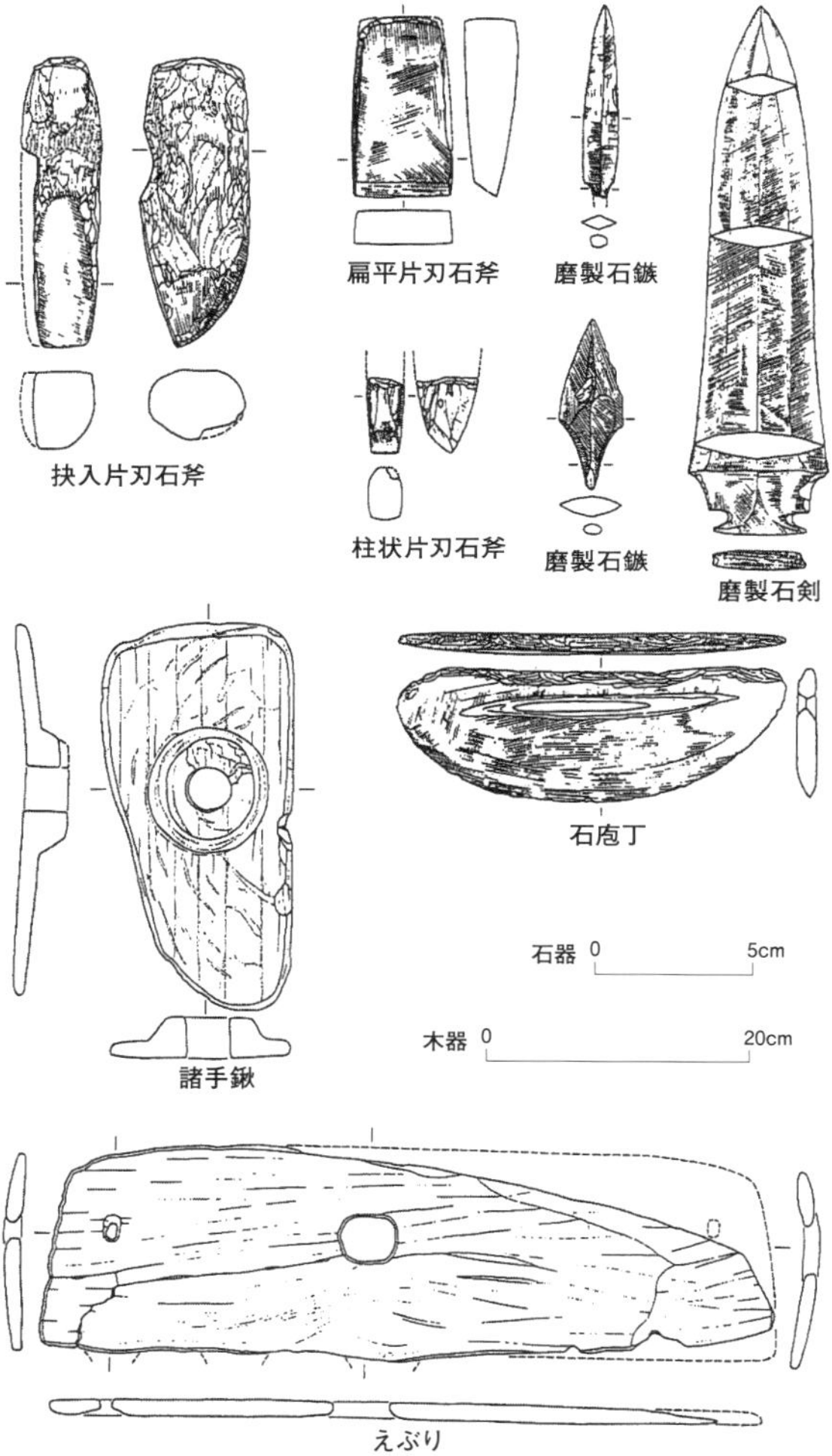

図 65　菜畑遺跡出土の大陸系磨製石器と木製農工具

工具が出土していますが、これらは磨製石鏃や磨製石剣などほかの大陸系の磨製石器とともに、そのすべてが半島南部の系譜につらなるものであることから、半島南部が直接の門戸となったことは間違いありません（図65）。むしろ議論が分かれるのは、中国の長江中・下流域で発達した水稲農耕が、どのようなルートで朝鮮半島へ伝わったかです。

水稲農耕が朝鮮半島にもちこまれた経路については、大きく三つのルートが考えられています。一つ目は、江南《こうなん》地方（長江《ちょうこう》流域からその南の地域）から直接朝鮮半島南部にもちこまれた南ルートです。二つ目は、長江―淮河《わいが》流域から山東半島をへて、朝鮮半島にもちこまれた中ルートで、これには遼東半島を経由するのと、直接朝鮮半島の西海岸にもちこまれたルートが考えられます。三つ目は、長江―淮河流域から華北をへて、朝鮮半島北部にもちこまれた北ルートです。このうち北ルートは、華北がアワやキビなどの雑穀農耕であることから、朝鮮半島のイネの栽培以前の雑穀農耕のルートであって、水稲農耕のルートとはなりえません。また、江南地方から直接朝鮮半島南部にもちこまれた南ルートも、道具などほかの文物との組み合わせからみると、最初の渡来のルートとみるよりも、その後の渡来の波の一つとなった可能性が強いといえます。水稲農耕が最初に朝鮮半島にもちこまれたのは、長江―淮河流域から山東半島をへて、朝鮮半島へという中ルートと考えるのが、もっとも正鵠を射ているといえます。そして、朝鮮半島にもちこまれた水稲農耕は、いち早くおこなわれていた中国東北部につながる雑穀農耕文化と複合し、それが半島南部から列島にもたらされました。

忠清南道《チュンチョンナムド》扶余《プヨ》郡の松菊里《ソングンリ》遺跡は、一九七五年に韓国国立中央博物館が調査し、六四棟の住居跡をはじめとして、甕棺《かめかん》墓、石棺《せっかん》墓など多数の遺構がみつかりました。五四地区の一号住居跡から多数の炭化米が出土し、そのほかの石庖丁や扁平片刃石斧などの農工具の出土などから、松菊里遺跡で水稲農耕がおこなわれていたことが確実となりました。そして、最近では、たとえば蔚山《ウルサン》市の玉峴《オッキョン》遺跡では、先松菊里式土器の時期の水田跡が発見され、朝鮮半島での水稲農耕の開始年代は紀元前一〇〇〇年前後までさかのぼることが確実視されています。

　朝鮮半島で水稲農耕が開始されたと考えられる紀元前一〇〇〇年前後は、中国では殷《いん》から周《しゅう》へと政権が交代する時代で、こうした政変の混乱を避け、あるいは難民となった山東半島やその周辺の集団が、朝鮮半島に水稲農耕技術を最初にもたらしたのではないかと想定されます。そのことは結果として、朝鮮半島での緊張を生み、今度は半島南部の集団が日本列島に渡来する契機ともなり、列島に完備した水稲農耕技術と道具とをもたらしたと考えられます。一方、宮本一夫は、紀元前一〇〇〇年前後が世界的に寒冷化の時期にあたり、こうした気候変動が半島南部から列島への農耕伝播の契機となったと主張しています。いずれにしても、紀元前一〇〇〇年前後の東アジアの政治や環境の動向が、日本列島に完備した水稲農耕技術と道具をもたらしたと考えるのが、現状では、もっとも妥当な解釈ではないかと思います。

水田遺構（奈良県御所市秋津遺跡）

●農耕社会の形成

黒ボク土をはじめとする火山灰土壌が広くおおい、雨量の多い日本列島では、完備した水稲農耕技術と道具をもつ、高度で集約的な農耕*を導入することによって、豊かな自然の恵みを享受していた縄文人をして、農耕という新しい経済生活に踏みきらせることになりました。しかも、すでに四季の食料獲得の方法を熟知し、植物栽培の知識をもっていた縄文人は、農耕生活へとさほど苦もなくきりかえることができました。それは従来の縄文文化を否定するのではなく、その伝統のうえに、新たな稲作文化を複合していったということです。

＊朝鮮半島南部では、水稲農耕が開始されても、依然として畠作の比重も大きかったことは、前述した玉峴遺跡や晋州《チンジュ》市の大坪里《テピョンリ》遺跡などで水田遺構とともに畠作遺構もみつかっていることからもわかります。当然、日本列島にも、水稲農耕だけでなく、畠作農耕も一緒に伝えられてきたことは間違いなく、弥生時代になったからといって、水稲農耕のみに専心し、イネだけに依存していたわけではありません。事実、弥生時代遺跡からは、アワやキビ、ダイズ、アズキなどの畠作物だけでなく、モモ、ヒョウタン、マクワウリといった果実類、クリ、クルミ、ドングリなどの堅果類などが豊富に出土しています。そのうちダイズやアズキの栽培は、縄文時代中期にまで確実にさかのぼることは、第Ⅱ章の3で詳述したとおりです。とくに台風銀座と呼ばれる日本列島では、ひとたび強烈な台風が来襲すれば、その年のイネの収穫が望めなくなる危険性があります。そうした危険を回避するためにも、縄文時代以来の多様な食

料資源の利用を上手に組み込んでいったのです。ただし、ここが肝心なことですが、日本列島が生産経済社会である農耕社会に移行するには、水稲農耕が必要不可欠であったということです。

しかし、稲作文化は日本列島における大きな歴史の転換点となりました。

もともと亜熱帯の植物であるイネが生育するには、北海道の気候は厳しすぎ、一方、灌漑に適する地形条件のない隆起サンゴ礁や火山島などからなる琉球列島は、水田を開くには条件が厳しすぎまし

表4　日本列島の縄文時代以降の歴史年表

西暦	琉球列島	本州・四国・九州	北海道
1500			
1400			
1300			
1200		縄文時代	
1100	前期貝塚時代（縄文時代）		縄文時代
1000			
900			
800			
700			
600			
500			
400			
300			
200		弥生時代	
B. C. 100			
0			続縄文時代
A. C. 100			
200	後期貝塚時代		
300			
400			
500		古墳時代	
600			オホーツク時代
700		奈良時代	
800			
900			
1000	（生産経済時代）	平安時代	擦文時代
1100			
1200			
1300	グスク時代	鎌倉時代	
1400		室町時代	
1500			
1600		安土・桃山時代	アイヌ時代
1700	尚氏時代		
1800		江戸時代	

た。そのため、水稲農耕を基盤とした弥生時代がはじまると、北海道と琉球列島は、縄文時代以来の生業や生活を改良して、独自の道を歩むことになりました。前者を続縄文文化、後者を後期貝塚文化と呼び、それぞれ後のアイヌ文化や琉球王国の礎となります。つまり日本列島は、縄文文化から弥生文化に移行するのにともなって、本州・四国・九州の弥生文化と、北海道の続縄文文化、琉球列島の後期貝塚文化という、石川日出志《ひでし》の言葉を借りれば「歴史の道の複線化」をたどり、それぞれ独自の道を歩むことになります（**表4**）。

一方、ひとたび水稲農耕を基盤とする生産経済に移行した本州・四国・九州では、それが最初から高度で集約的であっただけに、それを指揮・監督する首長を必要とし、その首長と農民層という階級分化の進行とともに、土地と水をめぐっての争いが首長の権力の強化と政治的に統合した社会を生み出し、一〇〇〇年に満たないという短期間に、巨大な前方後円墳を造営するような古墳時代へと突き進んでいくことになります。

旧石器時代も含めると、約四万年にもおよんだ獲得経済の時代は、互恵と平等主義につらぬかれた社会でした。縄文時代までは、主に人間と自然との間にあった対立関係が、弥生時代になると、人間と人間との新たな対立関係が生じ、それはやがて国家という機構をつくりだすという、そうした大きな歴史の転換点に、日本列島、そのうちでも本州・四国・九州に居住する人びとが立たされることになったのです。

3 縄文人から「弥生人」へ

◉縄文人の素顔

今まで、縄文人そのものについては、あえて解説をしてきませんでした。それは縄文時代の歴史を叙述してからのほうが、縄文人を理解しやすいのではないかと考えたからです。そこで最後に、縄文人と、その後の列島人の歩みを素描して、本書を閉じることにしたいと思います。

古人骨ということでは、縄文時代ほど恵まれている時代はありません。それは縄文時代には貝塚が形成され、列島全体で二三〇〇カ所も残されているからです（**図49**、235ページ）。縄文人骨は六〇〇〇体以上が発見されて、縄文人の形質だけでなく、性別、年齢、栄養状態、病歴なども明らかにされています。

まず、縄文人の寿命ですが、小林和正《かずまさ》が縄文人骨二三五体の推定死亡年齢をもとに、一五歳時での平均余命を求めたところ、男は一六・一歳、女は一六・三歳という結果がえられたということです。これは一五歳まで生きた縄文人は、男女とも平均三〇歳のはじめに寿命を全うしているということです。なぜ、縄文人の平均寿命（〇歳児であと何年生きる）を求めないのかというと、子どもの骨はもろくて残りにくいため、比較的残りがよい一五歳以上の人骨を分析の対象としているからです。ですから、縄文人の平均寿命となるともっと短く、一〇歳代前半ぐらいではないかと推定されています。これは医学などが発達していない縄文時代では、乳幼児や病気、事故などによる死亡率が高かったからです。ただし、人類がサルから進化した時点で、すでに最大寿命は一二〇歳ぐらいと決められていますので、当然、縄文人でも長寿の人はいます。

縄文人の身長は、一六〇センチ以下と低く、全体平均は男性で約一五九センチ、女性で約一四九センチです。骨格については、四肢骨の断面形が扁平であることと、全体として頑丈で、下半身が発達した体形で、筋肉がよく発達し、腕力・脚力とも優れていたことを示しています。そうした骨格の特徴について、人類学者の片山一道《かずみち》は「まるでクロスカントリーの選手のような体形」と表現しています。

頭は、やや丸みを帯びていますが、これは頭骨の幅（頭骨最大幅）が大きいことによります。また、頭蓋骨の高さも大きいので、縄文人は古墳時代など後の列島の住人と比較して、大頭であったといえます。

顔面はといえば、全体的に高さが低い、いわゆる低顔の割に横幅が広く、頬骨《きょうこつ》も左右に張り出し、顎《あご》のえらも発達していることから、顔全体が四角くごつい感じです。そして、低顔であることから、鼻の幅は相対的に広くなっていますが、鼻梁《びりょう》が高いので、いわゆる鼻ペチャではありません。また、上顎骨《じょうがくこつ》と下《か》顎骨は、よく発達していて頑丈です（**図66**）。

一方、歯は、後の列島の住人とくらべてやや小さいですが、歯並びの形はU字形をなしていて、上下の歯がしっかりとかみ合っています。上下の歯のかみ合わせは、上下の前歯の先端が毛抜きのようにぴったり合うタイプで、これを鉗子状咬合《かんしじょうこうごう》（切端《せったん》咬合）といいます。虫歯は、北海道の人骨には少ないのですが、本州以南には比較的虫歯が多くみられます。それは、北海道の住人は海獣類や大型魚類などを多く食べていたのに対して、本州以南の住人はクリやクルミ、トチの実などデンプン質食料を多く食べていたという、食性の違いによるものです。また、歯のすり減り方が激しいことから、堅い食物を多くとっていただけでなく、歯そのものを皮なめしなどの道具として使っていたと考えられています。

また、縄文人には、外耳道骨腫《がいじどうこつしゅ》という、鼓膜の手前のいわゆる外耳に狭窄《きょうさく》が生じる疾患が、男で二〇パーセント、女で一二パーセントと高率であることも注目されます。外耳道骨腫は、耳に水がたまりそれが蒸発するなどの刺激をうけることで、外耳の軟骨がこぶ

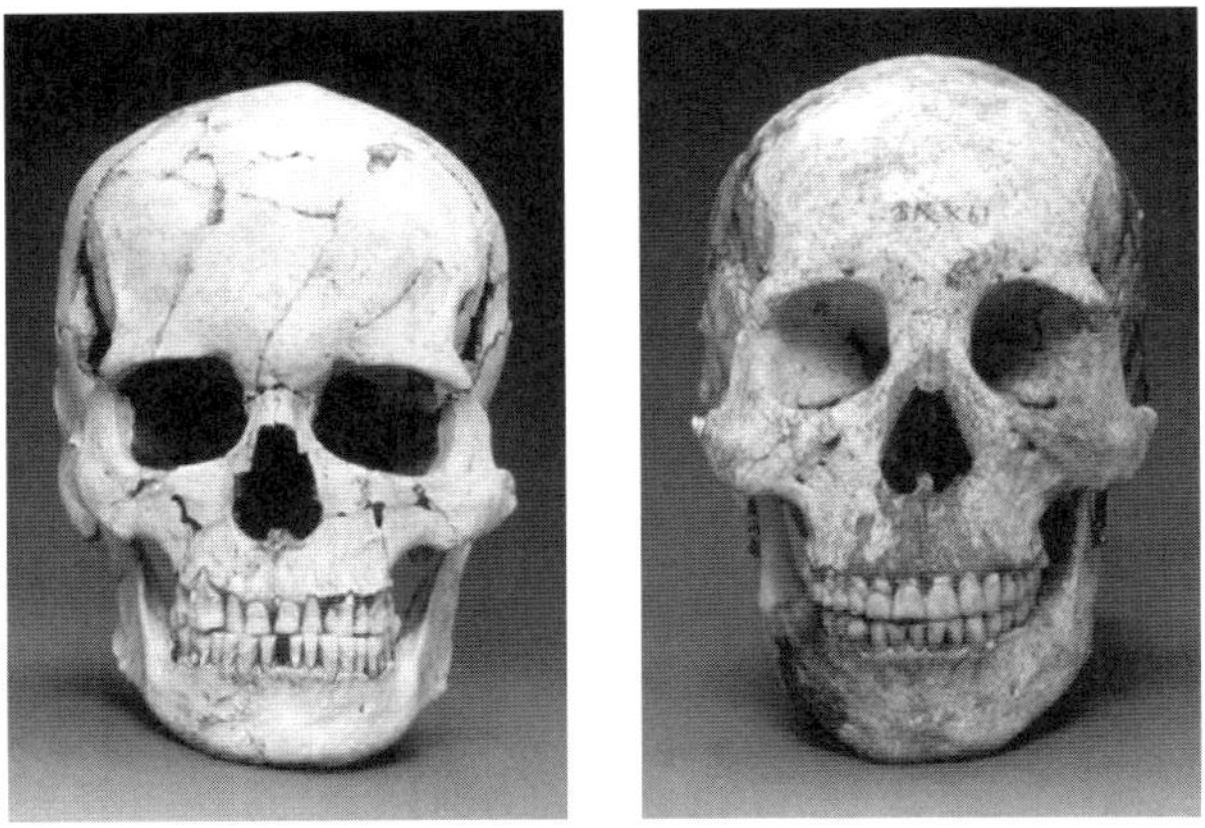

縄文人男性の頭骨　　渡来系弥生人男性の頭骨

図66　縄文人と渡来系弥生人の比較

状に発達するもので、素潜りを専門とする海女（海士）に高頻度で出現し、現代ではサーフィンやダイビングを楽しむ若者たちのあいだで多発することで知られています。この外耳道骨腫が縄文人に多発していることは、前述したように、縄文人が漁労に親しむ海洋の民であったことを証明するものです。

◉縄文人の均一性

このように、縄文人は、小ぶりですが、骨太で頑丈な体格、下半身が発達した体形、大頭・大顔で寸詰まりな顔だち、上顎骨・下顎骨ともよく発達して頑丈、歯は鉗子状咬合で損耗が激しいなどの身体的特徴をもっています。これは縄文人が狩猟・植物採集・漁労活動をおもな生業として、山野や湖沼、海浜を縦横に動きまわりながら食料などの生活物資を獲得し、堅い食物を多くとっていたという、彼らの日常生活を雄弁に物語っています。

そして、ここが肝心なことですが、縄文時代は、約九〇〇〇年間もつづき、その範囲も北海道（南千島を含む）から沖縄諸島におよんでいたにもかかわらず、こうした縄文人の身体的特徴は、少なくとも中期までには形成され、以後均一性が保たれて、あまり大きな時期差や地域差が生じていないということです。それは完新世の日本列島の環境に適応するなかで、列島の石器時代人が独自の縄文文化を育み、発展させたことを如実に示しています。ですから、縄文人とは、日本列島の縄文時代に生まれた人、つまり縄文時代の住人ということになります。

では、縄文人の祖先はというと、日本列島に居住した後期旧石器時代人ということになります。では、後期旧石器時代人はというと、人骨の発見例がきわめて少ないので、縄文人骨から逆にたどるという方法がとられていますが、最新のミトコンドリアDNAの分析では、朝鮮・中国・シベリアに縄文人との遺伝子をもつ集団が多くいるとの見解が示されています。それは後期旧石器時代人の列島への渡来が、朝鮮半島からの西方のルートと、シベリアからの北方のルートと考えられていることからも、蓋然性が高いといえます。また、後期旧石器時代後半の細石器文化や神子柴・長者久保文化などでも、広く東アジアから人びとが渡来し、縄文時代に入ってからの文化的交流も、これら西方と北方のルートであったことからも間違いありません。

◉弥生文化の担い手

弥生時代開始期の水稲農耕は、前述したように、畦畔によって区画された水田、人工的な灌漑水路と堰、耕起具である木製の鍬や鋤、収穫具である磨製の石庖丁、あるいは木製農耕具などを製作するための各種の磨製石斧というように、すでに完備した技術と道具をもつ、高度で集約的な農耕でした。とすれば、そうした農耕技術と道具は、渡来人によってもたらされたことは間違いなく、その故地は朝鮮半島南部になります。しかし、弥生開始期の土器や石器など道具類の組成をみると、縄文時代に使われていた道具はそのままに、例えば土器なら壺、石器なら石庖丁や各種の片刃石斧というように、[illegible]道具類を補完するという形をとっているので、水稲農耕の導入に当た

 っては、在来の縄文人も一定の役割を担っていたことになります。また、水稲農耕が開始されたからといって、縄文時代以来の生業も継続しておこなわれていることからも、在来の縄文人の役割を無視することはできません。

一方、弥生時代開始期に、いち早く出現する墓制が支石墓《しせきぼ》です。支石墓とは、平たい大石を支石の上に据え、その下を埋葬施設とするもので、縄文時代にはまったくなく、明らかに水稲農耕技術などと一緒に朝鮮半島南部からもたらされたものです。この支石墓の分布をみると、唐津平野や早良《さわら》平野など北部九州に限定されています（**図67**）。また、初期の水田遺構や環濠集落などの分布も北部九州に限られている（**図67**）ことから、弥生文化は、まず北部九州で開始され、遠賀川《おんががわ》式土器と呼ばれる前期の板付《いたつけ》式土器の段階になってから、

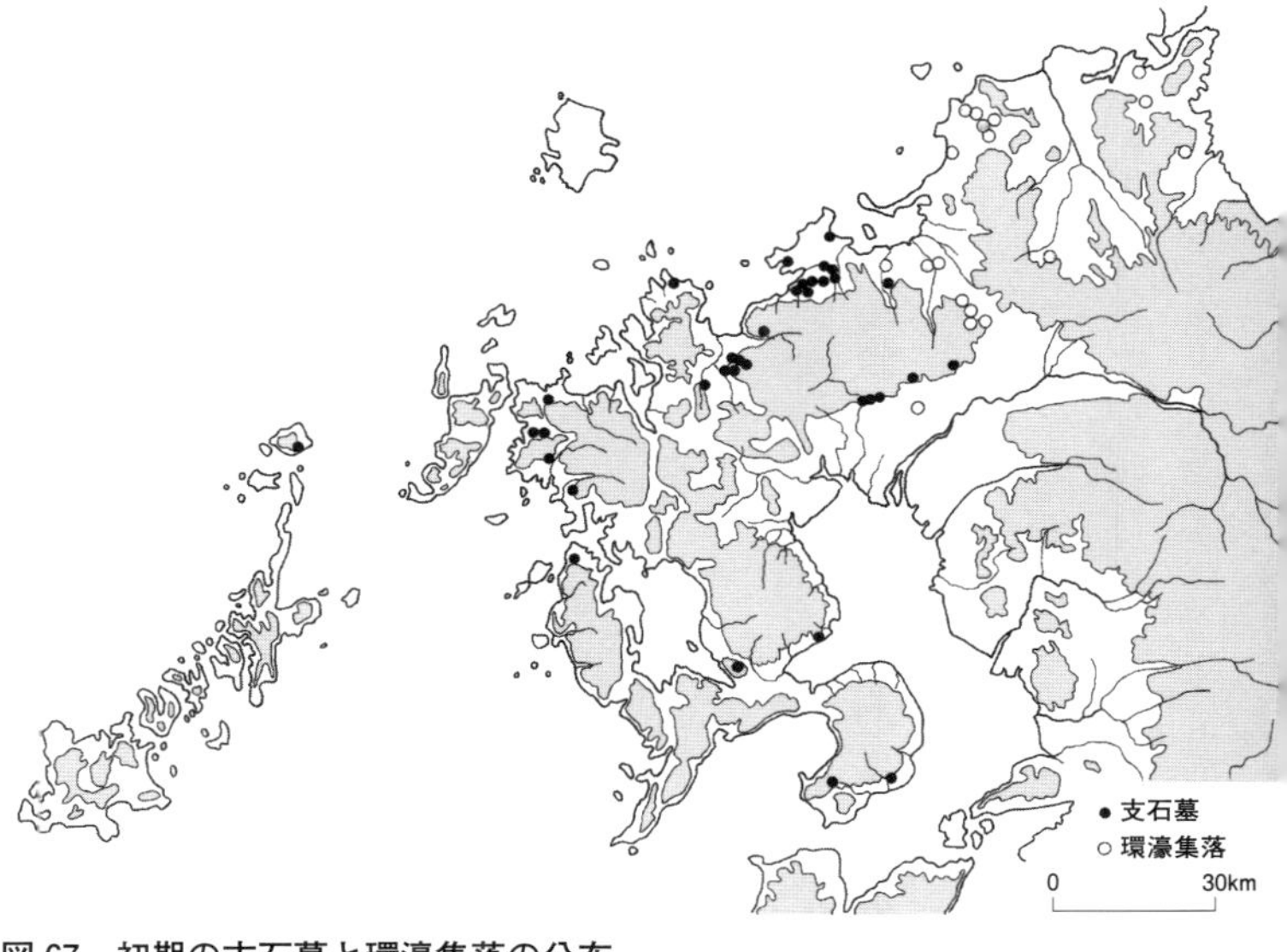

図 67　初期の支石墓と環濠集落の分布

九州各地、本州、四国へと伝播していくことになります。その伝播の仕組みは、各地の拠点集落を核として、そこから各地域内に拡散するというものです。

弥生文化の担い手は、北部九州では、渡来人と在来の縄文人とが接触することによって形成された集団ということになります。また、北部九州から各地に伝播するなかで、拠点集落を除けば、在来の縄文人の役割は大きくなり、東日本では、在来の縄文人が主たる担い手を務めることになります。

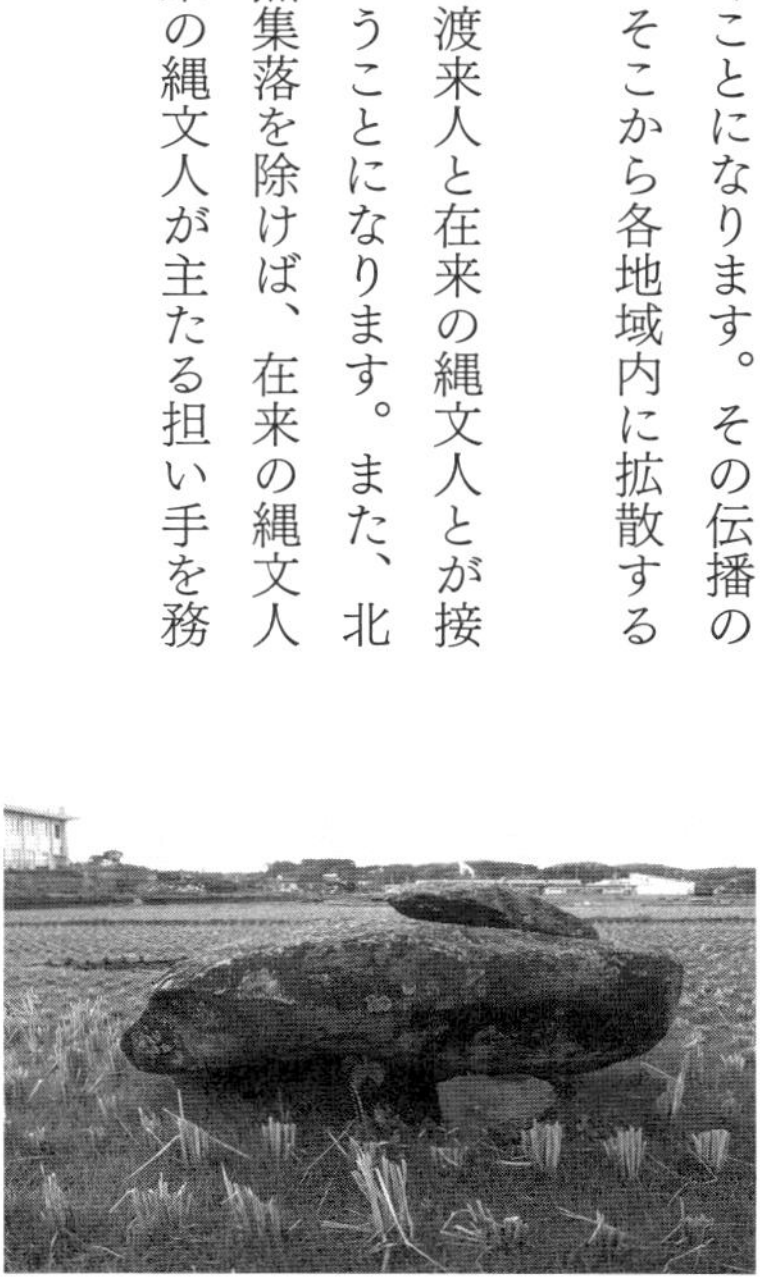

支石墓（長崎県平戸市里田原遺跡）

◉「弥生人」と列島人

「弥生人」は、縄文人とくらべて、身長が高く、華奢《きゃしゃ》な体形、のっぺりとした顔立ち、顎が尖り、歯は鋏状にかみ合うなどの身体的特徴があるといわれていますが、実は、これは北部九州に代表される「渡来系弥生人」のことを指しています（図66）。ところが、九州でも南部にいくと、縄文人的な身体的特徴を有する「弥生人」もいますし、その中間には、両者が混合した「弥生人」もいます。

このように「弥生人」とは、朝鮮半島南部からの渡来人と縄文人が接触して農耕社会を形成した「渡来系弥生人」、縄文人が農耕社会をうけ入れた「縄文系弥生人」、それと両者が混合して農耕社会を形成した「混合弥生人」というように、身体的特徴は、非常に多様化しました。ですから、「弥生人」とは、日本列島の弥生時代に生まれた人、つまり弥生時代の住人ということになります。

そして、弥生文化は、本州、四国、九州に限られることから、「弥生人」も、これら三つの島とその付属島の住人ということになります。そして、続縄文文化の北海道には「続縄文人」が、後期貝塚文化の琉球列島には「後期貝塚人」というように、列島規模になると、多様化が著しくなるということです。そして、階級社会となった古墳時代以降は、さらに階級分化による生活水準の違いなどによる階層性が加わることで、列島人の身体的特徴は、ますます多様化することになります。

参考・引用文献

・本書を執筆するにあたって、参考・引用したおもな文献を示します。
・各章の文献が重複する場合には、主要な章に掲載しました。
・発掘調査報告書はもっとも基本となる文献ですが、本書が一般書であることから割愛いたしました。

◆第Ⅰ章

安斎正人「『神子柴・長者久保文化』の大陸渡来説批判―伝播系統論から形成過程論へ―」『物質文化』七二号、二〇〇二年
安斎正人『日本歴史　私の最新講義　縄文人の生活世界』敬文社、二〇一五年
安蒜政雄・勅使河原彰『日本列島　石器時代史への挑戦』新日本出版社、二〇一一年
井口直司『縄文土器ガイドブック―縄文土器の世界―』新泉社、二〇一二年
泉拓良『縄文土器出現』(『歴史発掘』二巻)講談社、一九九六年
稲田孝司「縄文文化の形成」『岩波講座　日本考古学』六巻、岩波書店、一九八六年
小野有五・五十嵐八枝子『北海道の自然史―氷期の森林を旅する―』北海道大学図書刊行会、一九九一年
亀井節夫・広田清治「最終氷期の動物相―陸上哺乳動物を中心に―」『月刊地球』五巻一号、一九八三年
河村善也「最終氷期以降の日本の哺乳動物相の変遷」『月刊地球』七巻二号、一九八五年

工藤雄一郎『旧石器・縄文時代の環境文化史―高精度放射性炭素年代測定と考古学―』新泉社、二〇一二年
小林達雄編『縄文土器』(『日本原始美術大系』一巻) 講談社、一九七七年
小林達雄編『総覧　縄文土器』アム・プロモーション、二〇〇八年
佐原真「世界の中の縄文土器」『縄文土器大成』五巻、講談社、一九八二年
谷口康浩『縄文文化起源論の再構築』同成社、二〇一一年
堤隆『列島の考古学　旧石器時代』河出書房新社、二〇一一年
勅使河原彰『考古学研究法―遺跡・遺構・遺物の見方から歴史叙述まで―』新泉社、二〇一三年
中野尊正・小林国夫『日本の自然』岩波書店、一九五九年
西秋良宏「縄文時代開始期と同じ頃の東アジア―旧石器時代から新石器時代への移行―」『縄文時代のはじまり―愛媛県上黒岩遺跡の研究成果―』六一書房、二〇〇八年
林茂樹・上伊那考古学会編『神子柴―後期旧石器時代末から縄文時代草創期にかかる移行期石器群の発掘調査と研究―』信毎書籍出版センター、二〇〇八年
ピーター・ベルウッド（長田俊樹・佐藤洋一郎監訳）『農耕起源の人類史』京都大学学術出版会、二〇〇八年
福沢仁之「天然の『時計』・『環境変動検出計』としての湖沼の年縞堆積物」『第四紀研究』三四巻三号、一九九五年
福沢仁之「氷河期以降の気候の年々変動を読む」『科学』六八巻四号、一九九八年
藤山龍造『環境変化と縄文社会の幕開け―氷河時代の終焉と日本列島―』雄山閣、二〇〇九年
松島義章『貝が語る縄文海進―南関東、＋2°Cの世界―』有隣堂、二〇〇六年
松山利夫『木の実』法政大学出版局、一九八二年
湊正雄・井尻正二『日本列島』岩波書店、一九六六年
湊正雄監修・地学団体研究会編『日本の自然』平凡社、一九七七年
安田喜憲『環境考古学事始　日本列島二万年　』日本放送出版協会、一九八〇年

山内清男「縄紋土器型式の細別と大別」『先史考古学』一巻一号、一九三七年
山内清男「縄紋草創期の諸問題」『MUSEUM』二二四号、一九六九年

◆第Ⅱ章

赤沢威『採集狩猟民の考古学―その生態学的アプローチ―』海鳴社、一九八三年
雨宮瑞生「南九州縄文時代草創期文化と定住化現象」『考古ジャーナル』三七八号、一九九四年
新井重三「縄文時代の石器」『貝塚博物館研究資料』四集、一九八三年
アラン・テスタール（山内昶訳）『新不平等起源論―狩猟＝採集民の民族学―』法政大学出版局、一九九五年
市川光雄『森の狩猟民―ムブティ・ピグミーの生活―』人文書院、一九八二年
今村啓爾「縄文早期の竪穴住居址にみられる方形の掘り込みについて」『古代』八〇号、一九八五年
及川良彦・山本孝司「土器作りのムラと粘土採掘場―多摩ニュータウン№二四五遺跡と№二四八遺跡の関係―」『日本考古学』一一号、二〇〇一年
小畑弘己『東北アジア古民族植物学と縄文農耕』同成社、二〇一一年
小畑弘己『タネをまく縄文人―最新科学が覆す農耕の起源―』吉川弘文館、二〇一六年
笠懸野岩宿文化資料館『利根川流域の縄文草創期』（『第三〇回企画展』）二〇〇〇年
木村茂光『ハタケと日本人―もう一つの農耕文化―』中央公論社、一九九六年
工藤雄一郎・国立歴史民俗博物館編『ここまでわかった！ 縄文人の植物利用』新泉社、二〇一四年
黒川忠広「南九州縄文時代早期前葉の先駆性について」『第四紀研究』四一巻四号、二〇〇二年
黒田日出男『日本中世開発史の研究』校倉書房、一九八四年
小山修三・岡田康弘『縄文時代の商人たち―日本列島と北東アジアを交易した人びと―』洋泉社、二〇〇〇年
佐々木高明『稲作以前』日本放送出版協会、一九七一年

新東晃一『南九州に栄えた縄文文化・上野原遺跡』新泉社、二〇〇六年
杉山真二「鬼界アカホヤ噴火が南九州の植生に与えた影響—植物珪酸体分析による検討—」『第四紀研究』四一巻四号、二〇〇二年
鈴木公雄「日本の新石器時代」『講座日本歴史』一巻、東京大学出版会、一九八四年
大工原豊「黒曜石の流通をめぐる社会—前期の北関東・中部地域—」『縄文社会論（上）』同成社、二〇〇二年
田中二郎『ブッシュマン—生態人類学的研究—』思索社、一九七一年
千葉敏朗『縄文の漆の里・下宅部遺跡』新泉社、二〇〇九年
勅使河原彰「縄文時代の分業の特質」『考古学論究—小笠原好彦先生退任記念論集—』二〇〇七年
中沢道彦「縄文農耕論をめぐって—栽培種植物種子の検証を中心に—」『弥生時代の考古学』五、同成社、二〇〇九年
中山誠二『植物考古学と日本の農耕の起源』同成社、二〇一〇年
西田正規『定住革命—遊動と定住の人類史—』新曜社、一九八六年
マーシャル・サーリンズ（山内昶訳）『石器時代の経済学』法政大学出版局、一九八四年
松下まり子「日本列島太平洋岸における完新世の照葉樹林発達史」『第四紀研究』三一巻五号、一九九二年
山崎純男「縄文時代の農耕—焼畑農耕の可能性—」『椎葉民俗芸能博物館開館一〇周年記念講演会・第四回九州古代種子研究会』二〇〇七年

◆第Ⅲ章

秋元信夫『石にこめた縄文人の祈り・大湯環状列石』新泉社、二〇〇五年
石野博信『古代住居のはなし』吉川弘文館、二〇〇六年
今村啓爾『縄文の豊かさと限界』吉川弘文館、二〇〇二年
内野那奈「受傷人骨からみた縄文の争い」『立命館文学』六三三号、二〇一三年

エルマン・R・サーヴィス（松園万亀雄訳）『未開の社会組織―進化論的考察―』弘文堂、一九七九年
エルマン・R・サーヴィス（増田義郎監修）『民族の世界―未開社会の多彩な生活様式の探求―』講談社、一九九一年
岡田康博『三内丸山遺跡―復元された東北の縄文大集落―』同成社、二〇一四年
京都大学霊長類研究所編著『新しい霊長類学―人を深く知るための一〇〇問一〇〇答―』講談社、二〇〇九年
小林達雄『縄文人の世界』朝日新聞社、一九九六年
小林達雄『縄文の思考』筑摩書房、二〇〇八年
佐々木高明『日本史誕生』（『日本の歴史』一巻）集英社、一九九一年
佐原真『体系日本の歴史1　日本人の誕生』小学館、一九八七年
佐原真・小林達雄『世界史のなかの縄文―対論』新書館、二〇〇一年
ジャン＝ジャック・ルソー（本田喜代治・平岡昇訳）『人間不平等起源論』岩波書店、一九七二年
ジョージ・P・マードック（内藤莞爾監訳）『社会構造―核家族の社会人類学―』新泉社、一九七八年
杉原荘介・戸沢充則「貝塚文化―縄文時代―」『市川市史』一巻、一九七一年
鈴木克彦・鈴木保彦編『集落の変遷と地域性』（『シリーズ縄文集落の多様性』Ⅰ）雄山閣、二〇〇九年
鈴木隆雄「本当になかったのか　縄文人の集団的戦い」『最新縄文の世界』朝日新聞社、一九九九年
高田和徳『縄文のイエとムラの風景・御所野遺跡』新泉社、二〇〇五年
高橋龍三郎『縄文文化研究の最前線』早稲田大学、二〇〇四年
都出比呂志「農業共同体と首長権―階級形成の日本的特質―」『講座日本史』一巻、東京大学出版会、一九七〇年
勅使河原彰「縄文時代の社会構成―八ヶ岳西南麓の縄文時代中期遺跡群の分析から―」『考古学雑誌』七八巻一・二号、一九九二年
林謙作「縄文時代の集落と領域」『新版　日本考古学を学ぶ』三巻、有斐閣、一九八八年
藤森栄一編『井戸尻―長野県富士見町における中期縄文遺跡群の研究―』中央公論美術出版、一九六五年

フリードリヒ・エンゲルス（戸原四郎訳）『家族・私有財産・国家の起源』岩波書店、一九六五年
堀越正行「縄文時代の集落と共同組織—東京湾沿岸地域を例として—」『駿台史学』三一号、一九七二年
堀越正行「縄文時代中・後期の古市川湾水系の集落と遺跡群」『地域と文化の考古学』Ⅰ、六一書房、二〇〇五年
山田康弘『老人と子供の考古学』吉川弘文館、二〇一四年
山本正敏「蛇紋岩製磨製石斧製作と流通」『季刊考古学』三五号、一九九一年
ロバート・H・ローウィ（河村只雄・河村望訳）『原始社会』未來社、一九七九年
T. K. Earle, *Economic and social organization of a complex chiefdom*, University of Michigan Anthropological Papers. voi.63. Ann Arbor: University of Michigan, 1978.

◆第Ⅳ章

青野友哉『北の自然を生きた縄文人・北黄金貝塚』新泉社、二〇一四年
安里嗣淳「奄美・沖縄の縄文時代—土器文化を中心に—」『講座　日本の考古学』三巻、青木書店、二〇一三年
泉拓良「縄文集落の地域的特質—近畿地方の事例研究—」『講座　考古地理学』四巻、学生社、一九八五年
内山純蔵『縄文の動物考古学—西日本の低湿地遺跡からみえてきた生活像—』昭和堂、二〇〇七年
貝塚爽平『日本の地形—特質と由来—』岩波書店、一九七七年
河瀬正利『吉備の縄文貝塚』吉備人出版、二〇〇六年
関西縄文文化研究会編『関西縄文時代の集落・墓地と生業』関西縄文論集1、六一書房、二〇〇三年
関西縄文文化研究会編『関西縄文時代における石器・集落の諸様相』関西縄文論集2、六一書房、二〇〇五年
関西縄文文化研究会・中四国縄文研究会・九州縄文研究会編『西日本縄文文化の特徴』二〇〇五年
木崎康弘『豊饒の海の縄文文化・曽畑貝塚』新泉社、二〇〇四年
熊木俊朗「サハリン・千島列島」『講座　日本の考古学』三巻、青木書店、二〇一三年

阪口豊編『日本の自然』岩波書店、一九八〇年
縄文時代文化研究会編『列島における縄文時代集落の諸様相』二〇〇一年
縄文時代文化研究会編『縄文時代集落研究の現段階』二〇〇一年
谷口康浩『環状集落と縄文社会構造』学生社、二〇〇五年
知念勇「縄文時代から平安時代の沖縄諸島」『新版　古代の日本』三巻、角川書店、一九九一年
勅使河原彰「縄文文化の高揚（前・中期）」『講座　日本の考古学』三巻、青木書店、二〇一三年
戸沢充則「縄文時代の地域と文化―八ヶ岳山麓の縄文文化を例に―」『岩波講座　日本考古学』五巻、岩波書店、一九八六年
戸沢充則・勅使河原彰「貝塚文化の形成と展開」『新版　古代の日本』八巻、角川書店、一九九二年
西田正規「縄文時代の環境」『岩波講座　日本考古学』二巻、岩波書店、一九八五年
西田正規『縄文の生態史観』東京大学出版会、一九八九年
西野雅人「東京湾東岸部の大型貝塚を支えた生産居住様式」『地域と文化の考古学』I、六一書房、二〇〇五年
長谷川寿一・長谷川眞理子『進化と人間行動』東京大学出版会、二〇〇〇年
松島義章・前田保夫『先史時代の自然環境―縄文時代の自然史―』東京美術、一九八五年
三上徹也『縄文土偶ガイドブック―縄文土偶の世界―』新泉社、二〇一四年
武藤康弘「縄文時代の大型住居―長方形大型住居の共時的通時的分析―」『縄文式生活構造』同成社、一九九八年

◆第Ⅴ章

浅海重夫編『土壌地理学―その基本概念と応用―』古今書院、一九九〇年
池橋宏『稲作の起源―イネ学から考古学への挑戦―』講談社、二〇〇五年
石川日出志『シリーズ日本古代史①　農耕社会の成立』岩波書店、二〇一〇年

今村啓爾「狩猟採集経済の日本的性格」『新版　古代の日本』一巻、角川書店、一九九三年
今村啓爾『縄文の実像を求めて』吉川弘文館、一九九九年
片山一道『骨が語る日本人の歴史』筑摩書房、二〇一五年
古代学協会編『列島初期稲作の担い手は誰か』すいれん舎、二〇一四年
小林和正「出土人骨による日本縄文時代人の寿命の推定」『人口問題研究』一〇二号、一九六七年
後藤直「農耕社会の成立」『岩波講座　日本考古学』六巻、岩波書店、一九八六年
佐原真「農業の開始と階級社会の形成」『岩波講座　日本歴史』一巻、岩波書店、一九七五年
設楽博己『日本歴史　私の最新講義　縄文社会と弥生社会』敬文社、二〇一四年
篠田謙一『日本人になった祖先たち―DNAから解明するその多元的構造―』NHK出版、二〇〇七年
島津義昭「火山灰と有文土器―九州のあけぼの―」『新版　古代の日本』三巻、角川書店、一九九一年
勅使河原彰『縄文文化』新日本出版社、一九九八年
寺沢薫『王権誕生』(『日本の歴史　02』)講談社、二〇〇〇年
寺沢薫・寺沢知子「弥生時代植物質食料の基礎的研究」『橿原考古学研究所紀要　考古学論攷』五冊、一九八一年
中山清隆「縄文文化と大陸系文物」『季刊考古学』三八号、一九九二年
春成秀爾『弥生時代の始まり』東京大学出版会、一九九〇年
広瀬和雄『縄文から弥生への新歴史像』角川書店、一九九七年
古澤義久「日韓新石器時代土器文化交流」『季刊考古学』一一三号、二〇一〇年
藤尾慎一郎「生業からみた縄文から弥生」『国立歴史民俗博物館研究報告』四八集、一九九三年
松村博文「縄文人骨の情報」『縄文時代の考古学』10、同成社、二〇〇八年
宮本一夫『農耕の起源を探る―イネの来た道―』吉川弘文館、二〇〇九年
山崎純男『最古の農村・板付遺跡』新泉社、二〇〇八年

山崎純男「縄文の終わりと弥生のはじまり」『縄文時代研究の諸問題』茅野市尖石縄文考古館、二〇一三年
山野井徹『日本の土―地質学が明かす黒土と縄文文化―』築地書館、二〇一五年
山根一郎『日本の自然と農業』農山漁村文化協会、一九七四年
渡辺誠『縄文時代の漁業』雄山閣、一九七三年
渡辺誠「縄文・弥生時代の漁業」『季刊考古学』二五号、一九八八年

あとがき

私は、一九九八年に新書判で『縄文文化』(新日本出版社)と題して、縄文時代の歴史叙述を試みました。幸い好評で、私の単著ではめずらしく増刷を重ねました。また、この著書が「縄文時代研究に優れた業績をあげた」として、第二回の尖石縄文文化賞の栄誉にもあずかりました。

しかし、刊行後一〇年を過ぎたころ、出版社が新書判の発行を取り止めたことから、『縄文文化』も品切れ増刷なしということで、事実上の絶版となりました。そんな折に、文化財保存全国協議会の機関誌『明日への文化財』に縄文時代の話を一〇回で連載してほしいとの依頼があり、私も最新の発掘や研究成果をもとに新たな縄文時代の歴史叙述をおこなう必要を感じていましたので、連載を引き受けることにしました。

というのも、縄文時代への関心が高まるなかで、肝心の縄文時代研究はといえば、最近の動向に戸惑いを覚えている読者の方も多いのではないでしょうか。

本文でも説明したように、たとえば縄文時代の開始年代について、博物館などでは約一万年前か約一万数千年前と紹介されていますが、現在では最古の土器の年代について約一万三五〇〇〇年前という値がえられています。暦年代に較正すると、約一万六〇〇〇年前という値になります。こうした数字を何の説明もなしに聞くと、いずれが正しいのか戸惑ってしまうのではないかと思います。とくに縄文時代の開始年代が約一万六〇〇〇年前となれば、更新世の氷河時代に入ってしまい、従来の完新世の温暖な時代であったとする縄文時代の自然観とは大きく違ってきます。

また近年、縄文時代は不平等な社会で、身分階層があったと主張する研究者が増えてきています。縄文時代の土坑墓から耳飾りなどが出土しただけで、高貴な人が葬られた墓だと断定的にマスメディアで報道されたりすると、縄文時代が平等な社会であったと教わってきた読者のなかには、どちらが正しいのかと、戸惑ってしまう方も多いのではないでしょうか。

このように、縄文時代の歴史の見方（歴史観）、あるいは考え方（学説）に大きな食い違いがみられるのが最近の学界の特徴といえます。それが研究の進展にともなう、過渡的な現象であればいいのですが、研究が極端に細分化されるなかで視野の狭い状態におちいり、歴史の全体が見えなくなってしまっているのではないかと危惧されます。

そこで、最新の考古学や関連する諸科学などの成果をもとに、縄文時代の歴史を叙述することで、そうした読者の戸惑いや疑問に少しでも答えられればと考えた次第です。書名を『縄文時代史』とした理由です。

さて、『明日への文化財』に「縄文の話」の連載がはじまると、新泉社の竹内将彦氏が「連載が終わったら、うちで単行本にします」と早くに勧めてくれましたので、彼にお願いすることにしました。とはいえ、単行本となれば、構成から大幅に変更する必要が生じ、加筆・修正も随所でおこなっていますので、「縄文の話」は、本書のいわば習作とご理解いただければ幸甚です。

本書の刊行までには、いつもながら多くの方々の力添えをいただきました。とくに「縄文の話」の連載時に、編集責任者の久世仁士氏とその後任の小貫充氏には、紙幅が大幅に超過するなどのご迷惑をおかけしても、辛抱強くお付き合いをいただきました。また、図版・写真や資料の収集などでは、茅野市尖石縄文考古館、東大和市立郷土博物館、東村山市ふるさと歴史館、明治大学博物館、それに井口直司、大竹幸恵、小川直裕、後藤祥夫、三上徹也、山科哲の各氏にご協力いただきました。心から感謝を申し上げます。

二〇一六年初夏、古希を迎えて

勅使河原　彰

野県教育委員会『長野県中央道埋蔵文化財包蔵地発掘調査報告書―原村その5―』1982
／図42：青森県教育庁文化財保護課提供／図43：金沢市教育委員会『金沢市新保本町
カモリ遺跡　遺構編』1983年／図44：九州大学医学部解剖学教室編『山鹿貝塚―福岡
遠賀郡芦屋町山鹿貝塚の調査―』（『芦屋町埋蔵文化財調査報告書』2集）1972年／図
：金井町教育委員会『堂ノ貝塚―新潟県佐渡郡金井町堂ノ貝塚発掘調査報告』1977年／
46：木村英明編著『北海道恵庭市柏木B遺跡発掘調査報告書』柏木B遺跡発掘調査会，
81年／図48：江坂輝弥「生活の舞台」『日本の考古学』II，河出書房，1965年／図49：
沢充則編『縄文人と貝塚』六興出版，1989年／図50：秋田県埋蔵文化財センター『上ノ
I・館野・上ノ山II遺跡』（『秋田県文化財調査報告書』166集）1988年／図52：東大和
立郷土博物館提供／図53：小林達雄（原案）／図54・55：設楽博己「呪具と装身具」『図
・日本の人類遺跡』／図61：浅海重夫編『土壌地理学―その基本概念と応用―』古今書
，1990年／図62：OECD（経済協力開発機構）編・農林水産省農業総合研究所監訳『農
の環境便益―その論点と政策―』家の光協会，1998年／図63：山崎純男「西北九州漁
文化の特性―石製銛頭（石銛）を中心に―」『季刊考古学』25号，1998年。渡辺誠「縄
・弥生時代の漁業」『季刊考古学』25号，1988年／図64：福岡市教育委員会『板付周辺
跡発掘調査報告書』5（『福岡市埋蔵文化財調査報告書』49集）1979年／図65：唐津市
育委員会『菜畑遺跡』（『唐津市文化財調査報告』5集）1982年／図66：国立科学博物
・九州大学総合研究博物館提供／図67：山崎純男「縄文の終わりと弥生のはじまり」
縄文時代研究の諸問題』茅野市尖石縄文考古館，2013年
1：山内清男「縄紋土器型式の細別と大別」『先史考古学』1巻1号，1937年／表2：西
良宏「縄文時代開始期と同じ頃の東アジア―旧石器時代から新石器時代への移行―」
縄文時代のはじまり―愛媛県上黒岩遺跡の研究成果―』六一書房，2008年／表3：内野
奈「受傷人骨からみた縄文の争い」『立命館文学』633号，2013年

記以外は著者

◎図表出典（一部改変）

図２：亀井節夫・広田清治「最終氷期の動物相―陸上哺乳動物を中心に―」『月刊地球』
巻１号，1983 年／図３：安田喜憲『環境考古学事始―日本列島二万年―』日本放送出版
会　1980 年／図４：フランソワ・ボルド（芹沢長介・林謙作訳）『旧石器時代』平凡社，
1971 年。デビッド・ランバード（河合雅雄監訳）『図録人類の進化』平凡社，1993 年／
５：小菅将夫『「旧石器時代」の発見・岩宿遺跡』新泉社，2014 年／図８・10：後藤祥
（原画）／図９：井口直司（原画）／図 11：都立府中病院内遺跡調査会『武蔵台遺跡』Ⅱ（
料編２）1994 年。横浜市ふるさと歴史財団『花見山遺跡』（『港北ニュータウン地域内埋
文化財調査報告』XVI）1995 年／図 12：杉原荘介・芹沢長介『神奈川県夏島における縄
文化初頭の貝塚』（『明治大学文学部研究報告』考古学２冊）1957 年／図 13：大川清・鈴
公雄・工楽善通編『日本土器事典』雄山閣，1996 年。小林達雄編『総覧　縄文土器』
ム・プロモーション，2008 年。戸沢充則編『縄文時代研究事典』東京堂出版，1994 年／
14：戸沢充則「日本の旧石器時代」『講座日本歴史』１巻，東京大学出版会，1984 年。
森栄一編『井戸尻―長野県富士見町における中期縄文遺跡群の研究―』中央公論美術出
1965 年／図 15：鹿児島県教育委員会『加栗山遺跡・神ノ木山遺跡』（『鹿児島県埋蔵文
財発掘調査報告書』16）1981 年。鹿児島市教育委員会『掃除山遺跡』（『鹿児島市埋蔵文
財発掘調査報告書』12）1992 年。清武町教育委員会『上猪ノ原遺跡第５地区』（『清武町
蔵文化財調査報告書』19 集）2006 年／図 16：笠懸町教育委員会『西鹿田中島遺跡発掘
査報告書（１）』（『笠懸町埋蔵文化財発掘調査報告』13 集）2003 年。芝川町教育委員
『大鹿窪遺跡・窪Ｂ遺跡（遺構編）』2003 年。都立府中病院内遺跡調査会『武蔵台遺跡』
／図 17：群馬県埋蔵文化財調査事業団『椽木Ⅱ遺跡（２）』（『群馬県埋蔵文化財調査事
団調査報告』458 集）2008 年／図 18：小杉康「食料資源」『図解・日本の人類遺跡』東
大学出版会，1992 年／図 21：長野県埋蔵文化財センター『聖石遺跡・長峯遺跡（別田
遺跡）』（『長野県埋蔵文化財センター発掘調査報告書』69）2005 年／図 22：奥松島縄文
歴史資料館提供／図 25：富山県埋蔵文化財センター『特別企画展・ひすい―地中から
メッセージ』1987 年／図 26：黒耀石体験ミュージアム（大竹幸恵）提供／図 27：北区
育委員会『中里貝塚』（『北区埋蔵文化財調査報告』26 集）2000 年。東京都埋蔵文化財セ
ター『多摩ニュータウン No. 247・248 遺跡』（『東京都埋蔵文化財センター調査報告』5
集）1998 年。鷹山遺跡群調査団『概報・鷹山遺跡』７，長和町教育委員会，2011 年／
28：及川良彦・山本孝司「土器作りのムラと粘土採掘場―多摩ニュータウン No. 245 遺
と No. 248 遺跡の関係―」（『日本考古学』11 号）2001 年／図 29：後藤和民「社会と集落
『千葉市史』１巻，1974 年／図 30：茅野市尖石縄文考古館提供／図 32：原村教育委員会
供／図 33：原村教育委員会『弓振日向遺跡（第２次発掘調査）』（『原村の埋蔵文化財』11
1988 年／図 34：富士見町教育委員会『唐渡宮―八ヶ岳南麓における曽利文化期の遺跡
発掘報告―』1988 年／図 35・36：塩尻市教育委員会『俎原―縄文時代中期の環状集落
―』1986 年／図 39：下宅部遺跡調査団『下宅部遺跡』Ⅰ，東村山遺跡調査会，2006 年
区 40：鹿角市教育委員会『特別史跡大湯環状列石環境整備事業報告書』2003 年／図 41

◎写真提供（所蔵）

カバー写真：後田遺跡出土の土偶〔韮崎市教育委員会〕／p. 9：蛇体把手付深鉢形土器〔茅野市尖石縄文考古館〕／p. 15：年縞ボーリングとボーリングコア〔若狭三方縄文博物館〕／ 24：ナイフ形石器（茂呂遺跡），槍先形尖頭器（鷹山遺跡），矢出川系細石器と細石核（矢出川遺跡），湧別系細石器と細石核（白滝服部台遺跡）〔明治大学博物館〕／p. 27：神子柴遺跡出土の石器〔上伊那考古学会・小川忠博撮影〕／p. 30：出現期土器（武者ヶ谷遺跡）〔福知山市教育委員会〕，豆粒文土器（泉福寺遺跡）〔佐世保市教育委員会〕，隆起線文系土器（石小屋洞窟）〔國學院大學博物館〕，爪形文系土器（門田遺跡）〔九州歴史資料館〕，多縄文系土器（室谷洞窟）〔長岡市教育委員会・小川忠博撮影〕／p. 56：貝層と釣針〔明治大学博物館〕／p. 59：サケ科の魚骨〔東京都教育委員会〕／p. 77：縄文時代中期の住居内復元〔井戸尻考古館〕／p. 90：煙道つき炉穴〔三重県埋蔵文化財センター〕／p. 95：石錘〔北海道立埋蔵文化財センター〕，石鏃〔富士宮市教育委員会〕／p. 107：木製匙〔鳥取県教育委員会〕，カゴ〔佐賀市教育委員会〕／p. 109：彩文土器〔山形県立うきたむ風土記の丘考古資料館〕／p. 111：プラント・オパール〔藤原宏志〕／p. 118：魞に使われた杭列〔石狩市教育委員会〕／p. 121：ダイズの圧痕がついた土器〔山梨県立考古博物館〕／p. 135：黒曜石採掘竪坑〔長和町教育委員会〕／p. 137：貝層〔北区飛鳥山博物館〕／p. 140：粘土採掘跡〔東京都教育委員会〕／p. 151：日時計状組石〔鹿角市教育委員会〕／p. 156：パン状炭化物〔井戸尻考古館〕／p. 177：真脇遺跡〔能登町教育委員会〕／p. 183：磨製石斧と砥石〔富山県埋蔵文化財センター〕／p. 186：大湯環状列石〔鹿角市教育委員会〕／p. 190：環状集石群〔原村教育委員会〕／p. 197：加曽利Ｅ式土器〔東久留米市教育委員会〕，曽利式土器〔井戸尻考古館・田枝幹宏撮影〕，唐草文土器〔塩尻市立平出博物館〕／p. 199：副葬品の出土状況〔芦屋町教育委員会〕／p. 209：第 1 号周堤墓〔恵庭市郷土資料館・木村英明撮影〕／ . 223：縄文ビーナスの出土〔茅野市尖石縄文考古館〕／p. 225：石刃鏃〔北見市教育委員会〕／p. 254：石棒〔国立市教育委員会〕／p. 255：滑車形耳飾り〔桐生市教育委員会〕／ . 260：亀ヶ岡式土器〔八戸市埋蔵文化財センター是川縄文館〕，遠賀川式土器〔福岡市埋蔵文化財センター〕／p. 273：鳥浜貝塚空撮〔福井県立若狭歴史博物館〕／p. 274：丸木舟の発掘〔福井県立若狭歴史博物館〕／p. 275：縄の出土〔福井県立若狭歴史博物館〕／p. 277：遮光器土偶〔国（文化庁保管）〕／p. 298：水田遺構〔奈良県立橿原考古学研究所〕／ . 308：支石墓：山崎純男

ラ行

ワ行

ヤ行

ハ行

マ行

ナ行

タ行

サ行

カ行

索　引

ア行

著者紹介

勅使河原 彰（てしがわら・あきら）

1946年，東京都生まれ。1975年，明治大学文学部卒業。文化財保存全国協議会常任委員。第2回尖石縄文文化賞，第13回藤森栄一賞受賞。
主な著書　シリーズ「遺跡を学ぶ」004『原始集落を掘る・尖石遺跡』（新泉社，2004年），シリーズ「遺跡を学ぶ」別冊03『ビジュアル版　縄文時代ガイドブック』（新泉社，2013年），『考古学研究法』（新泉社，2013年），『武蔵野の遺跡を歩く』都心編・郊外編（新泉社，2002年），『日本考古学史』（東京大学出版会，1988年），『日本考古学の歩み』（名著出版，1995年），『縄文文化』（新日本新書，1998年），『歴史教科書は古代をどう描いてきたか』（新日本出版社，2005年）

縄文時代史

2016年9月10日　第1版第1刷発行
2017年10月30日　第1版第2刷発行

著　者＝勅使河原 彰
発行者＝株式会社 新 泉 社
東京都文京区本郷2-5-12
TEL 03(3815)1662／FAX 03(3815)1422
印刷・製本　創栄図書印刷

ISBN978-4-7877-1605-7　C1021